# Pratique du portugais de A à Z

**Maria Helena Araújo Carreira**
Professeur des universités
Université de Paris VIII – Saint-Denis

**Maryvonne Boudoy**
Maître de conférences honoraire
Université de Paris VIII – Saint-Denis

HATIER

Nous tenons à remercier nos amis et nos collègues qui nous ont aidées, par leur participation ou leurs encouragements, à réaliser cet ouvrage, tout particulièrement Manuela Paiva, José Brandão, Maria Amélia et Abel Carreira, qui ont accepté d'en faire une lecture critique minutieuse, ainsi que Olinda Kleiman et Anne-Marie Quint, qui ont lu attentivement de nombreuses fiches et nous ont fait de précieuses suggestions.

# Introduction

Ce livre est à la fois une grammaire de la langue portugaise et une présentation des principaux problèmes lexicaux que les francophones peuvent rencontrer. Il s'organise en fiches classées par ordre alphabétique, accompagnées d'exercices et de corrigés. Il est destiné aux élèves de second cycle de l'enseignement secondaire, aux étudiants et aux adultes souhaitant mettre à jour leurs connaissances ou les approfondir.
La comparaison systématique entre les deux langues (fiches de traduction, explications grammaticales, exemples traduits, exercices) rend aussi cet ouvrage très utile aux Portugais ou aux Brésiliens qui apprennent le français.
Le portugais y est présenté selon la norme portugaise. Les différences essentielles par rapport au portugais du Brésil sont regroupées dans l'appendice.

## Description générale

Ce livre regroupe 176 fiches classées par ordre alphabétique auxquelles s'ajoutent 14 appendices (conjugaisons régulières et irrégulières, certaines particularités du portugais du Brésil, présentation synthétique du projet de réforme orthographique), les corrigés des exercices et l'index.
Les titres des fiches reprennent le mot clé du point traité. Ils sont donc soit en français soit en portugais. Si le titre comporte plusieurs mots clés c'est le premier qui détermine le classement par ordre alphabétique, mais les autres figurent dans l'index.
L'index, qui a pour but de faciliter la recherche des informations, est très développé. Il permet l'accès rapide aux explications, y compris sur des points très précis, données dans les fiches.

## Le choix des fiches

Il répond à 4 objectifs :

- faire une description, aussi complète que possible dans un volume qui reste maniable, de la grammaire de la langue portugaise contemporaine ;
- réunir dans un même ouvrage des éléments grammaticaux et lexicaux. Un nombre non négligeable de fiches est donc consacré à des

explications de termes fréquemment employés mais dont les nuances de sens ne sont pas toujours bien perçues par les francophones (par exemple : *ainda, já, ouvir*) ;

- aider les francophones à résoudre des difficultés ou à éviter des erreurs dues en particulier à des différences entre le portugais et le français (d'où les fiches portant la mention "traduction", celles sur l'emploi des prépositions ou la liste des principaux faux amis, etc.) ;

- présenter les usages de la langue liés à des situations de communication déterminées. Dans ces fiches on apprend, par exemple, à commencer ou à terminer une lettre, à appeler ou à répondre au téléphone, à se présenter ou à présenter quelqu'un, etc.

## *Le contenu des fiches*

Chacune comporte des explications, des exemples et des exercices d'application.

- Les **explications** présentent, dans un langage clair et accessible à tous, les aspects essentiels du problème étudié. A ces explications principales s'ajoutent parfois des développements qui permettent d'approfondir la question traitée ou de signaler les registres de langue et problèmes d'équivalence entre le portugais et le français.

- Les **exemples**, toujours suivis de leur traduction en français, sont des compléments indispensables aux explications. Ils présentent le portugais dans son usage. Nous avons choisi des registres de langue et un vocabulaire variés, et des tournures courantes que les francophones ne manient pas toujours avec facilité. La traduction permet d'éclairer le sens de la phrase portugaise et elle suggère aussi le registre de langue. Nous l'avons voulue assez souple pour ne pas figer certaines équivalences entre les deux langues. Ainsi, nous avons parfois donné plusieurs possibilités (par exemple nous avons traduit la première personne du pluriel ou la troisième du singulier suivie de *-se* soit par "on", soit par "nous").

Pour présenter les variantes de façon synthétique et éviter la lourdeur d'un "ou...ou", nous avons utilisé la barre oblique.

Puisqu'en portugais le pronom sujet est tantôt exprimé, tantôt omis, nous avons choisi des exemples avec et sans pronom sujet. Lorsque rien dans la phrase ne permet de savoir si le sujet, non exprimé, est masculin ou féminin, nous avons mis les deux possibilités dans la traduction.

Lorsque le verbe est à la troisième personne et que le sujet n'est pas exprimé, le tiret au début de la phrase indique qu'il s'agit du discours direct et que la forme verbale correspond à une forme de vouvoiement. Le tiret permet aussi de distinguer la seconde personne de l'impératif (*–vem* = viens) de la troisième personne du présent de l'indicatif (*vem* = il / elle vient).

• A la fin de certaines fiches, la rubrique **"Pour aller plus loin"** propose des compléments lexicaux, la plupart du temps des expressions que l'on peut rencontrer dans la conversation courante, mais aussi des termes de la vie quotidienne qui ne se trouvent pas encore dans les dictionnaires bilingues (ex: *o cartão de crédito, o credifone* ).

• Les **exercices** permettent de s'assurer que l'on a compris le contenu de chaque fiche. Les **corrigés** sont donnés en fin d'ouvrage.

## *Suggestions d'utilisation*

Cet ouvrage est conçu pour une utilisation individuelle, qu'elle se déroule en situation d'auto-apprentissage (c'est-à-dire sans professeur) ou d'apprentissage guidé (avec un professeur).

Le **titre** de chaque fiche résume le problème traité ; les renvois à d'autres fiches, dans le corps des explications, suggèrent un travail plus approfondi ; l'**index**, avec ses renvois nombreux et détaillés, complète les voies d'accès aux points abordés (qui ne figurent pas forcément dans le titre des rubriques).

L'utilisateur pourra donc :
- consulter ce livre comme un dictionnaire,
- se reporter à l'index détaillé,
- partir des exercices et de leurs corrigés pour mieux saisir ce qui lui pose problème et ensuite consulter les fiches adéquates.

Tous les utilisateurs qui auront des remarques, des critiques, des suggestions à faire quant au contenu, à l'organisation, à la présentation de ce livre, sont invités à nous écrire à la Librairie Hatier, 59 Boulevard Raspail, 75278 Paris Cedex 06. Nous en tiendrons le plus grand compte dans les éditions ultérieures.

## *Abréviations*

| | | | |
|---|---|---|---|
| m. à m. | : mot à mot | fam. | : familier |
| ▶ | : renvoi de fiche | A. | : renvoi aux appendices |
| ▲ | : remarque | ❑ | : renvoi à « Pour aller plus loin » |

# Liste des fiches

# Les fiches

Lorsque vous verrez **un tiret devant une phrase**, sachez qu'il annonce

• soit **une forme de vouvoiement** dans un discours direct. Ex:

| | |
|---|---|
| (avec tiret) | – *O André pode entrar.*<br>– André, vous pouvez entrer. |
| (sans tiret) | *O André pode entrar.*<br>André peut entrer. |

• soit un **dialogue** comprenant une **réponse** (un tiret devant chaque phrase).

• soit une phrase à la **deuxième personne de l'impératif** quand il y a une confusion possible avec une troisième personne de l'indicatif. Ex:

| | |
|---|---|
| (avec tiret) | – *Vem depressa!*<br>– Viens vite ! |
| (sans tiret) | *Vem depressa!*<br>Il / elle vient vite ! |

# a

## 1 A (+ complément de lieu)

Se traduit par :

**1** ***em,*** après un verbe n'exprimant **pas de mouvement.**

*A Florinda* ***mora em Estrasburgo****.*
Florinda habite à Strasbourg.

***Compraste*** *os bilhetes* ***no guichet 2 ou no guichet 5****?*
Tu as acheté les billets au guichet 2 ou au guichet 5 ?

**2** ***a*** ou ***para*** après un verbe de **mouvement.**

*Eles* ***subiram ao cimo*** *da colina.*
Ils sont montés au sommet de la colline.

*O elevador* ***desceu ao rés-do-chão e voltou*** *logo* ***ao primeiro andar****.*
L'ascenseur est descendu au rez-de-chaussée et il est revenu tout de suite au premier étage.

▸ Pour la différence de sens entre les verbes *ir, descer, subir, voltar* ... suivis des prépositions *a* ou *para*, voir n° 117,130.

**3** Par ***a.***

a/ Pour indiquer une situation dans l'espace.

| ***à direita*** | ***à esquerda*** | ***ao longe*** | ***ao pé de*** | ***ao meu lado*** |
|---|---|---|---|---|
| à droite | à gauche | au loin | à côté de | à côté de moi. |

***Estávamos à mesa*** *quando a trovoada rebentou.*
On était à table quand l'orage a éclaté.

*A Câmara Municipal* ***é ao fim*** *da rua,* ***à direita****.*
La mairie est au bout de la rue, à droite.

b/ Pour indiquer la distance.

*Coimbra* ***fica a cerca de 150 quilómetros*** *do Porto.*
Coimbra est à environ 150 kilomètres de Porto.

**Exercice**

*Traduire :*
1. Elle est montée au grenier (sótão) et y est restée tout l'après-midi. 2. Je vais à la boulangerie acheter du pain frais. 3. Là-bas, au loin, à gauche, on voit trois bateaux à voile. 4. Tu travailles à Aveiro et tu habites à Porto ? 5. Je l'ai rencontrée au cinéma hier soir.

## 2 A (+ *infinitif après un verbe de mouvement*)

**1** **Après certains verbes comme *correr, descer, subir, entrar*, l'infinitif est précédé de *a*** qui suggère que l'action indiquée par l'infinitif sera immédiate.

*Assim que vi o incêndio* ***corri a chamar*** *os bombeiros.*
Dès que j'ai vu l'incendie, j'ai couru appeler les pompiers.

***Desci a comprar*** *pão, não demorei mais de cinco minutos.*
Je suis descendu[e] acheter du pain, je n'ai pas mis plus de cinq minutes.

**2** ***Ir a*** **+ infinitif.**

a/ Sens de **"être sur le point de"** (voir n° 92).

***Ia a chamá-lo*** *quando vi que não era o Pedro.*
J'allais l'appeler quand j'ai vu que ce n'était pas Pedro.

b/ Sens de **"être en train de"**, avec une idée de mouvement (voir n° 62).

*Eu ouvi que a Ana Luísa* ***ia a chamá-lo****, mas o Paulo fez de conta que não a ouvia.*
J'ai entendu Ana Luísa qui l'appelait mais Paulo a fait semblant de ne pas l'entendre.

▲ "Aller" + infinitif se traduit par *ir* + infinitif.

*Fernando,* ***vai ver*** *o que querem!*
Fernando, va voir ce qu'ils / elles veulent !

**3** ***Voltar [a].***

a/ *Voltar a* + infinitif indique que l'événement se répète.

*Digo e* ***volto a dizer.***
Je le dis et je le redis.

b/ *Voltar* + complément ou adverbe + [*a* ] + infinitif = "revenir" ou "retourner"+ infinitif (la préposition *a* est facultative).

*Já tinha saído da estação mas* ***voltei atrás [a] ver*** *os horários.*
J'étais déjà sorti[e] de la gare mais je suis retourné[e] voir les horaires.

*Tive de* ***voltar a casa [a] buscar*** *o guarda-chuva.*
J'ai dû retourner chez moi chercher mon parapluie.

**Exercice**

*Traduire :*
1. Subi a levar-lhe o correio. 2. Voltar atrás a verificar se a porta está fechada? Nem pensar! 3. Desceste a fechar a porta? 4. — Corre a fazer o jantar! 5. Levaste-os a ver o circo? 6. Eu ia a dizer que é melhor esperar pelo autocarro.

## A- (préfixe)

Certains mots ont une forme et un sens proches dans les deux langues mais sont formés avec le préfixe *a-* en portugais. C'est le cas de :

| | | | |
|---|---|---|---|
| *abalizar* | baliser | *apalpar* | palper |
| *abotoar* | boutonner | *aperfeiçoamento* | perfectionnement |
| *acalmar* | calmer | *aperfeiçoar* | perfectionner |
| *acampamento* | campement | *apodrecer* | pourrir |
| *acampar* | camper | *apodrecimento* | pourrissement |
| *acariciar* | caresser | *apólice* | police (d'assurance) |
| *aconselhar* | conseiller | *apresentação* | présentation |
| *adivinhar* | deviner | *apresentador* | présentateur |
| *adivinha* | devinette | *apresentar* | présenter |
| *adivinho* | devin | *apressar* | presser |
| *afadigar-se* | se fatiguer | *arrasar* | raser |
| *afrancesar* | franciser | *arrependimento* | repentir |
| *agrupamento* | groupement | *arrepender-se* | se repentir |
| *agrupar* | grouper | *arruinar* | ruiner |
| *alisar* | lisser | *assalariado* | salarié |
| *alojamento* | logement | *assinalar* | signaler |
| *alojar* | loger | *assinar* | signer |
| *amadurecer* | mûrir | *assinatura* | signature |
| *amadurecimento* | mûrissement | *atormentar* | tourmenter |
| *ameaçador* | menaçant | *atravessar* | traverser |
| *ameaça* | menace | *avinagrado* | vinaigré |
| *ameaçar* | menacer | | |
| *anão* | nain | | |
| *apaixonado* | passionné | | |

**Exercice**

*Traduire :*

1. Il s'est ruiné au jeu et maintenant il s'en repend. 2. Si tu ne veux pas avoir froid en traversant le pont, boutonne ton manteau. 3. Le présentateur de l'émission (programa) a interviewé (entrevistar) quelques salariés qui avaient signé la pétition. 4. La vendeuse m'a conseillé de laisser les fraises (morangos) mûrir un peu, mais pas trop longtemps, car elles pourrissent vite.

## Acabar de / por (+ infinitif)

### 1 Acabar de = "venir de".

*Até parecia que **acabava de fazer** uma descoberta!*
On aurait dit qu'il / elle venait de faire une découverte !

***Acabo de encomendar*** *uma arca congeladora.*
Je viens de commander un congélateur-bahut.

### 2 *Acabar de* = "finir de".

*O jornalista ainda não* ***tinha acabado de falar*** *quando começou a discussão.*
Le journaliste n'avait pas encore fini de parler quand la discussion a commencé.

### 3 *Acabar por* = "finir par".

*Vocês* ***acabarão por não suportar*** *a insolência deste miúdo.*
Vous finirez par ne plus supporter l'insolence de ce gamin.

**Exercice**

*Traduire :*
1. Tout finit par s'arranger (resolver-se). 2. Le télégramme vient d'arriver. 3. Ils finiront par accepter mon offre (oferta). 4. Marília vient de prendre la décision d'acheter une imprimante (impressora). 5. Vous n'avez pas fini de dire du mal (dizer mal) de tout le monde !

## 5 Accent tonique et accent graphique

Dans un mot de plusieurs syllabes, il y en a toujours une prononcée avec plus d'intensité. On dit qu'elle porte l'accent tonique et elle est appelée **syllabe tonique**. Elle ne porte d'accent écrit (graphique) que dans certains cas précis.

### 1 Pas d'accent écrit sur la syllabe tonique.

La syllabe tonique ne porte pas d'accent écrit dans les mots où l'accentuation correspond aux cas suivants.

a/ C'est **l'avant-dernière syllabe** qui est normalement tonique si le mot (appelé paroxyton) **est terminé** par ***-a, -e, -o*** (voyelle autre que *i* et *u*), par ***-as, -es, -os***, par ***-am,-em, -ens***. C'est le cas de la majorité des mots portugais.
Pour les exceptions voir 2a.

| | | |
|---|---|---|
| *mesa* (table) | *verdades* (vérités) | *elogios* (éloges) |
| *fazias* (tu faisais) | *cantam* (chantent) | *querem* (veulent) |
| *imagens* (images) | *chefe* (chef) | *cavalo* (cheval) |

b/ C'est **la dernière syllabe** qui est normalement tonique si le mot (appelé oxyton) **est terminé par :**

- ***-l, -n, -r, -x, -z* = une consonne autre que *-s* et *-m***

*cantar* (chanter) *papel* (papier) *capaz* (capable) *barril* (baril)

- **la voyelle *-i* ou *-u*** (orale ou nasale — avant *-m* ou *-ns* —, suivie ou non de ***-s***)

*aqu**i*** (ici) *per**u*** (dinde) *tambor**im*** (tambourin) *alg**uns*** (quelques-uns)

- **une diphtongue orale ou nasale** (sauf *-am, -em, -ens*) ou **la voyelle nasale *ã***, suivie ou non de ***-s***.

Diphtongues orales : ***au, eu, iu, ai, ei, oi, ui,*** + ***ou***, ancienne diphtongue prononcée actuellement comme une voyelle.
Diphtongues nasales : ***ão, õe, ãe.***

*part**iu*** (partit) *com**eu*** (mangea) *bacalh**au*** (morue)
*pod**eis*** (pouvez) *cant**ou*** (chanta) *disp**õe*** (dispose)
*alem**ães*** (allemands) *manh**ãs*** (matins)

Attention : une diphtongue compte pour une seule syllabe mais lorsque le ***i*** ou le ***u*** précède les voyelles ***a, e, o,*** il n'y a pas formation de diphtongue, on a donc deux syllabes, c'est à dire un hiatus *(di-**zi**-a).*

## 2 Accent écrit sur la syllabe tonique.

La syllabe tonique porte un **accent écrit (aigu quand la voyelle est ouverte, circonflexe quand elle est fermée)** dans les cas suivants.

a/ L'accentuation du mot fait exception aux règles précédentes.

- Mots accentués sur l'antépénultième syllabe (mots proparoxytons).

*m**á**rmore* (marbre) ***ê**nfase* (emphase) ***á**gua* (eau)

- Mots accentués sur l'avant-dernière syllabe (paroxytons) qui d'après leur terminaison graphique devraient être des oxytons.

*c**ô**nsul* (consul) *j**ú**ri* (jury) ***â**nus* (anus) *f**á**ceis* (faciles)

- Mots accentués sur la dernière syllabe (oxytons) qui d'après leur terminaison graphique devraient être des paroxytons.

*parab**é**ns* (félicitations) *caf**é*** (café) *franc**ê**s* (français)

b/ Le ***i*** et le ***u*** sont toniques et ne forment pas de diphtongue avec la voyelle précédente (hiatus : deux syllabes).

*sa**í*** (je sortis) *hero**í**smo* (héroïsme) *ca**í**do* (tombé)
*vi**ú**vo* (veuf) *conte**ú**do* (contenu) *sa**ú**de* (santé)

**Exceptions :**
on ne met pas d'accent :

- quand le ***i,*** en hiatus avec la voyelle précédente, se trouve devant ***-nh***.

*ba**i**nha* (ourlet) *redemo**i**nho* (tourbillon)

- quand le ***i*** forme syllabe avec la consonne qui le suit (sauf *-s*).

*a**i**nda* (encore) *ju**i**z* (juge) *ru**i**m* (mauvais)

- quand le ***i*** suit une voyelle et qu'il est le premier élément de la diphtongue ***iu.***

*sa**iu*** (sortit) *distra**iu*** (a distrait) *contribu**iu*** (contribua)

c/ Pour distinguer des homographes qui ne se prononcent pas de la même façon.

***pôde*** (a pu) / *p**o**de* (peut) ***vêm*** (viennent) / *v**e**m* (vient)
***pára*** (verbe) / *p**a**ra* (préposition)

d/ Sur les monosyllabiques toniques terminés par ***-a[s], -e[s], -o[s]*** (mais pas sur les monosyllabiques atones).

***cá*** (ici) ***pés*** (pieds) ***mês*** (mois) ***pôr*** (mettre)

e/ Sur la première voyelle des diphtongues ***-ei, -oi, -eu***, lorsqu'elle est semi-ouverte ou ouverte.

*pap**éi**s* (papiers) *lenç**ói**s* (draps) *c**éu*** (ciel)

f/ Sur les formes en *-êem* (3ème pers. du pluriel) des verbes *crer, ler, ver, dar* et de leurs composés.

*cr**ê**em* (croient) *l**ê**em* (lisent)
*d**ê**em* (donnent) *v**ê**em* (voient)

**3** **L'accent grave** n'est employé que **sur les voyelles atones provenant de la contraction de la préposition *a* avec *a*** (article ou démonstratif) **ou avec les démonstratifs *aquele[s], aquela[s], aquilo*** (voir n° 132).

***à*** *(= a + a)* ***à****quele (= a + aquele)*
***à****quela (= a + aquela)* ***à****quilo (= a + aquilo)*

**Exercice**

*Mettre un accent s'il y a lieu sur la voyelle ou la diphtongue tonique qui est en caractère gras :*

| | | | | |
|---|---|---|---|---|
| algu**e**m | alg**u**m | p**u**blico | direct**o**r | ba**i**a |
| am**a**vel | par**e**de | chap**eu** | im**a**gens | vari**a**veis |
| cantar**a** | gl**o**ria | anim**ai**s | s**ai**a | sa**i**a |
| sa**i**da | sa**iu** | l**a**mpada | aut**e**ntico | cafe**i**na |
| m**a**ximo | her**oi** | ch**a** | est**a**ncia | ego**i**sta |

## 6 Adresse *(écrire une -)*

Il est essentiel d'écrire l'adresse complète car, dans les pays de langue portugaise, le nom n'est écrit ni sur la porte, ni sur la boîte aux lettres.

• Le **nom de la rue** est **suivi du numéro** (et non précédé comme en français). Lorsqu'on lit une adresse, on ajoute généralement le mot *número* devant le chiffre, même si l'abréviation *n°* n'est pas écrite. Le code postal se met avant le nom de la localité.

*Praça da República, 4 / n° 4*
*4200 Porto*

• S'il s'agit d'un appartement, on ajoute, après le numéro de l'immeuble **le numéro de l'étage et le côté où se situe l'appartement.**

*Rua das Andorinhas, 14 - 3º esq.*
*1000 Lisboa*

Le numéro de l'étage est en numéral ordinal. On lit de la façon suivante :

| | |
|---|---|
| *3º Esq.* | *: terceiro esquerdo* |
| *11º D$^{to}$* | *: décimo primeiro direito* |
| *r / c F$^{te}$* | *: rés-do-chão frente* |
| *r / c D$^{to}$* | *: rés-do-chão direito* |

• S'il y a plus de trois appartements par palier une lettre ou un numéro est attribué à chaque porte.

*Rua Marquês da Fronteira, 82 - 6º A*
*Rua das Palmeiras, 46 - ap. 204*

• **Abréviations** : *Rua —> R.*　　*Avenida —> Av.*

• L'adresse de l'expéditeur (*remetente*) s'écrit en haut et à gauche et celle du destinataire (*destinatário*) au centre de l'enveloppe ou légèrement à droite. Celle-ci est précédée de *Ex$^{mo}$* (abréviation de *Excelentíssimo*) *Senhor, Ex$^{ma}$ Senhora*, et éventuellement du titre *(Dr., Drª, Eng., Engª...)*. S'il s'agit d'une femme, le prénom est toujours précisé et précédé de *Dona / D.*

*Pedro Sequeira*
*Rua Miguel Bombarda, 5 - 4º Esq.*
*6290 Gouveia*

*Ex$^{ma}$ Senhora*
*Drª D. Maria dos Prazeres Vicente Pinto*
*Parque Residencial Sol e Mar, 6*
*2780 Oeiras*

Si le destinataire est un couple ("Monsieur et Madame X"), on écrit *Ex$^{mos}$ Senhores* et au-dessous le prénom de la femme précédé de *Dona* et éventuellement de son titre, suivis du titre (éventuellement), du prénom et du nom de son mari.

*Ex$^{mos}$ Senhores*
*Engª D. Maria José e Engº João Paulo Faria*

Mais plus souvent on adresse la lettre à l'un des deux et on ajoute *e Ex$^{mo}$ Marido* ou *e Ex$^{ma}$ Esposa* ou *e Ex$^{ma}$ Família* si on élargit à toute la famille.

**Exercice**

*Ecrire ces adresses en toutes lettres :*

1. R. da Serra, 3 - 4º Dto
   6290 Gouveia
2. Largo da Câmara, 5
   2600 Vila Franca de Xira
3. Av. das Descobertas, 13 - 5º C
   1000 Lisboa
4. Praça do Mercado, 16 - 2º Esq.
   4200 Porto
5. R. da Cotovia, 18 - 7º F$^{te}$
   3800 Aveiro

## 7 *Adverbes en -mente*

### 1 Formation.

Ils sont formés à partir du **féminin de l'adjectif auquel on ajoute le suffixe *-mente.***

a/ Pour les adjectifs terminés en ***-o*** au masculin, on prend le féminin (en ***-a***) et on ajoute *-mente.*

*longo* —> *longa* —> ***longamente***
long longue longuement

b/ Pour tous les autres adjectifs on prend la forme commune au masculin et au féminin et on ajoute *-mente.*

*feliz* —> ***felizmente*** — heureux heureusement
*cordial* —> ***cordialmente*** — cordial cordialement

▲ A la différence de ce qui se fait en français, les adverbes formés à partir d'adjectifs terminés en ***-nte*** suivent la même règle que les autres :

*prudente* —> ***prudentemente*** — prudent prudemment
*abundante* —> ***abundantemente*** — abondant abondamment

▲ Si l'adjectif porte un accent écrit, l'adverbe ne le conserve pas :

*frágil* —> *fragilmente*
*último* —> ***ultimamente***

▲ On ne peut pas former d'adverbe en *-mente* à partir des adjectifs numéraux, sauf à partir de *primeiro* (*primeiramente*) et *último (ultimamente).*

▲ Les adverbes *portuguesmente, francesmente,* etc. sont formés à partir du masculin de l'adjectif de nationalité.

### 2 Omission de *-mente.*

Lorsque plusieurs adverbes en *-mente* se suivent, on peut omettre le suffixe *-mente* des premiers adverbes qui se présentent alors sous la forme du féminin singulier de l'adjectif.
Le dernier adverbe porte seul le suffixe et il est coordonné aux précédents par ***e*** ou ***ou***. Cette omission n'est courante que dans la langue écrite et dans un registre plutôt soigné.

*Correm* ***rápida, elegante e ritmadamente****.*
Ils | elles courent rapidement, élégamment et en cadence.

Cependant, si le locuteur veut souligner chaque adverbe, il garde pour chacun la forme en *-mente* et le dernier, en général, n'est pas précédé de la conjonction ***e.***

*Ela ouvia-os* ***atentamente, tristemente, desoladamente****.*
Elle les écoutait attentivement, tristement, avec consternation.

**Exercice**

***1.*** *Former des adverbes en* -mente *à partir des adjectifs* fácil, rápido, eficaz, evidente, habitual.

***2.*** *Traduire :*
1. Généralement ils font un tour à pied après le dîner. 2. Elle répondit sûrement et fermement. 3. Les secours ont été portés immédiatement, courageusement.

## 8 Ainda

### 1 A certains sens de "encore" (voir n° 66).

### 2 Insiste sur la notion de temps exprimée par le mot qui suit.

*Quero despachar-me deste trabalho* ***ainda hoje****.*
Je veux me débarrasser de ce travail aujourd'hui même.
*O Miguel* ***ainda agora*** *esteve aqui.*
Miguel était là il y a deux secondes (m. à m.: maintenant même).

▲ ***Ainda agora*** peut être remplacé par ***agora mesmo*** ou ***mesmo agora*** qui insistent sur la presque simultanéité.

**3** Exprime une **notion de temps vague dans le futur.**

***Ainda** hei-de ir a Inglaterra!*
Je finirai bien par aller en Angleterre ! (= j'ai l'intention d'y aller – *"hei-de ir"* – mais je ne sais pas quand).

**4** Exprime une certaine opposition dans l'expression ***ainda assim*** (qui peut être mise en valeur au début de la proposition).

***Ainda assim** o vinho este ano não está mau/o vinho ainda assim/o vinho este ano ainda assim...*
Le vin n'est quand même pas mauvais cette année.
*Este ano o Inverno **ainda assim** não foi muito frio.*
Cette année, malgré tout, l'hiver n'a pas été très froid.

**5** Exprime une **opposition entre ce qu'on attendait et ce qui va se réaliser** (la réalisation pouvant être envisagée comme certaine ou incertaine).

*Saímos de casa muito tarde mas **ainda** vamos chegar a horas.*
Nous sommes partis de la maison très tard mais finalement nous allons [sans doute] arriver à l'heure.

**6** Exprime une **légère incertitude.**

*O incidente **ainda** vai ter / vai **ainda** ter consequências graves.*
L'incident va certainement avoir de graves conséquences.

**7** ***Ainda se/se ainda*** + imparfait ou plus-que-parfait du **subjonctif** = **"si encore"** + imparfait ou plus-que-parfait de l'**indicatif.**

***Ainda se/se ainda** o programa de variedades **fosse** bom, eu via-o...*
Si encore l'émission de variétés était bonne, je la verrais...

**8** ***Ainda que*** = **"même si"** (voir n° 34).

### Pour aller plus loin

***ainda por cima***
par-dessus le marché, de surcroît

***ainda bem!***
heureusement !

### Exercice

*Traduire :*
1. Malgré tout je n'ai pas trouvé l'exercice très difficile. 2. Ils se sont rencontrés pas plus tard que le mois dernier ! (m.à m.: le mois dernier même) 3. Le film n'est quand même pas horrible ! 4. Un jour ils finiront bien par aller en Chine. 5. Ce gosse nous en fait voir de toutes les couleurs (pôr-nos os cabelos em pé), mais malgré tout c'est un amour. 6. Nous avons bien l'intention (haver de) d'aller au spectacle, même au prix de (à custa de) plusieurs heures d'attente.

## 9 Alguém, algo, algum[a]

1 ***Alguém*** (quelqu'un) et ***algo*** (quelque chose) sont des **pronoms indéfinis invariables.**

*Algo* appartient à un registre soigné. Dans le langage courant on emploie *alguma coisa. Alguém* s'utilise dans tous les registres.

***Alguém*** *bateu à porta.*
Quelqu'un a frappé à la porte.

*Aperceberam-se de* ***algo.***
Ils / elles se rendirent compte de quelque chose.

▲ En français, lorsque “quelqu'un” ou “quelque chose” est suivi d'un adjectif, celui-ci est précédé de la préposition “de”. *Algo* et *alguém* peuvent être suivis ou non de la préposition *de* qui souligne davantage le sens de l'adjectif.

***É alguém [de] muito divertido.***
C'est quelqu'un de très amusant.

*Com esse conjunto de edifícios o arquitecto quis fazer* ***algo [de] grandioso.***
Avec cet ensemble d'immeubles l'architecte a voulu faire quelque chose de grandiose.

▲ *Algo*, adverbe, a le sens de *um pouco* (un peu, quelque peu).

*Os embaixadores estão* ***algo preocupados.***
Les ambassadeurs sont quelque peu préoccupés.

2 ***Algum, alguns, alguma[s]*** **sont des pronoms ou des adjectifs variables.** Ils se réfèrent à des êtres animés ou inanimés.

a/ **Pronoms,** ils se traduisent par “un”, “une”, “quelques-uns”, “quelques-unes” (précédés de “en” s'ils sont placés après le verbe), “l'un”, “l'une”.

*Viste* ***algum****?*
Est-ce que tu en as vu un ?

*Viste* ***algum deles****?*
Est-ce que tu as vu l'un d'entre eux / l'un d'eux ?

*Leste* ***alguns****?*
Est-ce que tu en as lu quelques-uns ?

b/ **Adjectifs**, ils se traduisent par “quelque[s]” (voir n° 145).

***Alguma coisa*** *[de] grave aconteceu.*
Quelque chose de grave est arrivé.

▲ “Quelque chose”, en français, est une locution indéfinie qui est toujours au masculin (ex. : “un petit quelque chose” : *uma pequena coisa, qualquer pequena coisa).*

Pour l'accord de l'adjectif et l'emploi de la préposition *de* en portugais, voir n° 145.

▲ Dans un registre plutôt soigné *algum, alguns, alguma[s]* peuvent remplacer *nenhum, nenhuns, nenhuma[s]* dans les expressions négatives, (voir n°106).

***Sem conhecimentos alguns*** *(sem conhecimentos nenhuns / sem nenhuns conhecimentos).*
Sans aucune connaissance.

**Exercice**

*Compléter les phrases suivantes :*
1. Está ............. em casa? 2. Assistiu à reunião sem interesse ........... 3. .......... dos convidados atrasaram-se. 4. Há ............... fruta na cozinha. 5. Os juízes estão a decidir ............. importante. 6. Cuidado! É ............... susceptível.

# 10 Alternative et alternance

## 1 L'alternative.

a/ ***Ou...ou*** = ou...ou.

***Ou vão*** *para a Serra da Estrela,* ***ou vão*** *para o Algarve.*
Ou ils / elles vont dans la Serra da Estrela, ou il / elles vont en Algarve.

b/ ***[Quer] seja...[quer] seja*** = que ce soit...que ce soit, que ce soit...ou. Le plus souvent *seja* est précédé de *quer.*

*Seja...seja* ne peut pas être suivi d'un verbe.
Dans un contexte au passé au met ***fosse... fosse.***

*Os motoristas das camionetas conduzem* ***[quer] seja de noite,[quer] seja de dia.***
Les chauffeurs des autocars conduisent que ce soit de jour ou de nuit.
***[Quer] seja um, [quer] seja outro****, não os entendo.*
Que ce soit l'un, que ce soit l'autre, je ne les comprends pas.

c/ **Quer...quer** = soit...soit, soit que...soit que, que...ou que.

***Quer eles venham, quer não[venham]****, nós ficamos esta noite em casa.*
Qu'ils viennent ou non / qu'ils viennent ou qu'ils ne viennent pas, nous resterons à la maison ce soir.

## 2 L'alternance.

a/ ***Ora...ora*** = tantôt...tantôt (à des moments différents).

***Ora ris, ora choras****!*
Tantôt tu ris, tantôt tu pleures !

***Ora é ele, ora é ela.***
Tantôt c'est lui, tantôt c'est elle.

b/ ***Quer...quer***, ***tanto...como*** = tantôt...tantôt, aussi bien...que (à des moments différents ou en même temps).

***Quer ele, quer eu***, *aceitamos as propostas da empresa.*
Aussi bien lui que moi, nous acceptons les propositions de l'entreprise.
*O Leandro* ***tanto diz*** *uma coisa* ***como*** *outra.*
Leandro dit tantôt une chose, tantôt une autre.

**Exercice**

*Traduire :*
1. Les messages arrivent ou par fax ou par télex. 2. Je vais faire les photocopies soit avant le cours, soit après. 3. Que tu le veuilles ou non, tu devras accepter. 4. Que ce soit pour une raison ou pour une autre, il n'est jamais disponible. 5. Aussi bien le thé que le café l'empêchent de dormir (tirar o sono). 6. L'après-midi, tantôt ils jouent au golf, tantôt ils jouent au tennis.

## 11 Anniversaire

### 1 Comment demander la date de l'anniversaire et comment répondre.

a/ Avec l'expression ***fazer anos.***

– ***Quando fazes anos?*** — *[****No****]* ***dia*** *17 de Novembro /* ***A*** *17 de Novembro.*
– C'est quand ton anniversaire ? — Le 17 novembre.
– ***Em que data / dia / mês fazes anos?*** — *[****No****]* ***dia*** *24 de Agosto /* ***A*** *24 de Agosto /* ***Em*** *Agosto.*
– A quelle date est ton anniversaire ? — Le 24 août / en août.

b/ Avec le **possessif +** ***anos / aniversário.***

– ***Qual é o dia dos seus anos?*** — *[É]* ***dia*** *30.*
– Quel est le jour de votre anniversaire ? — C'est le 30.
– ***Qual é a data do aniversário do senhor?*** — *[É]* ***dia*** *1 de Março.*
– Quelle est la date de votre anniversaire, Monsieur ? — [C'est] le 1er mars.

### 2 Comment souhaiter un bon anniversaire : avec le mot *parabéns*, éventuellement précédé de *muitos*. On ajoute aussi parfois, comme dans la chanson, *Muitos anos de vida* ou *Muitas felicidades.*

A la fête d'anniversaire on chante *Os parabéns a você* sur l'air de *Happy birthday to you* :

| | |
|---|---|
| *Parabéns a você* | *Hoje é dia de festa.* |
| *Nesta data querida* | *Cantam as nossas almas* |
| *Muitas felicidades* | *Para o / a ...... (nome)* |
| *Muitos anos de vida.* | *Uma salva de palmas* |
| | (une salve d'applaudissements) |

**Pour aller plus loin**

***dar os parabéns*** : souhaiter l'anniversaire
***a festa de anos / dos anos / de aniversário / do aniversário*** : la fête d'anniversaire
***o bolo de velas / dos anos / de aniversário*** : le gâteau d'anniversaire
***acender / apagar as velas*** : allumer / éteindre les bougies

**Exercice**

**1.** *Demander à des amis la date de leur anniversaire. (Donner plusieurs possibilités).*

**2.** *Répondre à la question* — Quando faz anos? *(Supposons que la date de naissance soit le 24 avril 1974).*

**3.** *Que dire à quelqu'un pour lui souhaiter un bon anniversaire ?*

## 12 A peine, à peine ...que (traduction)

### 1 "A peine", locution adverbiale : *mal.*

*Os refugiados* ***mal têm*** *força para andar.*
Les réfugiés ont à peine la force de marcher.

Ce n'est que dans un registre très soigné que "à peine" peut se traduire par *apenas,* couramment employé dans le sens de "seulement". *Mal,* dans le sens de "à peine" ne peut pas être employé seul avec un adjectif, il faut rajouter un verbe. S'il s'agit d'un participe passé, celui-ci est remplacé par un temps verbal conjugué et *mal* est alors une conjonction et non un adverbe. Suivi d'un adjectif ou d'un participe passé il a le sens de "mal".

*Apenas se ouviam algumas vozes que* ***mal eram audíveis.***
On entendait seulement quelques voix [qui étaient] à peine audibles.

***Mal chega*** *da escola, o Nuno põe-se a ver televisão.*
A peine arrivé (m.à m.: à peine arrive-t-il) de l'école, Nuno se met à regarder la télé[vision].

### 2 "A peine...que" : *mal, assim que, apenas.*

***Mal / assim que cheguei*** *a casa, a tempestade rebentou.*
J'étais à peine arrivé chez moi que l'orage a éclaté.

***Apenas** os emissários chegaram, o presidente começou o discurso de boas vindas.*
A peine les émissaires étaient-ils arrivés que le président commença son discours de bienvenue.

▲ *Apenas* correspond à un registre de langue très soigné.

▲ "A peine" placé en tête de phrase entraîne régulièrement l'inversion du sujet. Dans un registre familier on évite l'inversion en plaçant la locution après le verbe. En portugais les conjonctions doivent toujours être placées au début de la proposition subordonnée.

▲ Dans la locution "à peine...que" "que" ne se traduit pas.

▲ Alors que le français marque généralement l'antériorité en mettant un temps composé dans la subordonnée, le portugais emploie plus souvent un temps simple.
Il ne met jamais de *pretérito perfeito simples* dans la subordonnée quand il y a un présent dans la principale, alors que le français met fréquemment un passé composé.

***Mal começarem / tiverem começado** as férias, a cidade ficará deserta.*
A peine les vacances auront-elles commencé / commenceront-elles que la ville sera déserte.
***Mal começam** as férias, a cidade **fica** deserta.*
A peine les vacances ont-elles commencé / commencent-elles que la ville est déserte.

**Exercice**

*Traduire :*
1. Il a à peine fini une cigarette qu'il en fume une autre. 2. A peine une mode s'impose-t-elle (instalar-se) qu'une autre apparaît. 3. A peine s'est-il couché qu'il s'est endormi. 4. A peine réveillé il va prendre une douche.

## 3 *Apprendre* (traduction)

### 1 ***Ensinar*** (donner la connaissance, enseigner).

*Não é necessário **ensinar as crianças** a brincar.*
Il n'y a pas besoin d'apprendre aux enfants à jouer.

Le complément indiquant la personne à qui est donnée la connaissance est généralement un complément direct. Mais il est indirect, précédé de la préposition *a* lorsque les deux compléments de *ensinar* sont des noms.

*Não é necessário **ensinar jogos a essas crianças.***
Il n'y a pas besoin d'apprendre de jeux à ces enfants.

**2** ***Aprender*** (acquérir la connaissance).

***Aprendi a escrever*** *à máquina numa semana.*
J'ai appris à écrire à la machine en une semaine.

**3** ***Saber que, saber de*** + **nom ou pronom** (être informé).

– ***Soube*** *por acaso* ***que*** *a tia Suzana* ***estava cá.***
– J'ai appris par hasard que vous étiez là, tante Suzana.
*Foi esta manhã que* ***soubemos da notícia.***
C'est ce matin que nous avons appris la nouvelle.

**4** ***Dar a notícia que, informar de que, revelar [que], dar a notícia de*** + **nom ou pronom,** (informer).

*O João* ***deu-me a notícia que*** *vocês vão a Itália este verão.*
João m'a appris que vous allez en Italie cet été.
*Vou-vos* ***revelar*** *um segredo.*
Je vais vous apprendre un secret.

**Exercice**

*Traduire :*
1. Quand as-tu appris qu'il y a une grève demain ? 2. J'ai appris trois langues. 3. Qui est-ce qui vous a appris à jouer du violon (violino), Monsieur Rodrigues ? 4. C'est par Lucinda que j'ai appris ce qui s'était passé. 5. Je vais t'apprendre une chose que personne ne sait.

## 14 Après *(traduction)*

**1** Si **"après"** est **adverbe**, placé avant ou après le verbe, il se traduit par ***depois***.

*Vamos nadar e* ***depois vamos*** *apanhar sol.*
Nous allons nager et après nous prendrons un bain de soleil.
*Pague primeiro e* ***depois [logo] se vê****!*
Payez d'abord et on verra après !

▲ Dans la langue orale, et pour indiquer un temps imprécis, on emploie souvent l'expression redondante *depois logo*.

***Depois logo se faz****!*
On fera ça après !

▲ Si on veut exprimer une succession immédiate, *depois* peut être remplacé par ***em seguida*** (= à la suite, juste après) ou par ***a seguir***.

▲ Pour insister sur le caractère immédiat de la succession, on fait précéder *depois* ou *a seguir* de *logo* (= tout de suite) ou de *imediatamente* : ***logo depois, logo a seguir, imediatamente depois, imediatamente a seguir***.
Par contre, *logo* se combine moins souvent avec *em seguida,* et très rarement avec *imediatamente.*

2 Si **"après"** est préposition et **introduit un nom, un pronom ou un verbe à l'infinitif**, il se traduit le plus souvent par ***depois de.***

*Gosto muito de um bom café* ***depois da refeição***.
J'aime bien un bon café après le repas.

*Por ordem alfabética, estou* ***depois de ti***.
Par ordre alphabétique, je suis après toi.

*Voltamos a ver-nos* ***depois de amanhã.***
On se reverra après-demain.

Si on veut indiquer que la sucession est immédiate, *depois* peut être **remplacé par *a seguir a,*** sauf devant l'infinitif.

*Bebe* ***a seguir à refeição***.
Il / elle boit juste après le repas.

*Bebe* ***logo / imediatamente depois de comer***.
Il / elle boit aussitôt après avoir mangé.

▲ "Après" est suivi de l'infinitif passé. *Depois de,* lui, peut être suivi de l'infinitif présent ou passé.

*Acabei por entrar* ***depois de esperar / de ter esperado*** *duas horas.*
J'ai fini par entrer après avoir attendu deux heures.

▲ Dans le cas d'une série, on emploie plutôt ***a seguir*** ou ***após***.

*As nuvens aparecem* ***umas a seguir às outras / umas após as outras.***
Les nuages apparaissent les uns après les autres.

3 *Depois de* et *a seguir a* peuvent être **remplacés** dans une langue plus soignée **par *após.***

***Após a inauguração****, o presidente regressou à Assembleia.*
Après l'inauguration, le président est revenu à l'Assemblée.

De même que *depois de* et *a seguir a, após* peut être précédé de *logo* ou de *imediatamente* : ***logo após, imediatamente após.***

4 Dans certaines expressions imagées, la préposition "après" se traduit par d'autres prépositions.

***gritar com alguém***
crier après quelqu'un

***correr atrás do dinheiro***
courir après l'argent

**Pour aller plus loin**

L'après-guerre
***o pós-guerra***
La semaine d'après
***[na] semana seguinte***
D'après moi / toi / vous (singulier) / nous / vous (pluriel)
***na minha / tua / sua / nossa / vossa opinião.***
D'après lui / elle / eux / elles
***na opinião dele / dela / deles / delas***

D'après [ce que disent] les journaux
***segundo [o que dizem] os jornais***
Après la pluie le beau temps !
***Depois da tempestade vem a bonança!*** (m.à m.: après la tempête vient l'accalmie)

**Exercice**

*Traduire :*
1. Après les vacances nous sommes retournés à Lisbonne. 2. Aussitôt après le déjeuner je prends un café. 3. Les bonnes nouvelles sont arrivées les unes après les autres. 4. Après avoir joué, les enfants sont allés à l'école. 5. D'après [le bulletin de] la météo (boletim meteorológico), il va pleuvoir cet après-midi.

## 15 Aqui, cá, aí, lá, ali, além, acolá

Le portugais compte sept adverbes de lieu là où le français ne dispose que de trois formes “ici”, “là”, “là-bas”.
Comme le système des démonstratifs (voir n° 50), celui de ces adverbes de lieu envisage 3 zones qui sont déterminées en fonction du locuteur, de l'interlocuteur, et de la distance apparente ou imaginée :

| Zone du locuteur | Zone de l'interlocuteur | Zone qui n'est ni du locuteur, ni de l'interlocuteur |
|---|---|---|
| ***aqui***<br>***cá*** | ***aí*** | ***ali além acolá***<br>***lá*** |

Cette notion de zone est très subjective, c'est-à-dire que les frontières entre les zones varient selon la perception du locuteur.

**1** ***Aqui, cá***, désignent ce qui est proche ou perçu comme faisant partie de l'environnement du locuteur.

a/ ***Aqui*** désigne un point précis ou une zone envisagée d'une façon relativement précise.

*— Onde é que lhe dói? —* ***Aqui****, por cima do tornozelo.*
— Où avez-vous mal ? — Ici, au-dessus de la cheville.

b/ ***Cá*** désigne une zone perçue comme plus imprécise, mais pas forcément plus éloignée.

*O João não está* ***cá.***
João n'est pas là.

Puisque *cá* et *aqui* désignent la zone du locuteur, s'il y a un démonstratif, il ne peut être que ***este[s], esta[s], isto*** (voir n° 50).

2 ***Aí*** désigne ce qui est proche de l'interlocuteur ou ce qui est perçu comme faisant partie de son environnement.

*Não fiquem* ***aí****, andem!*
Ne restez pas là, circulez !
*Ainda só estás* ***aí*** *nesses exercícios!*
Tu n'en es encore que là de tes exercices !

A l'adverbe *aí* correspondent les démonstratifs ***esse[s], essa[s], isso.***

3 ***Lá, ali, além, acolá*** désignent un espace perçu comme étant extérieur à celui qui est occupé par le locuteur et l'interlocuteur.

a/ ***Lá*** indique une zone perçue comme plus ou moins imprécise (même imprécision que pour l'adverbe *cá).*

*Está calor* ***lá fora****!*
Il fait chaud dehors !
***Lá na minha casa*** *em Lisboa, costumo apanhar sol na varanda.*
Chez moi à Lisbonne, j'ai l'habitude de me mettre au soleil sur le balcon.

b/ ***Ali*** indique un lieu assez précis, relativement peu éloigné, que l'on peut montrer.

*O Miguel mora* ***ali naquele prédio****.*
Miguel habite dans cet immeuble[-là].

c/ **Além** indique un lieu plus éloigné que *ali,* mais assez proche pour qu'on puisse le désigner du doigt ou en montrer la direction.

*Não vês aquele castelo* ***além****, na colina?*
Tu ne vois pas ce château là-bas, sur la colline ?

d/ ***Acolá,*** beaucoup moins utilisé, peut remplacer *ali* ou *além.*

Aux adverbes *lá, ali, além, acolá,* correspondent les démonstratifs ***aquele[s], aquela[s], aquilo.***

4 Pour faire allusion à un lieu dont on vient de parler, on emploie le plus souvent ***lá.*** Dans une langue plus soignée et si on veut représenter ce lieu de façon plus précise, on peut employer ***aí.***

*Ele foi a Amsterdão e **de lá / daí** a Londres.*
Il est allé à Amsterdam et de là à Londres.
*Conheço bem o Porto porque passei **lá / aí** a minha infância.*
Je connais bien Porto car j'y ai passé mon enfance.

5 Pour indiquer un moment précis ou insister sur un fait dont on vient de parler, on emploie le plus souvent ***aí***.
On peut remarquer que c'est le démonstratif correspondant, ***esse[s], essa[s], isso***, qui joue souvent ce rôle de rappel.

*Ele falou-me dos lucros que teve, e **foi aí** que compreendi que tinha enriquecido sem esforço.*
Il m'a parlé des bénéfices qu'il a faits et c'est alors que j'ai compris qu'il s'était enrichi sans effort.

***Aí** é que se engana.*
C'est là qu'il / elle se trompe.

***Daí vem que...***
De là vient que...

***Daí a alguns dias...***
A quelques jours de là...

Si ce moment se situe dans le futur, on emploie ***lá***.

*Ainda faltam seis meses para o exame. **Daqui até lá** não me doa a cabeça.*
Il reste encore six mois avant l'examen. J'ai le temps de voir venir (m. à m. : d'ici là, que je n'aie pas mal à la tête).

6 Avec la préposition ***por*** c'est l'adverbe ***aí*** qui est employé pour indiquer un moment ou un fait imprécis et qu'on ne cherche pas à se représenter clairement.

*Custa duzentos mil euros, **por aí**.*
Cela coûte dans les deux cent mille euros.

***Aí pelas dez horas** estou em casa.*
Vers dix heures je serai chez moi.

7 Dans la langue courante, voire familière, ***lá*** et ***cá*** peuvent avoir une fonction de mise en relief.

***Cá entre nós.***
Entre nous soit dit.

***Cá para mim,** esse filme é aborrecido.*
Moi, je trouve que ce film est ennuyeux.

***Dá cá** um bocado de chocolate.*
Donne-moi un bout de chocolat.

***Deixa-o lá.** Ele **lá sabe** o que faz.*
Laisse-le tranquille. Ce qu'il fait, ça le regarde.

*Estou-me nas tintas. **Faz lá** o que quiseres.*
Je m'en fiche. Fais ce que tu veux.

8 Dans la langue courante, voire familière, et dans des phrases exclamatives, ***lá*** placé après le verbe peut parfois avoir une valeur négative, sauf à l'impératif (de même que ***cá***, plutôt pour la 1re personne).

***Sei lá / Sei cá!***
Est-ce que je sais, moi !

***Sabes lá** o que aconteceu!*
Tu ne peux pas savoir ce qui s'est passé !

*Ele **é lá capaz** de pegar nesta mala!*
Lui, porter cette valise ! Comme s'il en était capable !

***Querem** eles **lá saber**! / **Querem lá saber** disso para alguma coisa!*
Qu'est-ce qu'ils en ont à faire !

9 ***Além de*** a aussi le sens de “au-delà de”, “outre”, “en plus [de]”.

***Para além** dessa data*
Au-delà de cette date

***Além disso***
En plus [de ça], en outre

***Além de ser** desagradável, é malcriado.*
Il est désagréable, et en plus il est mal élevé.

***Aquém,*** qui faisait une paire avec ***além*** (ex : *aquém e além mar* = de ce côté-ci et de l'autre côté de la mer), n'est plus utilisé que dans un sens abstrait.

*Ficou muito **aquém** do que poderia ter feito.*
Il / elle est resté[e] bien en deçà de ce qu'il / elle aurait pu faire.

### Pour aller plus loin

***Aqui e ali***
Ici et là

***Para lá de***
Au-delà de, de l'autre côté de

***Daqui a pouco***
D'ici peu, bientôt

***Desde então para cá***
Depuis ce moment-là, depuis lors

***Está lá!?*** : en début de conversation téléphonique, même emploi que “allô !”

***Vê lá! (veja lá!; vejam lá!)***
Fais attention ! ou Tu te rends compte ! (suivant l'intonation et le contexte)

***Já lá vai mais um dia!***
Encore un jour de passé !

***O Além***
L'au-delà

***Além fronteiras***
Au-delà des frontières

### Exercice

*Traduire :*
1. En plus de ses amis, il n'a invité qu'un cousin pour son anniversaire (festa de anos). 2. Vous ne pouvez pas savoir ce qu'ils nous ont dit ! 3. Je ne veux plus rien dire. Faites ce qui vous semblera le mieux. 4. La rue des Fleurs est par là, mais je ne sais pas exactement où. 5. Je me suis mis en colère (ficar furioso), et c'est là que je lui ai dit ce que je pensais. 6. La place Marquis de Pombal est encore loin. Elle est là-bas, après l'Avenue de la Liberté. 7. Le métro n'est pas loin. Il est là, au bout de la rue. 8. Le porte-clés (porta-chaves) est là, juste à côté de toi. 9. Ici, près de la fenêtre, on sent un courant d'air.

## 16 **Argent** *(désignation et expressions)*

Depuis le 1er janvier 2002, l'unité monétaire est l'euro.
***1 euro = 100 cêntimos.***

Auparavant l'unité était ***o escudo*** qui s'écrivait *1 $ 00*.

- ***1 escudo = 100 centavos*** (centimes) = ***10 tostões*** (pluriel de *tostão* seulement employé pour des petites sommes).

Dans la vie quotidienne, au lieu de dire ***1000 escudos*** on disait souvent ***um conto*** (abréviation de *um conto de réis* ; *réis* : ancienne monnaie).

*1 575 $ 00 = mil quinhentos e setenta e cinco escudos / um conto quinhentos e setenta e cinco escudos.*
*50 896 $ 50 = cinquenta mil oitocentos e noventa e seis escudos e cinquenta centavos / cinquenta contos oitocentos e noventa e seis escudos e cinquenta [centavos].*

- Il était fréquent, pour de petites sommes, de compter oralement, non pas en *centavos* (de 1 à 100), mais en *réis* (de 100 à 1000). Dans ce cas on ne donnait que les chiffres et on omettait les termes *escudos* et *réis*.

*10 $ 50 = dez escudos e cinquenta [centavos] / dez e quinhentos.*
*15 $ 10 = quinze escudos e dez [centavos] / quinze e cem.*
*55 $ 30 = cinquenta e cinco escudos e trinta [centavos] / cinquenta e cinco e trezentos.*

- L'ancienne monnaie (le *mil-réis*) est encore employée par certaines personnes (notamment des gens âgés) pour désigner l'*escudo*, mais seulement de 2 à 900.

*2 $ 00 = dois escudos / dois mil-réis.*
*300 $ 00 = trezentos escudos / trezentos mil-réis.*

### Pour aller plus loin

***a moeda*** *(ex : a moeda de 2 euros) :* la pièce [de monnaie]
***a nota*** *(ex : a nota de 20 euros) :* le billet
***ter dinheiro trocado / ter troco*** *:* avoir de la monnaie
***trocar*** *(ex : trocar 100 euros) :* faire la monnaie (de 100 €)
***ter troco de*** *(ex : ter troco de 20 euros) :* avoir la monnaie de (20 €)
***ter [uns] miúdos*** *:* avoir de la petite monnaie
***a conta [bancária]*** *:* le compte [bancaire]
***passar um cheque em nome de*** *:* faire (libeller) un chèque au nom de
***o livro de cheques*** *:* le carnet de chèques
***o cheque sem cobertura*** *:* le chèque sans provision
***levantar dinheiro*** *:* retirer de l'argent
***o cartão de crédito*** *:* la carte de crédit
***a caderneta [de poupança]*** *:* le livret (d'épargne)
***as acções*** *(na bolsa) :* les actions (à la bourse)
***cambiar / trocar dinheiro*** *:* changer de l'argent
***o câmbio*** *:* le change

**Exercice**

*Ecrire en toutes lettres, comme sur un chèque :*

1. 180 370 € 50 2. 5 638 € 80
3. 428 € 30 4. 795 € 05

## 17 Articles

### 1 Formes simples.

| | | Masculin | Féminin |
|---|---|---|---|
| articles définis | singulier<br>pluriel | ***o***<br>***os*** | ***a***<br>***as*** |
| articles indéfinis | singulier<br>pluriel | ***um***<br>***uns*** | ***uma***<br>***umas*** |

a/ ***Uns, umas*** sont classés comme articles indéfinis mais ils **n'ont généralement pas le sens de l'article indéfini "des"** qui ne se traduit pas (voir n° 21). Ils servent à indiquer un **nombre indéfini restreint ou approximatif**.

*O carro fez **uns ziguezagues** perigosos antes de ficar parado.*
La voiture a fait quelques zigzags dangereux avant de s'immobiliser.
*Os pais dele têm **uns cinquenta anos**.*
Ses parents ont une cinquantaine d'années.

b/ **L'article partitif (du, de la, de, des) n'existe pas en portugais.**

*O Carlos bebe água e vinho a todas as refeições.*
Carlos boit de l' eau et du vin à tous les repas.
*Não tenho cigarros.*
Je n'ai pas de cigarettes.

**L'adverbe de quantité suivi de "de"** ("assez de", "peu de", etc.) où le "de" est à la fois préposition et partitif, devient **adjectif en portugais** et le "de" ne se traduit pas.

*Eles têm **muito dinheiro** mas **pouca imaginação**.*
Ils ont beaucoup d'argent mais peu d'imagination.
*Tenho **gasolina suficiente** para andar ainda cem quilómetros.*
J'ai suffisamment d'essence pour faire encore cent kilomètres.

**2 Formes contractées** (voir n° 132).

**Exercice**

*Traduire :*

1. Veux-tu de la sauce (molho) ? 2. Il y avait des nuages derrière la montagne. 3. Nous n'avons pas assez de chaises pour tous. 4. Il n'y a que des saules pleureurs (chorão) dans le jardin. 5. Je ne veux plus de thé. 6. Ils n'ont pas d'allumettes (fósforos). 7. Elle a acheté beaucoup de bouquins.

## 18 *Article défini devant le possessif*

Alors qu'au Brésil on peut employer ou non l'article devant l'adjectif possessif, au Portugal on doit l'employer, sauf dans un certain nombre de cas où l'omission est possible ou obligatoire.

### 1 Omission possible.

a/ Après le verbe *ser*, si ce qui est déterminé n'est pas envisagé comme un tout qu'on isole.

***São os teus amigos*** *da faculdade.*
Ce sont tes amis (= tous tes amis) de la fac[ulté].
***São teus amigos*** *da faculdade.*
Ce sont des amis à toi de la fac[ulté].

b/ Après une préposition, une conjonction ou un gérondif si le possessif est placé juste après, surtout dans un langage soigné (le plus souvent écrit).

*Tomaram conhecimento do sucedido* ***através de*** */* ***dos vossos*** *amigos.*
Ils / elles ont pris connaissance de ce qui est arrivé par vos amis.
***Já que*** *[os]* ***vossos*** *eleitores se exprimem, dêem-lhes ouvidos, senhores deputados.*
Puisque vos électeurs s'expriment, écoutez-les, Messieurs les députés.
– ***Seguindo*** *[o]* ***seu*** *conselho, não se arrependeriam.*
– Si vous aviez suivi son conseil, vous ne l'auriez pas regretté.

### 2 Omission obligatoire.

a/ Après *como* et *enquanto* dans le sens de "en tant que".

– ***Como meus*** *amigos, podem contar comigo.*
– En tant qu'amis, vous pouvez compter sur moi.
*Falaram-te* ***enquanto teus*** *adversários e não* ***enquanto teus*** *colegas.*
Ils t'ont parlé en tant qu'adversaires et non en tant que collègues.

b/ Après *por* au sens causal.

*Tudo aconteceu **por vossa** culpa.*
Tout est arrivé par votre faute.

c/ Dans un certain nombre de locutions. Par ex. : ***em teu favor*** (en ta faveur), ***em meu nome*** (en mon nom), ***a nosso pedido*** (à notre demande), ***a meu ver*** (à mon avis), ***para nosso bem*** (pour notre bien).

**Exercice**

*Traduire :*
1. Vous savez, Monsieur Castro, en tant qu'associé (m. à m. = que votre associé), je dois vous donner mon avis. 2. Je suis passé à ma banque. 3. A mon avis, il va perdre les élections. 4. Nous sommes vos anciens voisins.

## 19 **Article défini** *(employé en français, pas en portugais)*

### 1 Devant un adjectif au superlatif relatif de supériorité ou d'infériorité quand le substantif qu'il qualifie est déjà précédé d'un article défini et placé immédiatement avant.

***A viagem mais interessante** que fizemos foi à Áustria.*
Le voyage <u>le</u> plus intéressant que nous ayons fait, c'est en Autriche.

Mais on met l'article si le substantif est séparé du superlatif.

*A viagem à Áustria foi **a mais interessante** que fizemos.*
Le voyage en Autriche a été le plus intéressant que nous ayons fait.

### 2 Devant un nom complément d'objet direct d'un verbe tel que *estudar, aprender, ensinar.*

*aprender costura* — apprendre <u>la</u> couture

*estudar medicina* — étudier <u>la</u> médecine

### 3 Dans des expressions introduites par la préposition *de* et indiquant une position du corps, une caractéristique physique, une manière d'être.

***de** pés para o ar* — <u>les</u> pieds en l'air

***de** pernas cruzadas* — <u>les</u> jambes croisées

***de** nervos à flor da pele* — <u>les</u> nerfs à fleur de peau

***de** cabelos em pé* — <u>les</u> cheveux hérissés

***de** bolsos vazios* — <u>les</u> poches vides

**4** **Dans les expressions introduites par la préposition *de* et indiquant un moment de la journée.**

| | | | |
|---|---|---|---|
| ***de*** *manhã* | ***de*** *tarde* | ***de*** *dia* | ***de*** *noite* |
| le matin | l'après-midi | le jour | la nuit |

Avec les autres prépositions l'article est obligatoire.

***À*** *tarde a Joana toca cravo.*
L'après-midi Joana joue du clavecin.

**5** **Avant le nombre qui désigne le jour du mois.**

*Évora, 5 de Outubro* — Évora, le 5 octobre
*o decreto de 10 de Maio.* — le décret du 10 mai.

**6** **Devant les noms des points cardinaux quand ils sont employés pour indiquer une direction.**

*Percorremos Marrocos de Norte a Sul.*
Nous avons parcouru le Maroc du nord au sud.

**7** **Devant une fraction.**

*Comeu metade do pão, dois terços do fiambre e três quartos do bolo!*
Il / elle a mangé la moitié du pain, les deux tiers du jambon et les trois quarts du gâteau !

**8** **Devant les noms d'ingrédients culinaires.**

*uma tarte de amêndoas* — une tarte aux amandes
*uma sopa de cebola.* — une soupe à l'oignon.

**9** **Après "Monsieur", "Madame" quand ils sont suivis d'un substantif désignant un titre ou une fonction.**

*[A] Senhora duquesa* — Madame la duchesse
*[Os] Senhores deputados* — Messieurs les députés

**10** **Dans l'expression "l'un[e]...l'autre", "les un[e]s...les autres".** En portugais il n'y a pas d'article devant *um[a], uns* ; il y en a un devant *outro[s], outra[s]* sauf si l'un (des deux ou des deux groupes) exclut l'autre, ou s'il s'agit des expressions *um[a] e outro/a, uns e outros, umas e outras.*

*Um espreitava enquanto o outro se introduzia na casa do Sr. Coelho.*
L'un faisait le guet pendant que l'autre s'introduisait dans la maison de M. Coelho.

*É preciso escolher uma ou outra.*
Il faut choisir l'une ou l'autre.

11 **Dans certaines locutions introduites par une préposition.**

| | | | |
|---|---|---|---|
| *a exemplo de* à l'exemple de | *em nome de* au nom de | *por meio de* au moyen de | *em apoio de* à l'appui de |
| *em proveito de* au profit de | *em benefício de* au bénéfice de | *em prejuízo de* au détriment de | |

12 **Dans certaines expressions formées d'un verbe et d'un complément.**

| | | |
|---|---|---|
| *guardar silêncio* garder le silence | *tomar a sério* prendre au sérieux | *sentir necessidade de* sentir le besoin de |
| *ter tempo para* avoir le temps de | *ter direito a* avoir le droit de | *ter força para* avoir la force de |
| *ser bem-vindo* être le bienvenu | *pôr a votos* mettre aux voix | *ouvir missa* entendre la messe |

13 **Dans certaines expressions exclamatives.**

*Oh! [Que] mentiroso!*
Oh ! le menteur !

14 **Après le verbe "sentir" = *cheirar a.***

*Preferes que a tua casa de banho cheire a miosótis ou a lavanda?*
Tu préfères que ta salle de bains sente le myosotis ou la lavande ?

**Exercice**

*Traduire :*
1. Alexandre étudie l'architecture. 2. Je n'ai de préférence ni pour l'un ni pour l'autre. 3. La photo la plus originale est celle qui est exposée. 4. Dalila, c'est la jeune fille aux yeux bleus. 5. Je n'ai pas le temps de préparer le dîner. 6. La gâteau (bolo) au chocolat et à l'orange est délicieux. 7. Les deux tiers des effectifs n'auront pas d'augmentation de salaire.

## 20 *Article défini* (*employé en portugais, pas en français*)

1 **Devant un nom indiquant l'heure** (voir n ° 169), **le jour, l'âge, s'il s'agit d'un complément circonstanciel introduit par *a* ou *em*.**

***Ao meio-dia e meia,*** *o avião levanta voo.*
A midi et demi, l'avion décolle.

***Aos trinta anos*** *ela fez uma viagem a Macau.*
A trente ans elle a fait un voyage à Macao.

***Na sexta-feira passada*** *fiquei em casa e* ***na próxima sexta-feira*** *também fico.*
Vendredi dernier je suis restée à la maison et vendredi prochain j'y resterai aussi.

▲ Il n'y a pas d'article devant le nom du jour de la semaine s'il est employé seul (sans préposition, ni adjectif).

*Não haverá aulas sexta-feira.*
Il n'y aura pas cours vendredi.

▲ Pour indiquer un fait qui se répète, en français on met l'article devant le nom du jour alors qu'en portugais on met la préposition *a*.

***Ao domingo*** *há muitos engarrafamentos.*
Le dimanche il y a beaucoup d'embouteillages.

2 **Devant *senhor[es], senhora[s], menino[s], menina[s],*** lorsqu'on s'adresse à quelqu'un et que ces mots ont fonction de **sujets ou de compléments** ou lorsqu'on interpelle quelqu'un sans donner de nom ou de titre (voir n° 174).

– ***O senhor Fonseca*** *pode entrar.* (mais, en apostrophe : *Senhor Fonseca, pode entrar.*)
– Monsieur Fonseca, vous pouvez entrer.
– ***Os senhores*** *precisam de alguma coisa?*
– Messieurs, est-ce que vous avez besoin de quelque chose ?
– ***As senhoras****, por aqui, por favor.*
– Mesdames, par ici, s'il vous plaît.

3 **Devant le prénom ou le nom, dans la langue courante.**

***O Pedro*** *e* ***a Lídia*** *mudaram de casa.*
Pedro et Lídia ont déménagé.
***O Soares*** *mudou de emprego.*
Soares a changé d'emploi.

Les noms d'écrivains, d'artistes, de personnalités politiques, etc. ne sont pas précédés de l'article, sauf dans un registre familier ou lorsqu'ils sont déterminés.

*Maria Helena Vieira da Silva é a pintora portuguesa mais conhecida em França.*
Maria Helena Vieira da Silva est le peintre portugais le plus connu en France.
**O** *Carlos de Oliveira romancista é mais conhecido do que* **o** *Carlos de Oliveira poeta.*
Carlos de Oliveira romancier est plus connu que Carlos de Oliveira poète.

4 **Devant les noms *rua, praça, largo* (place), *praceta, beco* (impasse), *avenida, cais* (quai), *estrada* (route) pour indiquer une adresse.**

*Moro **no Beco** da Saudade e a Joana **na Avenida** da Liberdade.*
J'habite impasse de la Saudade et Joana avenue de la Liberté.

5 **Dans certaines expressions.**

| | | |
|---|---|---|
| ***às** dezenas*<br>par dizaines | ***às** centenas*<br>par centaines | ***aos** milhares*<br>par milliers |
| ***aos** soluços*<br>en sanglots | ***aos** gritos*<br>à grands cris | ***à** força*<br>de force |
| *barco **à** vela*<br>bateau à voile | *o pobre **do** [homem]*<br>ce pauvre [homme] | *o diabo **da** [miúda]*<br>cette sacrée [gamine] |
| *perder **os** sentidos*<br>perdre connaissance | *perder **o** fôlego*<br>perdre haleine | *perder **a** paciência*<br>perdre patience |

6 **Devant les infinitifs substantivés**. En portugais tous les infinitifs peuvent être substantivés (voir n° 91).

**Exercice**

*Traduire :*
1. Madame, c'est un ou deux kilos de carottes que vous voulez ? 2. Ils ont pris leur retraite (reformar-se) à soixante ans. 3. Filipe a beaucoup grandi ! 4. Ana a acheté un appartement route de Santo Amaro. 5. Marguerite Yourcenar est un écrivain très connu au Portugal.

## 21 **Article indéfini** *(employé en français, pas en portugais)*

On peut dire d'une façon générale que l'emploi de l'article indéfini est beaucoup moins fréquent en portugais qu'en français. Il est omis dans les cas suivants :

1 **Au pluriel.**

*Puseram selos nas cartas.*
Ils / elles ont mis des timbres sur les lettres.

2 **Devant un nom ne désignant pas un référent particulier mais n'importe quel élément du même genre.** Si le nom est déterminé il indique alors un référent particulier et il est précédé de l'article.

| | |
|---|---|
| *Tens congelador?*<br>Tu as un congélateur ? | *Tens **um** congelador de muito boa qualidade.*<br>Tu as un congélateur de très bonne qualité. |

**3** **Devant certains adjectifs épithètes précédant le nom (notamment les indéfinis).**

*Fiquei admirada que eles tenham dito tal coisa.*
J'ai été étonnée qu'ils aient dit une telle chose.
*Eu não disse semelhante coisa.*
Je n'ai pas dit une chose pareille.
*Elas deram meia volta e foram-se embora passado meia hora.*
Elles ont fait demi-tour et sont parties au bout d'une demi-heure.

**4** **Devant un nom accompagné d'un adjectif au comparatif** si ce nom est pris dans son sens générique.

*Nunca assisti a discussão tão interessante como esta.*
Jamais je n'ai assisté à une discussion aussi intéressante que celle-ci.
*O boletim meteorológico anuncia tempo pior / pior tempo para a próxima semana.*
La météo annonce un plus mauvais temps pour la semaine prochaine.

**Exercice**

*Traduire :*
1. É estimulante receber melhor salário. 2. É uma recepção de grande elegância. 3. Tenho carro há vários anos. 4. Ele nunca tinha visto cidade mais bela do que esta!

## 22 Assim, assim como, assim que

**1** ***Assim*** **indique la manière** et a le sens de "ainsi", "comme cela", "comme ça".

*Não faças isso* ***assim****!*
Ne fais pas ça comme ça !
***Assim*** *toda a gente está contente!*
Comme cela, tout le monde est / sera content !
*E* ***assim*** *acaba a lenda.*
Et ainsi finit la légende.

*Assim* peut porter sur un adjectif et celui-ci est obligatoirement précédé de *tão.* Si *assim* est séparé de l'adjectif par une pause, *assim* porte alors sur le verbe et l'adjectif peut ne pas être précédé de *tão.*

*Não sejas* ***assim tão falador****!*
Ne sois pas bavard comme ça !
– *Continua* ***assim****, optimista!*
– Continue comme ça, optimiste !

2 ***Assim*** **introduit l'expression d'un souhait** et a le même sens que *oxalá.* Le verbe est au subjonctif.

*Nós estamos de acordo ; **assim** a Graça também **esteja**!*
Nous sommes d'accord ; pourvu que Graça le soit aussi !

3 ***Assim*** **présente une conclusion** et a le sens de "ainsi", "en conséquence", "alors".

*O Alberto ficou muito magoado com o que lhe disseste ; **assim**, é muito provável que não aceite o teu convite.*
Alberto a été très affecté par ce que tu lui as dit ; alors il est très probable qu'il n'accepte pas ton invitation.

4 ***Assim mesmo*** ou ***mesmo assim*** **introduit une opposition** et a le sens de "même comme cela", "malgré cela", "quand même".

*A renda é baratíssima e **mesmo assim** eles não a pagam a tempo e horas.*
Le loyer est très bon marché et malgré cela ils ne le paient pas en temps voulu.
*É mais bonito que o primeiro, mas **mesmo assim** não me agrada.*
Il est plus joli que le premier, mais il ne me plaît quand même pas.

5 ***Assim como*** **introduit une comparaison** et a le sens de "comme", "ainsi que", "de même que" (voir n° 32). Il peut être suivi d'un nom ou d'un verbe.

*A fruta está caríssima, **assim como os legumes**.*
Les fruits sont très chers, de même que les légumes.
***Assim como disse**, fiz.*
J'ai fait comme j'avais dit.

6 ***Assim que*** **introduit une idée de temps** et a le sens de "dès que", "aussitôt que" (voir n° 168).

***Assim que** a Madalena **chegou**, almoçámos.*
Aussitôt que Madalena est arrivée, on a déjeuné.
*Eles vão-se embora **assim que estejam** prontos.*
Ils s'en iront dès qu'ils seront prêts.
*Tenho a certeza [de] que ele se levantaria **assim que te visse**.*
Je suis sûr[e] qu'il se lèverait dès qu'il te verrait.

**Pour aller plus loin**

***assim [é que] sim!***
comme ça, oui !
***assim é que é!***
c'est comme ça !
***assim é que não está bem!***
comme ça, ça ne va pas !

***assim [é que] não!***
comme ça, non !
***assim é que é bom!***
c'est comme ça que c'est bon !
***assim não está bem!***
ce n'est pas bien comme cela.

### Pour aller plus loin

***assim-assim***
comme ci, comme ça

***e assim e assado [e frito e cozido]***
et patati et patata

***[e] assim foi!***
[et] ça s'est passé comme ça !

***assim como assim***
au point où on en est

***por assim dizer***
pour ainsi dire

***[e] é assim!***
[et] c'est comme ça !

***Umas vezes calha assim, outras vezes calha assado.***
Tantôt ça marche, tantôt ça ne marche pas. / Tantôt c'est comme ci, tantôt c'est comme ça.

### Exercice

*Traduire :*
1. Há um erro nas contas : assim, terão de ser verificadas. 2. Assim que puder, compro uma impressora. 3. Assim como assim, tomamos o próximo comboio. 4. O Zé disse-nos que nos vinha buscar cedo e assim foi! Às sete da manhã já cá estava. 5. Eu disse-lhe que já tinha comprado o jornal e mesmo assim o Bernardo comprou outro. 6. Eu quero ir convosco ; assim a Inês também queira!

## 23 Augmentatifs

Les augmentatifs donnent une idée de grandeur ou de grosseur, mais la plupart du temps ils transmettent en même temps une appréciation, qui peut être élogieuse, mais le plus souvent ils ajoutent une notion de disproportion plus ou moins ridicule, ou de brutalité, de grossièreté et sont donc péjoratifs. De ce fait certains ne sont employés que dans une langue très familière.

***-ão*** **est le suffixe le plus courant et celui avec lequel on crée en général de nouveaux augmentatifs** (cette création est beaucoup moins fréquente que celle des diminutifs). Les autres suffixes ne permettent pratiquement plus de créations mais ils ont formé des mots qui sont intégrés dans la langue.

**1** ***-ão*** : il sert à former des adjectifs ou des substantifs à partir du radical d'un substantif, d'un adjectif ou d'un verbe. Les mots formés avec ce suffixe sont toujours du genre masculin, même ceux formés à partir de noms féminins.

*carro —> carr**ão*** (grosse voiture)
*mentiroso —> mentiros**ão*** (grand menteur)
*choramingar —> choraming**ão*** (pleurnicheur)
*uma parede —> um pared**ão*** (grand mur)
*uma casa —> um casar**ão*** (grande maison)

Certains de ces substantifs ont aussi une forme féminine en ***-ona***.

*um solteiro —> um solteir**ão*** (un célibataire), *uma solteir**ona*** (une vieille fille)
*uma mala* (valise, malle) *—> um mal**ão**, uma mal**ona***
*uma mulher* (une femme) *—> mulher**ão**, mulher**ona*** (ces deux augmentatifs sont familiers s'ils sont laudatifs et vulgaires s'ils sont péjoratifs)

▲ Ce suffixe se trouve parfois combiné avec d'autres suffixes comme *-alho, -arro, -eiro.*

*brincar —> brinc**alhão*** (blagueur, farceur)
*grande —> grand**alhão*** (très grand)
*homem —> homen**zarrão*** (grand gaillard)
*voz —> voz**eirão*** (grosse voix)

▸ Tous les augmentatifs en ***-ão*** forment **leur pluriel en *-ões*** (voir n° 123)

2 ***-ona*** : féminin de *-ão* utilisé pour les adjectifs et pour quelques substantifs (voir ci-dessus).

*comer —> comil**ona*** (gourmande)
*chorar —> chor**ona*** (pleurnicheuse)

3 Quelques autres suffixes augmentatifs.

***-aço*** *: amigo —> amig**alhaço*** (bon copain)
***-aça*** *: fumo —> fum**aça*** (épaisse fumée)
***-orra*** *: cabeça —> cabeç**orra*** (grosse tête)

**Exercice**

*Former l'augmentatif à partir des mots suivants (en faisant précéder les substantifs de l'article) :*
pesado - uma piada - um papel - refilar - velhaco - uma faca - mandar - uma palavra

## 24 **Avoir** (ter, estar com)

1 Lorsqu'il s'agit d'une appartenance, d'une qualité ou d'une situation **permanente** (ou envisagée comme telle), "avoir" se traduit par ***ter.***

*A cama **tem** dois metros de comprimento.*
Le lit a deux mètres de long.
*A Margarida **tem sempre medo** de sair sozinha à noite.*
Margarida a toujours peur de sortir seule le soir.

2 Lorsqu'il s'agit de quelque chose de **transitoire**, "avoir" peut se traduire par ***ter*** ou par ***estar com.*** Cette expression, qui n'est employée que dans ce cas, met mieux en relief l'aspect temporaire.

***Hoje*** *o Óscar* ***está com / tem o carro*** *do tio.*
Aujourd'hui Oscar a la voiture de son oncle.

*Agora* ***estou com / tenho muita fome.***
Maintenant j'ai très faim.

*O meu filho* ***está com / tem medo*** *de sair porque vai haver uma trovoada.*
Mon fils a peur de sortir parce qu' il va y avoir de l'orage.

*A filha dela* ***já está com / tem vinte anos****!*
Sa fille a déjà vingt ans !

## Exercice

*Traduire :*

1. Il a toujours eu beaucoup d'amis. 2. Elle était blonde (loura) et maintenant elle a les cheveux (o cabelo) noirs ! 3. Après le match (desafio), on avait très soif. 4. J'ai deux soeurs. 5. Du premier étage, nous avons une belle vue sur la mer.

# b

## 25 Baixo : de / em / para / por baixo, abaixo, de baixo

**1** ***Em baixo*** indique une position inférieure.

*Os que **estão em baixo** ouvem os ruídos da rua.*
Ceux qui sont en bas entendent les bruits de la rue.

*Ele **está lá em baixo** no rés-do-chão.*
Il est en bas, au rez-de-chaussée.

**2** ***Debaixo [de]*** : "sous", "en dessous [de]", "au-dessous de" (avec ou sans contact).

*O gato escondeu-se **debaixo da cama**.*
Le chat s'est caché sous le lit / en dessous du lit.

*Está **ali debaixo**.*
Il / elle est là-dessous / là, en dessous.

**3** ***Em baixo de*** : "sous", "en dessous de", "au-dessous de" (en contact avec). *Em baixo de* est beaucoup moins employé que *debaixo de.*

*O livro de física está **em baixo do** de matemática.*
Le livre de physique est au-dessous de celui de mathématiques.

**4** ***Por baixo [de]*** : "sous", "en dessous [de]", "au-dessous [de]", "par-dessous" (indique un mouvement ou situe une chose comme en recouvrant une autre ou la surplombant).

*O cão **passa por baixo do portão**.*
Le chien passe par-dessous / sous le portail.

***Por baixo do casaco** comprido ela vestiu um fato de saia e casaco.*
En dessous de / sous son manteau elle a mis un tailleur.

*Vêem-se nitidamente as montanhas **por baixo do avião**.*
On voit nettement les montagnes sous / au-dessous de l'avion.

– *Levanta o sofá ; as chaves **estão por baixo**.*
– Soulève le fauteuil / le canapé ; les clés sont en dessous.

**5** ***Para baixo [de]*** indique une direction vers le bas.

*Ontem esteve a chover **para baixo de Coimbra**.*
Hier il a plu au-dessous de Coïmbre.

6 ***Para baixo [de], para debaixo de*** indiquent un mouvement *(para)* et le point d'aboutissement *(debaixo de)*.

*O gato saltou da cadeira* ***para baixo / para debaixo da mesa***.
Le chat a sauté de la chaise sous la table.

7 ***De baixo [de], [de] debaixo de,*** indiquent une direction à partir d'une position inférieure.

*Ele vem lá* ***de baixo****, do vale.*
Il vient d'en bas, de la vallée.

*Tiraram-no* ***[de] debaixo dos escombros***.
On l'a tiré de dessous / de sous les décombres.

8 ***Abaixo [de]*** indique une position inférieure dans un ensemble ou une série. *Abaixo*, précédé d'un adverbe de lieu, peut être employé aussi après un verbe de mouvement (voir n° 54).

*Ninguém deveria ser pago* ***abaixo do salário*** *mínimo.*
Personne ne devrait être payé au-dessous du salaire minimum.

*O chefe de secção está* ***abaixo do director.***
Le chef de bureau est au-dessous du directeur.

*Hoje a temperatura é de um grau* ***abaixo de zero.***
Aujourd'hui la température est de un degré au-dessous de zéro.

*Ver o gráfico* ***abaixo apresentado***.
Voir le graphique [présenté] ci-dessous.

*É ainda* ***mais abaixo***.
C'est encore plus bas.

## Pour aller plus loin

***abaixo!***
à bas !

***os abaixo-assinados***
les soussignés

***estar em baixo*** (fam.)
ne pas être en forme

***andar abaixo e acima***
ne pas cesser de monter et de descendre

***abaixo a reacção!***
à bas la réaction !

***um abaixo-assinado***
une pétition

***ir-se abaixo*** (fam.)
ne pas tenir le coup, perdre ses moyens, perdre des forces, caler (pour un moteur)

***tratar alguém abaixo de cão***
traiter quelqu'un comme un chien

## Exercice

*Traduire :*
1. Dans cette entreprise, il n'y a aucun ingénieur au-dessous de lui. 2. Les clés sont au-dessous du journal. 3. Il y a quelqu'un qui t'attend en bas. 4. Les gosses sont allés sous la table pour ne pas être dérangés. 5. Le restaurant est dans cette rue, un peu plus bas.

## 26 **But** *(constructions finales)*

Le portugais peut choisir entre des constructions avec le verbe à l'infinitif (cas le plus courant) ou au subjonctif.

1 *Para* (pour), *a fim de* (afin de), *com o fim de* (id.), *com a intenção de* (avec l'intention de), etc. + **infinitif**.
Pour l'emploi de l'infinitif impersonnel ou personnel, voir n° 95.

*Os quadros da empresa deslocaram-se* ***com o fim de se reunir[em]*** *no edifício vizinho.*
Les cadres de l'entreprise se sont déplacés afin de se réunir dans l'immeuble voisin.

*Pediram-te com insistência* ***para [tu] dizeres*** *o que sabias.*
Ils / elles t'ont demandé avec insistance de dire ce que tu savais.

2 *Para que* (pour que), *a fim de que* (afin que ; registre plus soigné) + **subjonctif**.

*Faremos um seguro* ***para que não tenhamos*** *problemas durante a viagem.*
On prendra une assurance pour qu'on n'ait pas de problèmes pendant le voyage.

*– O senhor tinha preenchido o impresso* ***a fim de que lhe concedessem*** *um subsídio de desemprego?*
– Monsieur, est-ce que vous aviez rempli l'imprimé afin qu'on vous accorde une allocation de chômage ?

**Exercice**

***1.*** *Relier les deux phrases en employant* para *et* para que :
1. Passei a camisa a ferro. Ficou impecável. 2. Chegaremos cedo. Teremos lugares sentados.

***2.*** *Relier les deux phrases en employant* a fim *de et* a fim de que :
1. Deslocam-se. Tentam convencer os eleitores. 2. Os representantes da firma apresentaram as vantagens do novo produto. Os clientes decidir-se-ão a comprá-lo.

# C

## 27 **Cause** *(propositions et constructions à sens causal)*

**1** **La cause est considérée comme réelle.** On peut choisir entre les constructions suivantes :

a/ **Proposition à l'indicatif.**

Principales conjonctions de subordination: ***porque*** (parce que), ***como*** (comme), ***já que*** (puisque), ***uma vez que*** (du moment que), ***visto que*** (vu que) —beaucoup plus employé qu'en français—, ***dado que*** (étant donné que) —registre plus soigné—, ***posto que*** (puisque) —moins employé.
***Que***, dans un registre familier, peut être une abréviation de *porque* ou une conjonction de coordination à sens causal.

*Expuseram os seus argumentos com brevidade,* ***porque dispunham*** *de pouco tempo.*
Ils / elles exposèrent leurs arguments brièvement, parce qu'ils / elles disposaient de peu de temps.
***Já que vocês passam*** *pela loja de electrodomésticos, vão ao serviço de assistência.*
Puisque vous passez devant le magasin d'électroménager, allez au service après-vente.
– *Conta-lhe tudo,* ***que*** *ele tem de saber.*
– Raconte-lui tout, parce qu'il faut qu'il le sache.

***Pois***, conjonction de coordination, correspondant au français "car", est d'un usage très fréquent.

*Brevemente vamos poder ler o jornal,* ***pois*** *o carteiro está a chegar.*
On va bientôt pouvoir lire le journal, car le facteur arrive.

▲ En français, lorsque deux propositions causales sont coordonnées, la deuxième est souvent introduite par "que". En portugais, la conjonction ou la locution conjonctive est soit reprise en entier, soit supprimée.

*Como é reformado e [como] tem dinheiro, pode viajar tanto quanto quiser.*
Comme il est à la retraite et qu'il a de l'argent, il peut voyager tant qu'il veut.

b/ **Construction infinitive.**

Ces constructions sont introduites par ***por, dado, visto, devido ao facto de, devido a.*** Elles peuvent se placer avant ou après la proposition principale. Le verbe est le plus souvent à l'infinitif personnel (voir n° 94, 95).

***Visto*** *já* ***ser*** *tarde, amanhã trataremos do assunto.*
Comme il est déjà tard, on verra cette affaire demain.

*O Vasco e o Pedro não encontram sapatos com facilidade* ***devido a calçarem*** *o número 46.*
Vasco et Pedro ne trouvent pas facilement de chaussures du fait qu'ils chaussent du 46.

c/ **Construction gérondive** (voir n° 84). On la trouve surtout dans la langue écrite soignée.

***Tendo*** *uma dor no calcanhar, ele teve de abandonar a corrida.*
Ayant une douleur au talon, il a dû abandonner la course.

2 **La cause est considérée comme hypothétique : proposition au conditionnel.**

*Não faças isso porque* ***te arrependerias****.*
Ne fais pas cela parce que tu le regretterais.

3 **La cause est considérée comme incertaine : proposition au subjonctif.**

C'est dans une langue soignée, surtout écrite, que l'on trouve le subjonctif, après ***como, porque, dado que.*** *Como* peut être suivi du subjonctif même si la cause est réelle. Le français emploie l'indicatif.

***Como não tivesse sabido*** */ não tinha sabido da notícia antes do programa, o ministro não podia referir-se a ela.*
Comme il n'avait pas appris la nouvelle avant l'émission, le ministre ne pouvait pas en parler.

*Ele fracassou, ou* ***porque não estivesse*** */ não estava em forma ou porque os seus adversários* ***fossem*** */ eram demasiado fortes.*
Il a échoué, soit parce qu'il n'était pas en forme soit parce que ses adversaires étaient trop forts.

4 **La cause est considérée comme fausse : proposition au subjonctif ou à l'infinitif**. En français on a l'indicatif, sauf après "non pas que", "ce n'est pas que".

*Fui a pé,* ***não porque goste*** */* ***não por gostar*** *de andar, mas porque estava farta de esperar pelo autocarro.*
Je suis allée à pied, non pas parce que j'aime marcher, mais parce que j'en avais assez d'attendre l'autobus.

*O projecto escolhido foi o do arquitecto Sousa;* ***não que fosse*** *o melhor, mas era o mais barato /* ***não por ser o melhor, mas por ser...***
Le projet retenu a été celui de l'architecte Sousa ; non pas qu'il ait été le meilleur, mais c'était le moins cher.

**Pour aller plus loin**

En dehors des propositions subordonnées, la cause peut être exprimée par des expressions suivies de noms ou de pronoms. Les plus courantes sont : ***por causa de*** (à cause de), ***graças a*** (grâce à), ***na origem de*** (à l'origine de), ***sob o impulso de*** (sous l'impulsion de).

**Exercice**

*Réunir les deux phrases en une seule phrase contenant une construction causale. Donner plusieurs solutions :*
1. Não tinham bilhete. Pagaram uma multa. 2. Comprei este sofá. Não era o mais bonito mas era o mais confortável. 3. Vamos ver a peça de Eurípides. Os actores não são muito bons mas gostamos das tragédias clássicas.

---

## 28 C'est... que, c'est... qui *(traduction)*

Il existe deux traductions possibles.

• ***É que,*** locution **invariable**, placée **immédiatement après le ou les mot[s] qu'elle souligne.**

• Une construction analogue à la construction française : ***Ser ... que*** ou ***ser... quem.*** Mais à la différence du "est" qui ne peut se mettre qu'à la troisième personne du singulier ou du pluriel, ***ser*** **s'accorde avec le mot ou l'expression qu'il souligne** (c'est moi : *sou eu ;* c'est toi : *és tu* ; c'est lui : *é ele* ; c'est vous (singulier) : *é você, é o senhor...,* c'est nous : *somos nós* ; c'est vous (pluriel) : *são vocês, sois vós* ; c'est eux, ce sont eux : *são eles*) et **il se met obligatoirement au même temps que le verbe de la proposition relative introduite par *que.***

Il est possible (mais peu fréquent) de remplacer *que* par ***quem*** quand il **représente une personne** et qu'il est **sujet**. Dans ce cas le verbe qui suit est toujours à la troisième personne.

***Tu é que*** *disseste! /* ***Foste tu que*** *disseste! /* ***Foste tu quem*** *disse!*
C'est toi qui l'as dit !

*Gasolina sem chumbo* ***é que*** *eu pedi. /* ***Foi*** *gasolina sem chumbo* ***que*** *eu pedi.*
C'est de l'essence sans plomb que jai demandé.

*Cassettes vídeo **é que** ele comprou. / **Foram** cassettes vídeo **que** ele comprou.*
Ce sont / c'est des cassettes video qu'il a achetées.

*Nós **é que** tocávamos piano. / **Éramos** nós **que** tocávamos piano. / **Éramos** nós **quem** tocava piano.*
C'était / c'est nous qui jouions du piano.

Quand le mot ou l'expression qu'on veut souligner est **précédé d'une préposition**, le verbe ***ser* est à la troisième personne du singulier**.

***Era de** canções modernas e não de música clássica **que** gostávamos.*
C'étaient les chansons modernes et non la musique classique que nous aimions.

***Foi com** os argumentos dele **que** concordei.*
C'est avec ses arguments que j'ai été d'accord.

▲ Après *é que* et *ser... que* le pronom personnel atone complément du verbe se place avant celui-ci (proclise).

*Ontem **é que** a loja **lhes entregou** o televisor. / **Foi** ontem **que** a loja **lhes entregou** o televisor.*
C'est hier que le magasin leur a livré le téléviseur.

▲ *É que* est très employé dans la langue parlée mais on l'évite dans la langue écrite soignée où on fait appel à d'autres moyens de mise en relief : le portugais peut, par exemple, beaucoup plus facilement que le français, souligner un élément de la phrase en changeant sa position normale.

*De bolos gostam eles! / De bolos, gostam!*
Les gâteaux, c'est ce qu'ils aiment !

*Do futuro do país os deputados falaram muito.*
C'est de l'avenir du pays dont les députés ont beaucoup parlé.

▲ **"C'est que"**, locution servant à introduire une justification, se traduit par ***é que.***

*Eles já estão no hotel. **É que** o avião chegou mais cedo do que o previsto.*
Ils sont déjà à l'hôtel. C'est que l'avion est arrivé plus tôt que prévu.

## Exercice

*Traduire en donnant éventuellement les différentes traductions possibles :*
1. C'est toi qui es en train de faire la cuisine (cozinhar). 2. C'est vous deux (vocês os dois) qui vous êtes perfectionnés tout seuls. 3. C'est avec Luís que nous sommes allés au Brésil. 4. C'est avant-hier que Dulce m'a présenté son mari. 5. Il y a de la lumière dans la salle à manger. C'est qu'ils sont en train de dîner.

## 29 Chercher, rechercher *(traduction)*

1 Par ***buscar*** quand "chercher", précédé d'un verbe de mouvement, signifie "prendre".

***Vou buscar selos.***
Je vais chercher des timbres.

*Amanhã à noite eles* ***vêm-nos buscar de carro.***
Demain soir ils viennent nous chercher en voiture.

2 Par ***procurar*** ou ***andar à procura*** quand "[re]chercher" signifie "s'efforcer de découvrir".

***Procuro as chaves / ando à procura das chaves*** *do carro e não consigo encontrá-las.*
Je cherche les clés de la voiture et je n'arrive pas à les trouver.

*Os polícias* ***procuravam o ladrão / andavam à procura do ladrão*** *onde ele não estava!*
Les policiers [re]cherchaient le voleur là où il n'était pas !

▲ Lorsque *procurar* a pour complément un pronom personnel, celui-ci peut être précédé de la préposition *por.*

***Procurámos-te / procurámos por ti*** *no meio da multidão!*
Nous t'avons cherché au milieu de la foule !

▲ Quand on veut insister sur la difficulté de la recherche, on peut remplacer *procurar* par *buscar.*

***O cão busca a lebre / anda à busca da lebre*** *que o caçador matou.*
Le chien recherche le lièvre que le chasseur a tué.

3 Par ***procurar*** ou ***andar à procura*** quand "[re]chercher" signifie "s'efforcer d'obtenir".

*O André está desempregado e* ***procura um emprego / anda à procura de um emprego.***
André est au chômage et [re]cherche un emploi.

4 **"Chercher à" + infinitif** se traduit par ***procurar*** **+ infinitif.**

***Procuro compreender*** *os comportamentos deles.*
Je cherche à comprendre leurs comportements.

*Os turistas* ***procuram*** *decifrar os hieróglifos.*
Les touristes cherchent à déchiffrer les hiéroglyphes.

5 **"Chercher quelqu'un"** dans le sens de "provoquer" se traduit par ***provocar, meter-se com, entrar com, brincar com.***

*Hoje apetece-te divertires-te:* ***estás a provocar-me / estás a meter-te comigo / a entrar comigo / a brincar comigo****...*
Aujourd'hui tu as envie de t'amuser : tu me cherches...

6 **"Faire des recherches"** se traduit par ***investigar, investigar sobre, fazer investigações sobre,*** ou, moins couramment, par ***pesquisar, fazer pesquisas sobre.*** S'il s'agit d'un domaine de recherche, on traduit par ***fazer investigação em, fazer investigações em.***

*Os médicos* ***investigaram [sobre] as causas da epidemia.***
Les médecins ont fait des recherches sur les causes de l'épidémie.
*A minha prima* ***faz investigação em física nuclear.***
Ma cousine fait de la recherche en physique nucléaire.

**Exercice**

*Traduire :*
1. Peut-être cherche-t-il plus à séduire qu'à convaincre ? 2. Si tu me cherches... tu vas voir ce qui va t'arriver ! 3. Il vient chercher ses enfants. 4. Il y a certainement une solution. Il faut la chercher et la trouver. 5. On t'a cherché partout et on n'a pas réussi à te trouver. 6. Ils font de la recherche en chimie (química).

## 0 Chez *(traduction)*

Il n'existe pas en portugais de préposition exprimant la localisation avec tous les sens de "chez".

1 "Chez" = "dans la maison de".

a/ "Chez" + groupe nominal : **préposition** + ***casa de*** + groupe nominal.

*Neste momento encontram-se* ***em casa dos amigos.***
En ce moment ils se trouvent chez leurs amis.

b/ "Chez" + pronom personnel : **préposition + adjectif possessif + *casa.***

*Eles vêm* ***de tua casa****.*
Ils viennent de chez toi.
*Nós passámos* ***por vossa casa.***
Nous sommes passés chez vous.

A la troisième personne on emploie généralement la forme *dele, dela, deles, delas* (voir n° 129).

*Vamos* ***a*** */* ***para casa dela****.*
Nous allons chez elle.

Il est possible d'omettre le possessif s'il s'agit de la propre maison du sujet du verbe et s'il n'y a pas une intention de mise en relief.

*Esqueci-me de tudo **em** [minha] **casa**.*
J'ai tout oublié chez moi.

*O Bernardo fica **em casa** [dele] até o meio-dia.*
Bernardo reste chez lui jusqu'à midi.

**2** "Chez" + nom de métier.

a/ "Dans le magasin de" : **préposition + désignation du magasin** précédé du déterminant.

*Já fomos **ao talho** e **à peixaria**; ainda temos de ir **à mercearia** e **à padaria**.*
Nous sommes déjà allé[e]s chez le boucher / à la boucherie, et chez le poissonnier / à la poissonnerie ; il nous reste à aller chez l'épicier / à l'épicerie et chez le boulanger / à la boulangerie.

b/ "Dans le bureau de", "dans le cabinet de" etc. : **préposition + nom de métier** précédé du déterminant.

*O Henrique está **no médico** e depois vai **ao advogado.***
Henrique est chez le médecin et ensuite il va chez l'avocat.

Il est possible de spécifier. Ex. : *ir ao gabinete do director, ao consultório do médico, do advogado.*

**3** "Chez" = "dans le pays de" : **préposition + nom du pays** précédé ou non de l'article.

*É um hábito muito corrente **na Polónia.***
C'est une habitude très courante chez les Polonais (= en Pologne).

**4** "Chez" = "du temps de" : ***no tempo de, entre*** (registre soigné).

***No tempo dos romanos** / **entre os romanos**, havia escravos muito cultos.*
Chez les Romains, il y avait des esclaves très cultivés.

**5** "Chez" = "dans la personnalité de" : ***em*** **+ nom** (ou pronom) précédé ou non de l'article.

*É uma preocupação constante **no Fernando**.*
C'est une préoccupation constante chez Fernando.

*Será que não há **nele** uma certa sede de poder?*
Est-ce qu'il n'y aurait pas chez lui une certaine soif de pouvoir ?

**6** "Chez" = "dans l'œuvre de" : ***na[s] obra[s] de*** **+ nom** (ou pronom) ou ***em*** **+ nom** (ou pronom).

***Na obra de** / **em Luís de Camões**, é a poesia lírica que prefiro.*
Chez Luís de Camões, c'est la poésie lyrique que je préfère.

*Depois de 1974 encontra-se **nas obras de** / **em vários romancistas** uma nova visão da História de Portugal.*
Après 1974 on trouve chez plusieurs romanciers une nouvelle vision de l'histoire du Portugal.

▲ Après certains verbes comme *convidar* (inviter), *convocar* (convoquer), *chamar* (appeler) etc., qui supposent qu'il y a un déplacement pour se rendre à l'endroit voulu, le portugais doit indiquer ce déplacement par l'emploi d'un verbe de mouvement (*ir, vir ...).*

*A Isabel* ***convida-nos para irmos a casa dela*** *sábado à noite.*
Isabel nous invite chez elle samedi soir.

**Exercice**

*Traduire :*
1. Chez lui tout est ambigu. 2. Chez les philosophes grecs on trouve les racines des philosophies occidentales. 3. Je vais chez le dentiste cet après-midi. 4. Maria João est allée chez le boucher acheter un rôti (carne para assar). 5. Chez les anciens Egyptiens (egípcios) la pensée religieuse a été créatrice d'un art original. 6. Notre avocat nous a invités, non pas à son cabinet, mais chez lui.

## 31 Cima : de / em / para / por cima, acima

### 1 Em cima.

● Indique une position élevée.

*Os que* ***estão em cima*** *correm o risco de cair.*
Ceux qui sont en haut risquent de tomber.
– *Olha para o pássaro naquele ramo* ***lá em cima.***
– Regarde l'oiseau sur la branche là-haut.

● Indique une position sur la face supérieure d'une autre chose (= dessus). Dans ce cas il est précédé d'un adverbe de lieu.

*A mesa está livre, põe as tuas coisas* ***aí em cima.***
La table est libre, mets tes affaires dessus.

### 2 Em cima de : "sur", "au-dessus de" (en contact avec).

– *Põe a travessa* ***em cima da mesa.***
– Mets le plat sur la table (pour les différentes traductions de "sur", voir n° 160).
*Pus a jarra com os malmequeres* ***em cima da estante***.
J'ai mis le vase avec les marguerites sur l'étagère.

▲ Si on veut indiquer une position élevée, on met ***no cimo de.***

*Ela pôs o vaso com o cacto* ***no cimo da*** *escada.*
Elle a mis le pot avec le cactus en haut de l'escalier.
– *Oha para a antena de televisão* ***lá no cimo da*** *Torre Eiffel.*
– Regarde l'antenne de télévision tout en haut de la Tour Eiffel.

3 ***Por cima [de]*** : “au-dessus de”, “par-dessus” (indique un mouvement ou situe une chose comme en recouvrant une autre ou la surplombant).

*O avião deve passar* ***por cima de Marselha.***
L’avion doit passer au-dessus de Marseille.

– *Deixa-me dar uma olhadela ao jornal* ***por cima do teu ombro****.*
– Laisse-moi jeter un coup d’oeil sur le journal par-dessus ton épaule.

*Se tens frio com a blusa, veste um casaco* ***por cima.***
Si tu as froid avec ton chemisier, mets un gilet par-dessus.

*O teu disco está no monte da direita,* ***por cima.***
Ton disque est dans la pile de droite, au-dessus.

4 ***Para cima [de]*** indique une direction vers le haut ou un mouvement et son point d’aboutissement.

***Para cima de Coimbra*** *amanhã está mau temps.*
Au-dessus de Coïmbre demain il fera mauvais temps.

*O gato saltou* ***para cima da mesa****.*
Le chat a sauté sur la table.

5 ***De cima [de]*** indique une direction à partir d’une position supérieure.

*Os bons exemplos deveriam vir* ***de cima****.*
Les bons exemples devraient venir d’en haut.

*As pedras caem* ***de cima do muro****.*
Les pierres tombent de dessus / de sur le mur.

6 ***Acima [de]*** indique une position supérieure dans un ensemble ou une série. *Acima*, précédé d’un adverbe de lieu, peut être employé après un verbe de mouvement (voir n° 93).

*O grau de general está* ***acima do*** *de coronel.*
Le grade de général est au-dessus de celui de colonel.

*O salário dele está muito* ***acima do salário*** *mínimo.*
Son salaire est bien au-dessus du salaire minimum.

*Ver o exemplo* ***acima mencionado****.*
Voir l’exemple mentionné ci-dessus.

*Ver exemplo* ***acima****.*
Voir l’exemple ci-dessus.

### Pour aller plus loin

***ainda por cima***
en plus, par-dessus le marché

***andar rua acima rua abaixo***
aller et venir dans la rue

***em cima da hora***
juste à l’heure

***de cima abaixo***
de haut en bas

**Exercice**

*Traduire :*
1. Nos voisins du dessus sont très bruyants. 2. Ils sont toujours en train de chanter, là-haut ! 3. L'hélicoptère (helicóptero) est passé juste au-dessus de chez nous. 4. Il pense qu'il n'y a personne au-dessus de lui ! 5. J'ai mis mon stylo-bille (esferográfica) sur la table et maintenant je ne le trouve plus.

## 32 **Comparaison** *(propositions comparatives)*

Les propositions comparatives sont introduites par ***do que, como*** (voir n° 33), ***assim como*** (de même que), ***conforme*** (selon que, de la manière dont), ***bem como, tal como*** (comme, de même que) ces deux dernières locutions étant d'un registre un peu plus soigné.

▸ Pour les expressions *quanto mais / menos...[tanto] mais / menos...*, voir n° 33.

Dans une proposition comparative ***do que*** **ne peut pas être réduit à *que***, alors qu'il l'est souvent quand il n'est pas suivi d'un verbe (voir n° 33).

**1** Événement présenté comme certain et / ou réel : **proposition à l'indicatif.**

*Nós levantamo-nos* ***muito mais tarde*** *durante as férias* ***do que nos levantamos*** *em tempo de aulas.*
Pendant les vacances nous nous levons beaucoup plus tard que nous ne le faisons en période scolaire.

*Se eu tivesse tido tempo, teria feito* ***como me tinhas dito.***
Si j'avais eu le temps, j'aurais fait comme tu me l'avais dit.

**2** Comparaison hypothétique : **proposition au conditionnel.**

*Ele recebeu-me* ***como teria recebido*** *um príncipe.*
Il m'a reçu comme il aurait reçu un prince.

*Ela fez* ***melhor do que eu teria feito.***
Elle a fait mieux que je n'aurais fait.

**3** Événement futur ou présent, envisagé comme incertain (éventuellement parce qu'il dépend du choix du locuteur ou de quelqu'un d'autre) : **subjonctif futur**.

*Faremos* ***[tal] como nos disseres.***
Nous ferons comme tu nous diras.

*Compro cravos ou rosas? É* ***como quiseres.***
J'achète des oeillets ou des roses ? C'est comme tu veux.

*Farei* ***como me apetecer****.*
Je ferai comme ça me plaira.

**4** **Événement hypothétique ou irréel** (l'hypothèse est indiquée dans la principale par un conditionnel ou un temps à sens de conditionnel) : **subjonctif imparfait ou plus-que-parfait.** En français, c'est le conditionnel qui est employé dans la proposition comparative.

*Se lhe explicasses, fazia **como lhe dissesses**.*
Si tu lui expliquais, il / elle ferait comme tu le lui dirais.
*Se lhe tivesses explicado, tinha feito **como lhe tivesses dito**.*
Si tu lui avais expliqué, il / elle aurait fait comme tu le lui aurais dit.

● Les propositions à la fois comparatives et conditionnelles introduites par ***como se*** sont toujours au **subjonctif** (imparfait ou plus-que-parfait).

*Ele falará **como se fosse** o chefe.*
Il parlera comme s'il était le chef.
*Tu andas devagar **como se tivesses** muito tempo para lá chegar.*
Tu marches lentement comme si tu avais tout ton temps pour arriver là-bas.
*O professor calou-se **como se já tivesse dito** tudo.*
Le professeur s'est tu comme s'il avait déjà tout dit.

**5** Les propositions comparatives introduites par ***quanto mais, quanto menos*** suivies de ***tanto mais, tanto menos*** sont à l'indicatif si l'événement est réel (passé ou présent), au subjonctif futur si l'événement est futur et au subjonctif imparfait ou plus-que-parfait si l'événement est hypothétique ou irréel (voir n° 33).

***Quanto menos** faz, **menos** tem vontade de fazer.*
Moins il | elle en fait, moins il | elle a envie d'en faire.
***Quanto mais** exercitar a voz, **melhor** cantará.*
Plus il | elle exercera sa voix, mieux il | elle chantera.
***Quanto menos** bebesses **melhor** te sentirias.*
Moins tu boirais, mieux tu te porterais.
***Quanto mais** tivesse sido dinâmico, **tanto mais** se teria dado a conhecer na empresa.*
Plus il aurait été dynamique, plus il se serait fait connaître dans l'entreprise.

## Exercice

*Traduire :*
1. Les oiseaux restent sur la branche comme s'ils avaient peur de s'envoler (voar). 2. Ils fument plus qu'ils ne mangent. 3. Plus tu te fatigueras, plus tu auras du mal (ter dificuldade) à te remettre (recompor). 4. Je ferai comme tu feras. 5. Il n'a pas réagi comme tu l'aurais pensé. 6. Plus nous voyagerions, plus nous aurions envie (apetecer) de voyager.

# 33 Comparatifs

## 1 Le comparatif d'égalité : *tão ... como* ; *tanto ... como* ; *tanto[s] / tanta[s]... como* (voir n° 163).

### a/ *Tão* avec un adjectif ou un adverbe.

*A Inês é **tão alta como** o Carlos.*
Inês est aussi grande que Carlos.

*A motorizada vai **tão depressa como** o carro.*
La moto va aussi vite que la voiture.

*A Alcinda resolve os problemas **tão facilmente como** tu.*
Alcinda règle les problèmes aussi facilement que toi.

### b/ *Tanto* avec un verbe.

***Chove tanto** em Aveiro **como** em Espinho.*
Il pleut autant à Aveiro qu'à Espinho.

***Falam tanto** uns **como** os outros.*
Ils parlent autant les uns que les autres.

### c/ *Tanto[s] / tanta[s]* avec un nom, ou employé comme pronom.

*Compram **tantas maçãs** e **tantos pêssegos como** eu.*
Ils / elles achètent autant de pommes et autant de pêches que moi.

*Ela gosta também dos figos. Come **tantos como** tu.*
Elle aime aussi les figues. Elle en mange autant que toi.

## 2 Le comparatif de supériorité : *mais ... do que.*

### a/ *Mais* + adjectif / nom / adverbe + *do que.*

*Este computador é **mais potente do que** aquele.*
Cet ordinateur[-ci] est plus puissant que celui-là.

*Esta empresa tem **mais engenheiros do que** aquela.*
Cette entreprise[-ci] a plus d'ingénieurs que celle-là.

*Neste laboratório, o ramo da biologia desenvolve-se **mais rapidamente do que** o da química.*
Dans ce laboratoire la branche biologie se développe plus rapidement que celle de chimie.

### b/ Verbe + *mais do que.*

*O actual ministro **preocupa-se mais do que** o precedente com o desenvolvimento da agricultura.*
Le ministre actuel se préoccupe plus / davantage que le précédent du développement de l'agriculture.

▲ Dans un registre qui était senti comme familier, mais qui l'est de moins en moins, **on réduit *do que* à *que***, sauf si *do que* introduit une subordonnée comparative (voir n° 32).

▲ L'expression ***que nem*** a le sens d'un comparatif de supériorité. Elle est employée après un verbe et avant un nom (qui, en fait, est sujet du même verbe sous-entendu).

*O Leonel* ***fala que nem um especialista*** *(= que nem um especialista fala).*
Leonel parle mieux qu'un spécialiste (= comme un spécialiste ne parle pas).

▲ Les adjectifs *bom, mau, grande,* ainsi que les adverbes *bem, mal,* ont conservé leur comparatif issu du latin.

***melhor[es] do que*** : meilleur[s] / meilleure[s] que
***pior[es] do que*** : plus mauvais que / pire[s] que
***maior[es] do que*** : plus grand[s] / grande[s] / gros[ses] que
***melhor do que*** : mieux que
***pior do que*** : plus mal que

▲ L'adjectif *pequeno* a conservé aussi son comparatif latin ***menor[es]*** qui est encore employé au Brésil mais ne l'est plus que dans un registre soigné au Portugal.

*mais pequeno[s] do que ; menor[es] do que* : plus petit[s] que / moindre[s] que.

## 3 Le comparatif d'infériorité : *menos... do que.*

### a/ *Menos* + adjectif / nom / adverbe + *do que.*

*Este assunto é* ***menos apaixonante do que*** *o de ontem.*
Ce sujet est moins passionnant que celui d'hier.

*Elas põem* ***menos ovos*** *no bolo* ***do que*** *a receita indica.*
Elles mettent moins d'oeufs dans le gâteau que ne l'indique la recette.

*As folhas do castanheiro caem* ***menos lentamente do que*** *as do carvalho.*
Les feuilles du châtaignier tombent moins lentement que celles du chêne.

### b/ Verbe + *menos do que.*

*Ela* ***expõe-se menos*** *às críticas* ***do que*** *ele.*
Elle s'expose moins aux critiques que lui.

## 4 Expressions de comparaison.

a/ ***Quanto mais ... [tanto] mais*** : plus … plus (voir n° 32)
***Quanto menos ... [tanto] menos*** : moins … moins
***Quanto mais... [tanto] menos*** : plus ... moins
***Quanto menos ... [tanto] mais*** : moins... plus

***Quanto mais*** *se conduz depressa,* ***[tanto] mais*** *perigos há.*
Plus on conduit vite, plus il y a de danger.

***Quanto menos*** *o assunto é complicado / quanto menos complicado é o assunto* ***[tanto] menos*** *prende a atenção dos participantes.*
Moins le sujet est compliqué, moins il retient l'attention des participants.

***Quanto mais** teima, **[tanto] menos** avança.*
Plus il / elle s'entête, moins il / elle avance.
***Quanto menos** fala, **[tanto] mais** o ouvem.*
Moins il parle, plus on l'écoute.

▲ Quand ces expressions sont suivies d'un nom, on peut accorder *quanto* et *tanto* avec ce nom si on veut le mettre en relief.

*Quanto mais tira fotografias, [tanto] mais quer tirar. / **Quantas mais** fotografias tira, **[tantas] mais** quer tirar.*
Plus il / elle prend de photos, plus il / elle veut en prendre.

▲ Si *quanto* ou *tanto* porte sur les adjectifs *bom, mau, grande,* ils sont suivis des comparatifs de supériorité *melhors[es], pior[es], maior[es].*

*Quanto mais doces são os figos [ tanto ] melhores são.*
Plus les figues sont sucrées, meilleures elles sont.

b/ D'autant plus / moins... que (voir n° 43).

c/ De plus en plus : ***cada vez mais.***
De moins en moins : ***cada vez menos.***

*Está **cada vez mais** calor.*
Il fait de plus en plus chaud.
*Como **cada vez mais** tangerinas e **cada vez menos** laranjas.*
Je mange de plus en plus de mandarines et de moins en moins d'oranges.

d/ Autant ... autant :

- "Autant" + verbe "être" + adjectif : ***o que + ter de / ser de + adjectif.***

***O que tem / é** o cantor **de** bom, **tem / é** a orquestra **de** má.*
Autant le chanteur est bon, autant l'orchestre est mauvais.
***O que tinha de / era de** bonito quando era pequeno, **tem de / é de** feio agora.*
Autant il était joli quand il était petit, autant il est laid maintenant.

- "Autant" + autre verbe : ***tanto...como, tanto quanto.***

***Tanto gostei** dele **como / quanto** agora **o detesto**.*
Autant je l'ai aimé, autant je le déteste maintenant.
***Tanto achei** este actor subtil no filme precedente **como / quanto o acho** medíocre neste.*
Autant j'ai trouvé cet acteur subtil dans le film précédent, autant je le trouve médiocre dans celui-ci.

## Exercice

*Compléter les phrases suivantes en tenant compte du signe placé avant chaque phrase : (=) pour un comparatif d'égalité, (+) pour un comparatif de supériorité, (–) pour un comparatif d'infériorité :*

1. (+) Obtiveram ........ informações ............. tu. 2. (=) Saem .......... cedo .......... nós. 3. (–) Esta receita é ............ complicada ............. aquela. 4. (=) Nós passeamos ...................... tu. 5. (=) A fábrica teve .............. lucros .............. a firma. 6. (+) Fala-se ............ frequentemente de casos de destruição da fauna e da flora .......... da sua conservação. 7. (–) Andam .......... a pé ........ nós. 8. (–) Disponho de ........... tempo ........... ele. 9. (+) As prendas do Luís Filipe são ........ bonitas .......... as do Zé. 10. (=) O ténis é ......... difícil ........... o futebol. 11. (–) Os processos no Tribunal avançam ............. rapidamente ............. os queixosos pretendem. 12. (+) Eles correm ................... elas.

# 34 Concession *(exprimer la -)*

## 1 Par une proposition au subjonctif.

a/ Sens de “bien que”, “quoique”, “encore que”.
Locutions employées : ***embora, ainda que, se bem que*** (un peu moins fréquent), ***conquanto*** (registre soigné), ***apesar de que*** (assez peu employé).

***Embora*** *a Helena* ***tenha*** *um computador, não se serve dele.*
Bien qu'Helena ait un ordinateur, elle ne s'en sert pas.

Les auxiliaires *ser, estar, ficar* peuvent être sous-entendus.

***Ainda que mal encadernado****, este livro tem melhor aspecto do que antes.*
Bien que mal relié, ce livre a un meilleur aspect qu'avant.

b/ Sens de “même si”.
Locutions employées : ***mesmo que, nem que, mesmo se***.
Ces propositions mettent en opposition deux événements dont l'un est hypothétique.

**Attention** : elles sont à l'indicatif en français, comme toutes les subordonnées introduites par “si”.

Dans le cas d'un **fait réel ou d'une hypothèse réalisable** dans le présent ou le futur ***mesmo que*** **et** ***nem que*** **se construisent avec le présent du subjonctif** (comme les conditionnelles introduites par *caso, desde que*, voir n° 86) et ***mesmo se*** **avec le futur du subjonctif** ou, si l'hypothèse devient une presque certitude, le présent de l'indicatif (comme les conditionnelles introduites par *se*, voir n° 86).

*Em Inglaterra, **mesmo / nem que eles não queiram / mesmo se não quiserem**, aperfeiçoam o inglês.*
En Angleterre, même s'ils ne le veulent pas, ils perfectionnent / perfectionneront leur anglais.

Dans le cas d'une hypothèse envisagée comme **irréalisable** dans le présent ou irréalisée, ces locutions conjonctives sont toutes suivies de **l'imparfait ou du plus-que-parfait du subjonctif**.

***Mesmo que / nem que / mesmo se** a temperatura **tivesse sido** de vinte graus negativos ontem à noite, eu tinha saído.*
Même s'il avait fait moins vingt degrés hier soir, je serais sorti[e].

c/ Sens de "avoir beau".
Locutions employées : ***por mais que, por menos que, por muito que, por pouco que, por melhor[es] que, por pior[es] que, por maior[es] que, por menor[es] que .*** A la différence du français, ces expressions ne sont pas toujours placées avant la principale. Lorsqu'elles portent sur un adjectif elles peuvent aussi se traduire par "pour... que" + subjonctif (voir n° 130).

***Por mais que tenham tentado**, não conseguiram enriquecer.*
Ils / elles ont eu beau essayer, ils / elles n'ont pas réussi à s'enrichir.
*Há sempre papéis no chão, **por muito que** os empregados da limpeza os **apanhem**.*
Les employés du nettoyage ont beau ramasser les papiers, il y en a toujours par terre.
***Por mais altos que eles sejam**, têm de se servir do escadote.*
Ils ont beau être grands, il doivent se servir de l'escabeau.

d/ Sens de "quelque" + adjectif + "que" : ***por [mais / muito]... que*** (voir n° 145).

2 **Par *apesar de* + infinitif.**

*A secretária estava presente, **apesar de** ainda **não serem** horas de abrir a secretaria.*
La secrétaire était présente bien que ce ne fût pas encore l'heure d'ouvrir le secrétariat.
*O secretariado da presidência tinha organizado tudo, **apesar de não ter recebido** todas as informações.*
Le secrétariat de la présidence avait tout organisé, bien qu'il n'ait pas encore reçu tous les renseignements.

Les auxiliaires *ser, estar, ficar,* peuvent être sous-entendus.

***Apesar de** [estar] **concluído**, o trabalho está imperfeito.*
Bien que terminé, le travail est imparfait.

3 **Par le gérondif** (voir n° 84). A la différence du participe présent français qui doit être précédé d'une locution conjonctive, le gérondif portugais peut à lui seul marquer la concession, mais il est souvent précédé de *mesmo*.

*O Sr. Lima **[mesmo] tendo tido** um comportamento irrespeitoso, não irritou os seus interlocutores.*
M. Lima, bien qu'ayant eu un comportement irrespectueux, n'a pas irrité ses interlocuteurs.

### *Pour aller plus loin*

La concession peut aussi être exprimée par divers mots ou expressions. Les plus courants sont : ***porém, no entanto, contudo*** ou ***todavia*** (registre plus soigné), (cependant, pourtant, toutefois), ***claro que ... mas*** (bien sûr, certes ... mais), ***de qualquer modo*** (de toute façon, quoi qu'il en soit), ***quem quer que seja*** (qui que ce soit), ***qualquer que seja*** (voir n° 144, 145).

### *Exercice*

***1.** Transformer les phrases ci-dessous en utilisant* ainda que*, puis* se bem que*, et enfin une construction gérondive :*
1. Apesar de se deixarem facilmente influenciar, desta vez elas tomaram a decisão livremente. 2. Tens facilidade em ser escolhido, no entanto, não te candidatas a esse lugar. 3. É claro que ele procurou em todos os cantos da casa onde o canário podia estar, mas não o encontrou.

***2.** Traduire :*
1. Même si le créateur de cette mise en scène (encenação) n'aime pas lire les critiques, il finira par les connaître (tomar conhecimento de). 2. Ce diplôme a beau avoir peu de valeur, c'est quand même (sempre) un diplôme ! 3. Bien que très utilisés, ces ustensiles sont en bon état.

## 35 *Concordance des temps*

**En portugais la règle de concordance des temps est appliquée de façon stricte,** alors qu'en français elle ne peut plus l'être du fait de la quasi disparition de l'imparfait et du plus-que-parfait du subjonctif.
La seule entorse à cette règle, c'est que l'antériorité peut, comme à l'indicatif, ne pas être marquée : le futur composé peut être remplacé par le futur et le plus-que-parfait par l'imparfait (voir n° 167).

### 1 Proposition principale au présent ou au futur —> subordonnée au subjonctif futur (simple ou composé) ou au subjonctif présent ou passé.

***Estarei** presente **quando for** necessário.*
Je serai présent[e] quand ce sera nécessaire.
***Quando eu tiver feito** a sobremesa, **podemos** ir jantar.*
Quand j'aurai fait le dessert, on pourra aller manger.
***É** necessário **que estejas** presente.*
Il est nécessaire que tu sois présent[e].

***Tenho pena que não tenhas estado** presente.*
Je regrette que tu n'aies pas été présent[e].

**2 Proposition principale au passé ou au conditionnel —> subordonnée au subjonctif imparfait ou plus-que-parfait.**

*Ele **dizia** que **estaria** presente **quando fosse** necessário.*
Il disait qu'il serait présent quand ce serait nécessaire.
***Era** necessário **que estivesses** presente.*
Il était nécessaire que tu sois présent[e].
***Tive pena que não tivesses estado** presente.*
J'ai regretté que tu n'aies pas été présent[e].

**Exercice**

*Compléter les phrases ci-dessous puis les mettre au passé, avec le cas échéant, le verbe principal au* pretérito perfeito simples :
1. Ele quer que vocês (ir) .................... à festa. 2. É bom que a situação (ser) ................ controlada. 3. O médico aconselha-me a que (ficar).................... em casa. 4. O senhor Director lamenta que na semana passada (haver).............. greves no correio.

## 26 *Conditionnel*

### 1 Forme.

a/ **Conditionnel présent : infinitif impersonnel + *ia, ias, ia, íamos, íeis, iam.*** C'est toujours le ***i*** du ***ia*** qui est accentué, aussi, en application des règles d'accentuation, il porte un accent écrit à la première et à la deuxième personnes du pluriel. Par ailleurs, à la deuxième personne du pluriel, le ***a*** s'est changé en ***e*** devant la terminaison ***is (-íeis)***.
**Exceptions : les verbes *dizer, fazer, trazer* et leurs dérivés perdent le *ze* et font donc *diria, faria, traria.***

b/ **Conditionnel passé : auxiliaire *ter* au conditionnel présent + participe passé** (il n'existe qu'une forme de conditionnel passé en portugais).

exemple : *Ser*

| Conditionnel présent | Conditionnel passé |
|---|---|
| *Ser**ia*** | *Ter**ia** sido* |
| *Ser**ias*** | *Ter**ias** sido* |
| *Ser**ia*** | *Ter**ia** sido* |
| *Ser**íamos*** | *Ter**íamos** sido* |
| *Ser**íeis*** | *Ter**íeis** sido* |
| *Ser**iam*** | *Ter**iam** sido* |

▶ Pour la place du pronom personnel complément d'un conditionnel, voir n° 137.

## 2 Emploi.

a/ **Le conditionnel à valeur temporelle** exprime un futur par rapport à un point de repère situé dans le passé (futur du passé).

*O governo decidiu que a partir do dia um de Janeiro a velocidade **seria limitada** a 50 Km/h nas localidades.*
Le gouvernement a décidé qu'à partir du 1er janvier la vitesse serait limitée à 50 Km/h en ville.

*Prometeram que **escreveriam**.*
Ils / elles ont promis qu'ils / elles écriraient.

Dans ces deux cas, si le verbe qui sert de point de repère est transposé au présent, le conditionnel est remplacé par un futur (*Decide... será... Prometem que escreverão*).

b/ **Le conditionnel faisant suite à un fait supposé, à une condition** (voir n° 85) est très souvent remplacé dans la langue courante par l'imparfait ou le plus-que-parfait.

*Se tivéssemos de comprar um sofá-cama e se não tivéssemos pressa, **esperaríamos** / **esperávamos** pelos saldos.*
Si nous devions acheter un canapé-lit et si nous n'étions pas pressés, nous attendrions les soldes.

*Se tivessem pensado bem, **não teriam contraído** / **não tinham contraído** tal empréstimo.*
S'ils / elles avaient bien réfléchi, ils / elles n'auraient pas contracté un tel emprunt.

c/ **Le conditionnel exprimant une hypothèse ou une incertitude par rapport à un événement passé** ne peut pas être remplacé par un imparfait.

▶ Pour un événement présent, voir n° 81.

***Seria** o avião do Porto que teve uma avaria?*
Est-ce que ce serait l'avion de Porto qui a eu une panne ?

*Houve um incêndio num prédio da Avenida da Liberdade. Dizem que o fogão **teria provocado** tal acidente.*
Il y a eu un incendie dans un immeuble de l'Avenue de le Liberté. On dit que c'est la cuisinière qui aurait provoqué cet accident.

▲ Seuls les verbes *poder* ou *dever* peuvent indiquer l'incertitude avec l'imparfait au lieu du conditionnel. C'est plutôt cette construction qui est employée dans le langage courant.

*Dizem que o fogão podia / poderia ter provocado tal acidente.*
On dit que la cuisinière pourrait avoir provoqué cet accident.

d/ **Le conditionnel dans une proposition interrogative indirecte.**

*Pergunto-me a mim próprio* ***se nesse caso ele teria aceitado.***
Je me demande si dans ce cas il aurait accepté.
*Não sabemos* ***quem lhe teria dito*** *tal coisa.*
On ne sait pas qui a pu lui dire une telle chose.

e/ **Le conditionnel servant à atténuer une affirmation ou l'expression d'un désir, d'un souhait** (conditionnel de politesse) peut être remplacé par l'imparfait, dans un registre courant, mais dans ce cas l'atténuation, et donc le degré de politesse, est plus faible.

***Gostaríamos*** / ***gostávamos*** *que nos descrevesses o acidente.*
Nous aimerions que tu nous décrives l'accident.
***Seria*** / ***era*** *necessário tomares uma decisão.*
Ils serait nécessaire que tu prennes une décision.

f/ **Le conditionnel exprimant, sous une forme interrogative ou exclamative, une hypothèse provoquant la surprise ou l'indignation** ne peut pas être remplacé par l'imparfait de l'indicatif.

***Ter-me-ia eu enganado****!*
Moi, je me serais trompé[e] !
*Quem* ***diria*** *uma coisa dessas!*
Qui aurait dit une chose pareille !

On peut aussi faire accompagner le verbe de l'auxiliaire *haver* qui, lui, peut se mettre au conditionnel ou à l'imparfait : ***Haveria*** / ***havia eu de me ter enganado!***

## 3 Quelques cas où on a un conditionnel en français et un subjonctif en portugais.

a/ Après *talvez* . Mais le verbe peut être au conditionnel s'il est placé avant *talvez* (voir n° 161).

***Talvez eu tivesse ficado*** / *Teria talvez ficado neste hotel se não fosse tão barulhento.*
Peut-être serais-je resté[e] dans cet hôtel s'il n'avait pas été aussi bruyant.

b/ Dans certaines propositions circonstancielles, notamment après "quand", "lorsque" (*quando*), "dès que" (*logo que* / *assim que*), voir n° 168, "comme" (*como*), voir n° 32, "au cas où" (*caso*), voir n° 85.

*Tinhas-me prometido que* ***quando tivesses*** *um carro me deixarias experimentá-lo.*
Tu m'avais promis que lorsque tu aurais une voiture tu me laisserais l'essayer.

– ***Caso aceitassem*** *a nossa proposta, poderíamos assinar o contrato muito depressa.*
– Au cas où vous accepteriez notre proposition, nous pourrions signer le contrat très vite.

c/ Dans les subordonnées relatives qui expriment un certain degré d'incertitude que le portugais marque davantage, d'où l'utilisation fréquente du subjonctif (voir aussi n° 82).

*Ele afirmou que* ***os que viessem*** *estariam numa situação vantajosa.*
Il a affirmé que ceux qui viendraient seraient dans une situation avantageuse.

Si on disait *os que viriam* on indiquerait un groupe précis alors que dans cet exemple on ne sait pas qui viendra ni même si quelqu'un viendra.

d/ **Après *esperar que* au passé.**

***Eu esperava que nevasse*** *o suficiente para fazer ski.*
J'espérais qu'il neigerait suffisamment pour faire du ski.

**Exercice**

*Traduire et indiquer quand le conditionnel peut être remplacé par l'imparfait :*
1. Peut-être se seraient-ils rencontrés avant si cela avait été possible. 2. Le gâteau aurait pu être tout brûlé (ficar queimado). 3. On m'a dit que le ministre donnerait sa démission (demitir-se) demain. 4. Il serait bon que tu restes encore quelques jours. 5. Il nous a promis que nos revendications seraient analysées par des experts (especialistas). 6. S'il n'y avait pas eu (se não fosse) le voyage en train, nous ne nous serions pas connus. 7. Pourriez-vous regarder devant vous (para a frente) ? 8. Elles espéraient que tout se passerait bien (correr bem).

## 37 **Conséquence** *(propositions consécutives)*

Les propositions subordonnées sont introduites par des locutions conjonctives dont les plus courantes sont : ***tão...que, tanto...que, tanto[s]...que, tanta[s]...que*** (voir n° 163), ***tal...que*** (tel[le]...que), ***tais...que*** (tel[le]s...que), ***de tal maneira que*** (de telle manière que), ***de tal modo que*** (de telle façon que), ***a tal ponto que*** (à tel point que), ***daí que*** (d'où le fait que, c'est pour cela que). Le verbe est, selon les cas, à l'indicatif, au subjonctif ou au conditionnel.
Les constructions infinitives sont introduites par des prépositions ou des locutions prépositives comme ***de maneira a, de modo a, daí.***

**1** La conséquence est présentée comme un fait réel : **propositions à l'indicatif.**

*As notícias são* ***tais que decidi*** *ficar.*
Les nouvelles sont telles que j'ai décidé de rester.

**2** La conséquence est considérée comme un but à atteindre **: propositions au subjonctif ou à l'infinitif.**

Principales locutions introduisant ces propositions : ***o suficiente...para que*** (assez...pour que), ***demasiado...para que*** (trop...pour que), ***de maneira a que, de modo a que*** (de façon à ce que, en sorte que). Ces locutions sans *que* peuvent aussi se construire avec l'infinitif.

*Este negócio é* ***demasiado importante para que se fique*** */* ***para se ficar*** *à espera.*
Cette affaire est trop importante pour qu'on attende.
– *Faça* ***de maneira a que*** *o trabalho* ***esteja acabado*** *esta noite. / Faça* ***de maneira a*** *o trabalho* ***estar acabado*** *esta noite.*
– Faites en sorte que le travail soit terminé ce soir.

La locution *daí que* bien que présentant la conséquence comme un fait réel, se construit comme les locutions précédentes.

*Ah, o Sousa e o Pinto estão de relações cortadas!* ***Daí que não se queiram*** *encontrar /* ***Daí não quererem*** *encontrar-se!*
Ah, Sousa et Pinto sont brouillés ! C'est pour ça qu'ils ne veulent pas se rencontrer !

**3** La conséquence est présentée comme éventuelle **: propositions au conditionnel.**

Dans la langue courante le conditionnel est souvent remplacé par l'imparfait ou le plus-que-parfait de l'indicatif (voir n° 36).

*É de* ***tal modo inacreditável que eu nunca o poderia*** */* ***o podia*** *imaginar.*
C'est tellement incroyable que je n'aurais jamais pu l'imaginer.
*Se ele pudesse, poria / punha a música* ***de tal modo alto que se ouviria*** */* ***se ouvia*** *do outro lado da rua.*
S'il le pouvait il mettrait la musique tellement fort qu'on l'entendrait de l'autre côté de la rue.

**Exercice**

*Traduire :*
1. Le chômage (desemprego) augmente de telle façon qu'il vaut mieux prendre des précautions. 2. Je l'ai lu. C'est pour ça que je peux en parler. 3. Les disputes (discussões) étaient telles qu'ils ont fini par se séparer. 4. — Monsieur, veuillez faire en sorte que le président soit prévenu immédiatement.

## 38 *Conversation : prendre congé*

La phase finale de la conversation est en général plus longue au Portugal qu'en France. Remerciements, excuses, souhaits s'ajoutent aux formules utilisées pour prendre congé .

### 1 Comment dire "au revoir".

- ***[Muito] bom dia*** ou ***[muita] boa tarde*** ou ***[muita] boa noite***
Pour l'emploi de ces expressions, voir n° 169.

- ***Adeus*** : n'est employé seul que lorsqu'il y a une assez grande familiarité entre les interlocuteurs. Autrement il doit être suivi du prénom ou de *Senhor* + nom ou titre, ou de *Senhora Dona* + prénom, ou de *Senhora* + titre.

*– Adeus, Pedro*
*– Adeus, Senhor doutor*
*– Adeus, Senhora Dona Maria Amélia*

- Ces formules peuvent être combinées :

*– Adeus, Senhora doutora, boa tarde.*

- Ces formules peuvent-être suivies (sauf lorsqu'il y a une assez grande familiarité entre les interlocuteurs) de ***com licença*** (que le locuteur prononce au moment où il part).

- ***Adeuzinho*** est utilisé dans un registre familier.
Les jeunes emploient aussi le mot italien ***ciao*** qui, après adaptation à la morphologie et à la graphie portugaises, devient ***chauzinho*** au diminitif.

### 2 Si on veut indiquer qu'on va se revoir, on peut utiliser une des formules suivantes.

- ***Até breve*** (à bientôt)

- ***Até logo*** (à tout à l'heure) qui peut être suivi de *à tarde, à noite*

- ***Até já*** ou ***até daqui a nada*** (à tout de suite)

- ***Até amanhã [de manhã, à tarde, à noite], até depois de amanhã, até terça-feira, até para a semana*** (à la semaine prochaine), ***até de hoje a quinze dias*** (à dans quinze jours), ***até de hoje a três semanas*** (à dans trois semaines), ***até as próximas férias*** (aux prochaines vacances), ***até a próxima [ocasião]*** (moins familier que "à la prochaine")
- L'expression *Se Deus quiser* (Si Dieu le veut) est devenue une formule qui est fréquemment utilisée à la suite des formules précédentes. Ex : *Até amanhã, se Deus quiser.*

### Pour aller plus loin

● En se quittant on peut ajouter une formule de souhait exprimée en général par un adjectif et un nom, précédé ou pas de l'article indéfini, ou par un verbe (souvent à la 2ème personne de l'impératif ou, pour les autres personnes, au subjonctif). Quelques exemples : ***um bom dia! Uma boa tarde! Uma boa noite! [Uma] boa viagem! [Umas] boas férias! Durmam bem! Apareçam!*** (Revenez nous voir), ***Dá notícias*** (Donne-nous de tes nouvelles)! ***Divirtam-se [muito]*** (Amusez-vous bien)! ***As melhoras*** (Meilleure santé)! ***Havemos de nos ver em breve!***

*– Adeus, Senhor Soares, que tenha um dia agradável! — Obrigado, [um] bom dia também para si!*

● **Autres formules de politesse.**

***[Tive] muito gosto / [Tive] muito prazer***
***[Tive] muito gosto / prazer em ver ...*** *(o senhor, a senhora etc.)*
***Foi um prazer [ver ... / estar com ...]***
***Estimei vê-lo[s] / vê-la[s]***
***[Muito] obrigado/a Muitíssimo obrigado/a*** (voir n° 174)
***Muitos cumprimentos à família /*** *ao marido, à mãe, etc.*

Lorsqu'il y a une [assez] grande familiarité entre les interlocuteurs, ce sont les formules suivantes qui sont employées :

***Gostei muito de ver...*** ***Cumprimentos***
***Foi bom estar com ...*** ***Beijos / beijinhos***

### Exercice

*Traduire :*
1. (Il est 10 heures du matin) Au revoir, à demain après-midi. 2. (Il est 22 heures) Au revoir, Monsieur. 3. (Il est 15 heures) Au revoir, Monsieur Soares. Bonne après-midi. 4. A tout à l'heure, dans l'après-midi. 5. Au revoir. A la semaine prochaine. Bonne après-midi. 6. J'ai été très content de te voir. A bientôt. Bon voyage !

## 39 Conversation : saluer

Les formules de salutations varient suivant le type de rapport existant entre les interlocuteurs. Les plus couramment utilisées sont les suivantes :

1 **Lorsqu'on s'adresse à une personne qu'on ne connaît pas ou envers laquelle on conserve une certaine déférence**. Suivant le moment du jour, on emploie *dia, tarde, noite.*

a/ ***[Muito] bom dia. [Muito] boa tarde. [Muito] boa noite.***
*Muito* ajoute un peu plus de déférence. Le ton est toujours très important.
Cette expression peut être suivie de ***como está?***
Ces expressions peuvent être employées seules, ou avec ***o senhor/a senhora*** ou avec *[o]* ***senhor/****[a]****senhora* + titre *doutor[a], engenheiro/a, professor[a],*** etc. (voir n° 174). Elles ne sont jamais suivies de *senhor, senhora,* seuls (sans article ou sans nom ou titre).

– ***Muito boa tarde, Senhor Doutor, como está?***
– Bonjour, Monsieur. Comment allez-vous ?
– ***Muito bom dia. Como está o Senhor?***
– Bonjour, Monsieur. Comment allez-vous ?

b/ La réponse la plus courante est : ***Bem, muito obrigado/a, e o senhor/e a senhora*** ?
Très souvent les deux interlocuteurs prononcent [presque] en même temps la formule de salutation et il n'y a pas nécessairement une réponse à la question *Como está?*

2 **Lorsqu'on connaît assez bien son interlocuteur** on utilise les formules ci-dessus et on demande aussi très souvent des nouvelles de ses proches.

– *Bom dia, Senhora Dona Antónia. Como está [a Senhora]?* ***E a família está bem?***
– *Boa tarde, Senhor Dr. Soares. Como está [o Senhor Dr.]?* ***E a esposa, como está?***

La réponse reste généralement la même : *Bem, muito obrigado/a, e o senhor/e a senhora?*

3 **Lorsqu'il y a une certaine familiarité entre les interlocuteurs.**

– ***Bom dia. Boa tarde. Boa noite.***

– ***Está[s] bom? Está[s] boa? Estão bons? Estão boas?***
On peut aussi ajouter *mesmo* : ***Está[s] mesmo bom?***

– ***Como vai isso?***

– ***[Está] tudo bem? [Estão] todos bem ? [Estão] todos bem lá em casa?***

– ***Olá!***

– ***Viva!***

Très souvent on combine plusieurs expressions. Ex : ***Olá! Viva! boa tarde! Então, está tudo bem?***

Les réponses sont variées. Quelques exemples :

– ***[Ora então] bom dia / boa tarde / boa noite.***

– ***Óptimo/ a, e tu [estás bom / boa]? E os tios [estão bons]? E a Maria Antónia [está boa]?***

– ***[Tudo] bem, obrigada, graças a Deus.***

– ***Cá se vai andando*** (Ça va. On fait aller).

– ***Assim assim*** (Comme ci, comme ça).

– ***Nem por isso [estou bem]*** (Ça ne va qu'à moitié).

– ***Hoje não me sinto bem.***

▲ L'expression *graças a Deus* est devenue une expression assez fréquemment employée.
*Estou melhor, graças a Deus.*

**Exercice**

*Saluer les personnes suivantes et donner leur réponse :*
1. Drª Maria Judite (qui est beaucoup plus âgée que vous), le matin. – 2. votre ami Jorge, le soir. – 3. votre oncle, l'après-midi. – 4. une ancienne voisine, Srª Dona Josefa, le soir. – 5. un professeur d'université, le matin.

## 40 Couper un mot en fin de ligne

Comme en français, la séparation se fait entre deux syllabes et elle est indiquée par un tiret (*hífen*) au bout de la ligne : *pri-| meiro, amá-| veis.*

### 1 On ne sépare pas.

a/ Les diphtongues ou les triphtongues ou les groupes *ia, ie, io, oa, ua, ue, uo,* qu'ils soient prononcés en une syllabe (diphtongue) ou en deux syllabes.

| | | |
|---|---|---|
| *bio-\| lo-\| gia* | *re-\| di-\| giu* | *cons-\| truiu* |
| *la-\| goa* | *con-\| tí-\| guo* | |

b/ *ch, lh, nh,* et les consonnes qui commencent une syllabe.

| | | |
|---|---|---|
| *des-\| pa-\| char* | *ba-\| ta-\| lha* | *Es-\| pa-\| nha* |
| *hí-\| bri-\| do* | *cen-\| tí-\| gra-\| do* | *Re-\| pu-\| gnar* |

## 2 On sépare.

a/ Les consonnes appartenant à des syllabes différentes.

*es-| cla-| re-| cer* *per-| sis-| tên-| cia*

b/ Les consonnes doubles *rr* et *ss* (alors qu'elles appartiennent à la même syllabe).

*car-| ro* *clás-| si-| co*

c/ Les voyelles (sauf celles citées plus haut).

*re-| ce-| ar* *em-| pre-| en-| di-| men-| to*

▲ Lorsqu'on coupe un mot qui s'écrit avec un trait d'union (mot composé ou verbe suivi d'un pronom complément) à l'endroit du trait d'union, on met un tiret normalement à la fin de la ligne et on en met un autre au début de la ligne suivante.

*meio-| -dia* *quinta-| -feira* *levantou-| -se*
*encontrámos-| -te*

▲ La typographie soignée évite de séparer une syllabe d'une seule voyelle.

*abra-| ço* *água* *ele-| va-| dor*
*até*

**Exercice**

*Où couper les mots suivants en allant à la ligne ?*

nenhuns folha creio
recebia fim-de-semana assíduo
contribuiu bairro assim
admirei-me

# d

## 41 Dans (+ complément de lieu)

En portugais, le verbe détermine le choix de la préposition qui le relie au complément. “Dans” se traduit suivant le verbe qui l'accompagne par : *em, por,* ou *para.*

### 1 Par *em.*

a/ **Après un verbe n'indiquant pas de mouvement.**

*Os peixes* ***vivem na água.***
Les poissons vivent dans l'eau.

***Li*** *a notícia* ***no jornal.***
J'ai lu la nouvelle dans le journal.

b/ **Après un verbe indiquant un mouvement à l'intérieur de** (l'idée de parcours n'est pas envisagée).

*Ontem* ***passeei na floresta.***
Hier je me suis promené[e] dans la forêt.

▲ Lorsque ce verbe est précédé du verbe *ir,* celui-ci entraîne généralement l'emploi de la préposition *a* ou *para* : *Ontem fui passear à floresta.*

c/ **Après certains verbes qui indiquent toujours un mouvement vers l'intérieur de** *(entrar, penetrar, introduzir, infiltrar-se, ingressar* (entrer, au sens figuré), etc.).

*O ladrão* ***introduziu-se no prédio*** *sem ninguém dar conta.*
Le voleur s'est introduit dans l'immeuble sans que personne s'en aperçoive.

*O Dr. Pires* ***ingressou no ensino superior.***
M. Pires est entré dans l'enseignement supérieur.

### 2 Par *por* **après un verbe indiquant un mouvement à l'intérieur de** (l'accent est mis sur le parcours).

***Andei*** *toda a tarde* ***pelas ruas*** *de Praga.*
J'ai marché tout l'après-midi dans les rues de Prague.

**3** Par ***para,*** **après un verbe de mouvement indiquant une direction.**

*Vi o Nuno* ***subir para um carro*** *verde.*
J'ai vu Nuno monter dans une voiture verte.

***Traga-me*** *o processo do Sr. Cunha* ***para o meu gabinete****, se faz favor.*
Apportez-moi le dossier de M. Cunha dans mon bureau, s'il vous plaît.

*Assim que chegar à praia* ***vou*** *logo* ***para a água****.*
Dès que j'arriverai à la plage, j'irai aussitôt dans l'eau.

**Exercice**

*Traduire :*
1. Je l'ai rencontré dans la rue. 2. Je suis montée dans le train juste après (logo a seguir a) toi. 3. L'eau s'est infiltrée dans le mur de la salle de bains. 4. Je porte le café dans la salle ou dans la chambre ? 5. Il court dans tout le parc.

---

## 42 *Dar* + préposition

**1** ***Dar a*** **+ infinitif.**

*Ele* ***deu-me a entender*** *que não estava lá muito contente!*
Il m'a fait comprendre qu'il n'était pas très content !

*O colega de liceu do meu filho só* ***se deu a conhecer*** *no fim da conversa.*
Le camarade de lycée de mon fils ne s'est fait connaître qu'à la fin de la conversation.

*Não é uma pessoa que* ***se dê a conhecer*** *facilmente.*
Ce n'est pas une personne qui se livre facilement.

*O pai* ***deu-lhe a escolher*** *: ou férias na praia, ou férias no campo.*
Son père lui a donné à choisir : ou des vacances à la plage, ou des vacances à la campagne.

**2** ***Dar com*** **+ nom** = "trouver", "rencontrer", avec toujours une idée de surprise.

*Ao virar a esquina,* ***dei com o Rafael*** *que já não via há que tempos!*
Comme je tournais au coin de la rue, je me suis trouvé[e] nez à nez avec Rafael que je n'avais pas vu depuis un temps fou !

*A Joana andava à procura da chave na gaveta e* ***deu com ela*** *em cima do fogão!*
Joana cherchait la clé dans le tiroir et c'est sur la cuisinière qu'elle l'a trouvée !

3 ***Dar em*** **+ infinitif ou adjectif** : donne une idée de changement ou de résultat.

*Primeiro Luís falava pouco; agora* ***deu em falar*** *com toda a gente!*
D'abord Luís parlait peu : maintenant il s'est mis à parler avec tout le monde !

*Nós* ***damos em doidos*** *com tanto trabalho!*
On devient fous avec tout ce travail !

4 ***Dar para*** **+ infinitif ou nom.** La préposition *para* donne une idée de direction, de but.

*E a farinha,* ***vai dar para um bolo****?*
Et la farine, il va y en avoir assez pour faire un gâteau ?

*O Joaquim* ***não dá para médico.***
Joaquim n'est pas fait pour être médecin.

*Os quartos* ***dão para o mar*** *e a cozinha* ***para o campo.***
Les chambres donnent sur la mer et la cuisine sur la campagne.

***Deu-lhe [na cabeça] para nos aborrecer*** *todo o caminho!*
Il lui a pris l'envie de nous embêter pendant tout le trajet !

5 ***Dar por*** **+ infinitif ou nom** = "s'apercevoir", "se rendre compte".

*Abri a porta* ***sem que ninguém desse por isso****.*
J'ai ouvert la porte sans que personne s'en aperçoive.

*Eles estavam tão absorvidos pela leitura que* ***não deram pelo barulho da porta****.*
Ils étaient tellement absorbés par la lecture qu'ils n'ont pas perçu le bruit de la porte.

***Pour aller plus loin***

***Dar a[s] mão[s] à palmatória :*** reconnaître son erreur (m.à m.: donner sa main au martinet)
***Dar baixa no hospital :*** entrer à l'hôpital
***Dar cabo de :*** abîmer, esquinter, détruire
***Dar às de vila-diogo :*** prendre la poudre d'escampette
***Dar à língua :*** bavarder
***Dar com a língua nos dentes :*** vendre la mèche
***Dar com a porta na cara :*** fermer la porte au nez
***Dar em cheio :*** tomber juste, mettre dans le mille
***Dar em água[s] de bacalhau :*** finir en queue de poisson, tomber à l'eau
***Dar para baixo :*** en envoyer plein les gencives
***Dar para trás :*** faire faire machine arrière, ne pas permettre
***Não se dar por achado :*** faire celui qui ne sait rien
***Dar uma coisa por acabada :*** considérer une chose comme terminée
***Deu-me para ali :*** ça m'a pris comme ça
Dans cette expression, le verbe est toujours au passé. Le démonstratif change en fonction de la personne *(deu-te para aí, deu-lhe para ali)*. Pour la 1re personne, s'il s'agit d'un passé immédiat, on met *aqui (deu-me para aqui)*.

### Exercice

*Traduire :*

1. O gelado não deu para todos. 2. Dei com um livro raríssimo que estava numa estante (étagère) com livros em segunda mão (livres d'occasion). 3. Desde que se zangou (se fâcher) com o amigo, deu em dizer mal dele a torto e a direito (à tort et à travers) 4. Este doente dará baixa no hospital amanhã de manhã. 5. Dormi toda a noite. Não dei por nada!

## 43 D'autant plus / moins...que *(traduction)*

1 Par ***tanto mais / menos...quanto mais / menos*** quand cette locution établit un rapport entre **une cause et une conséquence qui varient ensemble**.

En portugais le comparatif est présent dans les deux propositions alors qu'en français il est parfois sous entendu, notamment lorsqu'il porte sur un verbe. A chaque fois qu'en français on peut inverser les propositions et employer "plus...plus" ou "moins...moins", on doit traduire par *tanto mais...quanto mais* ou *tanto menos...quanto menos* .

***Bebe-se tanto mais quanto mais calor** está.*
On boit d'autant plus qu'il fait [plus] chaud.

*O golpe de Estado será **tanto mais perigoso quanto mais dispersas estiverem as forças democráticas.***
Le coup d'Etat sera d'autant plus dangereux que les forces démocratiques seront plus dispersées.

*Um carro **gasta tanto menos** gasolina **quanto menos carregado está.***
Une voiture dépense d'autant moins d'essence qu'elle est moins chargée.

*As crianças **comem tanto mais / tantas mais** bolachas **quanto mais fome** têm.*
Les enfants mangent d'autant plus de biscuits qu'ils ont plus faim.

▲ *Tanto* et *quanto* peuvent s'accorder avec le nom qui les suit s'il désigne des objets que l'on peut compter, mais ils restent invariables si on les fait porter sur un verbe ou sur un nom désignant une chose indivisible.

▲ "Que" peut être séparé de "plus" ou de "moins" alors qu'en portugais *quanto* est immédiatement suivi de *mais* ou de *menos*.

▲ Ce sont les mêmes locutions, mais placées dans un ordre inverse, qui servent à traduire "plus...plus", "moins...moins" (voir n° 33).

**2** Par ***tanto mais / menos que*** lorsque **la cause est un événement non sujet à variations.**

En portugais *que*, ne peut pas être séparé de *tanto mais / menos*. En français on peut mettre davantage en relief le mot sur lequel porte cette locution en le plaçant entre “d’autant plus / moins” et “que”. Dans ce cas *tanto* est toujours invariable.

*A Maria José está preocupada* ***tanto mais que*** *o filho teve de ser hospitalizado.*
Maria José est préoccupée, d’autant plus que son fils a dû être hospitalisé / Maria José est d’autant plus préoccupée que son fils....

*Havia muitas crianças,* ***tanto mais que*** *projectavam desenhos animados.*
Il y avait beaucoup d’enfants, d’autant plus qu’on projetait des dessins animés / Il y avait d’autant plus d’enfants qu’on projetait des dessins animés.

**Exercice**

*Traduire :*
1. La plage est (ficar) d’autant plus petite que la marée (a maré) monte davantage. 2. On gaspille (desperdiçar) d’autant plus d’eau qu’elle est plus abondante. 3. J’ai d’autant plus envie (apetece-me) d’aller me promener au bord de la mer (à beira-mar) qu’il n’y a pas de vent. 4. Ils voient d’autant plus loin (ao longe) qu’ils montent plus. 5. Tu apprendras d’autant plus que tu voyageras. 6. Carla est d’autant plus contente qu’elle est en vacances.

## 14 De *(traduction)*

**1** **“De” se traduit par *de*.**

a/ Devant un nom mis en apposition.

*A cidade* ***de*** *Estocolmo.*
La ville de Stockholm.

*O mês* ***de*** *Agosto.*
Le mois d’août.

b/ Devant le complément du superlatif.

*O melhor* ***de*** *todos.*
Le meilleur de tous.

*O mais inteligente* ***da*** *turma.*
Le plus intelligent de la classe.

c/ Devant un complément indiquant la cause, l’origine, le contenu, l’âge.

*Tremo* ***de*** *medo.*
Je tremble de peur.

*Ela é* ***de*** *Bordéus.*
Elle est de Bordeaux.

*Uma garrafa* ***de*** *porto.*
Une bouteille de porto.

*Um rapaz* ***de*** *quinze anos.*
Un garçon de quinze ans.

## 2 "De" se traduit par une autre préposition.

a/ Devant un infinitif, dans certains cas (voir n° 46).

b/ "De" + complément de manière ou de moyen.

*Mostrar* ***com*** *o dedo.*
Montrer du doigt.

*Seguir* ***com*** *os olhos.*
Suivre des yeux.

*Dormir* ***com*** *um sono leve.*
Dormir d'un sommeil léger.

*Andar* ***com*** *um passo rápido.*
Marcher d'un pas rapide.

c/ "De" + complément d'un verbe passif.

*A janela fechou-se* ***por*** *ela própria.*
La fenêtre s'est fermée d'elle-même.

d/ "De" + complément de certains adjectifs ou participes passés.

*Estou contente* ***com*** *os resultados dela.*
Je suis content[e] de ses résultats.

Quelques exemples : *estar satisfeito com* (être satisfait de), *ficar admirado com* (être étonné de), *estar encantado com* (être enchanté de).

## 3 "De" ne se traduit pas.

a/ Dans certains cas lorsque "de" précède un infinitif (voir n° 46).

b/ Lorsque "de" remplace "des" ou fait partie d'un article partitif ou est employé comme tel.

*O tempo estará pluvioso* ***com fortes rajadas*** *de vento.*
Le temps sera pluvieux avec de fortes rafales de vent.

***Beberam cerveja*** *numa taça de champanhe.*
Ils / elles ont bu de la bière dans une coupe à champagne.

– *Não* ***põem açúcar*** *no café?*
– Vous ne mettez pas de sucre dans votre café ?

c/ Lorsque "de" est employé facultativement devant un adjectif ou un participe passé pris adjectivement.

*Assim que tiver uma* ***tarde livre****, vou aparar as roseiras.*
Dès que j'aurai un après-midi [de] libre, je taillerai les rosiers.

d/ Lorsque "de" précède l'épithète de certains pronoms indéfinis.

*Não havia* ***ninguém simpático*** *naquele grupo.*
Il n'y avait personne de sympathique dans ce groupe.

*Verifiquei os teus exercícios. Não há* ***nenhum certo.***
J'ai vérifié tes exercices. Il n'y en a aucun de bon.

Attention : dans ce cas *nada* (voir n° 104) et *algo* sont suivis de la préposition *de* (*algo de duro* : quelque chose de dur).

e/ Lorsque "de" est employé après les adverbes de quantité qui correspondent à des adjectifs en portugais.

*Há pessoas ricas que têm **bastante dinheiro** mas **pouco tempo** livre.*
Il y a des gens riches qui ont pas mal d'argent mais peu de temps libre.
*Têm **tanta imaginação como generosidade**.*
Ils | elles ont autant d'imagination que de générosité.

**Exercice**

*Traduire :*
1. Il parle d'une voix fatiguée. 2. C'est un metteur en scène (encenador) qui a beaucoup d'idées, de bons acteurs et autant d'argent qu'il veut. 3. L'année prochaine nous partirons en vacances au mois de juillet. 4. C'est intéressant de travailler avec lui et j'ai accepté de l'aider (ajudar). 5. António est de Beja et il a l'accent de l'Alentejo. 6. João est enchanté de la qualité de l'image. 7. J'ai signalé (assinalar) d'une flèche (seta) notre itinéraire sur la carte. 8. Malgré ses efforts il reste (manter-se) le pire de tous.

## 45 De (traduction)

### 1 De se traduit par "de" (voir n° 44).

### 2 De se traduit par une autre préposition.

a/ Lorsqu'il est employé **après les adjectifs *fácil, difícil, possível, impossível.***

*É uma coisa muito **fácil de** fazer.*
C'est une chose très facile à faire.

b/ Lorsqu'il indique :

- **l'appartenance.**

| | |
|---|---|
| – ***De** quem é esta esferográfica?* | – *É **da** Edite.* |
| – A qui est ce stylo à bille? | – C'est à Edite. |

- **la matière** (la préposition en français peut être "en" ou "de").

| | |
|---|---|
| *Uma parede **de** betão* | *Um fio **de** ouro* |
| Un mur en béton | Une chaîne en or / un fil d'or |

- **la position, la manière, le moyen.**

*Uns estão **de** joelhos, outros **de** pé, outros **de** braços cruzados.*
Certains sont à genoux, d'autres debout, d'autres les bras croisés.

*O homem* **da** *barba ruiva.*
L'homme à la barbe rousse.

*Os soldados* **de** *uniforme.*
Les soldats en uniforme.

*Viajar* **de** *barco,* **de** *carro,* **de** *avião.*
Voyager en bateau, en voiture, en avion.

*Ir* **de** *férias.*
Aller en vacances.

*Ir* **de** *passeio.*
Aller en promenade.

- **la fonction.**

*O quarto* **de** *dormir.*
*La chambre à coucher.*

*A sala* **de** *jantar.*
*La salle à manger.*

*A máquina* **de** *lavar a louça.*
*Le lave-vaisselle.*

- **une position en suspension.**

*Um quadro suspenso* **da** *parede.*
Un tableau accroché au mur.

*Uma lâmpada pendente* **do** *tecto.*
Une lampe suspendue au plafond.

## 3 *De* ne se traduit pas en français.

a/ **Devant des subordonnées compléments d'un nom.**

*Tive a impressão* **de que** *não me queria ouvir.*
J'ai eu l'impression qu'il / elle ne voulait pas m'écouter.

Ainsi se construisent : *ter a certeza de que* (avoir la certitude que), *ter a convicção de que* (avoir la conviction que), *ter o desejo de que* (avoir le désir que), *ter medo de que* (avoir peur que), *não há dúvida de que* (il n'y a pas de doute que)
Dans la langue familière la préposition *de* est assez souvent omise.

b/ **Devant des subordonnées compléments d'un verbe** qui se construit avec la préposition *de* lorsqu'il est suivi d'un nom (ex : *informar* **de** *uma coisa —> informar* **de que** ). Dans la langue familière la préposition *de* est assez souvent omise.

*Queixavam-se* **de que** *as tinham maltratado.*
Elles se plaignaient qu'on les avait maltraitées.

Ainsi se construisent : *admirar-se de que* (s'étonner que), *alegrar-se de que* (se réjouir que).

c/ Lorsqu'il **indique le moment.**

***De*** *manhã*
Le matin

***De*** *noite*
Le soir, la nuit

***De*** *repente*
Soudain

d/ **Dans certaines expressions comme :**

*O pobre* **do** *Miguel!*
Le pauvre Miguel !

**Exercice**

*Traduire :*
1. J'ai apporté la table à repasser (tábua ... passar a ferro) dans la cuisine. 2. La personne dont tu m'as parlé, ce n'est pas une jeune fille aux yeux bleus et aux cheveux châtains (castanho) ? 3. Ne t'étonne pas que je vienne demain soir. 4. A qui sont ces pulls (camisola) ? 5. Monsieur le Directeur, j'ai la certitude que nos résultats seront meilleurs dans quelques mois (daqui a alguns meses).

## 46 De (+ infinitif)

La préposition "de" suivie de l'infinitif **se traduit, souvent mais pas toujours, par *de* + infinitif**.
Voici les principaux cas où "de"+ infinitif se traduit différemment.

### 1 Par l'infinitif seul.

a/ Quand l'infinitif français dépend d'expressions impersonnelles d'appréciation ou du présentatif "c'est + attribut". En portugais l'infinitif a fonction de sujet.

***É interessante poder** escolher.*
Il est intéressant de pouvoir choisir. (m.à m.: pouvoir choisir est intéressant)
***É difícil calar-se.***
Il est difficile de se taire. (m. à m.: se taire est difficile)
***É uma loucura resistir.***
C'est une folie de résister. (m. à m.: résister est une folie)

Ainsi se construisent, par exemple, *é fácil, é necessário, é feio* (ce n'est pas beau de), *basta* (il suffit de), *é proibido* (il est interdit de), *é um prazer* (c'est un plaisir de), etc.

b/ Quand l'infinitif français dépend de verbes qui se construisent avec "de" alors que les verbes correspondants portugais se construisent sans préposition.

***Decidiu fazer** alpinismo.*
Il / elle a décidé de faire de l'alpinisme.
– ***Lamento tê-lo feito vir** em vão.*
– Je regrette de vous avoir fait venir pour rien.

Ainsi se construisent, par exemple, *aceitar* (accepter), *agradecer* (remercier), *ameaçar* (menacer), *escolher* (choisir), *evitar, fingir* (feindre), *imaginar, impor* (imposer), *jurar, merecer* (mériter), *permitir* (permettre), *prometer* (promettre), *procurar* (essayer), *propor* (proposer), *recusar* (refuser), *suportar, tentar* (essayer) etc.

## 2 Par une autre préposition + infinitif.

a/ Par ***a.***

***Propõem-se a levar-nos*** *visitar a cidade.*
Ils / elles se proposent de nous emmener visiter la ville.

***Apressa-te a concluir*** *esse trabalho.*
Dépêche-toi de terminer ce travail.

b/ Par ***em.***

***Fala-se*** *muito* ***em fazer*** *economias.*
On parle beaucoup de faire des économies.

*À maneira de resposta, ela* ***contentou-se em sorrir****.*
En guise de réponse, elle s'est contentée de sourire.

***Fazias bem em arrumar*** *as tuas coisas.*
Tu ferais bien de ranger tes affaires.

c/ Par ***por.***

*Por mais que* ***se esforçasse por apanhá-los****, não conseguiu.*
Il / elle a eu beau s'efforcer de les attraper, il / elle n'y est pas arrivé[e].

d/ Par ***de*** ou ***por.***

***Desculpe[-me] de / por lhe pedir*** *este favor.*
Excusez-moi de vous demander ce service.

*O Manuel* ***indigna-se de / por ver*** *isso, mas não faz nada.*
Manuel est indigné de voir ça, mais il ne fait rien.

***Felicito-te de / por teres conseguido*** *logo à primeira.*
Je te félicite d'avoir réussi du premier coup.

*Ficaram* ***desolados de / por não terem vindo*** *a tempo de te ver.*
Ils ont été vraiment désolés de ne pas être venus à temps pour te voir.

## 3 **Par *que* + subjonctif** quand le verbe indique un ordre, une demande, une permission (pour *dizer, pedir, suplicar,* voir 4a).

*O monitor* ***não permitiu*** *aos esquiadores* ***que saíssem*** *da pista.*
Le moniteur n'a pas permis aux skieurs de sortir de la piste.

*O capitão* ***ordenou*** *aos soldados* ***que abrandassem*** *o passo.*
Le capitaine a ordonné aux soldats de ralentir le pas.

## 4 **Par une préposition + infinitif** (plutôt l'infinitif personnel) **ou *que* + subjonctif.**

a/ Après certains verbes comme *dizer, pedir, suplicar.* L'infinitif est précédé de **para**.

*Eu* ***tinha-lhe dito para não correr / que não corresse****.*
Je lui avais dit de ne pas courir.

***Peço-te para não dizeres / que não digas*** *nada a ninguém.*
Je te demande de ne rien dire à personne.

b/ Après les verbes de défense ***proibir*** et ***impedir***. L'infinitif ou le *que* sont précédés ou non de la préposition *de*.

• Lorsqu'ils sont construits avec un complément direct, le *de* est obligatoire : ***proibir alguém de fazer, proibir alguém de que faça.***

*Os pais **proibiram os filhos de sairem / de que saíssem**.*
Les parents ont interdit à leurs enfants de sortir.
*Apesar de tudo não se pode **impedi-lo de comer / de que coma**.*
On ne peut quand même pas l'empêcher de manger.

• Lorsqu'ils sont construits avec un complément indirect (construction moins courante) l'emploi du *de* est impossible : ***proibir a alguém que faça, proibir a alguém fazer.***

*Os pais **proibiram aos filhos saírem / que saíssem** .*
*Apesar de tudo não se pode **impedir-lhe comer / que coma**.*

c/ Après les verbes ***aconselhar, persuadir, convencer***. L'infinitif ou le *que* sont précédés de la préposition *a*.

– ***Aconselhe-os a manterem-se** tranquilos / **a que se mantenham** tranquilos).*
– Conseillez-leur de se tenir tranquilles.
***Persuadiu** este médico **a arranjar / a que arranjasse** um associado.*
Il / elle a persuadé ce médecin de prendre un associé.
*– Tenta **convencê-los a virem / a que venham** connosco.*
– Essaie de les convaincre de venir avec nous.

▲ Le verbe *aconselhar* peut ne pas être suivi de la préposition *a* quand il est construit avec un complément d'objet indirect :

*– Aconselhe-lhes [a] manterem-se tranquilos / [a] que se mantenham tranquilos.*

**Exercice**

*Traduire :*
1. Je leur conseille d'acheter une nouvelle voiture. 2. Empêche-les de faire une telle bêtise. 3. Nous les avons convaincus de téléphoner. 4. C'est bon de faire du sport. 5. Je lui ai dit de ne pas oublier de mettre la lettre à la poste (deitar no correio). 6. Excusez-moi de ne pas vous avoir répondu plus tôt.

## 7 Deixar

### 1 *Deixar* : "laisser".

***Deixei-a sair** antes de mim.*
Je l'ai laissée sortir avant moi.

***Deixemos de lado** esses pormenores.*
Laissons de côté ces détails.

## 2 *Deixar de* : "arrêter de", "cesser de", "se dispenser de", "manquer de".

***Deixa-te de piadas!***
Cesse de faire des blagues !
*Mesmo se não me apetece, **não posso deixar de a visitar**.*
Même si je n'en ai pas envie, je ne peux pas me dispenser de lui rendre visite.
– ***Não posso deixar de exprimir** ao Senhor o meu reconhecimento.*
– Monsieur, je ne peux que vous exprimer ma reconnaissance.

## 3 *Deixar-se* + infinitif : exprime la passivité.

*A Patrícia **deixa-se andar.***
Patrícia se laisse porter par les événements.
– ***Deixem-se ficar** mais um pouco.*
– Restez encore un peu.

## 4 *Não deixar de* : "ne pas manquer de", "ne...pas moins".

***Não deixarei de ir** à tua festa de anos.*
Je ne manquerai pas d'aller à ton anniversaire.
*É uma pequena cidade, mas **não deixa de ser** a cidade da minha infância.*
C'est une petite ville, mais elle n'en est pas moins la ville de mon enfance.

### Pour aller plus loin

***deixe ver***
faites voir
***deixar andar / deixar correr***
laisser courir
***deixar-se disso***
laisser tomber

### Exercice

*Traduire :*
1. Não deixei de admirar a paisagem até o anoitecer. 2. Mesmo quando está cansado, o Miguel nunca deixa de ir à discoteca ao sábado. 3. Deixámos a bagagem na estação. 4. Quando a Elisabete vai ao Minho, não deixa de ir a Barcelos. 5. Há pessoas que se deixam convencer facilmente. 6. Este monumento é pouco conhecido, mas não deixa de ser interessante.

## 48 Demande (*exprimer une -*)

La demande directe étant très proche de l'expression de l'ordre, elle est souvent remplacée par des tournures qui l'atténuent et donc l'expriment de façon plus polie.
Les différentes expressions sont présentées ici en allant des plus directes aux plus courtoises. **Le temps du verbe joue un rôle important pour atténuer** la **demande**. Le futur de l'indicatif, l'imparfait ou le conditionnel (moins employé que l'imparfait) introduisent une nuance de politesse. Ici nous n'indiquerons systématiquement ces différents temps que pour le premier verbe (*pedir*).

- ***Por favor.***

***Por favor**, traga-me uma bica.*
S'il vous plaît, apportez-moi un café.

*Uma italiana, **por favor.***
Un express bien tassé, s'il vous plaît.

- ***Pedir que*** **+ subjonctif** ou ***pedir para*** **+ infinitif personnel.**

***Peço-te para te manteres** calmo.* / ***Peço-te que te mantenhas** calmo.*
Je te demande de rester calme.

***Pedir-te-ei que te mantenhas** calmo.*
Je te demanderai de rester calme.

***Pedia-te que te mantivesses** calmo* / ***Pedir-te-ia que te mantivesses** calmo.*
Je te demanderais de rester calme.

- ***Pedir o favor de*** **+ infinitif personnel.**

***Pedimos-vos o favor de sairem.***
Nous vous demandons de bien vouloir sortir.

- ***Fazer o favor de*** **+ infinitif personnel ou impersonnel.**

***Façam o favor de reexpedir** o correio para a nova sede da empresa.*
Veuillez réexpédier le courrier au nouveau siège de l'entreprise.

***Faziam o favor de pôr** as malas ao pé do armário?*
Est-ce que vous auriez la gentillesse de mettre les valises près de l'armoire ?

- ***Poder*** ou ***ser capaz de*** **+ infinitif impersonnel.**

***És capaz de pôr** a música mais alto?*
Est-ce que tu peux mettre la musique plus fort ?

*O Senhor Silva **podia** / **poderia abrir-me** a porta, por favor?*
Monsieur Silva, est-ce que vous pourriez m'ouvrir la porte, s'il vous plaît ?

- ***Querer*** **+ infinitif impersonnel**

– *A Senhora **quer entrar?***
– Madame, si vous voulez bien entrer ?

***Queira entrar**, minha senhora.*
Veuillez entrer, Madame.

**• *Não se importar de* + infinitif impersonnel.**

– *Os senhores **não se importavam de aguardar** mais um pouco?*
– Messieurs, ça ne vous dérangerait pas d'attendre un peu plus ?

**• *Gostar que*** (à l'imparfait ou au conditionnel) **+ imparfait du subjonctif.**

***Gostava / gostaria que me trouxesses** as calças azuis.*
J'aimerais que tu m'apportes mes pantalons bleus.

**• *Agradecer que* + subjonctif.**

– ***Agradecíamos que a Senhora nos ajudasse** a organizar a viagem a Moscovo.*
– Nous vous serions très reconnaissant[e]s, Madame, si vous vouliez bien nous aider à organiser notre voyage à Moscou.

**• *Ficar grato/a*** ou ***ficar reconhecido/a* + *se* + subjonctif.**

– ***Ficar-lhe-íamos muito gratos / muito reconhecidos se pudesse** dar-nos a sua contribuição.*
– Nous vous serions très reconnaissants si vous pouviez nous apporter votre contribution.

**• *Fazer o favor de* renforce la nuance de politesse d'autres formules.**

***Queira fazer o favor de** entrar.*
Veuillez entrer, s'il vous plaît.
***Agradecíamos que a Senhora fizesse o favor de** nos ajudar.*
Nous vous serions très reconnaissant[e]s, Madame, si vous aviez l'amabilité de nous aider.

**Exercice**

*Transformer les ordres en demandes en employant ce qui vous est proposé entre parenthèses. Donner plusieurs possibilités :*
1. Ó Jaime, traz-me um refresco de limão. (ser capaz) 2. Está calado! (fazer o favor) 3. Vão passear! (eu; agradecer) 4. Não percas o avião! (nós; gostar) 5. Apertem os cintos de segurança.(eu, pedir)

## 49 Demander *(traduction)*

1 Dans le sens de "faire connaître ce qu'on désire obtenir" il se traduit par ***pedir* + nom, *pedir para* + infinitif, *pedir que* + subjonctif** (voir n° 46).

***Pediste-me o computador**, mas só amanhã é que to posso emprestar.*
Tu m'as demandé l'ordinateur, mais ce n'est que demain que je pourrai te le prêter.

***Peço-te para me deixares** sossegado.*
Je te demande de me laisser tranquille.

*O Raúl **pediu-nos que o ajudássemos.***
Raul nous a demandé de l'aider.

2 Dans le sens de "interroger", "poser une question" il se traduit par ***perguntar* + proposition interrogative indirecte.**

***Perguntei-lhe se** tinha posto gasolina.*
Je lui ai demandé s'il avait mis de l'essence.

*No registo civil **perguntaram-me onde e quando** nasceu o meu avô.*
A l'état civil, on m'a demandé où et quand est né mon grand-père.

3 Lorsqu'on pose une question au sujet de quelqu'un il se traduit par ***perguntar por.***

*Quem **te perguntou por mim?***
Qui t'a demandé si j'étais là ? / Qui t'a demandé où j'étais ? / Qui t'a demandé de mes nouvelles ?

4 **"Se demander" se traduit par *perguntar a si mesmo*** (voir n° 142).

***Pergunto a mim própria** o que fazer agora.*
Je me demande quoi faire maintenant.

5 **"Ne demander que" se traduit généralement par *desejar*** (désirer) ou ***querer.***

*Adivinhaste: **é isso mesmo que desejamos / queremos**!*
Tu as deviné : on ne demande que ça !

***O que queremos é trabalhar**, mas na condição de sermos bem pagos.*
On ne demande qu'à travailler, mais à condition d'être bien payés.

**Exercice**

*Traduire :*
1. Je lui ai demandé s'il avait des allumettes (fósforos). 2. Il m'a répondu qu'il n'avait pas ce que je lui demandais. 3. J'ai demandé à Lucília de m'acheter un fait-tout (panela) au marché. Il n'y en avait pas. On lui a demandé si elle ne voulait pas une casserole (tacho). 4. Je me demande s'il a osé (ter coragem) lui demander de venir. 5. Maman a demandé à Ana Rosa de faire le plein (encher o depósito).

## 50 **Démonstratifs** *(adjectifs et pronoms)*

### FORME

| nombre | adjectifs et pronoms | | pronoms | | |
|---|---|---|---|---|---|
| | masculin | féminin | neutre | masculin | féminin |
| singulier | ***este***<br>***esse***<br>***aquele*** | ***esta***<br>***essa***<br>***aquela*** | ***isto***<br>***isso***<br>***aquilo*** | ***o*** | ***a*** |
| pluriel | ***estes***<br>***esses***<br>***aqueles*** | ***estas***<br>***essas***<br>***aquelas*** | | ***os*** | ***as*** |

Contrairement au système des démonstratifs français qui n'envisage que deux zones (ce qui est proche et ce qui est éloigné : celui-ci / celui-là), le système des démonstratifs portugais met en évidence trois zones qui sont déterminées en fonction de la personne qui parle et de la distance apparente ou imaginée. Ce sont les mêmes zones que pour les adverbes de lieu (voir n° 15).

### EMPLOI

1 ***Este[s], esta[s], isto***, désignent ce qui est proche, dans l'espace ou dans le temps, de la personne qui parle (le locuteur), ou ce qui est senti comme ayant un lien avec elle.

***Esta revista*** *que estou a ler é interessante.*
Cette revue que je suis en train de lire est intéressante.

***Neste momento*** *ele não pode atender o telefone.*
Il ne peut pas répondre au téléphone pour l'instant.

***Isto*** *que estou a dizer não tem importância.*
Ce que je dis là n'a aucune importance.

*Esta mão* peut désigner la main du locuteur (= ma main) mais aussi la main de la personne à qui l'on parle (l'interlocuteur) si cette main est perçue comme étant très proche (= ta main qui est près de moi).

2 ***Esse[s], essa[s], isso***, désignent ce qui est proche (dans l'espace ou le temps) de la personne avec qui l'on parle ou ce qui est senti comme ayant un lien avec elle si le locuteur a l'impression de ne pas se situer dans la même zone spatiale ou temporelle que l'interlocuteur.

***Essa garrafa*** *tem sumo de laranja.*
Cette bouteille (= qui est près de toi ou de vous) contient du jus d'orange.

***Nesse dia*** *não posso ir contigo.*
Ce jour-là (= que tu me proposes) je ne pourrai pas aller avec toi.
***Isso*** *de que vocês estão a falar já se sabe.*
Ce dont vous êtes en train de parler, on le sait déjà.

*Essa mão* ne peut désigner que la main de l'interlocuteur. Si on veut dissocier ses deux mains on dira :

soit : *esta mão / essa mão* (voir la remarque précédente)
soit : *essa mão* (la main la plus proche du locuteur) / *aquela mão* (l'autre main)

3 ***Aquele[s], aquela[s], aquilo,*** désignent ce qui est éloigné (dans l'espace et dans le temps) du locuteur et de l'interlocuteur ou ce qui est senti comme n'ayant pas de lien avec eux.

***Aquela casa,*** *no outro lado da rua, é a do Carlos.*
Cette maison, de l'autre côté de la rue, c'est celle de Carlos.
***Naquela altura****, quando eu era criança, podia-se brincar na rua.*
A cette époque, quand j'étais enfant, on pouvait jouer dans la rue.
***Aquilo*** *que está ali na montra, não vale nada!*
Ce qui est là dans la vitrine, ça ne vaut rien !

▲ Dans la phrase précédente on pourrait trouver *isto, isso,* ou *aquilo* (avec les adverbes de lieu correspondants *aqui, aí, ali* ) pour désigner un objet situé au même endroit. Ce qui changerait, ce serait la façon dont l'objet serait perçu :

*Isto que está aqui...* : l'objet serait senti comme étant proche du locuteur.
*Isso que está aí...* : l'objet serait senti comme faisant partie de l'espace dans lequel se situent le locuteur et l'interlocuteur. En même temps, cet objet serait senti comme plus proche de l'interlocuteur que du locuteur.
*Aquilo que está ali...* : l'objet serait senti comme distant de ces deux personnes (dans ce cas l'idée de rejet serait plus nette).

▲ Etant donné que la personne qui parle choisit les démonstratifs en fonction de la façon dont elle perçoit les êtres et les choses, ils sont souvent chargés de subjectivité. Par exemple, les démonstratifs *aquele[s], aquela[s], aquilo,* qui suggèrent un éloignement, peuvent exprimer :

soit le rejet, le mépris (voir l'exemple précédent),

soit l'admiration :

*Há poucos homens capazes de ter* ***aquela coragem****.*
Il y a peu d'hommes capables d'avoir ce / un tel courage.

4 Pour faire référence à ce dont on vient de parler.

• ***Este[s], esta[s], isto****,* quand le locuteur se sent très proche de ce qu'il vient de dire :

***Isto** que acabo de dizer, posso repeti-lo.*
Ce que je viens de dire, je peux le répéter.

• ***Esse[s], essa[s], isso***, quand le locuteur exprime une certaine distance par rapport à ce qu'il vient de dire ou quand il fait allusion à ce qui vient d'être exprimé par son interlocuteur :

*No Verão, fui a Guimarães. Foi **nessa altura** que visitei o castelo.*
Cet été, je suis allé[e] à Guimarães. C'est à ce moment-là que j'ai visité le château.
*Disseste-me para ir à piscina em vez de ir à praia! **Isso** é que eu não vou!*
Tu m'as dis d'aller à la piscine au lieu d'aller à la plage ! Ça non, je n'y irai pas.

5 Quand on veut reprendre séparément deux éléments qui apparaissent successivement dans la phrase, ***este[s], esta[s], isto*** désignent ce qui est proche, c'est-à-dire ce qu'on a nommé en dernier lieu, et ***aquele[s], aquela[s], aquilo***, ce qui a été nommé en premier lieu.

*O presidente e o vice-presidente convocaram os empregados. **Aquele** (= o presidente) expôs-lhes os objectivos gerais da empresa, **este** (= o vice-presidente) falou-lhes dos lucros do ano transacto.*
Le président et le vice-président ont convoqué les employés. Celui-là / le premier leur a exposé les objectifs généraux de l'entreprise, celui-ci / le second leur a parlé des bénéfices de l'année écoulée.

6 Pour mettre en relief ce qui va être dit, on emploie ***este[s], esta[s], isto.***

***Diz-lhe isto** da minha parte: que me deixe em paz.*
Dis-lui ceci de ma part : qu'il me laisse tranquille (fam.: qu'il me fiche la paix).

7 Pour mettre en relief un substantif placé juste avant, on emploie ***esse[s], essa[s], isso.***

***O Pedro, esse** é que não corre o risco de se cansar.*
Pierre, lui, il ne risque pas de se fatiguer.

8 **Quelques expressions :**

***Isto é*** : c'est-à-dire
***Isto de, isso de*** : *Isto de política...* : Pour ce qui est de la politique...
*Isto de ter de ir todos os meses à garagem, é uma maçada.*
Aller au garage tous les mois, c'est la barbe.
***É isso*** : c'est ça ***Além disso*** : en outre
***E com isto*** : et là-dessus
***Ora essa!*** : ça alors! (Quand il répond à obrigado/a, il peut se traduire par : Je vous en prie.)
***Um dia destes*** : un de ces jours

***Uma coisa dessas / destas**! :*

*Não me digas uma coisa dessas! :* selon l'intonation, le sens est "Ce n'est pas possible !" ou "Ne me dis pas une chose pareille !"

*Não me mostres uma coisa dessas! :* Ne me montre pas ça !

***Só faltava mais essa / esta**! :* il ne manquait plus que ça !

## 9 Emploi des démonstratifs: *o[s], a[s]*.

- Quand ils sont antécédents d'un relatif :

*Não vejo as cassettes. Onde estão **as que** me trouxeste?*
Je ne vois pas les cassettes. Où sont celles que tu m'as apportées ?

- Quand ils sont suivis d'un complément de nom :

*Este é o carro da Isabel, **o da Margarida** é aquele ali, o encarnado.*
Celle-ci, c'est la voiture d'Isabelle, celle de Marguerite, c'est celle-là, là-bas, la rouge.

▸ Pour les contractions des différents démonstratifs avec les prépositions *a, em, de,* voir n° 132).

**Exercice**

*Introduire un démonstratif dans les phrases suivantes:*
1. ............... cidade em que estamos é muito animada. 2. Qual é o livro que queres comprar : ............. aqui ou .............. além? 3. ........... mapa que tens aí é muito incompleto. 4............ que lhe estás a dizer, já eu lho disse ontem. 5. De quem é .............. que está ali ? 6. No Inverno do ano passado fui à Serra da Estrela. ........... altura havia lá muita neve.

# 51 *Depuis (traduction)*

## 1 "Depuis" + indication d'une date, d'un moment, d'un événement : *desde.*

***Desde 1989** a Europa já não está cortada em duas.*
Depuis 1989 l'Europe n'est plus coupée en deux.

***Desde a entrada** de Portugal no Mercado Comum, há cada vez mais empresas estrangeiras em Portugal.*
Depuis l'entrée du Portugal dans le Marché Commun il y a de plus en plus d'entreprises étrangères au Portugal.

– ***Desde quando** o senhor Lopes está aí?*
– Depuis quand êtes-vous là, Monsieur Lopes ?

**2 "Depuis" + indication d'une durée : *[desde] há ...[que].*** "Depuis" est équivalent à "il y a ... que" et aussi courant. En portugais *desde* doit être accompagné de *há* , qui lui-même a le sens de “il y a” (voir n° 87). Par contre *há* peut être employé sans *desde.*

*A viagem está organizada* ***[desde] há muito [tempo].***
Le voyage est organisé depuis longtemps.

***[Desde] há que tempos [que]*** *não vejo a Francisca!*
Depuis le temps que je n’ai pas vu Francisca !

3 **“Depuis” adverbe : *desde então, desde essa altura, desde aí.***

*Os meus pais foram-se embora no sábado passado e* ***desde então / desde aí / desde essa altura*** *não tenho notícias.*
Mes parents sont partis samedi dernier et depuis je n’ai pas de nouvelles.

*Drogou-se, foi preso e* ***desde então / desde aí / desde essa altura*** *foge dos amigos.*
Il s’est drogué, il a été arrêté et depuis il fuit ses amis.

4 **“Depuis... jusqu’à” : *desde...até [a]*** (sens temporel et spatial ; l’emploi de la préposition *a* après *até*, bien que courant, est considéré comme incorrect par certains).

***Desde a chegada até a / à partida*** *o suspeito será vigiado pela polícia.*
Depuis son arrivée jusqu’à son départ le suspect sera surveillé par la police.

*Os Pirinéus estendem-se desde o Atlântico até [a]o Mediterrâneo.*
Les Pyrénées s’étendent depuis l’Atlantique jusqu’à la Méditerranée.

**Exercice**

*Traduire :*
1. Depuis le temps que je te le dis et que je te le répète ! 2. J’ai arrêté de fumer depuis des années. 3. Depuis le premier janvier nous avons un nouveau directeur. 4. Il a eu un accident de voiture et depuis il a peur de conduire. 5. Depuis la Tour Eiffel, jusqu’à l’Arc de Triomphe, j’ai eu sans arrêt (sempre) des embouteillages (engarrafamentos).

## 52 **Derrière** (traduction)

1 Quand il n’indique pas de mouvement, il se traduit par ***atrás de, detrás de, por trás de, por detrás de.***

***Atrás de*** est le plus employé. ***Por trás de*** donne l’idée d’un espace mieux délimité et ***por detrás de*** d’un espace encore plus précis.

"Derrière la maison" peut donc se traduire par *atrás da casa, detrás da casa, por trás da casa, por detrás da casa,* suivant qu'on souhaite indiquer plus ou moins précisément le lieu.

2 Quand il indique des places respectives dans une succession, il se traduit par ***atrás de***.

*Vão **uns atrás dos outros**, em fila indiana.*
Ils marchent les uns derrière les autres, en file indienne.

3 Quand il souligne l'idée de parcours il se traduit par ***por trás [de]*** ou ***por detrás [de].***

*O bailarino **passa por [de]trás da** bailarina.*
Le danseur passe derrière la danseuse.

4 Quand il indique une orientation à partir de, il se traduit par ***de trás de.***

*Ele vem **de trás do prédio.***
Il vient de derrière l'immeuble.

5 Quand il indique une orientation vers, un mouvement vers, il se traduit par ***para trás [de]***.

*Evita **olhar para trás**.*
Il / elle évite de regarder derrière lui / elle.
– *Deita os caroços **para trás da** sebe.*
– Jette les noyaux derrière la haie.

6 Quand il est **adverbe** et n'indique pas de mouvement vers, il se traduit par ***atrás***, toujours précédé d'un adverbe de lieu (*aquí, cá, aí, ali, lá).*

*Não há nada a ver **ali atrás**.*
Il n'y a rien à voir là-bas derrière.

**Pour aller plus loin**

***as patas traseiras / de trás***
les pattes de derrière
***a porta traseira*** *[do carro]*
la porte de derrière [de la voiture]
***a parte de trás da cabeça***
le derrière de la tête

***a janela das traseiras***
la fenêtre de derrière
***a porta das traseiras*** *[da casa]*
la porte de derrière [de la maison]

**Exercice**

*Traduire :*
1. Regarde, la bouée (a bóia) est juste derrière le bateau. 2. Va vite derrière l'arbre pour qu'ils ne te voient pas. 3. Un coin (um bocadinho) de ciel bleu surgit de derrière les nuages. 4. Mets-toi devant. Je reste derrière toi.

## 53 **Dès** *(traduction)*

1 Sens de "à un moment donné et à partir de ce moment" : "dès" peut se traduire par ***já*** (le plus souvent), ***a partir já de*** ou ***[já] desde.***

***Já às nove horas da manhã*** *estava um calor terrível.*
Dès neuf heures du matin il faisait une chaleur terrible.

***A partir já desta noite*** *habituem-se a chegar à hora da refeição.*
Dès ce soir prenez l'habitude d'arriver à l'heure pour le repas.

*Comecemos* ***[já] desde agora*** *a pôr em prática as nossas decisões.*
Commençons dès maintenant à mettre en pratique nos décisions.

2 Sens de "à un moment donné et pas après" : il peut se traduire par ***já.***

– *O fato do senhor estará pronto* ***já na terça feira.***
– *Votre costume, Monsieur, sera prêt dès mardi.*

3 Sens de "à un moment donné et parce que c'est ce moment" : il peut se traduire par ***logo*** ou par ***já.***

*Não quis ser desagradável* ***logo / já no primeiro dia.***
Je n'ai pas voulu être désagréable dès le premier jour.

4 Sens de "immédiatement après" il peut se traduire par ***assim que, mal, logo que*** + proposition subordonnée.

***Assim que / logo que chegar*** *vou ver-te.*
Dès mon arrivée (m. à m.: dès que j'arriverai) j'irai te voir.

– *Entregar-lhe-emos a mercadoria* ***mal recebamos*** *a encomenda.*
– Nous vous livrerons la marchandise dès réception de votre commande.

**Exercice**

*Traduire :*
1. Je passerai au secrétariat (secretaria) dès demain. 2. Dès l'arrivée du train en gare elle s'est précipitée (correr para) au téléphone. 3. Dès vendredi midi les autoroutes étaient saturées. 4. Dès l'ouverture du magasin les clients se sont précipités sur les soldes (saldos). 5. Dès douze ans il battait (vencer) tous ses adversaires au tennis.

## 54 **Descendre / monter + infinitif** *(traduction)*

1 **"Descendre"**

a/ ***Ir + aí / ali / lá + abaixo / para baixo*** + infinitif
***Vir + cá / aqui + abaixo / para baixo*** + infinitif

▶ Pour les emplois de *aqui, cá, aí, ali, lá,* voir n° 15.

▶ Pour la différence de sens entre les prépositions *a* et *para* dans *abaixo* et *para baixo*, voir n° 117, 130.

***Vou lá abaixo tomar*** *um café e comprar uma revista.*
Je descends prendre un café et acheter une revue.

***Vamos aí abaixo ter convosco.***
Nous descendons vous rejoindre.

*Conceição e Luís,* ***venham cá para baixo ajudar-nos*** *a cortar a relva.*
Conceição et Luís, descendez nous aider à tondre la pelouse.

b/ ***Descer a*** **+ infinitif** quand on veut insister sur le fait que la deuxième action est immédiate et relativement courte (emploi moins fréquent).

***Desço*** *ao primeiro andar* ***a levar*** *o correio à vizinha.*
Je descends au premier étage porter le courrier à la voisine.

### 2 "Monter"

a/ ***Ir + aí / ali / lá + acima / para cima*** + infinitif.
***Vir + cá / aqui + acima / para cima*** + infinitif.

*O Pedro* ***foi lá acima ver*** *se o Nuno lá estava.*
Pedro est monté voir si Nuno était là.

*A Patrícia* ***foi lá para cima brincar*** *com os miúdos do terceiro andar.*
Patricia est montée jouer avec les enfants du troisième étage.

***Vim cá acima ver*** *se lhes apetece ir ao cinema connosco.*
Je suis monté[e] voir si vous avez envie d'aller au cinéma avec nous.

b/ ***Subir a*** **+ infinitif** quand on veut insister sur le fait que la deuxième action est immédiate et relativement courte (emploi moins fréquent).

***Subi*** *ao telhado* ***a pôr*** *rapidamente uma telha no seu lugar.*
Je suis monté[e] sur le toit remettre en vitesse une tuile à sa place.

#### Exercice

*Traduire :*
1. Vou lá abaixo buscar o correio. 2. Vem cá para cima contar-nos como correu a tua viagem! 3. Subiram a ver a paisagem do último andar. 4. O Gonçalo e o Ricardo foram lá para baixo andar de bicicleta. 5. A Mariana foi lá acima ao sótão (grenier) buscar o colchão pneumático. 6. Já desceste a dar o recado (faire la commission) ao porteiro (gardien)?

## 5 *Devant* (traduction)

### 1

Quand "devant" indique simplement la place d'une chose par rapport à une autre on le traduit par ***em frente [de] / à frente [de] / diante [de].*** Devant un possessif ***na*** remplace ***em***.

*Está à minha espera* ***em frente / à frente / diante*** *da porta.*
Il / elle m'attend devant la porte.

*Pôs-se* ***na minha frente / à minha frente / diante de mim****.*
Il / elle s'est mis[e] devant moi.

*Põe-te* ***em/na frente dele / à frente dele / diante dele****.*
Mets-toi devant lui.

**2** Quand il indique une place dans une file ou une hiérarchie on le traduit par ***à frente [de].***

*Fiquei em quarto lugar, tu ficaste em terceiro. Tu estás* ***à frente de mim****.*
J'ai été placé[e] quatrième, toi troisième. Tu es devant moi.

**3** Quand il signifie "en face de", "face à face" on le traduit par ***em frente [de]****.*

*Fiquei* ***em frente do quadro*** *pelo menos dez minutos.*
Je suis resté[e] devant le tableau au moins dix minutes.

**4** Quand on veut insister sur l'idée de passage, de parcours on le traduit par ***por frente de*** ou ***pela frente de.***

***Passou pela minha frente*** *e nem sequer o vi.*
Il est passé devant moi et je ne l'ai même pas vu.

**5** Quand il a le sens de "en présence de" on le traduit par ***perante.***

*Terá de falar* ***perante testemunhas****.*
Il / elle devra parler devant témoins.

*É preferível não recuar* ***perante o perigo.***
Il est préférable de ne pas reculer devant le danger.

**6** Quand il indique une direction ou un mouvement on le traduit par ***para a frente [de]*** .

*Olha* ***para a tua frente.*** – *Vem* ***para a minha frente.***
Regarde devant toi. – Viens devant moi.

*Os polícias precipitam-se* ***para a frente dos manifestantes****.*
Les policiers se précipitent devant les manifestants.

### Pour aller plus loin

***Saia pela frente.***
Sortez par-devant.

***Iremos ao seu encontro.***
Nous irons au-devant de vous.

***Vá sempre em frente.***
Allez droit devant vous.

***As rodas da frente*** (moins courant : dianteiras)
Les roues de devant.

***As patas da frente / dianteiras*** *do cavalo.*
Les pattes / les pieds de devant du cheval.

### Exercice

*Traduire :*
1. Je n'ai pas pu bien voir le film car devant moi il y avait quelqu'un de très grand. 2. Derrière il n'y a plus de places. Allez devant. 3. Devant le juge (juiz) il ne savait plus quoi dire. 4. Le torero est passé devant le taureau.

## 56 Devenir *(traduction)*

Ce verbe indique un changement d'état mais ne donne aucune précision sur sa durée, son importance ou sur le moment où il est perçu. Or, en portugais, plusieurs verbes ou locutions verbales peuvent exprimer le changement d'état traduit par "devenir", mais chacun exprime une nuance particulière en rapport avec son sens premier. En choisissant l'un ou l'autre d'entre eux, on ne dit donc pas tout à fait la même chose.

1 ***Tornar-se*** : c'est le verbe qui a le sens le plus général et qui **peut** donc **être employé dans presque tous les cas,** sauf s'il s'agit d'un changement rapide et non durable.

*Com a continuação, a vida numa grande cidade* ***torna-se cansativa.***
A la longue, la vie dans une grande ville devient fatigante.

*Dantes ela estava sempre bem de saúde, mas* ***tornou-se cardíaca*** *depois do acidente.*
Avant elle était toujours en bonne santé, mais elle est devenue cardiaque après l'accident.

2 ***Passar a ser / a estar / a ficar*** : le verbe *passar* met en valeur le **passage d'un état à un autre** état qui est perçu comme étant **très différent** du premier.

*Eles não eram amigos mas* ***passaram a sê-lo*** *desde que trabalham juntos.*
Ils n'étaient pas amis mais ils le sont devenus depuis qu'ils travaillent ensemble.

*Ninguém o conhecia mas* ***passou a ser célebre*** *de um dia para o outro.*
Personne ne le connaissait mais il est devenu célèbre du jour au lendemain.

3 ***Vir a ser / a estar / a ficar*** : le verbe *vir* souligne **la durée** (accompagnée éventuellement d'effort) **qui a précédé le changement** d'état. Il peut être employé lorsque "devenir" a un sens assez proche de "finir par être".

*O Alberto tantas vezes esteve em Inglaterra que* ***veio a ser [um] bom aluno*** *em inglês.*
Alberto est allé si souvent en Angleterre qu'il est devenu un bon élève en anglais.

*Um dia o Álvaro da Costa* ***virá a ser ministro****.*
Un jour Álvaro da Costa deviendra ministre.

4 ***Fazer-se*** : ce verbe souligne **la progression du changement et le résultat.**

*Não era, mas* ***fez-se um bom nadador****.*
Il n'était pas bon nageur, mais il l'est devenu.

*O Carlos* ***fez-se um homem!***
Carlos est devenu un homme !

**5** ***Ficar a ser*** : le verbe *ficar* souligne le **résultat du changement.** Ce résultat est **envisagé comme** étant **durable**. Avec un adjectif, *ficar* est souvent employé seul, sans *a ser.*

*Fez bons negócios e* ***ficou [a ser] rico****.*
Il a fait de bonnes affaires et il est devenu riche.

*Desde que está em ruínas, aquela casa* ***ficou a ser o refúgio*** *dos morcegos.*
Depuis qu'elle est en ruines, cette maison est devenue le refuge des chauves-souris.

**6** ***Pôr-se*** : ce verbe, suivi d'un adjectif, souligne le **résultat, envisagé comme peu durable,** d'un changement rapide.

*De repente* ***pôs-se nervoso.***
Tout d'un coup il est devenu nerveux.
*As tuas costas* ***puseram-se muito vermelhas!***
Ton dos est devenu tout rouge !

### Pour aller plus loin

***O que será dele?***
Que deviendra-t-il ?
***O que é feito de ti?***
Qu'est-ce que tu deviens ?
***O que vai ser de nós?***
Qu'allons-nous devenir ?
***O que será feito dela?***
Qu'est-ce qu'elle a bien pu devenir ?

### Exercice

*Traduire :*
1. Quand tu es avec lui, tu deviens tout de suite agressif. 2. Un jour, tu deviendras chanteuse d'opéra. 3. Pour le moment (por enquanto) il n'est pas encore son mari ; il le deviendra samedi prochain. 4. Qu'est-ce que vous devenez, Alcinda ? 5. Demain nous deviendrons voisins et nous le resterons (continuar a ser) peut-être jusqu'à la fin de nos jours (o fim da nossa vida). 6. Il lui a fallu un long apprentissage (aprendizagem) pour devenir un bon cuisinier (cozinheiro).

## 57 D'ici [à], dans *(+ indication d'un temps futur)*

**1** "D'ici [à]" + date, ou indication d'un point précis du temps : ***daqui até.***

***Daqui até 30 de Setembro*** *vamos acabar este trabalho.*
D'ici le 30 septembre on va finir ce travail.
***Daqui até as eleições*** *não vai haver nenhum novo projecto.*
D'ici les élections il ne va y avoir aucun nouveau projet.

Expressions :
D'ici demain : ***de hoje para amanhã***
D'ici là : ***daqui até lá***

2 "D'ici [à]" + indication d'un laps de temps (pendant lequel se produira l'événement : l'accent est mis sur la durée) : ***daqui a , dentro de*** (moins employé).

***Daqui a uma hora / dentro de uma hora*** *o sol já se levantou.*
D'ici une heure le soleil sera levé.

– ***Daqui a pouco [tempo] / dentro de pouco [tempo]*** *o Senhor Pinheiro será director adjunto.*
– D'ici peu vous serez directeur adjoint, Monsieur Pinheiro.

3 "Dans" + indication d'un laps de temps (au bout duquel se produira l'événement : l'accent est mis sur la fin de ce laps de temps) : ***daqui a, dentro de*** (moins employé).

***Daqui a um mês / dentro de um mês*** *é Verão.*
Dans un mois c'est l'été.

***Daqui a alguns dias / dentro de alguns dias****, as andorinhas vão-se embora.*
Dans quelques jours les hirondelles s'en iront.

4 "D'ici [à ce] que" + subjonctif : ***daqui até*** **+ infinitif,** ***daqui até que*** **+ subj.**

*Faço judo todos os dias, mas* ***daqui até eu ser / daqui até que seja*** *cinturão preto!...*
Je fais du judo tous les jours mais d'ici [à ce] que je sois ceinture noire !...

**Exercice**

*Traduire :*
1. Daqui até terça-feira não terei tempo de rever toda a matéria (programme). 2. Daqui até eles compreenderem o que queremos... 3. Daqui a três dias parto de férias. 4. Daqui a dois meses já eu fiz o meu exame de condução.

## 3 *Diminutifs (formation)*

***-inho, -inha, -zinho, -zinha*** **sont les suffixes les plus courants avec lesquels on peut créer sans cesse de nouveaux diminutifs** à partir d'adjectifs, de substantifs mais aussi d'adverbes et parfois même d'interjections. Ils prennent le genre et le nombre des adjectifs ou des substantifs. Ceux qui sont formés à partir d'adverbes ou d'interjections sont terminés en **-a** si l'adverbe, ou l'interjection, est terminé en ***-a,*** et en ***-o*** dans tous les autres cas.

*agora* (maintenant) —> *agor**inha***
*cedo* (tôt) —> *ced**inho***
*caluda!* (chut!) —> *calud**inha!***
*tarde* (tard) —> *tard**inho***

## 1 *-zinho*, *-zinha* .

### a/ Emploi

**• Obligatoire pour les monosyllabes.**

*mar* (mer) —> *mar**zinho***
*fim* (fin) —> *fin**zinho***
*pá* (pelle) —> *pa**zinha***
*pó* (poussière) —> *po**zinho***

**• Obligatoire pour les mots terminés par une voyelle tonique ou une diphtongue tonique.**

peru (dinde) —> peru**zinho**
*pai* (père) —> *pai**zinho***
avó (grand-mère) —> avo**zinha**
*anão* (nain) —> *anão**zinho***

**• Obligatoire pour les mots terminés par les syllabes atones *-el, -il, -ol*.**

*agradável* (agréable) —> *agradavel**zinho***
*projéctil* (projectile) —> *projectil**zinho***
*álcool* (alcool) —> *alcool**zinho***

**• Obligatoire pour les mots terminés par *-ia, -ie, -io, -uo*.**

*pátria* (patrie) —> *patria**zinha***
*arrepio* (frisson) —> *arrepio**zinho***
*espécie* (espèce) —> *especie**zinha***
*vácuo* (vide) —> *vacuo**zinho***

**• Dans tous les autres cas on peut former le diminutif avec le suffixe *-zinho,*** mais ***-inho*** est beaucoup plus employé.

*papel* (papier) —> *papel**inho*** / *papel**zinho***
*devagar* (lentement) —> *devagar**inho*** / *devagar**zinho***

### b/ Modifications orthographiques.

**• Les mots de base auxquels les suffixes *-zinho*, *zinha* sont ajoutés ne subissent généralement pas de transformations.**

• La voyelle tonique perd seulement son accent écrit si elle en portait un, tout en restant ouverte si elle l'était. Mais elle conserve son accent si celui-ci indique un hiatus:

*saúde* (santé) —> *saúde**zinha***

• Au féminin et au pluriel (voir n° 78, 79, 123) le suffixe s'ajoute à la forme du féminin ou du pluriel du mot :

anão (nain) —> anã —> **anãzinha**
agradável (agréable) —> agradáveis —> **agradaveizinhos**

Pour les mots terminés au singulier par ***-r, -s, -z,*** le suffixe peut aussi s'ajouter à la forme du féminin ou du pluriel, mais généralement il s'ajoute à la forme du singulier.

*flores* (fleurs) —> *flor**zinhas*** / *flore**zinhas***
*portugueses* —> *portugue**zinhos*** / *portuguese**zinhos***
*ananases* (ananas) —> *anana**zinhos*** / *ananase**zinhos***
*francesas* —> *france**zinhas*** / *francesa**zinhas***

• Les mots terminés par ***-s*** (au singulier ou au pluriel) perdent le *-s* devant le *-z.*

*pires* (soucoupe) —> *pire**zinho***
*inglês* (anglais) —> *ingle**zinho***
*férias* (vacances) —> *feria**zinhas***
*atlas* —> *atla**zinho***

## 2 *-inho, -inha.*

### a/ Emploi

Ce sont les **suffixes les plus employés** (lorsque *-zinho* , *-zinha* ne sont pas obligatoires), **en particulier avec les adjectifs et les adverbes.**

bonitas (jolies) —> bonit**inhas**
adeus! (au revoir !) —> adeus**inho**!

### b/ Modifications orthographiques ou phonétiques.

Avec ces suffixes le mot à partir duquel est formé le diminutif subit des transformations :

• La voyelle atone finale tombe ainsi que le ***-s*** du pluriel. Seul le suffixe indique le genre et le nombre.

*mundo* (monde) —> *mund**inho***
*camas* (lits) —> *cam**inhas***

• Les mots terminés par ***-el, -il, -ol*** forment leur diminutif au pluriel à partir de la forme du singulier.

*lençol* (drap) —> *lençóis* —> *lenç**olinhos***

• Les mots dont la dernière syllabe commence par ***-c*** ou ***-g*** prennent ***-qu*** et ***-gu*** devant le suffixe.

*vaca* (vache) —> *va**quinha***
*vaga* (vague) —> *va**guinha***

• La voyelle tonique devient atone et si elle était ouverte ou semi-ouverte elle devient semi-fermée ou muette :

*rapaz* (garçon) —> *rapa**zinho***
*colher* (cuiller) —>*colhe**rinha***

• La voyelle tonique perd son accent si elle en portait un, sauf s'il indiquait un hiatus (non formation de diphtongue) :

*burguês* (bourgeois) —> *burgu**esinho***
*viúvo* (veuf) —> *vi**úvinho***

3 ***-ito***, ***-ita***, ***-zito***, ***-zita*** sont des suffixes assez couramment employés au Portugal, moins cependant que les suffixes en *-inho* . Les règles de formation de ces diminutifs sont les mêmes que pour les diminutifs en *-inho*, *-zinho.*

*farol* (phare) —> *far**olito[s]*** / *far**olzito*** / *far**oizitos***

4 **Autres suffixes** : ceux-ci ne sont presque pas employés pour créer de nouveaux diminutifs.

***-eco*** (valeur péjorative) : *jornal* (journal) —> *jornal**eco*** (feuille de chou)
***-ete*** : *jogo* (jeu) —> *jogu**ete*** (jouet)
***-eta*** : *um sino* (cloche) —> *uma sin**eta*** (clochette)
***-ico*** (valeur affective) : *namoro* (flirt, relation amoureuse) —> *namor**ico***
***-ote***, ***-ota*** : *velho* (vieux) —> *velh**ote***, *velh**ota***
***-ola*** : *criança* (enfant) —> *crianç**ola***

**Exercice**

*Former les diminutifs des mots suivants avec les suffixes* -inho[s], inha[s] *et / ou* -zinho[s], -zinha[s], *en mettant les deux à chaque fois que c'est possible :*

| | | | | |
|---|---|---|---|---|
| balão | pé | depressa | móvel | raíz |
| animais | boca | fósseis | pastel | violência |

## 59 *Diminutifs (sens et emplois)*

Ils sont **très employés, surtout dans la langue familière.** Seuls les diminutifs formés à partir d'une interjection restent rares.

a/ **Diminutifs du nom et de l'adjectif.**

• Ils peuvent indiquer qu'une chose est petite, mais généralement ils révèlent surtout les sentiments du locuteur : la douceur, la tendresse, l'affection, le plus souvent, mais aussi parfois le mépris, l'ironie. Le contexte est donc très important pour percevoir le sens exact de chaque diminutif.

• Il arrive assez souvent que le diminutif de l'adjectif ou du nom n'indique aucune notion de grandeur et qu'il ait seulement un sens affectif.

*Os doentes estão **melhorzinhos**?*
Nos malades vont mieux ?

• Le diminutif de l'adjectif peut indiquer, non pas un degré moindre d'une qualité, mais au contraire un degré plus élevé de celle-ci. Il correspond à peu près au sens de "tout[e]", "toutes" + adjectif.

*Acabamos de fazer a limpeza : a casa está **limpinha**.*
Nous venons de faire le ménage: la maison est toute propre.

b/ **Diminutifs de l'adverbe.**

● Le diminutif de l'adverbe a en général une fonction d'atténuation.

*O Porto ainda é **longito.***
Porto est quand même un peu loin.
*Vamos **depressinha**.*
Allons-y vite (= un petit peu vite).

● Mais le diminutif peut aussi renforcer le sens de l'adverbe lorsque celui-ci suggère une notion de petite quantité, qui se trouve encore plus réduite par le diminutif.

*Levantei-me **agorinha** mesmo.*
Je viens tout juste de me lever (m.à m.: maintenant même ; le temps qui sépare l'action du présent est perçu comme étant encore plus petit que dans *agora mesmo*).
*Elas não estão **nadinha** preocupadas.*
Elles ne sont pas inquiètes le moins du monde (= moins que pas du tout).

**Exercice**

*Mettre le mot souligné au diminutif (en* -inho, -inha*) et traduire :*
1. Dói-me o pé, vamos ter de ir devagar (doucement). 2. A água da fonte (fontaine) está fresca. 3. Eles não são nada avarentos. 4. Vamos pôr a mesa aí no canto.

## 60 Dizer que (traduction)

1 ***Dizer que* + indicatif,** se traduit par "dire que".

*Não te digo que não tens razão.*
Je ne te dis pas que tu as tort.

2 ***Dizer que* + subjonctif,** exprime un ordre et se traduit par "dire de" (voir n° 46).

***Disse-lhes que não se armassem em tolos.***
Je leur ai dit de ne pas faire les fous.

3 ***Não dizer que* + subjonctif,** exprime une opinion (même construction que les verbes *achar, pensar, julgar, considerar, imaginar, etc.*) et se traduit par "ne pas dire que" + subjonctif.

***Não digo que este espectáculo seja*** *francamente* ***mau****, mas não me agrada lá muito.*
Je ne dis pas que ce spectacle soit franchement mauvais, mais il ne me plaît pas tellement.

**Exercice**

*Traduire :*
1. Ils nous ont dit d'aller au guichet (guichet) des passeports. 2. Je leur ai dit que Jean était déjà arrivé. 3. Je ne dis pas qu'il ait raison. 4. Dites-leur de mettre leurs affaires dans la chambre.

## 61 **Dont** *(traduction)*

**1** **"Dont" complément d'un nom sujet** : ***cujo, cuja, cujos, cujas*** **suivi immédiatement du nom** (sans article) **avec lequel il s'accorde.**

*É o casal* ***cuja filha*** *teve um acidente.*
C'est le couple dont la fille a eu un accident.

▲ *Cujo[s], cuja[s]* appartiennent à un registre plutôt soigné. Dans le langage courant on préfère souvent utiliser d'autres constructions.

*Ponham um pouco de óleo nesta porta que tem as dobradiças a chiar (= cujas dobradiças chiam).*
Huilez un peu cette porte dont les gonds grincent.

**2** **"Dont" complément d'un nom qui est complément d'objet :** ***de que, de quem, do / da qual, dos / das quais,*** (pour le choix du relatif voir fiche n° 151 ) ou ***cujo/a, cujos/as*** **suivi du nom** (qui, en portugais, se trouve avant le verbe alors qu'il est placé après le verbe et séparé du "dont" en français).

*Esta fonte,* ***de que*** *podemos admirar as magníficas estátuas /* ***cujas magníficas estátuas*** *podemos admirar, é tipicamente barroca.*
Cette fontaine, dont nous pouvons admirer les magnifiques statues, est typiquement baroque.

*É um medicamento* ***de que*** *o médico conhece os efeitos /* ***cujos efeitos*** *o médico conhece.*
C'est un médicament dont le médecin connaît les effets.

**3** **"Dont" complément d'un nom attribut :** ***de que, de quem,*** ou, dans un registre plutôt soigné, ***do / da qual, dos / das quais.***

*A fraude* ***de que / da qual fomos vítimas*** *foi muito bem organizada.*
La fraude dont nous avons été [les] victimes a été très bien organisée.
*O banco* ***de que / do qual era director*** *faliu.*
La banque dont il était le directeur a fait faillite.

**4 "Dont" complément d'un nom qui est lui-même complément de nom : *de que, de quem,*** ou, dans un registre soigné, ***do qual, da qual, dos quais, das quais.***

*Não te darei este puzzle **de que / do qual** foi perdida **a maior parte das peças**.*
Je ne te donnerai pas ce puzzle dont la plupart des pièces ont été perdues.

*Este escultor **de que / do qual / uma parte das obras** não é conhecida será em breve célebre.*
Ce sculpteur dont une partie des oeuvres n'est pas connue, sera bientôt célèbre.

**5 "Dont" complément d'un verbe ou d'un adjectif :** le plus souvent ***de que, de quem*** ou, dans un registre soigné, ***do / da qual, dos / das quais.***

Si le verbe ou l'adjectif se construit en portugais avec une autre préposition, cette dernière se substitue à *de*.

*Os acontecimentos **de que se falou** no telejornal eram completamente desconhecidos.*
Les événements dont on a parlé au journal télévisé étaient complètement inconnus.

*O reumatismo **de que** o pai **sofreu**, fá-la sofrer também.*
Les rhumatismes dont son père a souffert , la font souffrir aussi.

Autres prépositions :

***A maneira como** ela anda não é muito elegante.*
La façon dont elle marche n'est pas très élégante.

*É um instrumento **com que** estou muito **satisfeito**.*
C'est un instrument dont je suis très satisfait.

*Eis um erro **sobre o qual pergunto a mim próprio** se não foi dado de propósito.*
Voici une erreur dont je me demande si elle n'a pas été faite exprès.

**6 "Dont" ayant le sens de "parmi lesquel[le]s" : *entre os / as quais.***

*No dia dos anos a Rita recebeu muitos presentes, **entre os quais** três jogos e uma boneca.*
Le jour de son anniversaire Rita a reçu beaucoup de cadeaux, dont trois jeux et une poupée.

*Entre os vencedores havia duas crianças **entre as quais** uma não tinha oito anos.*
Parmi les heureux gagnants il y avait deux enfants dont un n'avait pas huit ans.

7 **"Dont" complément d'un adjectif au superlatif relatif : *dos / das quais / entre os / as quais* + superlatif / superlatif + *dos / das quais.***

*Têm uma série de assentos expostos* ***dos quais / entre os quais*** *os mais confortáveis* ***/ os mais confortáveis dos quais*** *são os mais caros.*
Ils / elles ont une série de sièges exposés dont les plus confortables sont les plus chers.

**Exercice**

*Traduire :*
1. Je vais revenir dans cette région dont j'adore les paysages grandioses. 2. Les malades dont il s'est occupé (tratar de) vont beaucoup mieux (estar melhor). 3. Ces arbres dont les fruits sont mûrs maintenant, ont été plantés il y a deux ans. 4. Ils ont cinq enfants (filhos) dont une seule fille. 5. Il a obtenu des résultats dont il n'est pas très content.

## 62 **La durée** *(exprimée par une périphrase verbale)*

Les périphrases construites avec les verbes *estar, ficar, continuar, andar, ir, vir,* et exprimant la durée, sont **très employées** et souvent difficiles à traduire car chacun de ces verbes ajoute à la notion de durée une nuance particulière .

Les verbes ***estar, ficar, continuar, andar,* se construisent avec l'infinitif ou le gérondif.** Dans la majeure partie du Portugal on emploie maintenant l'infinitif qui est devenu la norme, mais au Brésil on continue à utiliser le gérondif.

1 L'événement est en cours, à un moment précis, pour une durée limitée.

a/ ***Estar a*** **+ infinitif** (= ***estar*** **+ gérondif**). Cette périphrase est très utilisée, beaucoup plus que le français "être en train de".

*– O que* ***estás a fazer*** *(= estás fazendo)? –* ***Estou a dar*** *(= estou dando) uma olhadela ao jornal.*
– Qu'est-ce que tu fais? – Je jette un coup d'œil sur le journal.

b/ ***Ir a*** **+ infinitif**. La différence par rapport à *estar a* , c'est que *ir a* ajoute une idée de mouvement et n'est employé dans ce sens que s'il y a simultanéité entre deux événements. Cette périphrase est plus souvent utilisée dans le sens de "être sur le point de" (voir n° 92 ).

*Quando me cruzei com o Joaquim, ele* ***ia a falar*** *sozinho.*
Quand j'ai croisé Joaquim, il parlait tout seul (m.à m.: il allait en parlant).

2 L'accent est mis sur le déroulement de l'événement, sur sa durée.

a/ ***Andar a* + infinitif** (= ***andar* + gérondif**). L'accent est mis sur la durée de l'événement qui est envisagé comme se prolongeant ou se répétant pendant une période plus ou moins longue.

*Há seis meses que **anda a procurar** um emprego (= anda procurando).*
Il y a six mois qu'il / elle cherche un emploi.

b/ ***Ir* + gérondif ; *vir* + gérondif**. L'accent est mis sur le déroulement de l'événement. Les verbes *ir* et *vir* gardent une partie de leur sens premier (*ir* : déplacement à partir d'un point de départ ; *vir* : déplacement vers un point d'arrivée). Avec *ir* + gérondif, l'accent est mis sur le déroulement d'un événement à partir d'un point de départ ou depuis un certain moment. Avec *vir* + gérondif, l'accent est mis sur le déroulement d'un événement vers un point d'arrivée (temps ou lieu où se place le locuteur qui voit venir l'événement et éventuellement ses conséquences sur lui).

*Elas **vão dizendo** o que pensam, com muitas hesitações.*
Peu à peu elles disent ce qu'elles pensent, avec beaucoup d'hésitations.
***Vão-se adaptando** como podem.*
Ils / elles s'adaptent progressivement comme ils / elles peuvent.
*De algum tempo para cá, **vem-se acentuando** uma tendência para a subida dos preços.*
Depuis quelque temps s'accentue [peu à peu] une tendance à la hausse des prix.

c/ ***Continuar a* + infinitif** (= ***continuar* + gérondif**) correspond au français "continuer à".

***Continuaram a frequentar** o atelier de pintura (= continuaram frequentando).*
Ils / elles ont continué à fréquenter l'atelier de peinture.

3 L'événement résulte d'un changement et est considéré comme durable : ***ficar a* + infinitif** (= ***ficar* + gérondif**).

*Agora que vocês estão casados , **ficamos a ser primos** (= ficamos sendo).*
Maintenant que vous êtes mariés, nous sommes [devenus] cousins.
(= après votre mariage nous sommes devenus et nous restons cousins).

4 L'événement est envisagé comme imminent, mais il ne va pas se réaliser : ***ir a* + infinitif** (= ***ir* + gérondif**).

*Ele **ia a cair** (= ia caindo), mas felizmente não caiu!*
Il a failli tomber (m.à m.: il était en train de tomber), mais heureusement il n'est pas tombé !

**5** L'événement progresse (avec un sujet qui en est le bénéficiaire et un complément d'objet placé avant ou après *a* + infinitif) : ***trazer a*** ou ***ter a* + infinitif.**

***Traz / tem uma moradia a construir*** *junto ao mar.*
Il / elle est en train de se faire construire une maison au bord de de la mer.

**Exercice**

*Compléter avec une périphrase verbale en suivant la norme portugaise :*
1. Pouco a pouco eles (habituar-se) .................... à vida de reformados (retraités). 2. Nestes últimos temps tu (fazer) .......................... o impossível por eles. 3. De há un mês para cá, (intensificar-se) .................... o tráfego nos arredores da cidade. 4. Fizeram as pazes e (ser) .................... amigos. 5. Neste momento, não podem atender-nos : (fazer) ................. exercícios de fisioterapia.

*e*

## 163 Em (+ gérondif)

Le gérondif précédé de la préposition *em* a un sens très précis : **il indique qu'une action succède à une autre. Il ne peut être employé que lorsque le verbe principal a un sens de présent ou de futur.**
La plupart du temps c'est le **gérondif simple** qui est employé, le portugais se dispensant souvent de marquer l'antériorité dans la forme verbale (voir n° 167).

*Só vais brincar* ***em acabando / em tendo acabado*** *de comer.*
Tu n'iras jouer que lorsque tu auras fini de manger.
***Em nadando / em tendo nadado*** *uns dez minutos vou apanhar banhos de sol.*
Après avoir nagé une dizaine de minutes je vais prendre un bain de soleil.

Cette construction gérondive correspond à d'autres constructions temporelles introduites par *assim que* (dès que), *logo que* (id.), *mal* (id.) ou encore *logo a seguir a* (aussitôt après que + indicatif), *depois de* (après + infinitif passé ou après [que] + indicatif), *após* (même sens dans un registre plus soigné) (voir n° 168).

▲ La construction *em* + gérondif est très employée.

▲ **Ne pas confondre** cette construction portugaise ***em* + gérondif** qui exprime **la successivité** et la construction française **"en"+ gérondif** qui exprime **la simultanéité.**

***Em vendo*** *o telejornal, come.*
Il / elle mange aussitôt après avoir regardé le journal télévisé.
*Come* ***vendo*** *o telejornal.*
Il / elle mange en regardant le journal télévisé.

▲ Si **le sujet du gérondif** est exprimé, ce qui est nécessaire quand il n'est pas le même que celui du verbe principal, on le place **plutôt entre la préposition *em* et le gérondif.** Mais **pour mettre en relief le sujet, il est possible de le placer après le gérondif**.

***Em a Maria Antónia vindo****, verás como ela hoje está mal disposta.*
Dès que Maria Antónia sera là, tu verras comme elle est de mauvaise humeur aujourd'hui.

***Em começando eles*** *a ouvir música, acaba-se o sossego.*
Dès qu'ils auront commencé à écouter de la musique, la tranquillité, ce sera fini.

**Exercice**

*Employer* em + *gérondif à la place des constructions temporelles ou infinitives soulignées :*
1. Assim que puseres o carro a trabalhar (mettre en marche), eu abro a porta da garagem. 2. Logo que queiras, saímos. 3. Após ter lido o jornal, o Miguel comentará a notícia. 4. Logo a seguir a ter falado com o médico, compre os medicamentos.

**2.** *Traduire en employant la construction* em + *gérondif :*
1. Dès que j'aurai lu ce livre, je te le passerai (emprestar). 2. Après avoir téléphoné, il va à la gare. 3. Tout de suite après avoir mangé, on partira.

## 64 **En** *(pronom, adverbe)*

"En" rappelle une chose, une idée, un lieu... (un référent) dont on vient de parler. Il n'existe pas d'équivalent en portugais.

### 1 "En" ne se traduit pas.

a/ Quand il remplace un substantif précédé d'un partitif ou quand il signifie "une partie ".

– *Comes espinafres todas as semanas? – [Sim,] como.*
– Tu manges des épinards toutes les semaines? – Oui [j'en mange].
*Comprei uma tarte de maçã. Queres? Toma.*
J'ai acheté une tarte aux pommes. Tu en veux ? Prends-en.

b/ Quand il est accompagné d'un nombre.

– *Se tiver costeletas de porco, levo cinco.*
– Si vous avez des côtes de porc, j'en prendrai cinq.

c/ Quand il est accompagné d'une expression de quantité qui se traduit par un adjectif.

*Não lhe compres mais brinquedos. Já tem muitos.*
Ne lui achète plus de jouets. Il en a déjà beaucoup.
*Tenho bastantes discos mas não posso comprar tantos quantos gostaria.*
J'ai pas mal de disques mais je ne peux pas en acheter autant que j'aimerais.
*Deu-me dez cartazes e guardou outros tantos para ele.*
Il m'a donné dix affiches et il en a gardé autant pour lui.

## 2 "En" se traduit.

a/ **Par *o[s], a[s]*** quand il se trouve dans une proposition interrogative introduite par un mot interrogatif ou dans une subordonnée.

*Orgulho? Quem **o** não tem?*
De l'orgueil ? Qui n'en a pas ?

*– Tens [gravador] vídeo? – Tenho. Comprei um porque há muito tempo que **o** queria ter.*
– Est-ce que tu as un magnétoscope? – Oui. J'en ai acheté un parce qu'il y a longtemps que je voulais en avoir.

b/ **Par une préposition + *ele[s], ela[s], isso*** quand le verbe ou l'adjectif se construit avec une préposition (le pronom personnel renvoie à un substantif et le démonstratif *isso* renvoie à un neutre ou à une partie de phrase) ou quand "en" est complément de nom.

*Aqui, não faltam hotéis! A rua está cheia **deles**.*
Ici, les hôtels ne manquent pas ! La rue en est pleine.

*Isso era inaceitável para elas. Ainda hoje falamos **disso** com indignação.*
C'était inacceptable pour elles. Aujourd'hui encore nous en parlons avec indignation.

*Há pêssegos a mais ; é preciso destruir uma parte deles.*
Il y a trop de pêches ; il faut en détruire une partie.

c/ **Par un pronom indéfini** (algum/a, nenhum/a, etc.)

*Eu trouxe flores, mas não vendi nenhuma.*
J'ai apporté des fleurs mais je n'en ai pas vendu.

## 3 "En" peut être traduit ou non.

a/ **Par *o[s], a[s],*** quand il remplace un complément d'objet direct précédé de "du", "de l'", "de la", "des". La traduction indique soit une insistance, soit un registre de langue plutôt soigné.

| | |
|---|---|
| *– Ela tem orgulho?*<br>– Elle a de l'orgueil ? | *– Tem[**-no**].*<br>– Oui, elle en a. |
| *– Deram-te convites?*<br>– Est-ce qu'on t'a donné des invitations ? | *– Não, não **[mos]** deram.*<br>– Non, on ne m'en a pas donné. |
| *– Há bons programas na televisão ?*<br>– Il y a de bonnes émissions à la télévision ? | *– Há[**-os**] bons e maus.*<br>– Il y en a de bonnes et de mauvaises. |

b/ **Par *um[a]*** quand il remplace un complément d'objet direct précédé de l'article indéfini "un[e]" — surtout si c'est le même verbe qui est repris— sauf dans une proposition interrogative introduite par un mot interrogatif ou dans une subordonnée (voir 2a).

| | |
|---|---|
| *– Tem [um] carro?*<br>– Est-ce que vous avez une voiture ? | *– Não tenho, mas quero comprar **[um]**.*<br>– [Non], je n'en ai pas, mais je veux en acheter une. |

c/ **Par *de lá*** quand "en" est adverbe de lieu. On ne le traduit généralement que dans les cas où le sens n'est pas clair.

*A Henriqueta entrou para a farmácia no momento em que eu **[de lá]** saía.*
Henriqueta est entrée dans la pharmacie au moment où j'en sortais.

**Pour aller plus loin**

En être : *– Em que ponto está?* *– Estou na página trinta.*
– Où en êtes-vous? – J'en suis à la trentième page.
*Já não sabe a quantas anda.*
Il / elle ne sait plus où il / elle en est.

En avoir assez : *estar farto*
S'en tenir à : *limitar-se a*
Ne pas en revenir : *não poder acreditar*
Où veux-tu en venir ? : *onde queres chegar?*
Il en va de même pour ... : *o mesmo acontece com...*

**Exercice**

*Traduire :*
1.– Est-ce que Margarida t'a envoyé (mandar) des photos du mariage (casamento) ? – Oui, elle m'en a envoyé. 2. De la fatigue (cansaço)? Qui n'en ressent pas ? 3. J'ai déjà acheté un bouquet d'oeillets (ramo de cravos) mais je vais en acheter deux autres (mais dois). 4. – As-tu acheté des olives (azeitonas) ? – Oui, j'en ai acheté 5. Tu vas à la plage ? Moi, j'en viens maintenant. 6. Du café? Non, merci, je n'en veux plus.

## 65 *En...autant [que] (traduction)*

**1** **"En...autant"** se traduit par ***outro[s] tanto[s], outra[s] tanta[s].***

*O jornalista já escreveu cinco artigos mas ainda lhe faltam **outros tantos.***
Le journaliste a déjà écrit cinq articles mais il lui en manque encore autant.
*Comi cinco cerejas e dei-te **outras tantas.***
J'ai mangé cinq cerises et je t'en ai donné autant.

**2** **"En...autant que" + verbe** se traduit par ***tanto[s] quanto[s], tanta[s] quanta[s].***

*– Água, a Senhora pode beber **tanta quanta quiser**.*
– De l'eau, vous pouvez en boire, Madame, autant que vous voudrez.
*Os nossos filhos lêem muitas bandas desenhadas, mas pedem emprestadas **tantas quantas compram.***
Nos enfants lisent beaucoup de bandes dessinées mais ils en empruntent autant qu'ils en achètent.

3 **"En...autant que" + nom ou pronom** se traduit par ***tanto[s], tanta[s] como.***

*Lês quantos livros por mês? Vou ver se leio* ***tantos como tu****.*
Tu lis combien de livres par mois ? Je vais voir si j'en lis autant que toi.

4 **"En...autant de" + adjectif + "que"** se traduit le plus souvent par ***tanto* + verbe + adjectif + *como.***

*Tanto,* adverbe, porte sur le verbe et se place généralement avant celui-ci. On peut trouver aussi *tanto[s], tanta[s]* avant l'adjectif si on compare plus précisément les quantités.

*Não vou comprar os morangos. Nesta embalagem* ***tanto há verdes como maduros*** */ há tantos verdes como maduros.*
Je ne vais pas acheter les fraises. Dans cette barquette il y en a autant de vertes que de mûres.
*Vi dezenas de filmes :* ***tanto vi bons como maus****.*
J'ai vu des dizaines de films : j'en ai vu autant de bons que de mauvais.

**Exercice**

*Traduire :*
1. Joaquim a dépensé beaucoup d'argent et Rui en a dépensé autant. 2. J'ai apporté de la bière, tu pourras en boire autant que tu voudras. 3. L'entreprise a acheté trois bulldozers et autant pour sa filiale. 4. Des solutions, il en trouve toujours, mais il en propose autant de mauvaises que de bonnes. 5. C'est un restaurant de vingt tables et le nouveau en aura autant. 6. J'ai traversé beaucoup de pays mais je n'en ai pas visité autant que toi.

## 66 **Encore** *(traduction)*

1 Sens de "jusqu'à maintenant", "jusqu'au moment dont il s'agit" : ***ainda.***

***Estamos ainda*** *no Inverno.*
On est encore en hiver.
***Ainda se há-de falar*** *nisso daqui a dez anos.*
On en parlera encore dans dix ans.

2 Sens de "en plus", "de plus" : ***ainda.***

– ***Devo ainda dizer-lhe*** *que........*
– Je dois encore vous dire que......

3 Pour renforcer le sens d'un verbe ou d'un comparatif : ***ainda mais.***

*O penteado* ***acentua-lhe ainda mais*** *a testa alta.*
Sa coiffure accentue encore [plus] son grand front.

***Ainda é mais estúpido / É ainda mais estúpido / É mais estúpido ainda*** *do que aquilo que eu pensava.*
Il est encore plus bête que je ne pensais.

4 Sens de "par-dessus le marché", "de surcroît" : ***ainda por cima.***

– *Não lhe paga e* ***ainda por cima*** *faz troça de si!*
– Il / elle ne vous paie pas et il / elle se moque de vous encore !

5 Quand "encore" + nom exprime une augmentation : ***mais.***

– *Não quer mais uma fatia de bolo?*
– Vous ne voulez pas encore une part de gâteau ?

6 Sens de "une nouvelle fois" : ***outra vez, mais uma vez, tornar a.***

– ***Enganou-se outra vez / mais uma vez / tornou a enganar-se.***
– Vous vous êtes encore trompé[e].

***Toca-nos lá essa música mais uma vez / outra vez.***
Joue-nous ce morceau encore une fois.

7 Sens de "si seulement", "si au moins" (dans une proposition conditionnelle) : ***ao menos, ainda*** (voir n° 8).

*Ele não trabalha.* ***Se ao menos / se ainda se divertisse!***
Il ne travaille pas. Si encore il s'amusait !

***Se ainda / se ao menos o conhecesse,*** *mas nunca o vi.*
Si encore je le connaissais, mais je ne l'ai jamais vu.

## Pour aller plus loin

Et puis quoi encore ? : ***Que mais ainda?***
Pas encore : ***Ainda não***
Non seulement... mais encore : ***Não só... mas também***
Encore que... (pour exprimer un doute) : ***ainda que***

*Tenho confiança nele,* ***ainda que...***
J'ai confiance en lui, encore que...

Et encore... (pour exprimer une restriction, un doute) : ***Vamos lá a ver se*** ou ***se*** **+ futur du subjonctif** :

– ***Vamos lá a ver se*** *lhe damos 50 euros.../ – Damos-lhe 50 euros,* ***se dermos.../ se lá chegarmos...***
On vous donnera 50 euros, et encore...

## Exercice

*Traduire :*
1. Ils ont encore beaucoup de choses à raconter. 2. Ils sont encore plus gentils que je ne pensais. 3. Il s'est réveillé très tard, et encore avec bien du mal 4. Nous sommes encore en été. 5. Ils ont encore demandé si tu étais là.

## 7 *Entendre* et *écouter* (traduction)

1 La différence entre “entendre” (perception non volontaire) et “écouter” (perception volontaire) n’existe pas en portugais. Les deux verbes peuvent donc se traduire par ***ouvir.***

*O conferencista fala tão baixo que* ***mal se ouve****.*
Le conférencier parle tellement bas qu’on l’entend à peine.
– *Falem mais alto,* ***ouve-se mal*** *aqui.*
– Parlez plus fort, on entend mal ici.
*Todas as noites* ***ouço / oiço música*** *antes de adormecer.*
Tous les soirs j’écoute de la musique avant de m’endormir.

2 Lorsqu’on veut souligner l’**effort de perception auditive** on emploie le verbe ***escutar.***

*Parece-me ouvir passos ao longe.* ***Escutem!***
Il me semble que j’entends des pas au loin. Ecoutez!
*Ele tem o mau hábito de se pôr a* ***escutar*** *atrás das portas.*
Il a la mauvaise habitude de se mettre à écouter derrière les portes.

**Pour aller plus loin**

Bien entendu : *claro, é claro [que], com certeza, evidentemente, é evidente [que]*
Entendu! : combinado!
Ecoute! Ecoutez! : dans ce cas le verbe *olhar* est plus utilisé que le verbe *ouvir.*
***Olha! / Ouve!*** *Não quis magoar-te!*
Ecoute! Je n’ai pas voulu te faire de peine!
***Olhem! / Ouçam! / oiçam!*** *Não posso dizer-vos mais nada!*
Ecoutez ! Je ne peux rien vous dire de plus !
Le verbe *olhar* peut être suivi de *que* : *Olha que não quis magoar-te!*

**Exercice**

*Traduire :*
1. Nous n’arrivons pas à (conseguir) entendre un seul mot. 2. Quelqu’un essaie d’entrer, tais-toi et écoute! 3. J’ai écouté ce qu’il m’a dit, mais je ne suis pas d’accord. 4. Bien entendu tu ne vas répéter (dizer) à personne ce que tu viens d’entendre.

## 8 *Esperar* (traduction)

1 Par **“espérer”. *Esperar que*** est **toujours suivi du subjonctif.**

***Espero que consigas*** *o que desejas.*
J’espère que tu obtiendras ce que tu désires.
*Eu* ***esperava que tivesses acabado*** *antes de mim.*
J’espérais que tu aurais terminé avant moi.

**2** Par **“attendre”**. Lorsque *esperar* a pour complément un nom, il est généralement construit avec la préposition *por*. Dans un registre un peu soigné on emploie plutôt le verbe sans la préposition.

– ***Espero pelo senhor / o senhor*** *aqui.*
– Je vous attends ici, Monsieur.
***Esperámos a directora / pela directora*** *na sala de espera.*
Nous avons attendu la directrice dans la salle d'attente.

▲ *Esperar que* pouvant signifier “espérer que” ou “attendre que” est souvent remplacé dans ce dernier sens par *estar à espera que* pour éviter l'ambiguïté.

***Estou à espera que me digas*** *o que queres.*
J'attends que tu me dises ce que tu veux.

C'est cette locution, avec *de*, qui est employée devant un infinitif.

***Estou à espera de ter*** *os resultados da análise para voltar ao médico.*
J'attends d'avoir les résultats de l'analyse pour retourner chez le médecin.

### Pour aller plus loin

***Era de esperar!***
Il fallait s'y attendre!
***Espera [lá] que já te digo...***
Attends un peu, tu vas voir...
***[Eu] já estava à espera!***
Je m'y attendais!
***Quem espera sempre alcança.***
Tout vient à point à qui sait attendre.

### Exercice

*Traduire :*
1. Eles esperavam que as negociações tivessem sucesso. 2. Esperámos por ti em casa. 3. Espero que o Leandro me diga o que vai fazer. 4. Já estávamos à espera que eles não estivessem de acordo! 5. Espero passar as minhas férias na Tailândia.

## 69 *Essayer* (traduction)

**1** Lorsque “essayer” signifie examiner, tester une chose pour en connaître les qualités ou la convenance, on emploie ***experimentar***.

*Estou a* ***experimentar o novo vídeo*** *que comprei.*
Je suis en train d'essayer le nouveau magnétoscope que j'ai acheté.
*Ele* ***experimentou as calças beiges****, mas não lhe ficam bem.*
Il a essayé les pantalons beiges, mais ils ne lui vont pas.

**2** Lorsqu'il s'agit de l'essayage d'un vêtement non terminé on emploie ***provar***.

*Fui à modista* ***provar o fato*** *de saia casaco que me está a fazer.*
Je suis allée chez la couturière essayer le tailleur qu'elle est en train de me faire.

3 Lorsqu' "essayer" a le sens de tenter, de s'efforcer de, on emploie ***tentar***.

***Tentei tudo****, mas não consigo acalmá-lo.*
J'ai tout essayé, mais je ne réussis pas à le calmer.
***Tentaste a persuasão*** *e tudo se resolveu.*
Tu as essayé la persuasion et tout s'est arrangé.

**Exercice**

*Traduire :*
1. J'ai essayé les bottes mais elles sont trop petites pour moi (ficar pequenas). 2. C'est un nouveau médicament qui a été essayé dans des laboratoires spécialisés. 3. Essaie de partir tôt. 4. Essaie mes lunettes de soleil. 5. Monsieur Soares est un tailleur (alfaiate) expérimenté. Les costumes qu'il me fait, je ne les essaie qu'une fois. 6. Après la force il a essayé la tendresse, mais sans succès.

## 0 Est-ce que... (traduction)

1 **Lorsque "est-ce que" n'est accompagné d'aucun mot interrogatif il ne se traduit pas.**

*A tua cadeira tem rodinhas?*
Est-ce que ta chaise a des roulettes?

2 **Lorsque "est-ce que" renforce un mot interrogatif il se traduit par *é que* (invariable) ou *ser... que*** (*ser* se met au même temps que le verbe suivant)**.**
En français, le sujet doit être placé avant le verbe. En portugais il peut être placé avant le verbe (cas le plus fréquent) ou après celui-ci. **Si le sujet se trouve avant le verbe, l'emploi de cette formule est obligatoire** alors qu'il est facultatif si le sujet est placé après le verbe.
Dans les deux langues ces formules sont très utilisées dans le registre courant.

***Porque é que*** *o senhor insistiu tanto? /* ***Porque [é que]*** *insistiu o senhor tanto? /* ***Porque foi que*** *o senhor insistiu tanto? /* ***Porque [foi que]*** *insistiu o senhor tanto?*
Pourquoi est-ce que vous avez tellement insisté ?
***Quanto é que*** *a empresa pagava? /* ***Quanto [é que]*** *pagava a empresa? /* ***Quanto era que*** *a empresa pagava? /* ***Quanto [era que]*** *pagava a empresa?*
Combien est-ce que l'entreprise payait ?

▲ En français, dans les interrogations indirectes on ne rajoute pas “est-ce que”, sauf dans une langue très familière. En portugais dans la langue orale courante on peut rajouter *é que*.

*Ela perguntou-nos **o que [é que]** queríamos beber.*
Elle nous a demandé ce que nous voulions boire.

3 “Qu’est-ce que”, “qu’est-ce qui” se traduisent par *[o] que* (voir n° 113) qui peut être souligné ou non par *é que* ou par *ser que.*

***O que [é que]** motivou a partida dele? / **O que [foi que]** motivou a partida dele?*
Qu’est-ce qui a motivé son départ ?

4 “Qui est-ce qui” et “qui est-ce que” se traduisent par *quem* qui peut être souligné par *é que* ou par *ser que,* mais seulement quand il est complément d’objet.

***Quem é que** os teus amigos viram? / **Quem [é que]** viram os teus amigos? / **Quem foi que** os teus amigos viram? / **Quem [foi que]** viram os teus amigos?*
Qui est-ce que tes amis ont vus ?

**Exercice**

*Traduire (en donnant éventuellement les différentes possibilités de traduction) :*
1. Est-ce que tu as fermé le gaz (gás)? 2. Qu’est-ce qu’il a ramassé par terre (apanhar do chão)? 3. Combien est-ce que la reliure (encadernação) a coûté ? 4. Je leur ai demandé ce que João préfère.

## 71 Etre + attribut (ser, estar, ficar, andar)

Suivant la façon dont la propriété attribuée au sujet est perçue, “être” + attribut se traduit par :

1 ***Ser*** : quand **la propriété** attribuée au sujet **est perçue comme le définissant** (de façon permanente ou à un moment donné). L’emploi de *ser* suppose que le locuteur centre son attention sur cette propriété et n’établit **aucune relation avec un avant, un après ou un autre élément**.

*O granito **é** duro.*
Le granite est dur.
*Helsínquia **é** a capital da Finlândia.*
Helsinki est la capitale de la Finlande.

2 ***Estar*** : quand **la propriété** attribuée au sujet **est perçue comme temporaire**. L'emploi de *estar* suppose que le locuteur établit **une comparaison** avec une situation antérieure ou avec un autre élément.

*O arroz* ***está*** *salgado demais.*
Le riz est trop salé.
*Hoje o vento* ***está*** *frio.*
Aujourd'hui le vent est froid.

▲ La plupart des attributs peuvent se construire avec *ser* ou *estar*. Mais on ne dit pas la même chose quand on emploie l'un ou l'autre de ces verbes.

*O Frederico* ***é / está muito alto****!*
Frederico est très grand ! (*é alto* définit la taille de Frederico ; *está alto* suggère une évolution, une comparaison avec sa taille antérieure)

▲ Lorsque l'attribut est un nom, l'emploi de *ser* est beaucoup plus courant, même si la propriété attribuée au sujet est temporaire. *Estar* n'est utilisé que pour insister sur une localisation (dans l'espace ou dans le temps).

*A Maria Antónia* ***é / está professora primária*** *em Vila Franca.*
Maria Antonia est institutrice à Vila Franca.
*A Suzana* ***já é / está directora?***
Suzana est déjà directrice ?

3 ***Ficar*** : quand **la propriété** attribuée au sujet **est le résultat d'un événement** et que la phrase établit un **rapport direct entre cet événement et la transformation** qu'il entraîne.

*Às quintas-feiras tenho um dia muito cheio e depois* ***fico*** *cansada.*
Le jeudi j'ai une journée très chargée et après je suis fatiguée.
*Acabou o curso e* ***ficou engenheiro****.*
Il a fini ses études et il est ingénieur.

▲ Le verbe *ficar* situe la propriété attribuée au sujet au moment du changement alors que le verbe "être" envisage l'état après le changement. Ce qui fait que dans certains cas on a un présent de l'indicatif en français (= état dans le présent) là où le portugais doit mettre un passé (= changement dans le passé).

*Pus o sumo no frigorífico e* ***ficou*** *gelado. Agora não consigo bebê-lo.*
J'ai mis le jus de fruit au frigidaire et il est glacé. Maintenant je n'arrive pas à le boire.

▲ Si on envisage seulement le résultat d'un changement, et pas le changement, on emploie le verbe *estar* et non pas *ficar*. Dans le premier exemple du point 3 nous remplacerons *ficar* par *estar* si nous n'envisageons que le nouvel état.

*Às quintas feiras tenho um dia muito cheio e depois* ***estou*** *cansada.*

4 ***Andar*** : quand **la propriété** attribuée au sujet **n'est pas permanente** et qu'elle est **perçue dans sa durée (avec une idée de persistance)**.

*De algum tempo para cá **anda** preocupadíssima com a doença da mãe.*
Depuis quelque temps elle est très inquiète à cause de la maladie de sa mère.
*Desde que está de férias **anda** todo contente.*
Depuis qu'il est en vacances il est tout content.

**Exercice**

*Traduire :*
1. Ma mère est blonde (loura). 2. Aujourd'hui la mer est glacée. 3. Il a été malade toute la semaine. 4. Le Louvre est le musée le plus connu de Paris. 5. Tu as eu du travail mais le gâteau est très bon. 6. Le bifteck (bife) est saignant (mal passado).

## 72 Etre + complément de lieu (estar, ser, ficar)

**1** Lorsque **l'être ou l'objet est mobile ou peut être déplacé**, ou est perçu comme pouvant l'être, le verbe se traduit par ***estar.***

***Estou** na Suécia há um mês.*
Je suis en Suède depuis un mois.
*O meu carro **está** em frente de casa.*
Ma voiture est devant chez moi.

Si *ficar* est employé dans ce type de phrase, il n'a pas le sens de "être", mais de "rester".

*Fiquei dois anos na Suíça.*
Je suis resté[e] deux ans en Suisse.

**2** Lorsque **l'objet ne peut pas être déplacé** (ville, monument, etc.).

a/ "être" se traduit **normalement** par ***ser ou ficar***. Ces deux verbes sont généralement employés indifféremment. La nuance qui peut exister entre les deux est la suivante : *ser*, dont le sens premier indique une propriété inhérente à l'objet, met en relief l'aspect permanent de la localisation ; *ficar* suggère l'espace environnant et la localisation dans cet espace.

***O Algarve é / fica** no Sul de Portugal e **o Minho é / fica** no Norte.*
L'Algarve est au sud du Portugal et le Minho est au nord.
***A estação fica / é** no centro e **o campo de futebol fica / é** à saída da cidade.*
La gare est dans le centre et le terrain de football est à la sortie de la ville.

b/ "être" peut **parfois** être traduit par ***estar***, mais seulement dans certains cas, notamment lorsque la localisation de l'objet est envisagée par rapport à celle du sujet, qui, elle, n'est pas fixe ou lorsque l'objet apparaît comme introuvable, comme si, en quelque sorte, il était mobile.

*Andas à procura da estação. Não vês que **está** à tua esquerda!*
Tu cherches la gare. Tu ne vois pas qu'elle est à ta gauche !
*Disseram-me que o teatro ficava nesta praça e não o vejo.Onde é que ele **estará** ?*
On m'a dit que le théâtre était sur cette place et je ne le vois pas.Où est-ce qu'il peut bien être ?

**Exercice**

*Traduire :*
1. Genève (Genebra) est au sud-ouest de la Suisse. 2. Quand tu étais en Martinique, moi, j'étais en Normandie! 3. Je vois Pékin (Pequim) sur cette carte (este mapa), mais où est Macau? 4. Le compte-rendu de la réunion (a acta da reunião) est sur votre bureau (secretária), Monsieur le Président. 5. Figueira da Foz est à l'embouchure (foz) du Mondego.

## 73 **Excuses** *(exprimer des -)*

### 1 Les formules les plus courantes sont :

a/ Le verbe ***desculpar* à l'impératif**, avec éventuellement un complément d'objet direct.

***Desculpe o incómodo** que lhe dei.*
Excusez-moi pour le dérangement que je vous ai occasionné.
***Desculpa a maçada.***
Excuse-moi de t'avoir dérangé (m.à m.: excuse le dérangement).

b/ L'exclamation ***perdão!***

***Perdão!** Que horas são, por favor?*
Pardon! Quelle heure est-il s'il vous plaît ?

c/ L'expression ***com licença*** (m.à m.: avec votre permission). Elle s'emploie notamment lorsqu'on passe devant quelqu'un (= pardon !), à la fin d'une conversation téléphonique ou quand on quitte quelqu'un (dans ces derniers cas il n'y a pas d'équivalent en français).

d/ Le verbe ***desculpar* à l'impératif accompagné du complément d'objet indirect**. C'est une forme d'insistance par rapport à *desculpar.*

***Desculpa-me ter-te magoado** tanto.*
Excuse-moi de t'avoir fait tant de peine.

e/ L'expression ***pedir desculpa [por]*** qui donne plus de relief à l'excuse, surtout si l'adjectif *muita* ou *imensa* accompagne *desculpa*.

***Peço muita desculpa por*** *ter chegado atrasado.*
Je vous demande de bien vouloir m'excuser d'être arrivé en retard.

## 2 Dans un registre plus soigné :

a/ **On fait précéder *desculpar* ou *pedir desculpa* du verbe *querer*** (à l'impératif dans le premier cas, au présent ou, plus fréquemment, à l'imparfait de l'indicatif dans le second).

***Queiram desculpar****.*
Veuillez m'excuser.

*Sr. Fonseca,* ***queríamos pedir-lhe desculpa.***
Monsieur Fonseca, nous voudrions vous demander de nous excuser.

b/ On emploie le nom ***desculpas.*** Il est toujours accompagné d'un adjectif possessif ou de *de* + nom. Il peut être introduit par le verbe *apresentar.*

***Apresentamos aos senhores as nossas desculpas.***
Messieurs, nous vous présentons toutes nos excuses.

***As minhas desculpas e as desculpas do Tiago.***
Toutes mes excuses et toutes les excuses de Tiago.

c/ On emploie **l'expression *pedir perdão*** mais seulement dans le cas d'une faute considérée comme assez grave.

*Ele* ***pediu perdão pelo crime*** *que cometeu.*
Il demanda pardon pour le crime qu'il avait commis.

### *Exercice*

***1.*** *Présenter des excuses dans les situations suivantes :*
1. Vous êtes dans un autobus et vous venez de pousser involontairement quelqu'un. 2. Dans la rue quelqu'un vient de vous expliquer longuement comment vous rendre là où vous souhaitez aller.

***2.*** *Traduire :*
1. Excuse-moi de t'avoir dérangé. 2. Veuillez m'excuser. 3. Madame, je voudrais vous demander de m'excuser.

# f

## 74 **Faire** *(traduction)*

**1** Sens de réaliser, produire : ***fazer.***

*Quando acabar de **fazer ginástica**, vou **fazer as compras.***
Quand j'aurai fini de faire ma gymnastique, j'irai faire les courses.

*Não há mais **nada a fazer.***
Il n'y a plus rien à faire.

**2** Dans une série d'expressions indiquant notamment un mouvement, un sentiment : ***dar.***

- un mouvement :

faire un tour : *dar uma volta* (fam: *dar uma curva);* faire un pas : *dar um passo;* faire un faux pas : *dar um passo em falso;* faire un saut : *dar um salto.*

*Gostavas de ir **dar um passeio**?*
Est-ce que ça te plairait d'aller faire une promenade ?

- un sentiment :

faire de la peine : *dar pena;* faire plaisir : *dar gosto, dar alegria* (–joie). Mais l'emploi de *dar* n'est pas généralisé et le verbe "faire" suivi du sentiment provoqué se traduit de différentes façons : faire peur : *meter medo;* faire de la peine : *dar* ou *meter pena;* faire l'admiration de : *causar a admiração de;* faire honte : *envergonhar;* etc.

*Esta notícia **deu-me muita alegria.***
Cette nouvelle m'a vraiment fait plaisir.

▲ Les expressions "faire cours" et "donner des cours" se traduisent par *dar aulas.*

***Dá aulas** até o meio-dia.*
Il / elle fait cours jusqu'à midi.

**3** Différentes traductions de "faire" correspondant à des domaines précis.

a/ **Les jeux, les sports, la musique.**

- ***Jogar***, quand on peut remplacer le verbe "faire" par "jouer". Ex : ***jogar ténis, rugby, voleibol, basquetebol*** : faire du tennis, du rugby, du volley-ball, du basket-ball / jouer au tennis, etc.

***Jogou futebol*** *toda a tarde.*
Il / elle a fait du football tout l'après-midi.
*Não queres vir* ***jogar as cartas*** *um bocadinho connosco?*
Tu viens faire une petite partie de cartes avec nous ?

• ***Fazer***, pour les sports de combat et certains autres sports (à la différence des cas précédents, on ne peut pas remplacer "faire" par "jouer". Exemples :

***fazer boxe, catch, esgrima, judo, esqui***, etc. : faire de la boxe, du catch, de l'escrime, du judo, du ski, etc.

• **La musique :** ***tocar*** (suivi du nom de l'instrument).
Ex : ***tocar guitarra, viola, violino, flauta, cravo***... : jouer de la guitare, de la guitare portugaise, du violon, de la flûte, du clavecin, etc.

***Toco violoncelo*** *uma hora por dia.*
Je fais une heure de violoncelle par jour.

b/ **Les études.**

• ***Estudar*** (suivi du nom de la discipline).

***Estuda medicina.***
Il / elle fait médecine.

***Estudamos português*** *no liceu.*
Nous faisons du portugais au lycée.

• ***Fazer*** (suivi du nom du diplôme préparé).

***Fez um doutoramento.***
Il / elle a fait un doctorat.

• ***Tirar o curso de*** **:** faire des études de.

***Anda a tirar o curso de farmácia.***
Il / elle fait des études de pharmacie.

c/ **Les déplacements.**

• ***Andar de*** + moyen de locomotion.
Ex : ***andar de moto*** (fam. : *mota),* ***de avião***... faire de la moto, de l'avion, etc.

*É melhor para a saúde* ***andar de bicicleta*** *do que* ***[andar] de carro****.*
C'est meilleur pour la santé de faire du vélo que [de faire] de la voiture.

• ***Ir a*** pour indiquer la vitesse. Si cette vitesse est maintenue pendant un certain temps ou si elle est habituelle, on empoie ***andar a***.

***Iam a 160 à hora*** *na autoestrada.*
Ils / elles faisaient du / allaient à 160 à l'heure sur l'autoroute.
*Normalmente* ***anda a cem à hora*** *nesta estrada.*
Normalement il / elle fait du / va à cent à l'heure sur cette route.

**4** Traduction de l'impersonnel **"il fait"**. Pour exprimer les conditions de l'atmosphère ou du milieu ambiant, on traduit "il fait" par .

a/ ***Estar***, quand “il fait” est suivi d’un adjectif.

***Está frio.***
Il fait froid.

***Está calor.***
Il fait chaud.

***Está fresco.***
Il fait frais.

***Está um ar seco.***
Il fait sec.

***Está um ar ameno.***
Il fait doux.

b/ ***Estar, ser*** quand “il fait” est suivi d’un nom.

- ***Estar*** quand “il fait” peut être remplacé par “il y a”.

***Está sol.***
Il fait soleil.

***Está vento.***
Il fait du vent.

- ***Estar*** quand le nom est accompagné d’un adjectif.

***Está um belo dia.***
Il fait une belle journée.

***Está um frio terrível.***
Il fait un froid terrible.

- ***Ser*** pour traduire “il fait jour”, “il fait nuit” : ***é dia, é noite.***

**Pour aller plus loin**

*Não te preocupes.*
Ne t’en fais pas.

*Vais habituar-te.*
Tu t’y feras.

*Prestar / tomar atenção; ter cuidado.*
Faire attention.

*Doer.*
Faire mal.

*Como é que ele não conseguiu partir a horas?*
Comment se fait-il qu’il n’ait pas réussi à partir à l’heure ?

**Exercice**

*Traduire :*
1. Ça me fait plaisir de t’entendre dire ça. 2. Il fait froid ce matin. 3. Nous faisons du tennis tous les deux jours (de dois em dois dias). 4. Ce peintre a fait un très joli tableau (quadro). 5. Tous les dimanches il fait du piano.

## 75 ***Faire + infinitif*** *(traduction)*

1 Pour exprimer un ordre, une action intentionnelle : ***mandar* + infinitif.**

***Mandou regar*** *as plantas.*
Il / elle a fait arroser les plantes.

***Mande-o sair.***
Faites-le sortir.

**2** Pour exprimer l'obligation d'agir : ***fazer* + infinitif.**

*Ela* ***fê-lo sair*** *imediatamente.*
Elle l'a fait sortir immédiatement.
*A mãe* ***fê-lo estudar*** *a lição.*
Sa mère lui a fait étudier sa leçon.

**3** Pour exprimer la conséquence : ***fazer com que* + subjonctif** ("faire en sorte que") ou ***fazer* + infinitif.**

*O seu desleixo* ***fez com que perdesse / fê-lo perder*** *dinheiro.*
Sa négligence lui a fait perdre de l'argent.
*Tratando desta planta, consegui* ***fazer com que crescesse / fazê-la crescer.***
En prenant soin de cette plante, j'ai réussi à la faire pousser.

**4** Quand le sujet subit l'action **"se faire" + infinitif** se traduit par le passif ou par la 3e personne du pluriel (à valeur impersonnelle).

***Foi operado*** *ao estômago.*
Il s'est fait opérer de l'estomac (= il a été opéré...).
***Roubaram-lhe*** *o saco.*
Il / elle s'est fait voler son sac (= on lui a volé...).
***Cortaram-me*** *o cabelo esta manhã.*
Je me suis fait couper les cheveux ce matin (= on m'a coupé...).

**5** **Quelques autres traductions de "faire" + infinitif.**

a/ Par un seul verbe.

***O pão engorda.***
Le pain fait grossir.
***Fritam-se as cebolas*** *com azeite.*
On fait revenir les oignons dans de l'huile d'olive.
***Lembra-me para*** *eu apagar a luz.*
Fais-moi penser à éteindre la lumière.
***Mostrei-lhes*** *a parte antiga da cidade.*
Je leur ai fait voir la vieille ville.

b/ Par une locution.

*Ele* ***deu a saber*** *que os reféns seriam libertos em breve.*
Il a fait savoir que les otages seraient bientôt libérés.
*Tem de se* ***dar de comer*** *às crianças cerca das cinco [horas].*
Il faut faire manger les enfants vers cinq heures.

**Exercice**

*Traduire :*
1. Ils se sont fait arrêter (ser preso) juste après le hold-up (assalto). 2. Nous l'avons fait prévenir. 3. Il m'a fait rater (perder) l'avion. 4. Il a fait construire une maison. 5. Il y a des régimes qui font vraiment maigrir.

## 76 Faux amis

a/ Ce sont des mots qui se ressemblent en portugais et en français mais qui ont un sens différent.

*acordar* : réveiller
*acudir* : aller au secours, affluer
*amassar* : pétrir
*anedota (f.)* : blague, histoire drôle
*ânsia (f.)* : vif désir, inquiétude
*ao encontro de* : dans le sens de
*aparentar* : feindre, simuler
*apelar* : faire appel (en justice), invoquer
*assomar* : apparaître (à un endroit élevé)
*atender* : s'occuper de
*atirar* : lancer, faire feu
*azar (m.)* : malchance
*banca (f.)* : éventaire du marchand de journaux
*camisola (f.)* : pull-over
*carroça (f.)* : charrette
*cenário (m.)* : décor
*chá (m.)* : thé
*chifre (m.)* : corne
*cigarro (m.)* : cigarette
*cobra (f.)* : couleuvre, serpent
*concorrência (f.)* : affluence, assistance
*confiar em* : avoir confiance en
*conformar-se com* : s'accommoder à, se contenter de
*consertar* : réparer
*constipação (f.)* : rhume
*constipar-se* : s'enrhumer
*costas (f. pl.)* : dos
*degrau (m.)* : marche (d'escalier…)
*demandar* : porter plainte, chercher
*descompor* : injurier
*desgosto (m.)* : contrariété, tristesse
*desgraça (f.)* : malheur
*despensa (f.)* : garde-manger, débarras
*desposar* : épouser
*destreza (f.)* : dextérité
*divisar* : apercevoir
*empresário (m.)* : chef d'entreprise
*em breve* : d'ici peu
*enfermo, a* : malade
*entender* : comprendre
*escritório (m.)* : bureau
*escusar* : dispenser, éviter
*esperto, a* : intelligent, malin
*estrada (f.)* : route
*fiar* : garantir, vendre à crédit
*fonte (f.)* : source, fontaine
*fracassar* : échouer
*garrafa (f.)* : bouteille
*gerar* : engendrer
*largo (m.)* : place
*limonada (f.)* : citronnade, citron pressé
*local (m.)* : lieu
*lucro (m.)* : gain, bénéfice
*mancha (f.)* : tache
*montra (f.)* : vitrine, étalage
*morno, a* : tiède
*ordinário, a* : vulgaire
*paquete (m.)* : paquebot
*paragem (f.)* : arrêt
*petulância (f.)* : arrogance
*polícia (m.)* : policier
*pomar (m.)* : verger
*portanto* : donc
*prender* : attacher, fixer, incarcérer
*procurar* : chercher, tenter de
*puxar* : tirer
*ramo (m.)* : branche
*rato (m.)* : souris
*refeição (f.)* : repas
*reparar em* : remarquer, faire attention à
*roçar* : effleurer
*sobrenome (m.)* : nom
*taça (f.)* : coupe
*tacho (m.)* : casserole
*tapar* : cacher, boucher
*testa (f.)* : front
*transbordar* : déborder
*trivial* : banal
*verificar-se* : avoir lieu
*vulgar* : ordinaire, banal, courant

**b/ Mots qui ne sont de faux amis que partiellement : ils ont à la fois le même sens et un autre sens que le mot français correspondant**

*admiração (f.):* étonnement, admiration
*admirar-se:* s'étonner, s'admirer
*advertir:* remarquer, faire remarquer, avertir
*afinar:* accorder (un instrument de musique), affiner
*alinhar:* arranger, aligner
*apenas:* seulement, à peine
*aprovar:* être reçu / recevoir à un examen, approuver
*armar:* monter, assembler, armer
*arranjar:* procurer, arranger, réparer
*atestar:* remplir, attester
*banco (m.):* banque, tabouret, banc
*blusa (f.) :* chemisier
*bravo,a:* sauvage, brave
*campo (m.):* campagne, champ, camp
*compasso (m.):* rythme, compas
*comprometer-se:* s'engager, se compromettre
*confessar:* avouer, confesser
*correio (m.):* poste, courrier
*declarar:* déposer, témoigner, déclarer
*destino (m.):* destination, destin
*dieta (f.):* régime alimentaire, diète
*diversão (f.):* distraction, amusement, diversion
*embalar:* bercer, emballer
*ensaiar:* répéter (au théâtre), essayer
*exploração (f.):* exploitation, exploration
*figura (f.):* silhouette, figure
*fineza (f.):* amabilité, cadeau, finesse
*fomentar:* promouvoir, fomenter
*fósforo (m.):* allumette, phosphore
*gelo (m.):* glace, gel
*génio (m.):* caractère, génie
*guardar:* ranger, garder
*iluminar:* éclairer, illuminer
*iniciar:* débuter, initier
*letra (f.):* écriture, lettre
*mal (adv.):* à peine, mal
*mercantil:* commercial, mercantile
*negócio (m.):* affaire, négoce
*notícia (f.):* nouvelle, renseignement, notice
*papel (m.):* rôle, papier
*participar:* communiquer, faire part, participer
*partida (f.):* départ, partie
*partir:* diviser, casser, partir
*pintura (f.):* maquillage, peinture
*proporcionar:* procurer, fournir, proportionner
*quarto (m.):* chambre, quart
*questão (f.):* problème, dispute, question
*raro,a:* étrange, rare
*regular:* moyen, médiocre, régulier
*reino (m.):* royaume, règne (animal...)
*reparar:* remarquer, réparer
*suceder:* arriver, se produire, succéder
*válido,a:* valable, valide

**Exercice**

*Traduire :*

1. Isso é vulgar! 2. Reparei que o pomar do lado direito da estrada está agora completamente tapado por um muro. 3. É uma pessoa muito ordinária. 4. Descobriram a costa, exploraram o interior e, muitos anos depois, chegaram outros homens para explorar a terra que lhes proporcionou importantes lucros. 5. Cuidado com o degrau! 6. Ela sabe o que são desgostos e só lhe acontecem desgraças. É uma pessoa com muito azar! 7. A montra que dá para o largo está cheia de blusas e de camisolas em saldo.

# 77 Féliciter, présenter ses voeux, présenter ses condoléances

## 1 Féliciter.

- ***Dar os parabéns; apresentar os parabéns*** (registre plus soigné) ; ***[muitos] parabéns!*** (+ préposition *por*). Ces formules sont employées lors des événements heureux, y compris les anniversaires.

***Apresento-lhes os [meus] parabéns*** *pelo vosso casamento.*
Je vous présente mes félicitations pour votre mariage.

***Damos-te os nossos parabéns*** *pela tua imaginação!*
Nous te félicitons pour ton imagination !

– ***[Os meus] parabéns*** *por terem conseguido chegar até o fim.*
– Je vous félicite d'avoir réussi à aller jusqu'au bout.

– ***Dou-lhe os parabéns pelo*** *seu aniversário.*
– Je vous souhaite un très bon anniversaire.

- ***Felicitar*** (+ *por* ; registre soigné).

– ***Felicito as senhoras por terem feito*** *uma descoberta científica tão importante.*
– Je vous félicite, Mesdames, d'avoir fait une découverte scientifique si importante.

## 2 Présenter ses voeux.

- ***[Muitas] felicidades!*** C'est la formule la plus courante. Elle est employée au moment des fêtes, mais aussi pour souhaiter bonne chance à une personne, qui va passer un examen par exemple, ou simplement qu'on ne va pas voir pendant un certain temps.

- ***As maiores felicidades!***

- ***Desejar felicidades.***

***Desejo-te muitas felicidades*** *na tua nova vida.*
Je te souhaite d'être très heureuse dans ta nouvelle vie.

- ***Votos de felicidades, desejo de felicidades*** : en général formules écrites, par exemple pour un mariage, la première peut être accompagnée d'adjectif[s].

***[Todos os meus] votos de felicidades! / desejo de felicidades!***
Tous mes voeux de bonheur !

- ***Feliz*** + nom. Par écrit, on peut faire précéder de ***votos de.***

***Feliz Natal!***
Joyeux Noël !

***Feliz Ano Novo!***
Bonne Année !

***Feliz aniversário!***
Heureux anniversaire !

*Feliz* peut être précédé de l'article indéfini (*um feliz Natal*). Dans ce cas le nom peut être placé avant (*um aniversário feliz!*). Ces formules peuvent être précédées de *desejar* ou de *apresentar votos de.*

– ***Apresentamos ao Senhor Presidente os nossos melhores votos de Feliz Ano Novo.***
– Monsieur le Président, nous vous présentons tous nos meilleurs voeux pour cette Nouvelle Année.

• ***Sorte! Muita sorte! [Muito] boa sorte!*** Ces formules sont courantes, mais moins employées que *Felicidades!* Elles peuvent être précédées du verbe *desejar.*

***Desejamos-vos muito boa sorte!***
Nous vous souhaitons bonne chance !

• ***As melhoras!*** (Meilleure santé ! Bon rétablissement.) Cette formule s'emploie surtout sans verbe mais peut être précédée de *desejar* : *Senhora Dona Antónia, desejo-lhe as melhoras.*
Dans un registre soigné, on peut employer le mot ***restabelecimento*** qui, comme en français, est toujours accompagné d'un adjectif (*rápido, bom*).

## 3 Présenter ses condoléances.

• ***[Sentidos] pêsames*** : *os meus [sentidos] pêsames.*

• ***[Sinceros] sentimentos*** : *os nossos [sinceros] sentimentos.*
Ces deux formules peuvent être introduites par le verbe *apresentar*.

– ***Apresento os meus sinceros sentimentos*** *ao senhor e a toda a família*
– Je vous présente, à vous-même ainsi qu'à toute votre famille, mes sincères condoléances.

• ***Sentir muito*** (*a morte de ... , a perca de ...*).

• ***Condolências, apresentar as suas condolências***, sont des formules qui appartiennent à un registre soigné.

### Exercice

*Compléter les phrases suivantes en tenant compte de la situation indiquée entre parenthèses :*
1. (maladie) — Adeus, Joana, ........................ 2. (maladie) — Desejo-lhe um rápido .................. 3. (réussite professionnelle) — Que bom teres sido promovido! .................... ! 4. (réussite professionnelle) — .................. pelo sucesso que o Senhor teve! 5. (mariage) — .................. e ........................ ! 6. (mariage) Enviamos os nossos .................... 7. (décès) Apresento os meus sentidos .................

## 78 Féminin des adjectifs

### 1 Adjectifs ayant les mêmes terminaisons que les noms (voir n° 79).

### 2 Adjectifs ayant une terminaison spécifique.

a/ **Le masculin et le féminin sont identiques et terminés par :**

***-l*** : nombreux adjectifs

*actua**l*** (actuel[le]) *agradáve**l*** (agréable) *difíci**l*** (difficile)

**Exception :** espanho**l** —> espanho**la**

***-ar*** : nombreux adjectifs

*famili**ar*** (familier, familière) *milit**ar*** (militaire) *triangul**ar*** (triangulaire)

***-z*** : peu d'adjectifs

*efica**z*** (efficace) *feli**z*** (heureux, heureuse) *fero**z*** (féroce)

**Exception :** andalu**z** (andalou) —> andalu**za** (andalouse)

***-es*** : quelques rares adjectifs

*simpl**es*** (simple) *rel**es*** (vulgaire, de mauvaise qualité)

***-em, -im, -um*** : quelques adjectifs

*selvag**em*** (sauvage) *ru**im*** (mauvais[e]) *com**um*** (commun[e])

**Exception :** nenh**um** —> nenh**uma** (aucune)

b/ **Le féminin est différent du masculin**

**masculin en *-eu* —> féminin en *-eia*** : quelques adjectifs

*europ**eu*** (européen) —> *europ**eia*** *at**eu*** (athée) —> *at**eia***
*hebr**eu*** (hébreu) —> *hebr**eia***

**Exception :** jud**eu** (juif) —> jud**ia**

**Exercice**

*Traduire :*

| | | | |
|---|---|---|---|
| malheureuse | particulière | nationale | atroce |
| européenne | incapable | générale | bleue |
| espagnole | populaire | utile | familière |

## 79 *Féminin des noms*

Les adjectifs qui ont les mêmes terminaisons que les noms, forment leur féminin de la même façon, c'es pourquoi ils sont réunis dans cette fiche.

**1 Masculin en *-o* —> féminin en *-a*** : beaucoup de noms et d'adjectifs.

*ti**o*** (oncle) —> *ti**a*** (tante)
*pret**o*** (noir) —> *pret**a*** (noire)
*médic**o*** (médecin) —> *médic**a***
*salgad**o*** (salé) —> *salgad**a*** (salée)

▲ Les adjectifs qui ont au masculin un *o* tonique fermé à l'avant-dernière syllabe et un *o* ouvert au pluriel (notamment les adjectifs en *-oso*), ont aussi un *o* ouvert au féminin (voir n° 122).

*estudi**oso*** (studieux) —> *estudi**osa*** (studieuse)
*morto* (mort) —> *mor**ta*** (morte)

**2 Masculin et féminin en *-e*** : beaucoup de noms et d'adjectifs.

*o / a docent**e*** (enseignant[e])
*quent**e*** (chaud[e])
*o / a gigant**e*** (géant[e])
*obedient**e*** (obéissan[e])

**Exceptions :** quelques noms en *-e* ont un féminin en *-a*.
Ex : mestr**e** —> mestr**a** (maître, maîtresse)

**3 Masculin et féminin en *-a*** : assez nombreux noms et adjectifs (surtout en *ista*).

*o / a florist**a*** (le / la fleuriste)
*o / a conferencist**a*** (conférencier, conférencière)
*progressist**a*** (progressiste)
*cosmopolit**a*** (cosmopolite)

**4 Masculin en *-ão*.**

• **Féminin en *-ona*** : surtout les augmentatifs des adjectifs et de quelques substantifs (voir n° 23).

*o narig**ão*** (grand nez) —> *a narig**ona***
*grand**ão*** (très grand) —> *grand**ona***

• **Féminin en *-ã* et en *-oa*** : quelques noms et adjectifs.

*o irm**ão*** (frère) —> *a irm**ã*** (sœur)
*o cortes**ão*** (courtisan) —> *a cortes**ã*** (courtisane)
*alem**ão*** (allemand) —> *alem**ã*** (allemande)
*o le**ão*** (lion) —> *a le**oa*** (lionne)
*o patr**ão*** (patron) —> *a patr**oa*** (patronne)
*beir**ão*** (de la Beira) —> *beir**oa***
*s**ão*** (sain) —> *s**ã*** (saine)

**5 Masculin en *-ês* —> féminin en *-esa*** : surtout des noms et des adjectifs de nationalité.

*chin**ês*** (chinois) —> *chin**esa*** (chinoise)
*norueg**uês*** (norvégien) —> *norueg**uesa*** (norvégienne)
*burgu**ês*** (bourgeois) —> *burgu**esa*** (bourgeoise)
*fregu**ês*** (client) —> *fregu**esa*** (cliente)

**Exceptions :** quelques adjectifs qui gardent la même forme au féminin. Exemples :
*cortês* (poli[e]) ; *montês* (sauvage) ; *pedrês* (moucheté[e]).

**6 Masculin en *-or* —> féminin en *-ora*** : beaucoup de noms et d'adjectifs (la voyelle tonique *o* est toujours fermée).

*o audit**or*** (auditeur) —> *a audit**ora*** (auditrice)
*o leit**or*** (lecteur) —> *a leit**ora*** (lectrice)
*emiss**or*** (émetteur) —> *emiss**ora*** (émettrice)
*importad**or*** (importateur) —> *importad**ora*** (importatrice)

**Exceptions :** quelques adjectifs qui gardent la même forme au féminin. Exemples :
*posteri**or*** (postérieur[e]) ; *inferi**or*** (inférieur[e]) ; *superi**or*** (supérieur[e]).

Les quatre superlatifs en *-or* sont aussi dans ce cas :
*mai**or*** (plus grand[e]) ; *men**or*** (plus petit[e]) ; *melh**or*** (meilleur[e]) ; pi**or** (pire).

**7 Masculin en *-u* —> féminin en *-ua*** : très peu de mots.

*o per**u*** (dindon) —> *a per**ua*** (dinde)
*cr**u*** (cru) —> *cr**ua*** (crue)
***nu*** (nu) —> ***nua*** (nue)

**8 Noms dont le féminin n'est pas formé suivant les règles ci-dessus.**

a/ Féminins aux terminaisons diverses.

*o avô* (grand-père) —> *a av**ó*** (grand-mère)
*o cão* (chien) —> *a **cadela*** (chienne)
*o galo* (coq) —> *a gal**inha*** (poule)
*o rei* (roi) —> *a **rainha*** (reine)
*o herói* (héros) —> *a hero**ína*** (héroïne)
*o rapaz* (garçon) —> *a rapa**riga*** (fille)
*o imperador* (empereur) —> *a impera**triz*** (l'impératrice)

b/ Féminins en *-esa, -essa, -isa* (surtout pour des noms désignant des titres).

*o abade* (abbé) —> *a abad**essa*** (abbesse)
*o conde* (comte) —> *a cond**essa*** (comtesse)
*o barão* (baron) —> *a baron**esa*** (baronne)
*o duque* (duc) —> *a duqu**esa*** (duchesse)
*o cônsul* (consul) —> *a consul**esa***
*o sacerdote* (prêtre) —> *a sacerdot**isa*** (prêtresse)
*o poeta* (poète) —> *a poet**isa*** (poétesse)
*o profeta* (prophète) —> *a profet**isa*** (prophétesse)

c/ Féminins ayant des racines différentes du masculin.

*o homem* (homme) —> *a **mulher*** [femme)
*o pai* (père) —> *a **mãe*** (mère)
*o padrinho* (parrain) —> *a **madrinha*** (marraine)
*o genro* (gendre) —> *a **nora*** (bru)

*o bode* (bouc) —> *a* ***cabra*** (chèvre)
*o boi* (boeuf) —> *a* ***vaca*** (vache)
*o cavalo* (cheval) —> *a* ***égua*** (jument)
*o carneiro* (mouton) —> *a* ***ovelha*** (brebis)

**Exercice**

*Mettre les mots suivants au féminin. S'il y a un o tonique fermé qui devient ouvert au féminin, le souligner :*

| | | | |
|---|---|---|---|
| guloso | angolano | inconstante | valentão |
| carinhoso | flutuante | anarquista | cantor |
| dinamarquês | pesadão | | |

## 80 Fractions et multiplicatifs

### 1 Lecture des fractions.

a/ En langage **mathématique**, pour le **dénominateur**, de 4 à 10 on emploie l'ordinal, et à partir de 11 on ajoute le mot *avos*.

*1/2 : um* ***meio***
*1/3 : um* ***terço***
*1/4 : um* ***quarto***
*1/5 : um* ***quinto***
*1/6 : um* ***sexto***
*1/7 : um* ***sétimo***
*1/8 : um* ***oitavo***
*1/9 : um* ***nono***
*1/10 : um* ***décimo***
*1/11 : um* ***onze avos***
*1/12 : um* ***doze avos***
*1/100 : um* ***cem avos***

Pour le **numérateur**, on emploie le cardinal.

*2/4 :* ***dois*** *quartos*
*4/20 :* ***quatro*** *vinte avos*
*6/8 :* ***seis*** *oitavos*
*8/1000 :* ***oito*** *mil avos*

b/ En langage courant, on fait suivre l'ordinal au féminin de *parte[s]* (sauf pour 1/2 et 1/3).

*1/2 : metade / um meio*
*3/4 : três quartas partes*
*1/3 : uma terça parte*
*4/10 : quatro décimas partes*

c/ Pour les **fractions de degré ou de seconde**, on peut dire *décimo, centésimo, milésimo* ou employer le féminin (le mot *parte* étant sous-entendu).

*trinta e sete graus e* ***oito décimos / décimas***
trente sept degrés et huit dizièmes

*dezasseis segundos e* ***nove centésimos / centésimas***
seize secondes et neuf centièmes

### 2 *Metade* et *meio*.

a/ *Metade* (moitié) est un nom. Il n'est pas précédé de l'article sauf s'il est déterminé (par un adjectif, une proposition relative...).

*Passei* ***metade da noite*** *sem dormir.*
J'ai passé la moitié de la nuit sans dormir.
***A metade*** *do bolo* ***que me deste****, guardei-a para o jantar.*
La moitié du gâteau que tu m'as donnée, je l'ai gardée pour le dîner.

b/ *Meio, meia* (demi, demie) est un adjectif. Qu'il soit placé avant ou après le substantif dont il dépend, il s'accorde toujours avec lui.

*Comprei* ***meia dúzia*** *de ovos.*
J'ai acheté une demi-douzaine d'œufs.
*São seis horas* ***e meia.***
Il est six heures et demie.

Plusieurs noms composés sont formés avec *meio, meia* : *meio-dia* (midi), *meia-noite* (minuit), *de meia-idade* (d'âge moyen), *meia-parede* (mur mitoyen), *meio-tom* (demi-ton).

### 3 Les multiplicatifs.

Seuls *duplo* (adjectif), *dobro* (nom), et *triplo* sont employés couramment. *Quádruplo* et *quíntuplo* le sont beaucoup moins. Quant aux autres (*sêxtuplo* etc.), on ne les rencontre que très rarement. Ils sont remplacés, comme en français, par le nombre cardinal suivi du mot *vezes.*

*As rosas custam* ***o dobro*** *[do preço] dos cravos.*
Les roses coûtent le double [du prix] des oeillets.
*Tive uma* ***pneumonia dupla.***
J'ai eu une double pneumonie.

**Exercice**

*Ecrire en toutes lettres :*
1. 1/2 litro de leite 2. 66° 5 de temperatura 3. 1/3 dos telespectadores 4. 1/4 dos camponeses 5. 12/20 da propriedade

## 1 Futur de l'indicatif

FORME

**Infinitif impersonnel + terminaison *-ei, -ás, -á, -emos, eis, ão.***

*Ex : viajar (voyager) –> viajar<u>ei</u>, viajar<u>ás</u>, viajar<u>á</u>, viajar<u>emos</u>, viajar<u>eis</u>, viajar<u>ão</u>.*

**Exceptions :** les verbes ***dizer, fazer, trazer*** **et leurs dérivés** perdent le *ze* et font donc ***direi, farei, trarei.***

## EMPLOI

1 **Dans la langue courante le futur de l'indicatif est généralement remplacé par le présent de l'indicatif.**

*No próximo mês, a Maria Alice e a Ana Sofia* ***vêm*** *passar uns dias connosco.*
Le mois prochain, Maria Alice et Ana Sofia viendront passer quelques jours avec nous.

Si on emploie le futur, c'est pour mettre en relief une certitude par rapport à un événement futur.

*O relatório estará pronto às quatro horas.*
Le rapport sera prêt à quatre heures.

2 Par contre le **futur d'hypothèse** est très employé. Il exprime une incertitude par rapport à un événement présent ou futur. Dans ce cas l'intonation est très importante.

*O bule não está aqui.* ***Estará*** *na cozinha?*
La théière n'est pas là. Est-ce qu'elle serait / Elle est peut-être dans la cuisine ?

*Estou a ouvir o elevador.* ***Será*** *o Miguel?*
J'entends l'ascenseur. C'est peut-être Miguel ? / Est-ce que ce serait Miguel ?

*Quanto* ***custará*** *o litro de super em Portugal?*
Combien peut coûter le litre de super au Portugal ?

▲ Dans un contexte au passé on utilise le conditionnel (voir n° 36).

*Quando nos encontrámos, ele teria uns vinte anos.*
Quand nous nous sommes rencontrés, il devait avoir une vingtaine d'années.

▲ L'incertitude peut être renforcée par une répétition du verbe à la forme négative.

***Virá ela*** *esta tarde?...* ***Não virá?***
Est-ce qu' elle viendra cet après-midi ou est-ce qu'elle ne viendra pas ? / Viendra-t-elle ou ne viendra-t-elle pas cet après midi ?

3 L'expression ***será que*** est aussi très employée. Elle précède la proposition sur laquelle porte l'incertitude.

*O que* ***será que*** *eles nos querem?*
Qu'est-ce qu'ils peuvent bien nous vouloir ?

***Será que*** *temos um pneu furado?*
Est-ce qu'on [n'] aurait [pas] un pneu crevé ?

– ***Será que*** *pode dar-me uma ajuda?*
– Est-ce que vous pourriez m'aider ?

4 Contrairement au français, le futur d'atténuation est très peu utilisé en portugais.

– *Confesso-lhe que o comportamento dele não me agrada muito.*
– Je vous avouerai que sa conduite ne me plaît pas du tout.
– *Pedia-lhe o favor de me responder o mais rapidamente possível.*
– Je vous demanderai de bien vouloir me répondre le plus rapidement possible.

5 Dans certains cas on trouve **le futur de l'indicatif en français et le subjonctif en portugais.**

• Après *talvez* : subjonctif présent (voir n° 161). Mais si le verbe est placé avant *talvez* il peut être au futur de l'indicatif.

*Eu **talvez faça** / farei talvez windsurf este verão.*
Je ferai peut-être de la planche à voile cet été.

• Après un pronom relatif ou certaines conjonctions : subjonctif futur (voir n° 82).

*Farás **o que puderes.***
Tu feras ce que tu pourras.

Exercice

***1.** Exprimer l'incertitude à l'aide du futur de l'indicatif. Exemple :* Não sei o que eles estão a dizer –> O que estarão eles a dizer? / O que será que eles estão a dizer?
1. Talvez venha. 2. Devem estar perto. 3. Hesitam se fecham o armário à chave. 4. Parece-me que o computador está avariado.

***2.** Traduire :*
1. Je vous dirai que l'organisation du colloque a été parfaite. 2. Vous arriverez peut-être à réparer le pot d'échappement (arranjar o tubo de escape). 3. Nous vous demanderons de bien vouloir attendre.

## 82 Futur du subjonctif

### FORME

Ce temps, qui n'existe pas en français, a pour origine le futur antérieur latin qui était formé sur le radical du parfait. C'est ce qui explique qu'en portugais on forme le futur du subjonctif à partir du radical du *pretérito perfeito simples* lorsque ce radical est différent de celui de l'infinitif.

Lorsqu'on connaît bien la 3ème personne du pluriel du *pretérito perfeito simples*, on peut trouver facilement le futur du subjonctif : on supprime le *-ram* final qu'on remplace par les terminaisons *-r, -res, etc.* Exemples :

*mora | ram —> morar, morares, ...*
*trouxe | ram —> trouxer, trouxeres, ...*

**1 Verbes ayant un seul radical** (y compris ceux qui ont une petite irrégularité aux temps du présent, par exemple une alternance vocalique) : on prend comme base ce radical suivi de la voyelle thématique et on ajoute les terminaisons suivantes (avec comme exemples les verbes *morar* (habiter) et *viver* (vivre)) :

| | | | |
|---|---|---|---|
| *mora + r* | *—> mora**r*** | *vive + r* | *—> vive**r*** |
| *mora + re + s* | *—> mora**res*** | *vive + re + s* | *—> vive**res*** |
| *mora + r* | *—> mora**r*** | *vive + r* | *—> vive**r*** |
| *mora + r + mos* | *—> mora**rmos*** | *vive + r + mos* | *—> vive**rmos*** |
| *mora + r + des* | *—> mora**rdes*** | *vive + r + des* | *—> vive**rdes*** |
| *mora + re + m* | *—> mora**rem*** | *vive + re + m* | *—> vive**rem*** |

▲ **Le futur du subjonctif des verbes réguliers a la même forme que l'infinitif personnel** puisqu'ils sont formés sur le même radical (voir n° 91).

**2 Verbes ayant un radical différent au *pretérito perfeito simples*** : on ajoute à ce radical les mêmes terminaisons que pour les verbes réguliers (prenons comme exemple le verbe *trazer* dont le *pretérito perfeito simples* est *trouxe* , *trouxeste, ...*).

*trouxe + r —> trouxe**r***
*trouxe + re + s —> trouxe**res***
*trouxe + r —> trouxe**r***
*trouxe + r + mos —> trouxe**rmos***
*trouxe + r + des —> trouxe**rdes***
*trouxe + re + m —> trouxe**rem***

Quelques exemples de verbes courants :

*querer —> **quiser, quiseres**, ...*
*ter —> **tiver, tiveres**, ...*
*ser —> **for, fores**, ....*
*ir —> **for, fores**, ...*
*vir —> **vier, vieres**, ...*
*ver —> **vir, vires, ...***
*poder —> **puder, puderes**, ...*

▲ **Le futur du subjonctif des verbes irréguliers a une forme distincte de celle de l'infinitif personnel** puisqu'ils ne sont pas formés sur le même radical. Exemple : le verbe *fazer* donne *fazer, fazeres,...* à l'infinitif personnel et *fizer, fizeres,...* au futur du subjonctif.

## EMPLOIS ET VALEURS

On emploie le futur du subjonctif dans des propositions conditionnelles, temporelles, comparatives et relatives.
**A la valeur temporelle du futur s'ajoute une valeur hypothétique donnée par le subjonctif**. Il traduit une hypothèse portant sur le futur (proche ou éloigné) et considérée comme réalisable.
Le verbe de la proposition principale est soit au futur ou au présent de l'indicatif, soit à l'impératif.

**1** **Propositions conditionnelles** introduites par la conjonction ***se*** (voir n° 86).

– ***Se tiverem tempo***, *telefonem-nos.*
– Si vous avez le temps, téléphonez-nous.

**Portugais :** *Se* + futur du subjonctif. Dans la proposition principale : présent ou futur de l'indicatif ou impératif.
**Français :** "Si" + présent de l'indicatif. Dans la proposition principale : futur de l'indicatif ou présent quand le sens de futur est clairement exprimé, ou impératif.

▲ *Se* peut être suivi de *porventura (se porventura...* : si jamais, si par hasard).

**2** **Propositions temporelles** introduites par ***quando*** (quand), ***todas as vezes que, cada vez que, sempre que*** (toutes les fois que, chaque fois que), ***logo que, assim que, apenas*** (dès que, aussitôt que), ***enquanto*** (tant que) (voir n° 168).

***Quando se desenvolverem*** *novas tecnologias, os media pôr-nos-ão ao corrente.*
Quand de nouvelles technologies se développeront, les médias nous mettront au courant.

***Assim que for possível,*** *proponham-me o vosso novo projecto.*
Dès que ce sera possible, proposez-moi votre nouveau projet.

***Enquanto eles estiverem em casa,*** *não saímos .*
Tant qu'ils seront à la maison, nous ne sortirons pas.

**3** **Propositions comparatives** introduites par ***como, tal como, assim como, conforme*** (voir n° 32).

***[Tal] como disseres***, *assim farão.*
Ils / elles feront [exactement] comme tu diras.

*Eu farei* ***conforme / como fizeres***.
Je ferai comme tu feras.

▲ Si la proposition comparative est en tête on doit ajouter *assim* avant le verbe de la principale.

## 4 **Propositions relatives** introduites par ***quem, de quem, que, de que, onde, quanto[s], quanta[s].***

***Quem vier*** *será bem recebido.*
Ceux qui viendront seront bien reçus. / Celui qui viendra sera bien reçu.

***Os livros que elas lerem****, requisitam-nos na biblioteca.*
Les livres qu'elles liront, elles les prendront à la bibliothèque.

*Comprarão* ***os produtos de que precisarem.***
Ils / elles achèteront les produits dont ils / elles auront besoin.

***Para onde for o João****, vai a Maria.*
Là où ira Jean ira Marie / Marie y ira.

*Repetirá* ***tantas vezes quantas forem precisas.***
Il / elle répétera autant de fois que ce sera nécessaire.

▲ Si on annule l'expression de l'hypothèse, c'est-à-dire si on exprime une certitude, le verbe peut se mettre au futur de l'indicatif, mais c'est beaucoup moins fréquent.

### Pour aller plus loin

***Custe quanto custar***
Quel que soit le prix / quoiqu'il en coûte

***Venha donde vier***
D'où qu'il / elle vienne

***Diga o que disser***
Quoi qu'il / elle dise

***Seja quem for***
Qui que ce soit

***Venha quem vier***
Qui que ce soit qui vienne / peu importe qui viendra

***Fale de quem falar***
Quelle que soit la personne dont il / elle parle

### Exercice

*Traduire :*
1. L'homme qui parlera donnera quelques informations. 2. Quand tu pourras, passe à la maison (cá por casa). 3. Je dirai comme tu diras. 4. Dès que nous arriverons au Portugal, nous t'écrirons. 5. Va où tu voudras. 6. Si tu arrives le premier, attends-moi.

# g

## 33 Genre

### 1 Masculin et féminin.

La plupart des mots terminés par **-o** ou par **-or** sont **masculins**, par **-a** ou par **-agem** sont **féminins**. Quelques exceptions :

a/ **Noms masculins terminés en *-a.***

*clima* (climat)
*cometa* (comète)
*dia* (jour)
*diadema* (diadème)
*diafragma* (diaphragme)
*diagrama* (diagramme)
*dilema* (dilemme)
*dogma* (dogme)
*drama* (drame)
*electrocardiograma* (électrocardiogramme)
*emblema* (emblème)
*esperma* (sperme)
*estratagema* (stratagème)
*fantasma* (fantôme / fantasme)
*fonema* (phonème)
*grama* (gramme)
*grafema* (graphème)
*herbicida* (herbicide)
*idioma* (idiome)
*inseticida* (insecticide)
*mapa* (carte)
*morfema* (morphème)
*patriarca* (patriarche)
*planeta* (planète)
*poema* (poème)
*prisma* (prisme)
*problema* (problème)
*programa* (programme)
*samba* (samba)
*sistema* (système)
*telegrama* (télégramme)
*telefonema* (coup de téléphone)

D'autres substantifs, assez nombreux, qui peuvent être employés comme adjectifs, ont les deux genres. Quelques exemples : *cineasta* (cinéaste), *dentista* (dentiste), *electricista* (électricien), *tecnocrata* (technocrate).

b/ **Noms féminins terminés en *or.***

*a cor* (la couleur), *a dor* (la douleur), *a flor* (la fleur).

### 2 Mots masculins en portugais et féminins en français.

a/ Les mots ci-dessous ont la même origine, presque la même forme, mais pas le même genre.

*um alarme:* une alarme
*um amuleto:* une amulette
*um anagrama:* une anagramme
*um anúncio:* une annonce

*um arabesco:* une arabesque
*um armário:* une armoire
*um ataque:* une attaque
*um aumento:* une augmentation
*um automóvel:* une automobile
*um banco:* une banque
*um bando:* une bande
*um boxe:* une boxe
*um cigarro:* une cigarette
*um cobertor:* une couverture
*um cometa:* une comète
*um consumo:* une consommation
*un contrabando :* une contrebande
*um costume:* une coutume, une habitude
*um creme:* une crème
*um croquete:* une croquette
*um dente:* une dent
*um ditongo:* une diphtongue
*um dote:* une dot
*um duche:* une douche
*um eclipse:* une éclipse
*um enclave:* une enclave
*um encontro:* une rencontre
*um enigma:* une énigme
*um envelope:* une enveloppe
*um epitáfio:* une épitaphe
*um epíteto:* une épithète
*um equívoco:* une équivoque
*um erro:* une erreur
*um estudo:* une étude
*um êxtase:* une extase
*um figo:* une figue
*um fim:* une fin
*um fresco:* une fresque
*um fumo:* une fumée
*um ídolo:* une idole
*um insulto:* une insulte
*um limite:* une limite
*um mapa-múndi:* une mappemonde
*um mar:* une mer
*um método:* une méthode
*um minuto:* une minute
*um nácar:* une nacre
*um oásis:* une oasis
*um pagode:* une pagode
*um pânico:* une panique
*um par:* une paire
*um pedal:* une pédale
*um período:* une période
*um planeta:* une planète
*um postal:* une carte postale
*um prefácio:* une préface
*um segundo:* une seconde
*um tomate:* une tomate
*um vale:* une vallée
*um vídeo:* une vidéo
*um vidro:* une vitre

b/ Un certain nombre de **mots terminés par *-or* en portugais et -eur en français.**

*um ardor:* une ardeur
*um calor:* une chaleur
*um clamor:* une clameur
*um favor:* une faveur
*um fervor:* une ferveur
*um furor:* une fureur
*um horror:* une horreur
*um humor:* une humeur, un humour
*um langor:* une langueur
*um licor:* une liqueur
*um rancor:* une rancoeur
*um rumor:* une rumeur
*um sabor:* une saveur
*um suor:* une sueur
*um terror:* une terreur
*um torpor:* une torpeur
*um tumor:* une tumeur
*um valor:* une valeur
*um vapor:* une vapeur
*um vigor:* une vigueur

c/ **Les noms de mers** sont **masculins** en portugais (sauf *A Mancha* ) comme le mot *mar* et féminins en français, comme le mot “mer”.

*o Mediterrâneo:* la Méditerranée
*o Mar Egeu:* la Mer Egée
*o Báltico:* la Baltique
*o Mar Cáspio:* la Mer Caspienne

## 3 Mots féminins en portugais et masculins en français.

a/ Les mots ci-dessous ont la même origine, presque la même forme, mais pas le même genre.

*uma afta:* un aphte
*uma agenda:* un agenda
*uma arte:* un art
*uma árvore:* un arbre
*uma asma:* un asthme
*uma calma:* un calme
*uma cataplasma:* un cataplasme
*uma conta:* un compte
*uma corrente:* un courant
*uma delícia:* un délice
*uma derme:* un derme
*uma diocese:* un diocèse
*uma dúvida:* un doute
*uma epiderme:* un épiderme
*uma esfinge:* un sphinx
*uma fruta:* un fruit
*uma harmónica:* un harmonica
*uma insígnia:* un insigne
*uma lebre:* un lièvre
*uma ópera:* un opéra
*uma ordem:* un ordre
*uma orquestra:* un orchestre
*uma pétala:* un pétale
*uma ponte:* un pont
*uma serpente:* un serpent
*uma sidra / cidra:* un cidre
*uma soja:* un soja
*uma sorte:* un sort
*uma tarifa:* un tarif
*uma torrente:* un torrent
*uma úlcera:* un ulcère
*uma vacina:* un vaccin, une vaccination
*uma vertigem:* un vertige
*uma zebra:* un zèbre

b/ **Les mots portugais en-*agem* sont tous féminins** (sauf *personagem* qui peut être féminin ou masculin) **alors que les mots correspondants français en -age** (qui ont la même origine et le même sens) **sont tous masculins** (sauf "image"). Ex :

*uma garagem:* un garage
*uma passagem:* un passage
*uma paisagem:* un paysage
*uma vantagem:* un avantage

c/ **Les noms d'arbres fruitiers** sont généralement **féminins en portugais et masculins en français**. Ex :

*uma amendoeira:* un amandier
*uma oliveira:* un olivier
*uma figueira:* un figuier
*uma macieira:* un pommier

**Exercice**

*Traduire :*
1. Je préfère envoyer la carte postale dans une enveloppe. 2. La police est arrivée à la banque quelques minutes après avoir entendu l'alarme. 3. Des arbres centenaires ont été arrachés par le torrent. Le courant les a emportés. 4. C'est une très bonne méthode pour obtenir une augmentation de la production. 5.Les amandiers sont couverts de fleurs blanches : c'est la période où le paysage est le plus beau.

## 84 Gérondif

### FORME

On forme le gérondif **en remplaçant le *-r* final de l'infinitif par la terminaison invariable *-ndo*.**

Ex : *falar* (parler) —> ***falando*** *subir* (monter) —> ***subindo***
*dizer* (dire) —> ***dizendo*** *pôr* (mettre) —> ***pondo.***

Le gérondif a une **forme simple** (gérondif présent ; ex : ***fazendo*** : [en] faisant) et une **forme composée** ( gérondif passé ; ex : ***tendo feito*** : [en] ayant fait).
Il est appelé indifféremment *gerúndio* ou *particípio presente.*

### EMPLOIS

Il est généralement plus utilisé en portugais qu'en français.
Pour l'emploi du gérondif dans les périphrases verbales, voir n° 62, et pour le sens de *em* + gérondif, voir n° 63.

**1 Le gérondif portugais correspond au gérondif français** ("en" + participe présent) lorsqu'il indique :

a/ **La manière.**

***Lêem ouvindo*** *música.*
Ils / elles lisent en écoutant de la musique.

b/ **La cause.**

***Seguindo*** *o caminho indicado, cheguei num instante (= porque segui...).*
En suivant le chemin indiqué, je suis arrivé[e] en un instant.

c/ **L'hypothèse.**

***Tomando*** *o autocarro, verás a cidade (= se tomares...).*
En prenant le bus tu verras la ville.

▲ Le gérondif portugais n'a pas une valeur temporelle de simultanéité, contrairement au gérondif français. Dans ce cas celui-ci peut se traduire par *ao* + infinitif.

***Ao entrar*** *na loja vi que havia camisolas em saldo.*
En entrant dans la boutique j'ai vu qu'il y avait des pull-overs en solde.

**2 Le gérondif portugais correspond au participe présent français.**

a/ Lorsqu'il exprime **l'antériorité.** Il est placé **avant la proposition principale.** A cette notion temporelle peut s'ajouter une idée de cause.

Il est alors à la forme composée en français, mais en portugais, pour le gérondif comme pour d'autres temps (voir n° 167), **la forme simple peut remplacer dans certains cas la forme composée.**

– ***Não tendo podido / não podendo*** *encontrá-lo ontem, tomo a liberdade de lhe escrever.*
– N'ayant pas pu vous rencontrer hier, je me permets de vous écrire.

b/ Lorsqu'il exprime **une qualification**. Il est placé **après un nom** qu'il qualifie par une action délimitée dans le temps**.** Dans ce cas, la proposition relative est beaucoup plus souvent employée.

*Vi os autocarros* ***transitando*** *completamente cheios (= que transitavam).*
J'ai vu les autobus passant (= qui passaient) bondés.

▲ Quand le participe présent, en français, exprime une qualité plus ou moins permanente ou donne une caractéristique particulière, il se traduit par une proposition relative.

***A fruta que cai*** *no jardim do vizinho pertence-lhe.*
Les fruits tombant dans le jardin du voisin lui appartiennent.
***Uma pessoa que fala*** *quatro línguas pode aprender facilmente uma quinta língua.*
Une personne parlant quatre langues peut facilement en apprendre une cinquième.

c/ **Dans les propositions à sens causal ou hypothétique ayant un sujet propre** (propositions participes absolues = *proposições gerundivas*)**.** Dans ce cas **le gérondif portugais doit toujours précéder son sujet** alors qu'en français celui-ci précède le participe présent.

***Estando os nossos amigos cansados****, continuamos nós.*
Nos amis étant fatigués, nous allons continuer seuls.

▲ En portugais le sujet du gérondif peut être un pronom personnnel, pas en français.

***Vindo tu****, todos ficamos contentes! (= se tu vieres...)*
Si tu viens, nous serons tous contents !

## 3 Emplois du gérondif propres au portugais.

a/ Il peut exprimer **la postériorité** et **la conséquence**. Il est placé **après la proposition principale.** Il équivaut souvent à une proposition coordonnée.

*Os ciclistas pedalaram com toda a velocidade,* ***ultrapassando*** *depressa a meta.*
Les cyclistes ont pédalé à toute allure et ont très vite franchi la ligne d'arrivée.
*O rio transbordou do seu leito,* ***ficando destruídas todas as culturas*** *ribeirinhas.*
Le fleuve a débordé et toutes les cultures voisines ont été détruites.

b/ Il peut exprimer **la concession**.

***Tendo uma carreira** brilhante, é um homem muito simples (= ainda que tenha...).*
Bien qu'ayant une carrière brillante, c'est un homme très simple.
***Tendo-nos eles explicado** demoradamente o caminho, perdemo-nos! (= ainda que eles nos tenham explicado...)*
Bien qu'ils nous aient longuement expliqué le chemin, nous nous sommes perdu[e]s !

c/ **Répété, il exprime une progression.**

***Cantando, cantando,** elas acabaram por acalmar as crianças.*
A force de chanter, elles ont fini par calmer les enfants.

d/ **Dans une phrase exclamative et dans un registre familier, il peut exprimer l'ordre,** notamment avec des verbes comme *andar, continuar, circular* etc.

***Andando!***
[Allez], on marche !

***Continuando!***
[Allez], on continue !

**Exercice**

*Remplacer les constructions soulignées par des constructions gérondives :*
1. Como não pôde estar presente na reunião, fui eu representá-lo. 2. Se trouxeres o teu amigo, apresenta-no-lo. 3. Por terem estado muito tempo ao sol estão queimados. 4. Já que têm cheques de viagem, vão ao banco. 5. Apesar de terem conferido o troco (vérifier la monnaie), enganaram-se. 6. Há ali árvores que começam a perder as folhas. 7. Puseram o disco e começaram a dançar. 8. Andem! Circulem!

h

## 35 *Hypothèse improbable ou irréalisable* (*exprimer une -*)

**Le verbe de la proposition principale est au conditionnel** (présent ou passé). **Ces temps sont souvent remplacés, notamment dans la langue orale, par l'imparfait ou le plus-que-parfait de l'indicatif** (voir n° 36, 88 et 125).
Pour la subordonnée, plusieurs constructions syntaxiques sont possibles.

▶ Pour le sens de ces constructions, voir n° 86.

### 1 Hypothèse portant sur le présent ou le futur.

a/ ***Se / caso / desde que / na condição de que / contanto [que]*** **+ imparfait du subjonctif.**

*Tenho a certeza de poder ir ao banco amanhã. Mas **se houvesse** algum problema, **ia / iria** lá depois.*
Je suis sûr[e] de pouvoir aller à la banque demain. Mais s'il y avait un problème, j'irais plus tard.

***Caso eles quisessem, podiam / poderiam** sair, mas preferem ficar.*
S'ils voulaient, ils pourraient sortir, mais ils préfèrent rester.

b/ ***No caso de / na condição de / na hipótese de / a*** **+ infinitif personnel simple.**

***No caso de estarem** doentes, **adiariam / adiavam** as férias.*
S'ils / si elles étaient malades, ils / elles retarderaient leurs vacances.

c/ **Construction avec le verbe au participe passé + *de* + infinitif personnel simple** (avec des expressions ayant un sens proche de "supposer").

***Feita a suposição de quereres** desforrar-te, não **serias** capaz.*
En supposant que tu veuilles prendre une revanche, tu n'en serais pas capable.

d/ **Verbe au gérondif simple** (voir n° 84).

***Partindo** desse princípio, nunca nada **mudaria / mudava**.*
En partant de ce principe, on ne changerait jamais rien.

e/ **Verbe d'hypothèse à l'impératif + subordonnée complétive à l'imparfait de l'indicatif.**

***Suponham que havia*** *um voo directo: a viagem* ***seria / era*** *muito menos cansativa.*
Supposez qu'il y ait un vol direct : le voyage serait beaucoup moins fatigant.

f/ **Verbe à l'imparfait du subjonctif suivi de la conjonction *e* ou de *que*.**

Dans ce cas le sujet, s'il est exprimé, se place après ce verbe. Après *e* on a soit l'imparfait, soit le conditionnel. Après *que* le conditionnel est plus rare.

***Fosses tu*** *lá* ***e*** *logo* ***vias / verias*** *o que aconteceu.* ***/ Fosses tu*** *lá* ***que*** *logo* ***vias / verias*** *o que aconteceu.*
Si tu allais là-bas, tu verrais tout de suite ce qui est arrivé.

## 2 Hypothèse portant sur le passé.

a/ ***Se / caso / desde que / na condição de que / contanto [que]*** **+ plus-que-parfait ou imparfait du subjonctif.**

***Desde que tivessem querido / quisessem, teriam podido / tinham podido*** *sair.*
S'ils / si elles avaient voulu, ils / elles auraient pu sortir.

▲ Le portugais ayant la **possibilité de remplacer certains temps composés par des temps simples** (voir n° 167) on peut trouver l'imparfait du subjonctif dans la proposition subordonnée et l'imparfait de l'indicatif dans la principale (comme pour l'hypothèse portant sur le présent) si le contexte indique clairement qu'il s'agit d'un passé. Mais souvent **on conserve une forme composée, soit dans la principale, soit dans la subordonnée**.

**Attention** à la traduction car le français marque très nettement, par l'emploi obligatoire des temps composés, que l'hypothèse porte sur le passé.

*Ele não vem, mas* ***se viesse, podias / poderias*** *falar com ele.*
Il ne vient pas mais s'il venait, tu pourrais lui parler.

*Ele não veio, mas* ***se viesse / tivesse vindo, podias / tinhas podido / terias podido*** *falar com ele.*
Il n'est pas venu, mais s'il était venu, tu aurais pu lui parler.

b/ ***No caso de / na condição de / na hipótese de / a*** **+ infinitif personnel composé.**

***A teres verificado*** *a pressão dos pneus ontem, eu hoje não* ***teria tido / tinha tido*** *de o fazer.*
Si tu avais vérifié la pression des pneus hier, aujourd'hui je n'aurais pas eu à le faire.

c/ **Construction avec le verbe au participe passé + *de* + infinitif personnel composé (ou simple** : voir n° 167) avec des expressions ayant un sens proche de “supposer”.

***Posta a hipótese de terem aceitado / de aceitarem**, como é que te **tinhas / terias saído** dessa?*
Dans l'hypothèse où ils / elles auraient accepté, comment t'en serais-tu tiré ?

d/ **Verbe au gérondif composé (ou simple** : voir n° 167).

***Tendo-se treinado / treinando-se** mais, **teria podido / tinha podido** ganhar.*
En s'entraînant davantage il / elle aurait pu gagner.

e/ **Verbe d'hypothèse à l'impératif + subordonnée complétive au plus-que-parfait de l'indicatif (ou à l'imparfait**, voir n° 167).

***Suponham que tinha havido / havia** um voo directo: a viagem **teria sido / tinha sido** muito menos cansativa.*
Supposez qu'il y ait eu un vol direct : le voyage aurait été beaucoup moins fatigant.

f/ **Verbe au plus-que-parfait ou à l'imparfait du subjonctif suivi de la conjonction *e* ou de *que.***

Dans ce cas le sujet, s'il est exprimé, se place après ce verbe. Après *e* on a soit le plus-que-parfait, soit l'imparfait (si la proposition au subjonctif est au plus-que-parfait), soit le conditionnel. Après *que* le conditionnel est plus rare.

***Tivesses ido** lá **e / que** logo **tinhas visto / vias / verias / terias visto** o que aconteceu.*
***Fosses** lá **e / que** logo **tinhas visto / terias visto**...*
Si tu étais allé[e] là-bas tu aurais tout de suite vu ce qui était arrivé.

**Exercice**

*Traduire :*
1. Não encheram o depósito (faire le plein). Se o fizessem não tinham tido os problemas que tiveram. 2. No caso de o comboio ter partido à hora, não tínhamos chegado a tempo à estação. 3. Caso viessem, tínhamos ido à tourada. 4. A ter sido o toureiro menos temerário, não teria apanhado uma marrada (coup de corne). 5. Tivesses verificado o nível do óleo antes de partir e não tínhamos agora de parar.

## 6 ***Hypothèse réalisable** (exprimer une -)*

**Plusieurs constructions syntaxiques** sont possibles **avec des temps et éventuellement des modes différents** suivant que l'hypothèse est envisagée comme réalisable dans le présent, le futur, ou dans le passé.

## Hypothèse portant sur le présent ou le futur.

### a/ *Se* + futur du subjonctif.

***Se estiveres*** *a fazer um café para ti,* ***faz*** *também um para mim.*
Si tu es en train de te faire un café, fais-en un aussi pour moi.

***Se baterem*** *à porta,* ***vou*** *ver quem é.*
Si on frappe à la porte, j'irai voir qui c'est.

▲ Si l'événement, bien qu'hypothétique, est envisagé comme réel, le futur du subjonctif peut être remplacé par le présent de l'indicatif.
***Se batem*** *à porta,* ***vou*** *ver quem é.*

▲ Quand *se* est suivi du futur du subjonctif, on trouve souvent le présent de l'indicatif à la place du futur (voir n° 81) dans la proposition principale. En français, la seule façon de rendre le futur, c'est de le mettre dans la proposition principale.

### b/ *Caso / desde que / na condição de que / contanto [que]* + présent du subjonctif.

– ***Caso saiam, não se esqueçam*** *de fechar a porta.*
– Au cas où vous sortiriez, n'oubliez pas de fermer la porte.

*Não te preocupes.* ***Caso eles saiam, chamam-nos.***
Ne t'inquiète pas. S'ils sortent ils nous appelleront.

▲ *Caso, desde que* sont très employés et ont souvent un sens proche de *se* (= si). *Caso* peut aussi insister sur l'éventualité (= au cas où). *Desde que* peut souligner un rapport de cause à effet (= du moment que ; pourvu que).

▲ Les expressions *na condição de que, na hipótese de que* (dans l'hypothèse où), *contanto [que]* (pourvu que), appartiennent à un registre plus soigné.

### c/ *No caso de / na condição de / na hipótese de / a* + infinitif personnel simple.

***No caso de podermos, mandamos*** *instalar uma antena parabólica.*
Si nous le pouvons, nous ferons installer une antenne parabolique.

***Podemos*** *levantar dinheiro* ***na condição de*** *os cartões de crédito* ***serem*** *ainda válidos.*
Nous pouvons retirer de l'argent à condition que les cartes de crédit soient encore valables.

***A teres de ir, vai*** *já!*
Si tu dois y aller, vas-y tout de suite.

*No caso de* est aussi employé que *caso. A, na hipótese de* et *na condição de* le sont un peu moins.

### d/ Verbe au gérondif simple (voir n° 84).

***Sendo*** *assim, o negócio* ***fica*** *em águas de bacalhau.*
Si c'est comme cela, cette affaire va tomber à l'eau.

***Estando*** *a carne mal passada,* ***não a come.***
Si la viande est saignante / n'est pas assez cuite, il / elle ne la mange pas.

e/ **Construction avec le verbe au participe passé + *de* + infinitif personnel simple** (avec des expressions ayant un sens proche de “supposer”).

***Posta a hipótese de chegares*** *amanhã,* ***marco*** *a consulta no médico.*
Dans l’hypothèse où tu arriverais demain, je prends un rendez-vous chez le médecin.

***Dada a suposição de*** *o presidente* ***me conceder*** *uma entrevista,* ***será preciso*** *depois convencê-lo.*
En supposant que / à supposer que le président veuille bien m’accorder un rendez-vous, il faudra ensuite le convaincre.

f/ **Verbe d’hypothèse à l’impératif + subordonnée complétive au présent de l’indicatif.**

***Supõe / imagina que*** *a estrada* ***é*** *boa: chegamos lá num abrir e fechar de olhos.*
Suppose / imagine que la route soit bonne : nous arriverons là-bas en un clin d’œil

▲ Le français dans ce cas met la subordonnée au subjonctif.

## 2 Hypothèse portant sur le passé.

a/ ***se* + *pretérito perfeito simples.***

***Se foste*** *ao Egipto,* ***viste*** *as pirâmides.*
Si tu es allé en Egypte, tu as vu les pyramides.

b/ ***Caso / desde que / na condição de que / conquanto [que]* + passé du subjonctif** (*pretérito perfeito composto do conjuntivo).*

***Caso tenham ido*** *ao Gerês,* ***ficaram*** *com certeza* ***encantados*** *com o Norte de Portugal.*
S’ils sont allés dans le Gerês, le nord du Portugal les a certainement enchantés.

c/ ***No caso de / na condição de / na hipótese de / a* + infinitif personnel composé.**

***No caso de eles terem aproveitado*** *os feriados,* ***foram*** *ao Algarve.*
S’ils ont profité des jours fériés, ils sont allés en Algarve.

d/ **Construction avec le verbe au participe passé + *de* + infinitif personnel composé** (avec des expressions ayant un sens proche de supposer).

***Posta a hipótese de eles terem vindo*** *ontem à tarde,* ***participaram*** *certamente na manifestação.*
En supposant qu’ils soient venus hier après-midi, ils ont certainement participé à la manifestation.

e/ **Verbe d'hypothèse à l'impératif + subordonnée complétive au *pretérito perfeito simples.***

***Suponham / imaginem que puseram*** *o contrato em cima da mesa: vamos encontrá-lo logo.*
Supposez / imaginez qu'ils / elles aient mis le contrat sur la table : on va le trouver tout de suite.

*Exercice*

***1.*** *Compléter en mettant le verbe entre parenthèse au temps voulu :*
1. Se tu (ir) ............. à praia no próximo fim de semana, (ver) ............ os barcos à vela. 2. Se eles (vir) .............. passar uns dias convosco nas férias passadas, puderam dar belos passeios pela região. 3. Se nós (poder)..............., (fazer) ................ as compras logo à tarde.

***2.*** *Dans la première phrase ci-dessus, remplacer* se *successivement par* caso, desde que, no caso de, na condição de, a, *puis, de la même façon, remplacer la proposition subordonnée par une construction avec un verbe au participe passé* (posta a hipótese de)*, au gérondif, à l'impératif* (*avec* suponhamos).

## 37 *Il y a, cela fait* (+ indication de temps)

**1** Simple localisation dans le passé **: "il y a" —> *há.***

***Há três anos*** *fui ao México.*
Il y a trois ans je suis allé[e] au Mexique.

**2** Localisation dans le passé, mais le rapport avec le présent ou un passé proche est exprimé : **"il y a", "il y a eu" —> *faz, fez.***

***Faz hoje*** *exactamente* ***dois meses****, estava eu em Berlim.*
Il y a exactement deux mois aujourd'hui, j'étais à Berlin
***Ontem fez três anos*** *que fui operada ao apêndice.*
Il y a eu trois ans hier que j'ai été opérée de l'appendicite.

**3** Localisation par rapport à un futur : **"il y aura" "cela fera" "ça fera"** —> ***faz, vai fazer, fará.***

*No dia 20 de Setembro,* ***vai fazer cinco anos*** *que se casaram.*
Le 20 septembre, il y aura cinq ans qu'ils se sont mariés.
*Já* ***faz*** *daqui a nada* ***um quarto de hora*** *que estamos a arranjar o candeeiro.*
Il y aura bientôt un quart d'heure qu'on est en train de réparer la lampe.

**4** Indication d'un temps écoulé : **"il y a", "cela fait", "ça fait" —> *há.***

– ***Há muito tempo*** *que estás à minha espera?* — ***Há meia hora.***
– Il y a / ça fait longtemps que tu m'attends ? — Il y a / ça fait une demi-heure.
***Há*** *bem* ***três semanas*** *que não o vejo.*
Il y a bien trois semaines que je ne l'ai pas vu (m. à m. : que je ne le vois pas).

▲ A noter dans l'exemple précédent l'emploi du présent en portugais et du passé composé en français.

▲ On peut employer *fazer*, mais pas *haver* au pretérito perfeito simples.

**Exercice**

*Traduire :*

1. Il y a maintenant trois quarts d'heure que l'émission (programa) aurait dû commencer ! 2. Il y aura quinze jours demain que je suis sortie de l'hopital. 3. Ça fait un mois que je suis au Portugal. 4. Il y a dix ans il était pilote de ligne. 5. Il y a deux jours qu'il n'est pas venu ici.

# 88 Imparfait de l'indicatif

## FORME

La terminaison est ***-ava*** pour les verbes du 1er groupe (en *-ar*) et ***-ia*** pour tous les autres.

| **Verbes en *-AR*** | **Verbes en *-ER*** | **Verbes en *-IR*** |
|---|---|---|
| Ex : *procurar* (chercher) | Ex : *dizer* (dire) | Ex : *dividir* (diviser) |
| *Procur**ava*** | *Diz**ia*** | *Divid**ia*** |
| *Procur**avas*** | *Diz**ias*** | *Divid**ias*** |
| *Procur**ava*** | *Diz**ia*** | *Divid**ia*** |
| *Procur**ávamos*** | *Diz**íamos*** | *Divid**íamos*** |
| *Procur**áveis*** | *Diz**íeis*** | *Divid**íeis*** |
| *Procur**avam*** | *Diz**iam*** | *Divid**iam*** |

C'est toujours la voyelle qui suit le radical qui est accentuée. En application des règles d'accentuation il faut mettre un accent aigu sur cette voyelle à la première et à la deuxième personnes du pluriel.
A la deuxième personne du pluriel le *a* qui précédait la terminaison ***is*** est devenu ***e (áveis, íeis)***.

Quatre verbes (et leurs dérivés) ont un **imparfait irrégulier :**
*Ser* –> ***era, eras, era, éramos, éreis, eram***
*Ter* –> ***tinha, tinhas, tinha, tínhamos, tínheis, tinham***
*Vir* –> ***vinha, vinhas, vinha, vínhamos, vínheis, vinham***
*Pôr* –> ***punha, punhas, punha, púnhamos, púnheis, punham***

## EMPLOIS

**1** Ils sont sensiblement les mêmes en portugais et en français. L'imparfait de l'indicatif sert surtout à situer dans le passé un événement qui a duré ou qui s'est répété.
Il peut aussi atténuer une affirmation dans le présent (imparfait de politesse).

*A hospedeira disse-me que a mala **pesava** mais de vinte quilos.*
L'hôtesse m'a dit que la valise pesait plus de vingt kilos.

***Deslocava-**se sem cessar.*
Il / elle se déplaçait sans cesse.

– ***Vinha** informá-lo da nossa chegada.*
– Je venais vous informer de notre arrivée.

**2 En portugais l'imparfait remplace souvent le conditionnel, surtout dans la langue orale** (voir n° 36).

– ***Podia trazer-me*** *um café?*
– Est-ce que vous pourriez m'apporter un café ?

***Apetecia-nos sair*** *no próximo fim de semana.*
On aurait [bien] envie de sortir le week-end prochain.

Dans leurs jeux les enfants emploient le conditionnel en français et l'imparfait en portugais.

***Tu eras*** *a médica,* ***eu era*** *o enfermeiro e eles os doentes.*
Toi tu serais le médecin, moi je serais l'infirmier et eux les malades.

*Aqui* ***era*** *o jardim, ali* ***fazia-se*** *o muro e* ***punha-se*** *um portão.*
Ici ce serait le jardin, là on ferait le mur et on mettrait un portail.

**Exercice**

**1.** *Mettre les verbes entre parenthèses à l'imparfait et à la personne indiquée :*

| | | |
|---|---|---|
| (Proceder) (tu) .......... | (Dividir) (vocês) ......... | (Entrar) (nós) ........... |
| (Ter) (eu) ................. | (Ver) (vós) ............... | (Vir) (eles) ................ |
| (Poder) (elas) ........... | (Compor) (nós) .......... | (Ser) (tu) .................. |

**2.** *Traduire :*

1. Autrefois ils voyageaient en faisant du stop (à boleia). 2. Quand vous étiez enfants vous aimiez nager à la piscine. 3. Ils parlaient sans cesse. 4. Nous voulions vous rappeler, Monsieur le Directeur, qu'ils vous attendent depuis une demi-heure.

## 9 Imparfait du subjonctif (formation)

**Radical du *pretérito perfeito simples* + -sse + marque de la personne.**

Ce radical peut être obtenu à partir de la 3ème personne du pluriel du *pretérito perfeito simples* (voir n° 135) à laquelle on enlève la terminaison ***-ram***.

● Radical régulier.

*Falar —>* ***fala*** */ram —>* ***falasse, falasses, falasse, falássemos, falásseis, falassem***
*Ler —>* ***le*** */ram —>* ***lesse, lesses, lesse, lêssemos, lêsseis, lessem***
*Ouvir —>* ***ouvi*** */ram —>* ***ouvisse, ouvisses, ouvisse, ouvíssemos, ouvísseis, ouvissem***

- Radical irrégulier.

*Dar —> **de** /ram —> **desse, desses, desse, déssemos, désseis, dessem***
*Trazer —> **trouxe** /ram —> **trouxesse, trouxesses, trouxesse, trouxéssemos, trouxésseis, trouxessem***
*Vir —> **vie** /ram —> **viesse, viesses, viesse, viéssemos, viésseis, viessem***

▲ La première et la deuxième personnes du pluriel portent toujours un accent :
- accent aigu sur le ***a*** et le ***i*** ainsi que sur le ***e*** des verbes à radical irrégulier
- accent circonflexe sur le ***e*** des verbes à radical régulier ainsi que sur le ***o*** (*fôssemos, fôsseis).*

### Exercice

*Mettre les verbes suivants à l'imparfait du subjonctif :*
1. *à la première personne du singulier et du pluriel* : receber, ir, levar, dizer
2. *à la troisième personne du singulier et du pluriel* : contrair, fazer, pôr, poder
3. *à la deuxième personne du singulier* : caber, ter, estar, saber.

## 90 Impératif

Les formes de l'impératif portugais (affirmatif et négatif) sont toutes **empruntées au présent du subjonctif sauf celles correspondant aux pronoms sujets *tu* et *vós* à la forme affirmative** (pour l'emploi des différentes formes de vouvoiement et de tutoiement, voir n° 174) qui sont les mêmes qu'au présent de l'indicatif, mais sans le ***-s*** final.

### 1 Forme affirmative.

Prenons comme exemples un verbe régulier (*comer :* manger) et un verbe irrégulier (*vir* : venir).

| | Présent de l'indicatif | Présent du subjonctif | **Impératif** |
|---|---|---|---|
| *(tu)* | *Comes*<br>*Vens* | | ***Come***<br>***Vem*** |
| *(Vós)* | *Comeis*<br>*Vindes* | | ***Comei***<br>***Vinde*** |
| *(Você, o senhor, a senhora, etc.)* | | *Coma*<br>*Venha* | ***Coma***<br>***Venha*** |
| *(nós)* | | *Comamos*<br>*Venhamos* | ***Comamos***<br>***Venhamos*** |
| *(vocês, os senhores as senhoras, etc.)* | | *Comam*<br>*Venham* | ***Comam***<br>***Venham*** |

▲ A la 2ème personne du singulier de l'impératif, le *-e* final est actuellement supprimé pour les verbes *dizer, fazer, trazer* et leurs dérivés (par ex. : *desdizer, contradizer, desfazer*), *comprazer-se, requerer* et les verbes en *-duzir* (ex. : *induzir, deduzir*) : ***diz, faz, traz, deduz,*** etc.

2 **Forme négative.**

**C'est le subjonctif présent qui est utilisé pour toutes les personnes.**

| | | |
|---|---|---|
| *(tu)* | ***Não comas!*** | Ne mange pas ! |
| *(você, o senhor, etc.)* | ***Não coma!*** | Ne mangez pas ! |
| *(nós)* | ***Não comamos!*** | Ne mangeons pas ! |
| *(vós)* | ***Não comais!*** | Ne mangez pas ! |
| *(vocês, os senhores,etc.)* | ***Não comam!*** | Ne mangez pas ! |

Exercice

*Traduire en portugais :*

1. Jean et Paul, partez tout de suite, et n'oubliez pas (esquecer-se de) les clés ! 2. Manuela, apporte-moi cette revue, s'il te plaît, mais ne m'apporte pas le journal car je l'ai déjà. 3. Opposons-nous à de telles mesures ; ne permettons pas qu'un tel projet se réalise (realizar-se; ir avante) ! 4. Va appeler les enfants, mais ne leur dis pas que je suis arrivé. 5. Edouard, parlez-leur plus fort (alto).

## 91 *Infinitif*

Le portugais possède deux formes d'infinitif.

1 Un **infinitif impersonnel** qui est **invariable.** Il peut être au **présent** (forme simple : ex. *cantar*) ou au **passé** (forme composée : *ter cantado* = auxiliaire *ter* à l'infinitif + participe passé). Il exprime de façon abstraite une action ou un état.

2 Un **infinitif personnel qui se conjugue** et qui peut être lui aussi au **présent** ou au **passé.** Il relie au sujet de façon très nette l'action ou l'état exprimé par le verbe. Il se forme toujours, que le verbe soit régulier ou irrégulier, en ajoutant à l'infinitif impersonnel les terminaisons personnelles.

| | Infinitif personnel simple | Infinitif personnel composé |
|---|---|---|
| *Eu* | *dizer* | *ter dito* |
| *Tu* | *dizer**es*** | *ter**es** dito* |
| *Ele, ela, o senhor, etc.* | *dizer* | *ter dito* |
| *Nós* | *dizer**mos*** | *ter**mos** dito* |
| *Vós* | *dizer**des*** | *ter**des** dito* |
| *Eles, elas, os senhores,etc.* | *dizer**em*** | *ter**em** dito* |

▲ **L'infinitif substantivé** qui a pratiquement disparu de la langue française, est d'un usage courant en portugais. **Tous les verbes peuvent être substantivés à l'infinitif** en les faisant précéder de l'article masculin singulier (ex : *o fazer; o levar, o emigrar, o gritar,* etc.). Ils le sont la plupart du temps à l'infinitif impersonnel, mais ils peuvent l'être aussi à l'infinitif personnel, que ce soit à la forme simple ou à la forme composée.

***O zumbir*** *das moscas irrita-o.*
Le bourdonnement des mouches l'irrite.
***O tomares*** *um taxi de vez em quando não é um luxo.*
Que tu prennes un taxi de temps en temps, ce n'est pas un luxe.
***O termos ido*** *de metro impediu-nos de ver a cidade.*
Le fait d'être allé[e]s en métro nous a empêché[e]s de voir la ville.

**Exercice**

*Traduire en employant l'infinitif :*
1. Que tu ne fasses rien, c'est injuste. 2. Le fait que tu aies parlé n'a rien arrangé. 3. Le fait qu'ils pensent à cette affaire (no assunto), ce n'est déjà pas mal. 4. Le miaulement (miar) du chat réveille le chien.

## 92 *Infinitif dans les périphrases verbales*

**1** **Pour exprimer la notion de durée** (voir n° 62).

**2** **Pour exprimer les notions d'obligation, de nécessité, de devoir, de volonté** (la modalité verbale).

a/ ***Haver de*** exprime une **obligation que le sujet s'impose,** mais qu'il accomplira dans un avenir plus ou moins lointain, ou parfois une **simple intention, un désir, une prévision plus ou moins chargée de menace.**

***Hei-de partir*** *para nunca mais voltar.*
Je partirai pour ne plus jamais revenir (= je partirai, mais je ne sais pas quand).
***Hás-de arrepender-te****!*
Tu t'en repentiras !

b/ L'auxiliaire ***ter*** exprime une **obligation qui est imposée au sujet.** ***Ter que*** souligne davantage l'obligation que ***ter de. Ter a*** s'emploie surtout avec des verbes comme *dizer* pour atténuer une intention par politesse.

***Temos que descansar / temos de descansar****.*
Il faut que nous nous reposions.
– ***Tenho a dizer-lhes*** *que decidi pedir a demissão.*
– Il faut que je vous dise que j'ai décidé de démissionner.

c/ ***Haver que, haver a, ser de*** ne s'emploient qu'aux **formes impersonnelles**. Avec l'auxiliaire *haver* le sentiment d'obligation est plus fort.

***Há que partir!***
Il faut partir !

*O que **há a fazer** é partir.*
Il n'y a plus qu'une chose à faire, c'est partir.

***É de aproveitar** tal ocasião!*
Il faut profiter de cette occasion !

d/ ***Ser para*** exprime une obligation envers quelqu'un ou quelque chose.

*Tais ofertas **são para** aceitar!*
De telles offres, il faut les accepter !

e/ Expression de **l'intention, de la volonté : *andar para*** (voir 3d), ***estar para, fazer por*** (faire son possible pour), ***ficar de*** (convenir de).

***Fazem por** ajudá-lo, mas é difícil.*
Ils / elles font leur possible pour l'aider, mais c'est difficile.

***Ficámos de** os visitar esta noite.*
Nous avons convenu de leur rendre visite ce soir.

f/ ***Estar em*** s'emploie surtout avec des verbes comme *dizer* pour atténuer une affirmation.

***Estou em** dizer que não te apetece sair!*
Je dirais bien que tu n'as pas envie de sortir !

3 **Pour exprimer la façon dont l'événement est envisagé** (à son début, à un moment précis, après un changement, etc. = l'aspect verbal).

a/ **Evénement à son début.** Les verbes les plus employés sont ***começar a*** (commencer à), ***pôr-se a*** (se mettre à), ***desatar a*** (souligne le caractère soudain et inattendu de ce début).

*Estavam muito calados e dum momento para o outro **desataram a rir.***
Ils étaient très silencieux et tout d'un coup ils ont éclaté de rire.

Il existe d'autres verbes assez souvent employés (donnés ici par ordre de fréquence d'emploi). Chacun ajoute à cette notion de commencement une nuance (de mouvement ou de rapidité par exemple) qui vient du sens premier de ce verbe. C'est ce sens que nous donnons et non la traduction qui doit être adaptée à la phrase. ***Deitar a*** (jeter), ***largar a*** (lâcher), ***disparar a*** (tirer), ***romper a*** (briser, jaillir), ***lançar-se a*** (se lancer), ***atirar-se a*** (se jeter), ***meter-se a*** (s'introduire).

*Assim que viu o carro da polícia a aproximar-se, ele **deitou a fugir.***
Dès qu'il a vu la voiture de la police s'approcher, il s'est enfui à toute vitesse.

b/ **Événement inattendu à un moment donné : *chegar a, sair-se a.***

***Chegou a negar*** *a existência de reféns!*
Il / elle est allé[e] jusqu'à nier l'existence des otages !

*Estávamos todos de acordo para irmos de carro e ele* ***saiu-se a dizer*** *que se recusava a fazer tal viagem!*
Nous étions tous d'accord pour partir en voiture et il a dit tout à coup qu'il refusait de faire ce voyage.

c/ **Événement résultant d'un changement : *vir a*** (devenir), ***chegar a*** (devenir, réussir à) ***acabar por*** (finir par). Quand l'action reste la même mais que les circonstances de cette action se modifient, on emploie ***passar a.***

*Tanto fez que* ***veio a ser*** *deputado.*
Il s'est tellement démené qu'il est devenu député.

*A padaria* ***passa a abrir*** *ao domingo.*
La boulangerie sera dorénavant ouverte le dimanche.

d/ **Événement imminent : *estar para, andar para, ir a, ir para*.** Toutes ces périphrases signifient "être sur le point de", "se préparer à", "avoir l'intention de".

***Está para rebentar*** *uma trovoada.*
Il y a un orage prêt à éclater.

***Eles iam / estavam para sair*** *mas com a tua chegada já não saem.*
Ils étaient sur le point de / allaient sortir mais comme tu es arrivé[e] ils ne sortiront pas.

e/ **Événement qui doit ou aurait dû être réalisé et qui ne l'est pas encore : *ficar por, estar por.***

*Fiz uma longa exposição mas ainda* ***fica muito por dizer.***
J'ai fait un long exposé mais il reste encore beaucoup à dire.

f/ **Événement qui se termine ou qui vient de se terminer : *acabar de*** (finir de ; venir de), ***deixar de*** (cesser de).

***Acabamos de almoçar*** *e saímos logo.*
Nous finissons de déjeuner et nous sortons aussitôt après.

***Acabámos de almoçar*** *agora mesmo.*
Nous venons de déjeuner à l'instant.

***Deixámos de ir*** *à piscina aos sábados à tarde.*
Nous avons cessé d'aller / nous n'allons plus à la piscine le samedi après-midi.

g/ **Événement qui se répète : *voltar a, tornar a, costumar*** (avoir l'habitude de).

***Volto a ir / torno a ir*** *para a bicha dos selos.*
Je retourne / je vais de nouveau faire la queue pour les timbres.

**Exercice**

*Traduire en employant des périphrases avec l'infinitif :*
1. Il faut terminer ceci. 2. Ces fruits, il faut les manger aujourd'hui. 3. Je dirais bien que ce tissu n'est pas de bonne qualité. 4. Il faut que je sois à la gare à cinq heures. 5.Il faut que je vous dise que j'en ai assez. 6. Nous faisons notre possible pour partir à l'heure, mais nous n'y arrivons presque jamais. 7. Ils viennent de me dire qu'ils ne seront pas à la maison ce soir. 8. Dorénavant nous aurons des horaires flexibles. 9. J'ai l'habitude de lire le journal le matin. 10. Il ne sort plus l'après-midi. 11. Les résultats des élections sont sur le point de sortir. 12. Nous avons fini par devenir (ficar) amis.

## 93 Infinitif impersonnel : emplois obligatoires

Sont présentés ici les cas où seul l'infinitif impersonnel peut être employé.

▸ Pour les cas où il existe un choix possible entre les deux formes d'infinitif, voir n° 95.

**1** L'action ou l'**état** exprimé par le verbe est **rigoureusement impersonnel.**

***Deitar cedo e cedo erguer*** *dá saúde e faz* ***crescer.***
Se coucher tôt et se lever tôt c'est bon pour la santé et ça fait grandir.

***Andar*** *a pé é um óptimo exercício.*
Marcher à pied [c'] est un excellent exercice.

***Não fumar****!*
Ne pas fumer !

**2** L'infinitif est inséré dans des **constructions où il est complément soit d'un adjectif, soit d'un nom, soit d'un verbe.**

*Essas afirmações são* ***difíceis de manter.***
Ces affirmations sont difficiles à maintenir.

*Ficavam algumas cartas* ***por escrever****.*
Il restait quelques lettres à écrire.

*Nós* ***mandámos cortar*** *a relva.*
Nous avons fait tondre la pelouse.

**3** L'infinitif forme une **locution verbale** avec le verbe qui le précède immédiatement. Ils ont tous les deux le **même sujet.**

***Queres levar-nos*** *de carro?*
Tu veux nous emmener en voiture ?

***Pensam ficar*** *toda a tarde em casa.*
Ils / elles pensent rester toute l'après midi à la maison.

Voici quelques verbes pouvant former des locutions avec un infinitif impersonnel : *ter de* ou *ter que* (devoir), *estar a* (être en train de), *estar por* (rester à), *estar para* (être sur le point de), *andar a* (être en train de), *ficar a* (rester à), *acabar de* (venir de), *começar a* (commencer à), *poder* (pouvoir), *dever* (devoir), *querer* (vouloir), *antes querer* ou *preferir* (préférer), *tencionar* (avoir l'intention de), *procurar* (chercher à), *costumar* (avoir l'habitude de), *pensar* (penser), *gostar de* (aimer), *ir* (aller).

**Exercice**

*Traduire en employant l'infinitif impersonnel :*
1. Ces parcours-ci (percursos) sont faciles à faire à pied. 2. La machine à laver ne marche plus. 3. Ils ont l'habitude de se rencontrer le matin. 4. Bien qu'il soit tôt, je m'en vais. 5. Je veux les inviter pour un dîner chez moi.

## 94 *Infinitif personnel : emplois obligatoires*

- Pour la formation de l'infinitif personnel, voir n° 91.
- Pour les cas où il existe un choix possible entre l'infinitif personnel et l'infinitif impersonnel, voir n° 95.
- Pour l'emploi des constructions infinitives à sens causal, concessif, conditionnel, final, temporel, voir les fiches correspondantes (voir les fiches correspondantes n° 27, 34, 36, 26, 168).

L'infinitif personnel est obligatoire :

**1 Chaque fois qu'il faut préciser quel est le sujet.**

a/ Lorsque **l'infinitif a un sujet précis et** que **le verbe dont il dépend est impersonnel.**

***É melhor*** *[vocês]* ***irem*** *de barco.*
Il vaut mieux que vous alliez en bateau.

b/ Lorsque **l'infinitif n'a pas le même sujet que le verbe dont il dépend.**

*Não* ***acham*** *bem* ***tomares*** *tal decisão.*
Ils / elles ne trouvent pas que ce soit bien que tu prennes cette décision.

**2** Chaque fois que **l'infinitif et le verbe principal ont le même sujet** et que celui-ci est **exprimé avant l'infinitif ou** lorsque **l'infinitif** est **au passif.**

***Os vizinhos****, ao* ***chegarem*** *a casa, abrem as janelas de par em par.*
Dès que les voisins arrivent chez eux, ils ouvrent les fenêtres en grand.

*Falam alto para serem ouvidos.*
Ils parlent fort pour être entendus.

**Exercice**

*Traduire en employant l'infinitif personnel :*
1. Je ne trouve pas que ce soit bien (não achar bem) qu'Inês et Duarte fassent le déménagement (mudança) seuls. 2. Dès qu'ils arriveront, nous leur remettrons (entregar) les clés. 3. Si (no caso de) tu peux passer à la boulangerie, apporte-nous un pain de seigle (centeio) aux noix (noz). 4. Je leur téléphone tous les jours parce qu'ils sont malades. 5. Bien que tu dises que tu ne nages pas bien, tu as réussi à les accompagner jusqu'aux bateaux.

## 5 Infinitif personnel ou impersonnel : emplois équivalents

A côté des cas où l'emploi de l'un ou de l'autre des infinitifs est obligatoire, il existe d'autres cas où le locuteur a la possibilité soit de présenter l'action ou l'état exprimé par le verbe sans insister sur le rapport avec le sujet (infinitif impersonnel), soit au contraire d'insister sur ce rapport (infinitif personnel). Bien que le locuteur ait toujours le choix et qu'il n'y ait aucune règle, il existe cependant des habitudes, des tendances à employer plutôt l'un que l'autre des deux infinitifs.

### 1 On emploie plutôt **l'infinitif impersonnel.**

a/ Quand l'infinitif a un sujet indéterminé.

*Ouvimos* ***anunciar[em]*** *a subida da gasolina.*
Nous avons entendu annoncer l'augmentation de l'essence.

b/ Quand l'infinitif fait partie d'une construction interrogative indirecte.

*Perguntaram ao polícia* ***por onde ir[em].***
Ils / elles ont demandé à l'agent de police par où aller.

c/ Quand l'infinitif est introduit par un verbe causatif (*deixar, fazer, mandar* etc.) ou sensitif (*ouvir, sentir, ver,* etc.) et qu'il a un sujet différent de celui-ci.

*Deixaste* ***os cães estragar[em]*** *as flores.*
Tu as laissé les chiens abîmer les fleurs.
*Ouvi* ***os ministros anunciar[em]*** *o novo plano económico.*
J'ai entendu les ministres annoncer le nouveau plan économique.

d/ Quand l'infinitif est précédé de la préposition *a* qui est elle-même précédée d'un nom ou d'un groupe nominal. Il peut être remplacé par une proposition relative.

*A rua tem imenso movimento: **uns a ir[em], outros a vir[em]**, todos resolvem sair ao mesmo tempo (= uns que vão, outros que vêm...).*
La rue est très animée : les uns vont, les autres viennent, ils se décident tous à sortir en même temps.

▲ Il arrive qu'on trouve l'infinitif personnel lorsque celui-ci est lié à un verbe, un nom ou un adjectif, duquel il est éloigné dans la phrase. Sans cette distance l'infinitif impersonnel serait obligatoire.

*Eles **poderão**, desde que tenham tempo e desde que lhes apeteça, **acompanhar[em]** o Alexandre à estação.*
Ils pourront, s'ils en ont le temps et l'envie, accompagner Alexandre à la gare.
***Têm vontade,** de algum tempo para cá, de **mudar[em]** de emprego.*
Ils / elles ont envie, depuis quelque temps, de changer d'emploi.

**2** On emploie plutôt **l'infinitif personnel.**

a/ Dans les constructions infinitives circonstancielles, lorsque l'infinitif et le verbe de la proposition principale ont le même sujet et que celui-ci n'est pas exprimé devant l'infinitif.

***Antes de partirem / partir**, resolveram ir ao turismo pedir desdobráveis.*
Avant de partir, ils / elles ont décidé d'aller au syndicat d'initiative demander des dépliants.

b/ Quand il s'agit d'un verbe tel que *ser, estar, ficar, permanecer,* etc., accompagné d'un attribut.

*Uns fazem desporto por gosto, outros unicamente **para serem / ser mais saudáveis.***
Les uns font du sport par goût, les autres seulement pour être en meilleure santé.

c/ Quand il s'agit de l'infinitif d'un verbe réfléchi exprimant la réciprocité.

*A ambos nos custará **separarmo-nos / separar-nos.***
Nous aurons tous les deux du mal à nous séparer.

d/ Quand il s'agit de l'infinitif d'un verbe réfléchi dépendant d'un verbe conjugué et qu'il y a entre les deux une certaine distance.

*Vais atravessar o deserto, **tornares-te / tornar-te** um nómada...*
Tu vas traverser le désert, devenir un nomade...

e/ Quand plusieurs infinitifs ayant le même sujet se succèdent et que le locuteur veut les mettre en relief.

*As crianças* ***a chamarem / chamar*** *o José António,* ***a gritarem / gritar, a pedirem-lhe / pedir-lhe*** *ajuda e ele nada fez!*
Les enfants appelaient José António, criaient, lui demandaient de l'aide et il n'a rien fait !

**Exercice**

*Remplacer les constructions soulignées par des constructions infinitives. Mettre les deux infinitifs par ordre de préférence :*
1. Quando abrires a porta, chama por mim. 2. Pensam, se houver oportunidade para isso, que poderão fazer-vos uma visita. 3. Se estiverem em Lisboa, vão ao Castelo de São Jorge. 4. A Teresa e o Zé que estão a jogar às cartas, nós que vemos televisão: como vês passamos bem o tempo. 5. Deixaste que a Joana e a Madalena tomassem um táxi.

# j

## 96 Já

**1** Sens de **"déjà".** Il est placé alors avant le verbe.

***Já são quatro horas**! – **Já cá está?***
Il est déjà quatre heures ! –Vous êtes déjà là ?

*Quando o conheci **já estava casado.***
Quand je l'ai connu il était déjà marié.

*Se conseguiste arranjar um emprego, **já não é mau**!*
Si tu as réussi à trouver un emploi, ce n'est déjà pas mal !

**2** Sens de **"maintenant"** quand il oppose un présent à un passé. Dans ce sens il peut être précédé de *agora*.

*Na semana passada Filipe ainda tinha muitas dores no joelho, mas **[agora] já pode correr**.*
La semaine dernière Filipe avait encore très mal au genou, mais maintenant il peut courir.

*Dantes não gostava de romances policiais mas **[agora] já gosta**.*
Avant il / elle n'aimait pas les romans policiers mais maintenant il / elle les aime.

**3** Sens de **"tout de suite"** (futur immédiat).

***Já vou!** / **vou já** / **já lá vou*** ; on dit couramment aussi ***já vai, já lá vai*** pour la 1ère personne : J'arrive !

***Já vai** / **já lá vai**!*
Ça vient !

*Ele **chega já**.*
Il arrive tout de suite.

*A caminho, **e já**!*
En route, et tout de suite !

***Tira-te já** daí!*
Ote-toi de là tout de suite !

**4** **Pour renforcer le sens d'un verbe**. Suivant les cas il peut se traduire en français, par exemple par "bien" avec le verbe "savoir", ou ne pas se traduire.

***Já sabes** que eu não posso chegar antes do jantar!*
Tu sais bien que je ne peux pas arriver avant le dîner !

***Já almoçaste? Já estás pronta**?*
Tu as déjeuné ? Tu es prête ?

## 5 Sens de "ne...plus" : *já* suivi d'une négation.

***Já não*** *me apetece ir passear.*
Je n'ai plus envie d'aller me promener.

***Já ninguém*** *pensa nisso!*
Personne n'y pense plus !

***Já nada*** *o faz mudar de opinião.*
Rien ne le fera plus changer d'avis.

***Já nenhum*** *deles se interessa par isso.*
Il n'y en a plus aucun d'eux qui s'y intéresse.

## 6 Sens de "puisque" : *já que.*

***Já que sabes*** *tão bem como o computador funciona, explica-nos lá.*
Puisque tu sais si bien comment marche l'ordinateur, explique-nous.

### Pour aller plus loin

***Já lá vai!*** : (m.à m. = maintenant ça va là-bas) ce qui est fait est fait / tant pis / n'y pensons plus.
*Não penses mais nisso, já lá vai!*
N'y pense plus, c'est du passé [maintenant] !
***Já vais aí?*** : Tu en es déjà là ? (le verbe peut s'employer à n'importe quelle personne).
***Já agora...*** = maintenant qu'on y est / puisqu'on en parle / tant qu'on y est...
***Onde ele já vai!*** : Il est déjà bien loin ! (dans l'espace) ; il a bien avancé ! (dans son travail, par exemple).

### Exercice

*Traduire :*
1. Si tu réussis à aller au cinéma ce week-end, ce sera déjà bien (não ser nada mau). 2. Quand ils viendront, nous serons déjà là. 3. Hier je n'ai pas pu téléphoner, mais aujourd'hui je peux [le faire]. 4. — Je t'ai déjà appelé trois fois ! — J'arrive ! 5. On ne sait plus quoi faire ! 6. On sait bien qu'il veut toujours avoir raison ! 7. Puisque tu es au courant de la situation, raconte ce que tu sais.

# l

## 97 **Le** *(pronom personnel neutre)*

### 1 Le plus souvent il ne se traduit pas.

*Ontem nós ficámos decepcionados; agora **ficam** eles.*
Hier nous avons été déçus ; aujourd'hui ce sont eux qui le sont.
*É tão autoritário como **parece**.*
Il est aussi autoritaire qu'il le paraît.

### 2 Dans un registre de langue plutôt soigné et / ou s'il y a une volonté de mise en relief, il **peut se traduire par le pronom *o* dans les cas suivants.**

a/ **"Le" reprend un adjectif, un nom attribut sans article défini, un démonstratif neutre.**

- Dans une proposition affirmative quand le verbe est précédé de *já, também, raramente, talvez, sempre, ainda,* etc.

*Os teus pais são muito severos e os deles **também [o] são**.*
Tes parents sont très sévères et les leurs le sont aussi.

- Dans une proposition négative.

– *É aviador?* – ***Não [o] sou**.*
– Vous êtes aviateur ? – Non, je ne le suis pas.

- Lorsque "le" renvoie à un démonstratif neutre éloigné du verbe.

*Isso, que me trazes agora, **esperava[-o]** eu desde Fevereiro.*
Ça, ce que tu m'apportes maintenant, je l'attendais depuis février.

b/ **"Le" reprend une idée exprimée dans une proposition ou une partie de proposition.**

*Esta criança aprenderá a nadar assim que **[o] decidir**.*
Cet[te] enfant apprendra à nager dès qu'il / elle le décidera.
*A secretária, quando está em desacordo, **diz / di-lo**.*
Quand elle n'est pas d'accord, la secrétaire le dit.

**Exercice**

*Traduire en donnant les deux possibilités dans les cas où "le" peut se traduire :*
1. – Sont-ils contents? – Oui, ils le sont. – Non, ils ne le sont pas. 2. Elle arrive toujours en retard, comme nous le savons. 3. – Sont-ils copropriétaires (coproprietários)? – Oui, ils le sont. – Non, ils ne le sont pas. 4. Ce qu'il répète tout le temps (está sempre a repetir), je le sais déjà.

## 98 Lembrar-se de, lembrar

### 1 *Lembrar-se de* = "se souvenir de", "se rappeler".

***Lembra-te do que*** *te disse.*
Souviens-toi de ce que je t'ai dit. / Rappelle-toi ce que je t'ai dit.

Le verbe *recordar-se de* a le même sens. Il est un peu moins employé dans la langue courante.

*Lembrar-se* peut se construire sans la préposition *de* s'il est suivi d'une proposition infinitive ou complétive ayant la fonction de complément d'objet. La construction avec *de* est plus fréquente.

***Lembro-me [de]*** *termos dito que sim. /* ***[de]*** *que dissemos que sim.*
Je me souviens / je me rappelle que nous avons dit oui.

Il est courant de mettre le verbe *lembrar* à la troisième personne du singulier *(lembra)* suivi du pronom personnel complément *(me, te, ...)*. Dans ce cas la proposition qui suit le verbe *lembrar* est sujet de ce verbe et à l'infinitif.

***Lembra-me*** *termos dito que sim.*

### 2 *Lembrar* = "rappeler".

*O quadro* ***lembrava uma paisagem*** *tropical.*
Le tableau rappelait un paysage tropical.
***Lembro-te que tens*** *um encontro marcado daqui a meia-hora.*
Je te rappelle que tu as un rendez-vous dans une demi-heure.

### 3 *Lembrar-se de* + infinitif = "venir l'idée de", "penser à".

*Não tendo nada que fazer,* ***lembraram-se de jogar*** *futebol.*
Comme ils / elles n'avaient rien à faire, il leur est venu l'idée de jouer au football.

Le verbe *ocorrer* est fréquemment utilisé dans ce sens *(ocorreu-lhes...)*.

**Pour aller plus loin**

***Lembras-te de cada coisa!***
Tu te souviens de ces choses ! / Tu as de ces idées !
***Isso não lembra nem ao diabo!***
Ça ne viendrait à l'idée de personne !

**Exercice**

*Traduire :*
1. Il se rappelle bien Lisbonne. 2. Il m'est venu l'idée de changer d'itinéraire aujourd'hui. 3.Nous ne nous souvenons pas d'eux. 4. Je te rappelle que tu m'as promis de venir à mon anniversaire (aos meus anos). 5. Je me souviens qu'elle portait une veste en cuir (de cabedal).

## 99 **Lettre** *(commencer une -)*

Il est souvent possible de commencer une lettre d'une façon personnelle, plus ou moins originale. Ici nous n'envisagerons que les formules les plus courantes qui sont beaucoup plus nombreuses et nuancées que les formules françaises.

1 **Lettre à un[e] ami[e]** : on fait précéder le prénom (ou son diminutif) de ***querido, querida*** ou, plus affectueusement, de *meu querido, minha querida.*

*[Minha] querida Isabel / [Minha] querida Bela*
*[Meu] querido José / [Meu] querido Zé*

2 **Lettre à une personne que l'on connaît et envers qui on veut marquer un certain respect.**

Les adjectifs employés sont : ***caro, cara*** (le plus courant), ***estimado, estimada, prezado, prezada***. C'est dans ce qui suit ces adjectifs que s'expriment les nuances. Les formules présentées ici le sont par ordre décroissant de déférence.

**Pour une femme**
- Titre académique ou fonction + prénom
*Prezada Drª Rute*
- *Senhora Dona* + prénom
*Estimada Senhora Dona Antónia*
- *Amiga*
*Cara Amiga*
- *Prénom*
*Cara Lúcia*

**Pour un homme**
- Titre académique ou fonction + [prénom] + nom
*Prezado Engenheiro [Paulo] Vaz*
- *Senhor* + [prénom] + nom
*Estimado Senhor [José] Sousa*
- Prénom + nom
*Caro Pedro Cardoso*
- *Amigo*
*Estimado Amigo*
- Nom
*Caro Fonseca*
- Prénom
*Caro Luís*

**3** **Lettre à une personne avec qui on est en relation** (sans amitié et sans trop de distance). **Dans ce cas on emploie *estimado/a ou prezado/a*** plus que ***caro/a.***

| **Pour une femme** | **Pour un homme** |
|---|---|
| ● *Senhora*<br>*Prezada Senhora* | ● *Senhor*<br>*Estimado Senhor* |
| ● *Senhora + titre académique + prénom +* nom<br>*Estimada Senhora Drª Cristina de Matos Silva* | ● *Senhor + titre académique + nom*<br>*Prezado Senhor Eng. Castro da Costa* |

Dans les lettres commerciales *Senhor[a]* peut être remplacé par cliente.

*Prezado/a cliente*

**4** **Lettre administrative, lettre d'affaires.**

Il n'y a qu'une formule couramment utilisée avec l'abréviation de excelentíssimo : *Exmo[s] Senhor[es], Exma[s] Senhora[s].*

Cette formule, lorsqu'elle est suivie de la fonction, du titre, du prénom (obligatoire pour les femmes) ou du nom et éventuellement de l'adresse, est placée en haut de la lettre et à droite. Elle est répétée au centre, avec ou sans le titre, juste avant le début du texte.

*Exma Senhora*
*Presidente do Instituto de Intercâmbio Cultural*
*Professora Doutora Beatriz Marques Rocha*
*Praça das Comunidades, 92*
*1000 Lisboa*

Au Brésil on emploie l'abréviation de *Ilustríssimo : Ilmo[s], Ilma[s].*

**Exercice**

*Donner la ou les formule[s] que vous pouvez choisir pour commencer votre lettre si vous écrivez à :*
1. une vieille dame qui s'appelle Maria de Lurdes Barbosa e Costa que vous connaissez peu mais qui est une amie de votre grand-mère. 2. un ami très cher, ou une amie, que vous nommerez. 3.un groupe de clients de votre entreprise. 4. une lettre au maire (Presidente da Câmara) de Lisbonne.

## **Lettre** *(terminer une -)*

Il existe pour terminer une lettre, comme pour la commencer, toute une gamme de formules couramment utilisées. Cependant, alors qu'en français le respect, la déférence, sont surtout marqués dans la formule finale, en portugais c'est plutôt au début et au cours de la lettre qu'on les exprime.

Ces formules sont souvent suivies de la préposition *de / do / da* qui précède la signature (avec prénom et nom ou prénom seul).

*Com os melhores cumprimentos de Joaquim Coelho. Beijinhos da Mariana.*

## 1 Lettre à un[e] ami[e].

- *A tua amiga de sempre / o teu amigo de sempre*
- *A tua amiga / o teu amigo que não te esquece*
- *Com toda a amizade / com muita amizade*
- *Com muitas saudades do teu amigo / da tua amiga*
- *Abraços / um grande abraço / muitos abraços / um abração* (entre jeunes surtout) / *um chi-coração / um xi-coração* (formule employée à l'origine à l'adresse des enfants, et maintenant surtout entre filles ou femmes) / *um grande xi-coração*
- *Beijos / beijinhos / muitos beijos / muitos beijinhos*

On peut combiner les formules précédentes: beijos e abraços, etc.

## 2 Lettre à une personne que l'on connaît à qui on veut marquer un certain respect.

Les formules suivantes sont présentées par ordre décroissant de déférence.

- *Com os melhores cumprimentos*
- *Com todo o apreço / com toda a estima / com todo o apreço e estima*
- *Cordiais saudações / saudações cordiais*
- *Saudações amistosas / saudações amigas*
- *[Muitas] saudades*
- *O amigo [de sempre] / a amiga [de sempre]*
- On peut combiner les formules précédentes : *com toda a estima, a amiga de sempre*

## 3 Lettre à une personne avec qui on est en relation (sans amitié et avec déférence).

- *Com os respeitosos cumprimentos / respeitosos cumprimentos*
- *Com os melhores agradecimentos*
- *Apresento à Senhora Drª / ao Senhor Dr. os meus melhores cumprimentos*
- *Com os melhores cumprimentos*
- *Com os nossos melhores cumprimentos* (dans les lettres commerciales notamment).

### 4 Lettre administrative, lettre d'affaires.

En général on combine les formules précédentes avec la forme *V. Exª* (abréviation de *Vossa Excelência*) qui est employée au cours de la lettre (voir n° 174) et qui peut être suivie ou non du titre ou de la fonction du destinataire. Quelques exemples :

– *Apresento a V. Exª os meus melhores cumprimentos.*

– *Agradecendo desde já uma resposta favorável ao meu pedido, apresento a V. Exª os meus respeitosos cumprimentos.*

– *Aguardando uma resposta de V. Exª, Senhor Presidente, apresento os meus melhores cumprimentos .*

– *Queira aceitar, Ex$^{mo}$ Senhor Presidente, os meus melhores cumprimentos.*

#### Exercice

*Terminer une lettre adressée à :*

1. une vieille dame, amie de votre grand-mère. 2. un[e] ami[e] très proche ayant à peu près votre âge. 3.un groupe de clients de votre entreprise. 4. une lettre au maire (Presidente da Câmara) de Lisbonne dans laquelle vous avez formulé une demande.

m

## 101 **Majuscules** *(utilisation des -)*

Les règles d'emploi des majuscules sont généralement les mêmes en français et en portugais. Certaines sont très précises (majuscule obligatoire après un point, par ex.), mais il existe aussi des cas en portugais où la majuscule, non obligatoire, est employée pour souligner l'importance accordée à ce que le mot désigne (ex : *O Português é falado em quatro continentes*).

Nous ne retiendrons ici que les cas où il y a nettement une différence d'emploi.

### 1 La majuscule est obligatoire en portugais :

a/ **Pour les noms de mois :** *__J__aneiro, __F__evereiro, __M__arço ...*

b/ **Pour les noms de saisons :** *__P__rimavera, __V__erão, __O__utono, __I__nverno.*

c/ **Pour les époques historiques**. La majuscule n'est pas obligatoire en français.

*A __I__dade __M__édia   A __É__poca __C__ontemporânea*

d/ **Pour les points cardinaux quand ils désignent des régions.** Dans ce cas, en français on ne met généralement la majuscule que lorsqu'il n'y a pas de complément.

*Em Portugal, o __N__orte é uma região de pequena propriedade.*
Au Portugal, le Nord est une région de petite propriété.

e/ **Pour les titres d'ouvrages ou d'œuvres d'art.** En portugais on met une majuscule à tous les mots importants alors que généralement, en français, on limite l'emploi de la majuscule au premier mot et aux mots propres ou assimilés.

*A __C__idade e as __S__erras de Eça de Queirós*
*La ville et les montagnes* de Eça de Queirós
*A __P__artida de __X__adrez de Vieira da Silva*
*La partie d'échecs* de Vieira da Silva

f/ **Pour les mots *Rua, Avenida, Praça / Largo*** (place) **etc., désignant un nom de lieu.**

*A **R**ua da Cruz Vermelha*
*A **A**venida da Liberdade*
*O **L**argo do Rato*
*A **P**raça do Comércio*

g/ **Pour les noms des disciplines scolaires.** Mais ces noms, employés dans un sens général, s'écrivent avec une minuscule.

*O professor de **M**atemática*
Le professeur de mathématiques
*É preciso ter uma boa formação em matemática para se inscrever em **A**rquitectura.*
Il faut avoir une bonne formation en mathématiques pour s'inscrire en architecture.

2 La majuscule est obligatoire en français **pour les noms de peuples.** Par contre l'adjectif correspondant s'écrit avec une minuscule. En portugais on emploie **le plus souvent la minuscule dans les deux cas**, mais on peut souligner le mot par une majuscule.

*Os escoceses / Escoceses não gostam de ser confundidos com os ingleses / Ingleses.*
Les Ecossais n'aiment pas être confondus avec les Anglais.
*Foi um corredor britânico que ganhou a camisola amarela*
C'est un coureur britannique qui a eu le maillot jaune.

**Exercice**

*Mettre des majuscules là où c'est obligatoire :*
1. Mudei da praceta das andorinhas para a rua do mar. 2. Não posso cá voltar em abril , só em julho ou agosto. 3. Eles foram passar as férias a cabo verde na primavera. 4. O fresco a criação do mundo é uma das obras mais conhecidas de miguel ângelo. 5. Licenciou-se em economia política mas gosta de estudar música. 6. O sul do chile fica a oeste da argentina.

## 02 *Même[s] (traduction)*

### 1 "Même[s]", adjectif :

a/ devant un substantif : ***mesmo[s], mesma[s]*** **+ substantif.**

***As mesmas causas** nem sempre produzem **os mesmos efeitos.***
Les mêmes causes ne produisent pas toujours les mêmes effets.
*São sempre **os mesmos inquilinos** que protestam contra o aumento das rendas.*
Ce sont toujours les mêmes locataires qui protestent contre la hausse des loyers.

b/ Après un substantif désignant une qualité morale ou physique : ***em pessoa ou personificado/ a.***

*Era* ***a juventude personificada / em pessoa.***
C'était la jeunesse même.

*Esta pessoa é* ***a bondade personificada / em pessoa.***
Cette personne est la bonté même.

c/ Après un pronom personnel apposé à un substantif : ***próprio[s], própria[s]*** **avant le substantif.**

***Os próprios especialistas*** *se enganaram.*
Les spécialistes eux-mêmes se sont trompés.

***O próprio romancista estará*** *presente.*
Le romancier lui-même sera présent.

d/ Après un pronom personnel sujet ou complément : ***próprio[s], própria[s]*** ou ***mesmo[s], mesma[s]*** **après le pronom.**

***Foi ele próprio / mesmo*** *que me enviou o programa.*
C'est lui-même qui m'a envoyé le programme.

*Há pessoas que gostam de* ***falar*** *sobretudo* ***delas próprias / mesmas.***
Il y a des gens qui aiment parler surtout d'eux-mêmes.

## 2 "Même", adverbe.

a/ ***Mesmo*** ou / et ***até*** (*mesmo* est plus courant, *até* souligne davantage le caractère extrême. Les deux adverbes peuvent aussi être combinés).

*Qualquer crítica,* ***mesmo / até / até mesmo / mesmo até leve*** *o aborrece.*
Toute critique, même légère, l'agace.

*Todos reconhecem as suas qualidades,* ***mesmo / até / até mesmo / mesmo até / os seus adversários.***
Tous reconnaissent ses qualités, même ses adversaires.

*Gosto de ouvir música,* ***mesmo / até / até mesmo / mesmo até quando trabalho.***
J'aime écouter de la musique, même quand je travaille.

b/ **"Ne... même pas" :** ***nem [sequer].***

***Nem [sequer] foste tu*** *que o fizeste.*
Ce n'est même pas toi qui l'as fait.

*Já* ***nem [sequer] me lembro*** *disso.*
Je ne m'en souviens même plus.

## 3 "Même[s]", pronom (le[s] même[s], la même): ***o[s] mesmo[s], a[s] mesma[s].***

*São sempre* ***os mesmos*** *que ganham.*
Ce sont toujours les mêmes qui gagnent.

▲ **O mesmo**, pronom = la même chose

Exercice

*Traduire :*
1. Monsieur Pires, vous nous avez peu parlé de vous-même. 2. Dulce est la sympathie même. 3. Cristina a presque toujours la même attitude défensive et critique. 4. Le propriétaire lui-même dit que la maison est en mauvais état. 5. Le maire (presidente da Câmara) est venu lui-même nous souhaiter la bienvenue (desejar-nos as boas vindas). 6. Nous-mêmes, nous n'avons même pas dit un seul mot.

## 103 *Muito / pouco, muito[s] / pouco[s]*

1 ***Muito* et *pouco*, adverbes**, sont **invariables**. Ils s'emploient avec un verbe, un adjectif ou un adverbe.

*Eles são **muito tagarelas**.*
Ils sont très bavards.

*A camioneta é **pouco confortável.***
Le car est peu confortable.

2 ***Muito[s], muita[s], pouco[s], pouca[s],* adjectifs, s'accordent en genre et en nombre avec le nom** auquel ils se rattachent.

*Aconselhou **muitas pessoas** a entrarem.*
Il / elle a conseillé à beaucoup de personnes d'entrer.

*Eles têm **poucas possibilidades** de ficar bem no exame.*
Ils ont peu de chances de réussir à l'examen.

3 ***Muito[s], muita[s], pouco[s], pouca[s],* pronoms, s'accordent en genre et en nombre avec le nom** qu'ils remplacent.

*Havia muitos intervenientes, mas **poucos** deles se fizeram ouvir .*
Il y avait beaucoup d'intervenants, mais peu d'entre eux se sont fait entendre.

*A cerejeira agora tem poucas cerejas. Já apanhámos **muitas**.*
Le cerisier a maintenant peu de cerises. On en a déjà cueilli beaucoup.

Exercice

*Compléter, d'abord avec* muito, muito[s], muita[s], *puis avec* pouco, pouco[s], pouca[s] *:*
1. Levaram ............. tempo. 2. Concordaram com .............. propostas. 3. Lêem ............ . 4. Os bolos são .............. frescos. 5. Cantam ............ bem.

# n

## 104 *Nada* (traduction)

▶ Pour la place de *nada*, voir n° 105.

**1** ***Nada* sujet ou complément d'un verbe** se traduit par **"rien".**

– *O senhor Bernardes não diz* ***nada****?*
– Vous ne dites rien, Monsieur Bernardes ?

**2** ***Nada [de]* + adjectif** se traduit par **"rien de"**. Dans un portugais soigné, *nada* est suivi de la préposition *de*. Dans la langue courante elle est souvent omise mais pour des raisons d'euphonie ou de mise en relief, elle peut être conservée.

*Não vi* ***nada [de] bonito*** *nas lojas.*
Je n'ai rien vu de joli dans les magasins.

***Nada [de] mais simples*** *[do] que trabalhar com um processador de texto.*
Rien de plus simple que de travailler avec un traitement de textes.

***De bom*** *não fiz* ***nada*** *hoje.*
Je n'ai rien fait de bon aujourd'hui.

**3** ***Nada*** se traduit par **"pas du tout", "nullement".** *Nada*, alors adverbe, renforce une négation déjà exprimée par *não*. S'il est employé avec une périphrase verbale il se place, comme *nunca,* entre les deux verbes de la périphrase.

*O Luís* ***não veio nada*** *a Paris! O que estás para aí a contar?!!*
Luís n'est pas du tout venu à Paris ! Qu'est-ce que tu nous racontes ?!!

*Eles* ***não estão nada a chamar-nos****! Eles nem sequer cá estão!*
Ils ne nous appellent pas du tout ! Ils ne sont même pas là !

*Não está* ***nada frio*** *esta manhã.*
Il ne fait pas froid du tout ce matin.

**4** ***Um nada*** se traduit par **"un rien",** ***um nadinha*** par "un tout petit peu".

***Um nada*** *a assusta.*
Un rien l'effraie.

– *Pões açúcar?* – ***Um nadinha.***
– Tu mets du sucre ? – Un tout petit peu (m.à m. : un petit rien).

**Exercice**

*Compléter la question ou la réponse en employant* nada :
1. – Viste alguma coisa barata? – Não, ......... 2. – Insistiram para que comprássemos as disquetes? – Não, ......... 3. – Tu ......... ? – Não, não peço nada. 4. – Queres um pouco de leite? – Sim, ......... 5. – Os barcos à vela já se vêem lá ao longe? – Não,.........

## 05 *Négations : não, nada, nunca (place)*

**1** ***Não*** se place **avant** le mot sur lequel il porte.

***Não pude*** *participar na festa.*
Je n'ai pas pu participer à la fête.

*Foi a Helena que encontrei e* ***não a Teresa.***
C'est Helena que j'ai rencontrée et non [pas] Teresa.

**2** ***Nada*** (rien), ***nunca*** (jamais) peuvent se placer **avant ou après le verbe.**

a/ **Avant le verbe.** Ils prennent la place de *não* qui disparaît (contrairement au français "ne" qui reste). C'est la **position la plus fréquente pour *nunca*** ; ***nada*** placé avant le verbe a la fonction de **sujet**, ou de **complément d'objet mis en relief.**

***Nada lhe mete*** *medo.*
Rien ne lui fait peur.

***Nada vejo.***
Je ne vois [absolument] rien.

*Carlos* ***nunca fala*** *em voz baixa.*
Carlos ne parle jamais à voix basse.

***Nunca estivemos*** *a pensar nisso.*
Nous n'y avons jamais pensé / jamais nous n'y avons pensé.

b/ **Après le verbe.** Celui-ci est **précédé de *não.*** C'est une position moins fréquente pour *nunca.* Quant à ***nada***, il est alors **complément d'objet**.

***Não fez nada*** *para nos elucidar.*
Il / elle n'a rien fait pour nous éclairer.

***Não os vi nunca*** *bem dispostos.*
Je ne les ai jamais vus de bonne humeur.

● Lorsque le verbe est à un temps composé ou à la voix passive :
***nunca*** **se place en général avant la forme verbale composée**, mais on peut le placer aussi après, ou l'intercaler entre l'auxiliaire et le verbe principal, ce qui est nettement moins fréquent ;
***nada*** **se place en général après la forme verbale composée,** ou s'il est mis en relief, on peut le placer en position initiale ou, ce qui est moins fréquent, l'intercaler entre l'auxiliaire et le verbe principal.

*A Maria José **nunca tinha vindo** a Paris.*
Maria José n'était jamais venue à Paris.
*A Maria José **não tinha vindo nunca** a Paris / não tinha nunca vindo...*
Jamais Marie-Joseph n'était venue à Paris.
***Não tinham feito nada** para passar no exame.*
Ils / elles n'avaient rien fait pour réussir leur examen.
***Nada tinham feito** para passar no exame / não tinham nada feito...*
Ils / elles n'avaient [absolument] rien fait pour réussir à leur examen.

▲ A noter que *não tinham nada feito* peut avoir un autre sens : ils n'avaient rien de fait (*feito* étant alors adjectif). En raison de cette ambigüité, on évite de placer *nada* entre l'auxiliaire et le participe passé pour le mettre en relief.

• Lorsque *nunca* est employé avec une périphrase verbale (*estar a, começar a...* + infinitif) (voir n° 92), *nunca* se place généralement avant (plus fréquemment) ou entre les deux verbes de la périphrase.

*A Isabel **nunca esteve** / **não esteve nunca a dizer** mal de ti.*
Isabel n'a jamais dit de mal de toi.
*Os rapazes **nunca se puseram** / **não se puseram nunca a jogar** o xadrez.*
Les garçons ne se sont jamais mis à jouer aux échecs.

Si le premier verbe de la périphrase est à un temps composé, *nunca* peut aussi se placer entre l'auxiliaire et le participe passé de ce premier verbe.

*Ela **nunca teria andado a fazer** publicidade, se não lhe pagassem bem / **não teria andado nunca a fazer...** / **não teria nunca andado a fazer**...*
Elle ne serait jamais entrée dans la publicité si on ne l'avait pas bien payée.

• Lorsque *nunca* est employé avec un verbe modal (*dever, poder...)* suivi d'un infinitif, il se place après les deux verbes (plus fréquemment) ou entre les deux ou en position initiale quand il est mis en relief.

***Não devem pegar nunca** em coisas pesadas / **não devem nunca pegar** / **nunca devem pegar**...*
Ils / elles ne doivent jamais soulever de choses lourdes.
*O António **não pode ter decidido nunca** / **não pode nunca ter decidido** / **nunca pode ter decidido** sozinho o que quer que seja.*
Antonio n'a jamais pu décider seul quoi que ce soit.

▲ Après certains verbes de crainte, d'empêchement, de doute, ou dans des propositions comparatives, **le français met parfois un *ne* explétif qui ne se traduit pas en portugais**.

*É preciso evitar que se constipe.*
Il faut éviter qu'il / elle ne s'enrhume.
*O tempo está muito melhor do que estava ontem.*
Le temps est bien meilleur qu'il n'était hier.

*Fala mais do que devia.*
Il / elle parle plus qu'il / elle ne devrait.

▸ Pour l'emploi de *já* avec *não, nada, nunca,* voir n° 96.

**Exercice**

***1.** Traduire en donnant les différentes possibilités de placer* nunca, *en mettant d'abord la plus courante :*
1. Ils ne reçoivent jamais de courrier (correio). 2. Je n'étais jamais allée en Ecosse (Escócia). 3. Les bénéfices (lucros) n'ont jamais été distribués. 4. Jamais ils ne veulent se lever avant moi.

***2.** Répondre à la forme négative en commençant la phrase par* não *et en employant* nada *:*
1. Alguma coisa a faz voltar atrás? 2. – Algo a preocupa, Senhora Dona Clara? 3. Ouves alguma coisa?

## 96 Négations *ninguém, nenhum[a]*

*Ninguém* (personne) est toujours un pronom alors que *nenhum[a]* (aucun[e]), *nenhuns* (en français, “aucun” n'a pas de pluriel), *nenhumas,* peuvent être des pronoms ou des adjectifs. Ils peuvent se placer **soit avant, soit après le verbe.**

### 1 Avant le verbe.

S'ils sont pronoms, ils ont la **fonction de sujet**, et s'ils sont adjectifs ils **déterminent le sujet**. Le *não* disparaît, alors que le “ne” reste en français.

***Ninguém veio.***
Personne n'est venu.

***Nenhuma concordou.***
Aucune n'a été d'accord.

***Nenhuns produtos foram postos** de parte / **nenhum produto foi posto** de parte.*
Aucun produit n'a été mis de côté.

### 2 Après le verbe.

Les pronoms sont **compléments d'objet.** Les adjectifs déterminent des noms qui ont cette fonction.
Les pronoms sujets peuvent parfois être placés après le verbe mais seulement si celui-ci n'a pas de complément d'objet.
**Le verbe est précédé de *não.***

***Não encontrei nenhum** deles.*
Je n'ai rencontré aucun d'eux. / Je n'en ai rencontré aucun.

***Não viram ninguém*** *na estrada.*
Ils / elles n'ont vu personne sur la route.
*Hoje* ***não veio ninguém****.*
Aujourd'hui personne n'est venu.
*Não estamos* ***a preparar nenhum discurso****.*
Nous ne préparons pas de discours.

▲ On place normalement l'adjectif indéfini avant le nom. Si on le place après le nom on renforce la négation.

*Não estamos a preparar discurso nenhum.*
Nous ne préparons aucun discours.

**Pour aller plus loin**

***de maneira nenhuma***
en aucune façon

***em parte nenhuma, em sítio nenhum***
nulle part

***sem dúvida nenhuma***
sans aucun doute

***Não + verbe + coisa nenhuma*** : rien du tout.
*Não faz coisa nenhuma.*
Il / elle ne fait rien du tout.

▲ Dans un registre soigné, on peut trouver *algum[a]* à la place de *nenhum[a]* lorsque *nenhum[a]* est placé après le nom, notamment dans les expressions ci-dessus qui deviennent : *de maneira alguma, em parte alguma, em sítio algum, sem dúvida alguma, não + verbe + coisa alguma.*

**Exercice**

***1.*** *Placer* ninguém, nenhuma, nenhuns *après le verbe :*
1. Ninguém o ouviu. 2. Nenhuma amiga minha telefonou. 3. Nenhuns obstáculos se lhe levantaram (aucun obstacle ne s'est dressé devant lui).

***2.*** *Traduire :*
1. Il n'a aucune idée à ce sujet (quanto a esse assunto). 2. Aucun d'eux ne pensera à téléphoner. 3. Ils ne m'ont donné aucun renseignement utile. 4. Je n'ai rien vu de bon marché (barato).

## 107 Nem *(traduction)*

### 1 **Nem... nem** se traduit par.

a/ **"ni...ni"** lorsque la négation porte sur des noms, pronoms ou adjectifs.

*Não quero* ***nem chá nem bolo****.* ***Nem uma coisa nem outra****.*
Je ne veux ni thé ni gâteau. Ni l'un ni l'autre.
*É um dia que* ***nem é melhor nem pior*** *[do] que os outros.*
C'est un jour qui n'est ni meilleur ni pire que les autres.

b/ **"ne... ni ne"** ou **"ne... pas et ... ne pas"** quand la négation porte sur un verbe.

*Ele **nem fala nem se move**.*
Il ne parle ni ne bouge. / Il ne parle pas et ne bouge pas.

2 ***Não ... nem*** se traduit par **"ne ... pas et ne ... pas"**, cette deuxième locution étant éventuellement soulignée par un "d'ailleurs" ou un "non pas". Si la proposition introduite par *nem* est elliptique (sans verbe), *nem* se traduit par "non plus".

***Não sei nem quero** saber.*
Je ne sais pas et je ne veux pas savoir.

*Eles **não compraram** os bilhetes... **nem tinham dito** que os compravam!*
Ils n'ont pas acheté les billets... d'ailleurs ils n'avaient pas dit qu'ils les achèteraient !

*Eu **não queria** que lhes acontecesse uma coisa dessas, **nem eles** [queriam]!*
Je ne voulais pas qu'il leur arrive une chose pareille, eux non plus [ne le voulaient pas] !

3 ***Nem*** se traduit par **"même pas"**. Il peut être renforcé par *sequer*.

***Nem [sequer] seríamos** capazes de dar mais um passo, quanto mais andar um quilómetro!...*
Nous ne serions même pas capables de faire un pas de plus, alors faire un kilomètre !...

– *Ele é o primeiro? – **Nem [sequer] o segundo**, quanto mais o primeiro!*
– Il est le premier ? – Même pas le second, alors encore moins le premier !

– *O mais alto chega à última prateleira? – **Nem [sequer] o mais alto**!*
– Le plus grand peut atteindre la dernière étagère ? – Même pas le plus grand !

4 ***Nem que* + subjonctif** se traduit par.

a/ **"même si" + indicatif** quand la proposition exprime une concession (voir n° 34).

*Não faço este trabalho, **nem que me peçam**.*
Je ne ferai pas ce travail, même si on me le demande.

***Nem que eles queiram**, não podem.*
Même s'ils le veulent, ils ne le peuvent / pourront pas.

b/ **"comme si" + indicatif**. Seuls le contexte et l'intonation sont différents de ceux des phrases concessives.

– *Quando eles cá vierem, vamos a um restaurante típico. – **Nem que eles quisessem**! Bem sabes que não gostam nada de comer em restaurantes!*
– Quand ils viendront, on ira dans un restaurant typique. – Comme s'ils allaient vouloir [y aller] ! Tu sais bien qu'ils n'aiment pas du tout manger au restaurant !

*– Pergunta-lhes onde é o mercado. –* ***Nem que eles soubessem****! Andam sempre perdidos...*
– Demande-leur où est le marché. – Comme s'ils le savaient ! Ils se perdent tout le temps...

### Pour aller plus loin

***Nem um nem outro.***
Ni l'un ni l'autre.

***Nem pensar!***
Pas question !

***Nem digas isso****!*
Ne dis pas une chose pareille !

***Nem por isso*** : pas tellement, malgré tout, quand même.
*– Apetece-te café? – Nem por isso.*
– Tu as envie de café ? – Pas tellement.

*Houve greve de transportes e nem por isso levámos tempo a chegar.*
Il y a eu une grève des transports et malgré tout on n'a pas mis longtemps à arriver.

***Nem assim nem assado*** (fam. ; m.à m. : ni comme ça ni rôti) : pas du tout, en aucun cas.
*– Podíamos fazer como ele propôs. – Nem assim nem assado não se faz nada hoje.*
– On pourrait faire comme il a proposé. – Pas du tout, on ne fait rien aujourd'hui.

### Exercice

***1****. Répondre à la forme négative en employant* nem *:*
1. – Os senhores pediram jornais e selos? 2. O médico chegou e tratou do doente?

***2.*** *Traduire :*
1.– Est-ce qu'ils sont déjà arrivés à la dernière phase ? – Non, même pas à la première ! 2. Non, ils ne sont même pas arrivés à la première. 3. Même si elle court, elle n'arrivera pas à avoir son train (apanhar o comboio). 4. Comme s'ils étaient au courant (estar ao corrente) ! Ils ne sont jamais au courant de rien !

## 108 N'est-ce-pas ? / Non ? *(traduction)*

### 1 Si l'interrogation est à la forme affirmative le verbe seul (sans pronom) est répété à la forme négative.

*Foste ao cinema,* ***não foste?***
Tu es allé au cinéma, non ?
*Barbeias-te todas as manhãs,* ***não barbeias****?*
Tu te rases tous les matins, non ?

Si le verbe est accompagné de *já*, il est possible, mais moins fréquent, au lieu de reprendre le verbe, de répéter *já* précédé de *não.*

*– Já se serviram todos,* ***não serviram?*** *– Já se serviram todos,* ***não já?***
– Vous vous êtes tous servis, non ?

**2** **Si l'interrogation est à la forme négative elle est suivie de *pois não*.**

*Não encontraste a Dulce, **pois não?***
Tu n'as pas rencontré Dulce, non ?

**3** A la forme affirmative ou négative, dans un registre de langue un peu plus soigné (là où le français mettrait "n'est-ce pas") on emploie plutôt l'expression ***não é verdade?***

– *Os senhores ouvem música todas as noites, **não é verdade?***
– Messieurs, vous écoutez de la musique tous les soirs, n'est-ce pas ?
– *O senhor Morais não se interessa por pintura moderna, **não é verdade?***
– Vous ne vous intéressez pas à la peinture moderne, Monsieur Morais, n'est-ce pas ?

**Exercice**

*Traduire :*
1. Le directeur leur a dit qu'il viendrait, n'est-ce pas ? 2. Tu ne passes pas à la banque aujourd'hui, non ? 3. Moi aussi j'ai le droit de parler, non ? 4. Monsieur le Ministre, vous n'êtes jamais intervenu dans la discussion, n'est-ce pas ? 5. Tu te coiffes avec une brosse, non ?

## 09 *Nombres cardinaux*

### FORMES

**1** Ils sont **invariables sauf *um, dois***, ainsi que **les centaines à partir de *duzentos*** qui varient en genre, et ***milhão*** et ***bilião / bilhão*** qui varient en nombre.

| | |
|---|---|
| *um —> uma* (un, une) | *dois —> duas* (deux) |
| *duzentos jornais* | *duzentas páginas* |
| deux cents journaux | deux cents pages |
| *dois milhões de dólares* | *três biliões de libras esterlinas* |
| deux millions de dollars | trois millions de millions de livres sterling |

**2** La conjonction ***e* relie toujours les centaines aux dizaines et les dizaines aux unités.**
Elle ne s'emploie pas entre les milliers et les centaines sauf si la centaine se termine par deux zéros (ex : 1600).
Mais elle s'emploie entre les milliers et les dizaines (ex : 1023) et entre les milliers et les unités (ex : 1007).

1999 : *mil novecentos/-as **e** noventa **e** nove*
1600 : *mil **e** seiscentos/-as*

1023 : *mil **e** vinte **e** três*
1007 : *mil **e** sete*
4.575.887 : *quatro milhões quinhentos/-as **e** setenta **e** cinco mil oito-centos/-as **e** oitenta **e** sete*

## 3 Formes.

| | | |
|---|---|---|
| 0 *zero* | 10 *dez* | 20 *vinte* |
| 1 *um, uma* | 11 *onze* | 21 *vinte e um / uma* |
| 2 *dois, duas* | 12 *doze* | 22 *vinte e dois / duas* |
| 3 *três* | 13 *treze* | 30 *trinta* |
| 4 *quatro* | 14 *catorze / quatorze* | 40 *quarenta* |
| 5 *cinco* | 15 *quinze* | 50 *cinquenta* |
| 6 *seis* | 16 *dezasseis* | 60 *sessenta* |
| 7 *sete* | 17 *dezassete* | 70 *setenta* |
| 8 *oito* | 18 *dezoito* | 80 *oitenta* |
| 9 *nove* | 19 *dezanove* | 90 *noventa* |

| | |
|---|---|
| 100 *cem* | 1 000 *mil* |
| 101 *cento e um[a]* | 1 001 *mil e um[a]* |
| 102 *cento e dois / duas etc.* | 1 200 *mil e duzentos,-as* |
| 200 *duzentos, -as* | 1 202 *mil duzentos e dois* |
| 300 *trezentos, -as* | *mil duzentas e duas* |
| 400 *quatrocentos, -as* | 2000 *dois mil* |
| 500 *quinhentos, -as* | 100 000 *cem mil* |
| 600 *seiscentos, -as* | 1 000 000 *um milhão* |
| 700 *setecentos, -as* | 2 000 000 *dois milhões* |
| 800 *oitocentos, -as* | 1 000 000 000 000 *um bilião / bilhão* |
| 900 *novecentos, -as* | 2 000 000 000 000 *dois biliões / bilhões* |

▲ Au Brésil 16,17,19 se disent et s'écrivent *dezesseis, dezessete, dezenove.* 50 s'écrit *cinqüenta* et pour 14 seule la graphie *catorze* est employée.

▲ Le mot *bilião* signifie au Portugal "mille milliards" (comme son équivalent en Grande Bretagne et dans les pays de langue espagnole). Mais au Brésil (comme aux Etats-Unis et en France) il signifie "milliard".

## EMPLOIS

**1** ***Cem*** et ***cento.*** On emploie *cem* (invariable) lorsqu'il se rapporte à un nom ou pour multiplier un autre nombre. On emploie *cento* (invariable) pour les nombres entre cent et deux cents ainsi que dans l'expression *cem por cento* (cent pour cent).

***cem anos***
cent ans

***cem** ou duzentas **páginas***
cent ou deux cents pages

***cem milhões***
cent millions

***cento e trinta e duas** horas*
cent trente deux heures

**2** ***Milhar[es]* signifie "millier[s]".** Ne pas confondre ce mot avec le français "milliard" qui se dit *mil milhões*. Comme le mot *milhão* il se construit avec la préposition *de* suivie du nom (comme en français).

*milhares de exemplares* — des milliers d'exemplaires

*um milhão de euros* — un million d'euros

### 3 Les nombres décimaux.

1,2 : *um vírgula dois*

25,81 : *vinte e cinco vírgula oitenta e um*

### 4 Les températures.

37°6 : *trinta e sete graus e seis décimas* (en abrégé : *trinta e sete e seis*)
19°5 : *dezanove graus e cinco décimas* (en abrégé : *dezanove e meio*)
— 1 : *um grau abaixo de zero / um grau negativo*

### 5 La numérotation.

a/ Lorsqu'un nombre sert à numéroter, il reste au masculin comme si le mot *número* était sous-entendu.

*linha quarenta e um* — ligne quarante et un

*página trezentos e cinquenta e dois* — page trois cent cinquante-deux

b/ **Pour désigner les siècles** le portugais, contrairement au français, emploie les nombres cardinaux. Seuls les ordinaux de *primeiro* à *décimo* peuvent être employés. Ils sont alors placés après *século*, comme les cardinaux.

*século um / primeiro* — premier siècle

*século vinte* — vingtième siècle

c/ **Pour désigner les jours du mois** on emploie le cardinal. L'ordinal n'est employé que pour le premier jour et seulement si c'est un jour férié. On omet alors souvent le mot *dia* qui est obligatoire devant le cardinal. La préposition *a* est suivie du cardinal, sans *dia*.

*o/no [dia] primeiro de Dezembro / a um de Dezembro*
le premier décembre (jour férié au Portugal)
*o/no [dia] um de Fevereiro / a um de Fevereiro*
le premier février

### 6 Les quatre opérations.

Addition : *sete e sete quatorze*
sept et sept quatorze

Soustraction : *nove menos um oito*
neuf moins un égale huit

Multiplication : *três vezes quatro doze*
trois fois quatre douze

Division : *quarenta a dividir por dois vinte*
quarante divisé par deux égale vingt

7 **Avec** certains adjectifs comme ***outro, próximo, primeiro, último*** **le numéral** est généralement placé **après l'adjectif.**

***as outras quatro*** *pessoas*
les quatre autres personnes

***os primeiros dez*** *lugares*
les dix premières places

***os próximos vinte*** *anos*
les vingt prochaines années

***as últimas seis*** *horas*
les six dernières heures

▲ Les locutions "les deux", "tous les deux", "toutes les deux", peuvent se traduire soit par *os dois, as duas*, soit par *ambos, ambas*. Lorsque *ambos/as* précèdent un nom, ils sont suivis d'un déterminant (article, démonstratif...).

***Ambos / os dois*** *estávamos de acordo.*
Nous étions tous les deux d'accord.

***Ambas as mães / as duas mães*** *esperavam os filhos na estação.*
Les deux mères attendaient leurs enfants à la gare.

**Exercice**

*Ecrire les nombres en toutes lettres :*

1 pessoa 2 homens 100 cavalos 183 livros
200 pratos 372 panelas 1022 oliveiras 3000 espectadores
4 x 8 = 32 16 — 3 = 13
25 de Abril de 1974 (Revolução do 25 de Abril = fim da ditadura salazarista); 5 de Outubro de 1910 (Proclamação da República); 1 de Dezembro de 1640 (Restauração = fim do domínio espanhol); o [dia] 1 de Janeiro; o dia 15 de Agosto; Péricles viveu no século V a.C.

## 110 Nombres ordinaux

### FORMES

| | | |
|---|---|---|
| 1° : *primeiro* | 10° : *décimo* | 20° : *vigésimo* |
| 2° : *segundo* | 11° : *décimo primeiro / undécimo* | 30° : *trigésimo* |
| 3° : *terceiro* | 12° : *décimo segundo / duodécimo* | 40° : *quadragésimo* |
| 4° : *quarto* | 13° : *décimo terceiro* | 50° : *quinquagésimo* |
| 5° : *quinto* | 14° : *décimo quarto* | 60° : *sexagésimo* |
| 6° : *sexto* | 15° : *décimo quinto* | 70° : *septuagésimo* |
| 7° : *sétimo* | 16° : *décimo sexto* | 80° : *octogésimo* |
| 8° : *oitavo* | 17° : *décimo sétimo* | 90° : *nonagésimo* |
| 9° : *nono* | 18° : *décimo oitavo* | 100° : *centésimo* |
| | 19° : *décimo nono* | 1000° : *milésimo* |

1 **Les ordinaux forment leur féminin en *-a*** : *primeiro[s] —> primeira[s]*. Abréviations au masculin et au féminin : 1º, 1ª.

**2** **Dans les nombres comportant plusieurs ordinaux chacun d'eux s'accorde en genre et en nombre avec le nom** et ils se placent en général avant celui-ci.

| | |
|---|---|
| *o décimo oitavo andar* | *a décima quinta avenida* |
| le dix-huitième étage | la quinzième avenue |

EMPLOIS

**1** **L'ordinal** est couramment employé **jusqu'à 20 ;** il est **remplacé par le cardinal,** le plus souvent **de 30 à 100,** et presque systématiquement pour les nombres supérieurs ; pour les centaines il est très rarement employé.

**2** **Pour désigner les papes et les souverains on emploie l'ordinal jusqu'à *décimo*** alors qu'en français on ne l'emploie que pour "premier". Il est toujours placé après le nom, de même que le nombre cardinal.

| | |
|---|---|
| *Dom João Quinto* | *Luís Catorze / Quatorze* |
| Dom João Cinq | Louis Quatorze |

**3** **Pour désigner des parties d'oeuvres** on met **l'ordinal,** et pour **les chapitres l'ordinal ou le cardinal** (comme en français).

| | | |
|---|---|---|
| *primeira parte* | *primeiro capítulo* | *capítulo um* |
| première partie | premier chapitre | chapitre un |

**Exercice**

*Ecrire les nombres en toutes lettres :*
1. D. Pedro II; D. Maria I; Luís XV. 2. Estão em 6ª posição. 3. Uma 100ª parte. 4. A 4ª edição; o 10º capítulo.

## 11 Nombres : substantifs collectifs

Les plus courants sont :

2 = *um par* (une paire, un couple)

| | |
|---|---|
| *um par de sapatos* | *um par de namorados* |
| une paire de chaussures | un couple d'amoureux |

2 = *um casal* (un couple)
6 = *meia-dúzia* (une demi-douzaine)
10 = *uma dezena*
12 = *uma dúzia*
15 = *uma quinzena*
100 = *uma centena* (ou, moins fréquent : *um cento*)
1000 = *um milhar*

*Vintena* (vingtaine), *trintena* (trentaine), *cinquentena* (cinquantaine) etc. sont peu employés.
*Quarentena* (quarantaine) se rencontre surtout dans le langage médical.
Les pluriels *duas centenas, três centenas* etc. sont moins courants que le singulier *centena*.

*Um quarteirão* (un quart de cent = 25) n'est guère employé que pour compter les sardines *(um quarteirão de sardinhas)*.
L'article indéfini devant *meia-dúzia* indique un nombre approximatif : *meia-dúzia* = une demi-douzaine ; *uma meia-dúzia* : une demi-douzaine environ.

**Exercice**

*Compléter en remplaçant le nombre cardinal par un mot collectif :*
1. Traz-me 12 iogurtes. 2. As férias são de 15 dias. 3. Vi 100 andorinhas (hirondelles). 4. Ofereci-lhe 6 amores-perfeitos (pensées). 5. Preciso de comprar 2 luvas (gants). 6. Os 2 (o marido e a mulher) que viste, fazem desporto todas as manhãs.

## 112 Noms et prénoms

### 1 Les prénoms (*nomes*).

a/ Les Portugais peuvent n'avoir qu'un prénom, mais souvent ils en ont deux qui ne sont jamais liés par un tiret.

*Maria Manuela* *Eduardo Manuel*

Souvent seul le premier prénom est utilisé, sauf si celui-ci est Maria qui est fréquemment omis.

b/ **Les diminutifs des prénoms sont très fréquents.** Ils sont formés :

- soit en réduisant le nombre de syllabes du prénom,

*Helena —> Lena* *José —> Zé* *Manuel —> Manel*
*Manuela —> Manela* *António —> Tó*

- soit en transformant le prénom ou une partie du prénom,

*Isabel —> Bela* *Teresa —> Té / Tété* *Margarida —> Guida*

- soit en ajoutant les suffixes ***-inho, -inha, -zinho, -zinha, -ito, -ita, -zito, -zita*** (voir n° 58) au prénom ou à un de ses diminutifs.

*Fernando —> Fernandinho, Fernandito*
*Leonardo —> Nardo —> Nardinho, Nardito*
*Nazaré —> Zera —> Zerinha, Zerita*

### 2 Les noms (*apelidos*).

a/ Sur tous les documents officiels (= copie du registre d'état civil).

Tous les Portugais ont au moins deux noms : le dernier nom de la mère suivi du dernier nom du père. Pour relier ces noms ils peuvent librement ajouter *e* ou *de* (mots de liaison sans aucun sens spécifique).

*Luís Miguel Paiva de Carvalho*
/ \
(dernier nom de la mère) (dernier nom du père)

Mais les parents peuvent choisir de donner à leur enfant deux noms de la mère et deux noms du père ou un de l'un et deux de l'autre. Les noms du père sont toujours à la fin.

*Luís Miguel Fernandes Paiva e Silva de Carvalho*

La femme mariée ajoute aux siens le dernier ou les deux derniers noms de son mari.

| *Maria Rute* | *de Lemos* | *Saraiva* | *Mendes* |
|---|---|---|---|
| / | \ | / | \ |
| (prénoms) | (dernier nom de la mère) | (dernier nom du père) | (dernier nom du mari) |

Ce n'est pas une obligation et actuellement au moment de la déclaration de mariage certaines femmes choisissent de ne pas prendre le nom de leur mari. Il arrive aussi, mais plus rarement, que le mari ajoute aux siens le nom de sa femme.

b/ Choix ultérieurs, pour la vie courante et les documents non officiels.

Les Portugais n'utilisent le plus souvent qu'un prénom et un nom (généralement le dernier) ou deux.

*Rute Mendes / Rute Saraiva / Rute Saraiva Mendes*

### 3 Classement par ordre alphabétique.

- Traditionnellement il se fait d'après la **première lettre du premier prénom.**

1. ***A**ntónio Manuel Mendes e Sousa*
2. ***V**irgínia Maria Castro de Antunes*

- Actuellement dans certains secteurs (dans les bibliothèques par exemple) le classement se fait d'après **la première lettre du dernier nom**.

1. ***A**ntunes, Virgínia Maria Castro de*
2. ***S**ousa, António Manuel Mendes e*

On ne tient pas compte de *de* et de *e* pour le classement.

## *Exercice*

*1. Donner les diminutifs en* -inho, -inha *des prénoms suivants :*
Miguel Amélia Jaime Luísa

*2. Mettre par ordre alphabétique suivant le classement traditionnel puis suivant le classement des bibliothèques :*
Manuel António Vaz de Almeida / Isabel Amaral da Silva

*3. Donner deux noms à chaque enfant :*
Père : Paulo Jorge Fonseca Ramos ; mère : Maria de Fátima Moreira Guedes Ramos
fils : Pedro ..............................
Père : Júlio Silva Soares ; mère : Sara Costa Oliveira ; fille : Ana Rita .....................

# O

## 13 O + interrogatifs que / quê

**1** Cas où ***o*** **est obligatoire devant *quê.***

a/ Quand ***quê*** est **complément d'objet direct** (pour la place de *quê* et de *que,* voir n° 146).

*O vizinho diz* ***o quê****?*
Qu'est-ce qu'il dit le voisin ?

b/ Quand ***quê*** est **attribut.**

*Serás* ***o quê****? Um rato de biblioteca.*
Tu seras quoi ? Un rat de bibliothèque.

**2** Cas où **on ne peut pas avoir *o* devant *quê* :** quand ***quê*** est **précédé d'une préposition.**

*Tens medo, mas de quê? Dum ratinho?*
Tu as peur, mais de quoi ? D'une petite souris ?
*Eles partiram a lenha* ***com quê****?*
Ils l'ont coupé avec quoi le bois [de chauffage] ?
*Abstiveste-te de votar,* ***para quê****?*
Tu t'es abstenu de voter, dans quel but ?

(*Para quê* marquant le but ne doit pas être traduit par "pourquoi" qui indique la cause mais plutôt par "dans quel but", "dans quelle intention", "pour quoi faire", "à quoi bon".)

**3** Cas où ***o*** **est facultatif** (devant *que* - toujours - et devant *quê* interjectif).

a/ Quand ***que*** **n'est pas précédé d'une préposition**. Dans un **langage soigné** on emploie normalement ***o que***. Dans la **langue courante,** voire familière, ***que*** seul est fréquent.

***[O] que*** *veio o polícia aqui fazer?*
Qu'est-ce que le policier est venu faire ici ?
***[O] que*** *é feito deles?*
Qu'est-ce qu'ils deviennent ?

b/ Quand ***que*** est **précédé d'une préposition**. L'emploi de ***o*** est **possible** mais **moins fréquent** surtout avec les prépositions courantes comme *em, de, com.*

***De que*** */ do que se fala actualmente nos jornais?*
De quoi parle-t-on actuellement dans les journaux ?

*Diz-me* ***em que*** */ no que pensas.*
Dis-moi à quoi tu penses.

***Com que*** */ com o que pintam vocês o cabelo?*
Avec quoi vous teignez-vous les cheveux ?

c/ Quand ***quê*** **interrogatif a le sens d'une interjection**. La différence de niveau de langue est la même que pour *[o] que* sans préposition.

***[O] quê!*** *Tu, a estas horas por aqui!*
Quoi ! Toi ici à cette heure-ci !

**Exercice**

*Traduire :*
1. Quoi ! Les ouvriers ont décidé d'arrêter la grève (parar com a greve)! 2. De quoi êtes-vous coupables ? 3. Avec quoi te coiffes-tu ? 4. João Manuel dit qu'il se souvient de tout. Mais de quoi exactement ? 5. Il a beaucoup parlé. Mais à quoi bon ? 6. Regretter (lamentar) quoi ? Il n'y a rien à regretter.

## 114 *On* (traduction)

1 "On" est indéterminé et le verbe n'a pas de complément d'objet direct : ***se*** **+ verbe à la 3ème personne du singulier** (voir n°142). Ce "on" peut inclure le locuteur.

*Em Inglaterra, con**duz-se** à esquerda.*
En Angleterre on conduit à gauche.

*Quem te disse que* ***se anda*** *sempre a* ***correr*** *em Paris?*
Qui t'a dit qu'on court tout le temps à Paris ?

2 "On" est indéterminé et le verbe a un complément d'objet direct : ***se*** **+ verbe à la 3ème personne du singulier ou du pluriel**. Le complément d'objet devient sujet en portugais. Ce "on" peut inclure le locuteur.

***Enche-se a piscina*** *com água do mar.*
On remplit la piscine avec de l'eau de mer.

***Enchem-se as piscinas*** *assim que chega o bom tempo.*
On remplit les piscines dès que le beau temps arrive.

▲ Cette tournure portugaise a un sens proche du passif : *As piscinas são cheias [por alguém]* (sont remplies par quelqu'un). C'est pourquoi *se* est appelé *partícula apassivante* (voir n°142 ).

3 "On" n'inclut pas le locuteur qui sait de qui il s'agit mais ne le précise pas (personne[s], groupe imprécis, etc.) : **3ème personne du pluriel.**

***Ofereceram-me*** *estas flores. São bonitas, não são?*
On m'a offert ces fleurs. Elles sont jolies, non ?

*No polo norte* ***comem*** *muito peixe.*
Au pôle nord on mange beaucoup de poisson.

4 "On" est employé à la place de "nous" (très fréquemment dans la langue familière).

a/ **Verbe à la 1ère personne du pluriel** précédé ou non du sujet ***nós***.

***[Nós] vamos*** *pelos nossos próprios meios.*
On ira par nos propres moyens.

b/ ***A gente*** **+ 3ème personne du singulier** (dans le langage familier).

***A gente vai*** *a pé!*
On va à pied !

c/ ***A malta*** **+ 3ème personne du singulier** (dans le langage familier des jeunes).

***A malta divertiu-se*** *muito na discoteca.*
Avec les copains on s'est bien amusés à la discothèque.

5 "On" désigne le locuteur mais aussi d'autres personnes indéterminées : **uma pessoa + 3ème personne su singulier**.

***Uma pessoa vê*** *cada coisa!*
On voit de ces choses !

*Ao que* ***uma pessoa está sujeita!***
Qu'est-ce qu'on ne doit pas supporter!

6 "On" remplace "je" ou "tu" (traduisant la discrétion, l'ironie, le reproche etc.) : ***se*** **+ 3ème personne du singulier.**

***Faz-se*** *o que* ***se pode****!*
On fait ce qu'on peut !

*Cá* ***se vai andando****!*
On fait aller !

*Só a estas horas, João! Agora é que* ***se chega*** *a casa!?*
Te voilà enfin, João ! C'est à cette heure-ci qu'on rentre à la maison ! ?

**Exercice**

*Traduire :*

1. En ce moment on achète des pêches (pêssegos) et des cerises (cerejas) très bon marché (muito em conta). 2. C'est maintenant qu'on vient présenter une justification ! 3. En Orient on boit beaucoup de thé (chá). 4. Avec les copains on a nagé tout l'après-midi. 5. On fera ce qui nous plaira ! (traduire d'abord dans le registre courant, puis dans un registre plus familier).

## 115 *Où (traduction).*

### 1 "Où" pronom relatif.

a/ Indiquant un **espace**, se traduit soit par ***onde*** (le plus fréquemment), soit par ***em que*** (lorsqu'il n'y a pas de mouvement).

***O café onde / em que*** *combinámos encontrar-nos é muito barulhento.*
Le café où on s'est donné rendez-vous est très bruyant.

La différence de sens entre *onde* et *em que* est la plupart du temps imperceptible. Cependant, si l'on perçoit le lieu d'une façon plus précise, on emploiera plutôt *em que*

*Este é o* ***local exacto em que*** *se encontraram.*
Voilà le lieu exact où ils/elles se sont rencontré[e]s.

▲ Si "où" est précédé d'une préposition ("par où", "d'où", "vers où"...) il ne peut se traduire que par *onde* (***por onde, donde, para onde...***).

b/ Indiquant un **temps**, se traduit uniquement par ***em que***.

– ***O dia em que*** *decidiram vir não nos convém.*
– Le jour où vous avez décidé de venir, ne nous convient pas.

***As férias em que*** *descansaram mais, passaram-nas em Nova Iorque.*
Les vacances où ils / elles se sont reposé[e]s le plus, ils / elles les ont passées à New York.

### 2 "Où" adverbe.

a/ Indiquant un espace, se traduit toujours par ***onde***, précédé ou non d'une préposition.

***Irei onde / aonde*** *fores.*
J'irai où tu iras.

***De onde / donde estava****, podia ter-nos visto.*
D'où il / elle était, il / elle aurait pu nous voir.

b/ Indiquant une **notion**, se traduit plus souvent par ***em que ponto***, ***em que fase***, que par *onde.*

*Sabemos muito bem* ***em que ponto / em que fase está*** *da sua reflexão* (ou, moins courant : *onde está na sua reflexão).*
Nous savons très bien où il / elle en est de sa réflexion.

3 "Où" **interrogatif**, se traduit par ***onde*** ou, pour une notion, par ***em que ponto, em que fase.***

***Onde vais****?*
Où vas-tu?

– ***Em que ponto*** */* ***fase*** *do seu trabalho está?*
– Où en êtes-vous de votre travail ?

4 **"Où que" + subjonctif** se traduit par ***onde quer que*** **+ subjonctif** (sauf subjonctif futur).

Comme "où", *onde* peut être précédé d'une préposition.

***[Para] onde quer que vá****, levará sempre o guarda-chuva.*
Où qu'il / elle aille, il / elle emportera toujours son parapluie.

***Donde quer que venham****, eles estão sempre carregados.*
D'où qu'ils viennent, ils sont toujours chargés.

## Pour aller plus loin

***em qualquer lugar; em qualquer lado*** : n'importe où
***daí*** : d'où
*Chegou sem avisar,* ***daí a minha surpresa****.*
Il / elle est arrivé[e] sans prévenir, d'où ma surprise.

## Exercice

*Traduire :*
1. Le théâtre où on joue la pièce portugaise est près des Champs Elysées. 2. Où l'as-tu rencontré ? 3. Le mois où je prends mes vacances (tirar férias) n'est pas toujours le même. 4. Où en sont-ils des négociations sur le désarmement ?

# p

## 116 **Par** *(traduction)*

Alors qu'en portugais les prépositions *por* et *para* ont des emplois bien distincts (voir n° 117 et 127), en français, la séparation entre "par" et "pour" n'est pas toujours nette : ainsi ces deux prépositions servent à indiquer la cause. Mais si "pour" peut se traduire tantôt par *para* tantôt par *por*, "par" ne correspond jamais à *para*.

### 1 **"Par" se traduit par *por*** quand il indique :

a/ La cause.

*Foi mais **por ignorância** que **por interesse** que ele fez esta escolha.*
C'est plus par ignorance que par intérêt qu'il a fait ce choix.

b/ L'agent du verbe passif.

*O campeão de golfe **foi vencido por** um amador.*
Le champion de golf a été battu par un amateur.

c/ Le parcours ("par" = "à travers").

*Os alpinistas desceram **pela encosta** sul.*
Les alpinistes sont descendus par le versant sud.

d/ Le moyen, la manière.

*É preciso proceder **por ordem** e primeiro reexpedir a encomenda **pelo correio.***
Il faut procéder par ordre et d'abord réexpédier le colis par la poste.

e/ Une répartition

*Adormece **por instantes**, várias vezes **por dia**.*
Il / elle s'endort par instants, plusieurs fois par jour.

*Às horas de ponta, no metro, há mais de seis pessoas **por metro quadrado.***
Aux heures de pointe, dans le métro, il y a plus de six personnes par mètre carré.

*Eles bebem meia garrafa de vinho **por pessoa.***
Ils boivent une demi-bouteille de vin par personne.

### 2 "Par" se traduit par une autre préposition.

a/ ***De*** : quand "par" introduit un moyen de locomotion.

*Ele preferiu vir* ***de avião****.*
Il a préféré venir par avion.

b/ ***Em*** : quand "par" introduit un moyen de locomotion déterminé avec précision.

*Cheguei* ***no comboio*** *das nove horas da noite.*
Je suis arrivé[e] par le train de neuf heures du soir.

c/ ***A*** : quand "par" indique une répartition avec un même mot répété.

*Eles vão* ***dois a dois.***
Ils vont deux par deux.

***Quilómetro a quilómetro*** *o nevoeiro adensa-se.*
Kilomètre par kilomètre le brouillard s'épaissit.

*Segui os acontecimentos* ***hora a hora****.*
J'ai suivi les événements heure par heure.

**Pour aller plus loin**

Par ailleurs : ***aliás***
Par le passé : ***no passado***
Par les temps qui courent : ***nos tempos*** *que correm*
Par contre : ***pelo contrário***
Par trois fois : ***três vezes seguidas***
Par coeur : ***de cor***

**Exercice**

*Traduire :*
1. Combien gagnent-ils par an ? 2. Je préfère aller par la route. 3. Je t'ai envoyé le colis par avion. 4.L'année scolaire s'est terminée par une fête. 5. Je suis revenue par un bateau qui part de Douvres (Dôver) à dix-huit heures.

## 7 Para (traduction)

***Para*** **indique une direction (dans l'espace ou dans le temps), un but, ou le terme d'un mouvement, d'une action.**

### 1 *Para* se traduit par "pour" quand il indique :

a/ Le but d'une action.

*É preciso comer* ***para viver*** *e não viver* ***para comer****.*
Il faut manger pour vivre et non vivre pour manger.

*Os Pereiras trabalhavam mais **para os filhos** do que **para eles próprios.***
Les Pereira travaillaient plus pour leurs enfants que pour eux-mêmes.

▲ La préposition *para* indique le but alors que "pour" indique le but mais aussi l'objet d'un sentiment ou l'objet en faveur duquel se fait une action. **Le portugais distingue alors *para* et *por*** (voir n° 127). Si on dit *Trabalhavam para os filhos* on souligne le but qu'ils ont donné à leur travail. Et si on dit *Trabalhavam pelos filhos* on met davantage en valeur la raison de leur travail et les efforts accomplis (*por* indiquant la cause, le parcours)

b/ La direction et le terme d'un mouvement (dans l'espace).

*Os passageiros **para Madrid** dirigem-se para a sala de embarque.*
Les voyageurs pour Madrid se dirigent vers la salle d'embarquement.

c/ Le terme d'un délai ( = direction dans le temps).

*Estará pronto **para meados desta semana, para sexta-feira** o mais tardar.*
Ce sera prêt pour le milieu de la semaine, pour vendredi au plus tard.

d/ Une idée de comparaison ou de proportion.

*A Laura está bastante alta **para a idade**.*
Laura est assez grande pour son âge.
*É um carro confortável **para o preço** a que o comprei.*
C'est une voiture confortable pour le prix auquel je l'ai achetée.

e/ Une idée de conséquence, après un adverbe comme "trop", "assez", "suffisamment".

*É bom **demais para ser** verdade.*
C'est trop beau pour être vrai.

2 ***Para* ne se traduit pas par "pour"** : quelques exemples.

a/ Lorsque *para* indique la direction mais non le terme d'un parcours, après certains verbes qui demandent une autre préposition que "pour".

*Dirigia-se **para o metro.***
Il/elle se dirigeait vers le métro.

b/ Lorsqu'après un verbe de mouvement, *para* introduit un complément de lieu indiquant l'aboutissement de ce mouvement.

*–**[Para] onde** leva esse sofá? – **Levo-o para o meu quarto**.*
– Où portez-vous ce fauteuil ? – Je le porte dans ma chambre.

c/ Lorsque *para* indique une aptitude.

*Não é pessoa **para brincadeiras**.*
Ce n'est pas une personne à plaisanter.

d/ ***Estar para, andar para, ir para* + infinitif** : “être sur le point de”, “avoir l’intention de”, voir n° 92.

e/ ***Para a semana*** (la semaine prochaine), ***para o ano*** (l’année prochaine) etc.

***Para o mês** que vem vamos a Genebra.*
Le mois prochain nous allons à Genève.

f/ ***Ir para*** : “aller à”. *Para*, à la différence de *a (ir a)*, indique que le temps que l’on va passer dans un lieu est perçu comme devant être assez long. Cette différence se retrouve avec d’autres verbes de mouvement tels que *descer, subir, voltar...*

*A Teresa **foi para Bruxelas** fazer um estágio.*
Teresa est allée à Bruxelles faire un stage.
*O elevador **desceu para o rés-do chão.***
L’ascenseur est descendu au rez-de-chaussée.

Si on dit *desceu ao rés-do-chão* cela signifie qu’il va remonter immédiatement.

**Exercice**

*Traduire :*
1. Para o ano, voltarão definitivamente dos Estados Unidos. 2. – Para onde vai o Pedro? – Vou para o estrangeiro para conhecer outros métodos de trabalho. 3. Para um mês de Maio, está muito frio. 4. Ele pensa que tudo é pouco para os filhos. 5. Levo as toalhas para a casa de banho.

## 8 **Participe passé** *(emplois)*

1 Employé **avec l’auxiliaire *ter*** (ainsi qu’avec ***haver***, voir n° 166) il sert à **former les temps composés** et il est **invariable**.

*As cassettes que lhes **tínhamos dado** desapareceram.*
Les cassettes que nous leur avions données ont disparu.

2 Employé **avec l’auxiliaire *ser*** il forme **le passif.** Avec ***estar***, ***ficar*** (ou, moins fréquemment, avec ***andar***, ***ir***, ***vir***) il indique le résultat d’une action. Dans tous ces cas **il s’accorde avec le sujet**.

*As flores **foram apanhadas** por eles.*
Les fleurs ont été cueillies par eux.

*Os livros* ***estão / ficam lidos*** *antes do fim da semana.*
Les livres seront lus avant la fin de la semaine (= on aura fini de les lire).

3 Il est assez souvent employé pour former, **avec un sujet propre qui doit toujours être placé après lui**, une **proposition participe** marquant une relation temporelle d'antériorité ou de simultanéité avec la proposition principale.

***Feitas as contas,*** *não gastámos muito estas férias.*
Les comptes [étant] faits, nous n'avons pas dépensé beaucoup pendant ces vacances.
***Dito isto****, passemos a outro assunto.*
Ceci étant dit, passons à un autre sujet.
***Aberta a porta****, vimo-lo subitamente.*
Une fois la porte ouverte, subitement on l'a vu.

4 **Participes passés à sens actif.**

Certains participes passés peuvent prendre aussi un sens actif lorsqu'ils sont employés comme adjectifs ou avec l'auxiliaire *ser.*

*É um* ***homem muito lido e muito viajado****.*
C'est un homme qui a beaucoup lu et beaucoup voyagé.

Quelques exemples : *aborrecido* (ennuyeux), *calado* (silencieux), *divertido* (amusant).

5 Il est fréquent (plus qu'en français) qu'un participe passé devienne un adjectif qui, à son tour, **devient un nom**.

*Desempregar* (renvoyer, licencier) —› *desempregado* —› *um desempregado* (un chômeur)
*Achado* (trouvé) —› *um achado* (une trouvaille)

**Exercice**

*Traduire :*
1. Les trains qui étaient arrivés avant avaient une heure de retard. 2. C'est une personne très ennuyeuse. 3. Une fois le problème résolu, elles furent soulagées(ficar aliviado). 4. Ils ont été emmenés en ambulance au service des urgences(o banco) de l'hôpital le plus proche.

## 119 **Participes passés** *(réguliers et irréguliers)*

1 Le **participe passé régulier** se forme sur le **radical du verbe** suivi de la **voyelle thématique** (*a* pour les verbes en *-ar*, *i*, par transfor-

mation du *e*, pour les verbes en *-er*, et *i* pour les verbes en *-ir*). On y ajoute la **terminaison *-do[s], -da[s]***. On trouve donc :

| infinitif | masculin | féminin |
| --- | --- | --- |
| *fal**ar*** | *fal**ado**[s]* | *fal**ada**[s]* |
| *receb**er*** | *receb**ido**[s]* | *receb**ida**[s]* |
| *ouv**ir*** | *ouv**ido**[s]* | *ouv**ida**[s]* |

▲ Les verbes en -ar ont toujours des participes passés réguliers.

2 Un certain nombre de verbes, parmi les plus courants, **ne possèdent qu'un participe passé irrégulier. Les dérivés de ces verbes ont la même irrégularité** (nous ne donnons ici comme exemple qu'un seul dérivé par verbe).

| | | | |
| --- | --- | --- | --- |
| *dizer* (dire) | —> ***dito*** | *contradizer* (contredire) | —> ***contradito*** |
| *escrever* (écrire) | —> ***escrito*** | *descrever* (décrire) | —> ***descrito*** |
| *fazer* (faire) | —> ***feito*** | *desfazer* (défaire) | —> ***desfeito*** |
| *ver* (voir) | —> ***visto*** | *prever* (prévoir) | —> ***previsto*** |
| *pôr* (mettre) | —> ***posto*** | *compor* (composer) | —> ***composto*** |
| *abrir* (ouvrir) | —> ***aberto*** | *entreabrir* (entrouvrir) | —> ***entreaberto*** |
| *vir* (venir) | —> ***vindo*** | *convir* (convenir) | —> ***convindo*** |

(le verbe *vir* et ses dérivés ont la même forme au participe passé et au gérondif)

3 Un certain nombre de verbes (plus de quarante, sans compter les verbes dérivés) **ont deux participes passés : l'un régulier et l'autre irrégulier.**

En règle générale, **le participe passé régulier accompagne l'auxiliaire *ter* et le participe passé irrégulier accompagne les auxiliaires *ser, estar, ficar*** (ou ***andar, ir, vir***). Cette règle peut toujours être appliquée.

Cependant, **avec certains verbes, il existe une tendance à utiliser plutôt un participe que l'autre, quel que soit l'auxiliaire**. Dans l'ensemble, il y a plus de participes passés irréguliers qui peuvent s'employer avec l'auxiliaire *ter* que de participes réguliers pouvant s'employer avec *ser, estar* ou *ficar*.

Les listes suivantes ne présentent que les verbes les plus fréquents.

a/ Verbes suivant la règle générale.

***ter* + participe régulier**
***ser, estar, ficar* + participe irrégulier**

| | *Participe régulier* | *Participe irrégulier* |
| --- | --- | --- |
| *expressar* (exprimer) | *expressado* | *expresso* |
| *fartar* (rassasier) | *fartado* | *farto* |
| *limpar* (nettoyer) | *limpado* | *limpo* |
| *sujeitar* (assujettir) | *sujeitado* | *sujeito* |

| | Participe régulier | Participe irrégulier |
|---|---|---|
| *sujar* (salir) | *sujado* | *sujo* |
| *vagar* (être vacant) | *vagado* | *vago* |
| *acender* (allumer) | *acendido* | *aceso* |
| *prender* (arrêter, emprisonner) | *prendido* | *preso* |
| *emergir* (émerger) | *emergido* | *emerso* |
| *imergir* (immerger) | *imergido* | *imerso* |
| *exprimir* (exprimer) | *exprimido* | *expresso* (*cf. expressar)* |

b/ Verbes dont **le participe passé irrégulier a tendance à être utilisé aussi avec l'auxiliaire *ter* (obligatoire avec les autres auxiliaires).**

• Cette tendance est forte avec les verbes suivants (le participe irrégulier est donc plus employé que le régulier) :

| | | |
|---|---|---|
| *entregar* (livrer, remettre) | *entregado* | *entregue* |
| *ganhar* (gagner) | *ganhado* | *ganho* |
| *gastar* (dépenser, user) | *gastado* | *gasto* |
| *pagar* (payer) | *pagado* | *pago* |

• Cette tendance existe, mais elle est moins forte avec les verbes suivants :

| | | |
|---|---|---|
| *aceitar* (accepter) | *aceitado* | *aceite (aceito :* peu employé*)* |
| *fritar* (frire) | *fritado* | *frito* |
| *matar* (tuer) | *matado* | *morto* |
| *salvar* (sauver) | *salvado* | *salvo* |
| *soltar* (lâcher, délivrer) | *soltado* | *solto* |
| *eleger* (élire) | *elegido* | *eleito* |
| *imprimir* (imprimer) | *imprimido* | *impresso* |
| *cobrir* (couvrir) | *cobrido* | *coberto* |

c/ Verbes dont **le participe passé régulier a tendance à être employé aussi avec les auxiliaires *ser, estar, ficar* (obligatoire avec *ter*).**

• Cette tendance est forte avec les verbes suivants (le participe régulier est donc plus employé que l'irrégulier) :

| | | |
|---|---|---|
| *incluir* (inclure) | *incluído* | *incluso* |
| *inserir* (insérer) | *inserido* | *inserto* |
| *omitir* (omettre) | *omitido* | *omisso* |
| *romper* (rompre, casser) | *rompido* | *roto* |

▲ *incluso* et *inserto* sont très peu employés, *omisso* l'est assez peu. Par contre *roto* est plus employé avec *ficar* quand il s'agit d'objets (*as calças ficaram rotas ; o contrato ficou rompido*).

• Cette tendance existe, mais elle est moins forte avec les verbes suivants :

| | | |
|---|---|---|
| *assentar* (asseoir, stipuler) | *assentado* | *assente* |
| *encarregar* (charger) | *encarregado* | *encarregue* |

| | | |
|---|---|---|
| *enxugar* (sécher) | *enxugado* | *enxuto* |
| *expulsar* (expulser) | *expulsado* | *expulso* |
| *isentar* (exempter) | *isentado* | *isento* |
| *juntar* (joindre) | *juntado* | *junto* |
| *libertar* (libérer) | *libertado* | *liberto* |
| *secar* (sécher) | *secado* | *seco* |
| *envolver* (envelopper) | *envolvido* | *envolto* |
| *suspender* (suspendre) | *suspendido* | *suspenso* |
| *extinguir* (éteindre) | *extinguido* | *extinto* |
| *submergir* (submerger) | *submergido* | *submerso* |

▲ Pour insister sur le résultat d'une action (notamment avec l'auxiliaire *ficar*) on emploie plutôt le participe passé irrégulier.

▲ C'est aussi le participe passé irrégulier qui est employé comme adjectif. Ex : *uma pessoa liberta de preconceitos* (une personne libre de préjugés) ; *os jardins suspensos da Babilónia* (les jardins suspendus de Babylone) ; *um copo cheio* (un verre plein).

**Exercice**

*Compléter avec le verbe mis entre parenthèses. Lorsque le verbe a deux participes passés, mettez le plus employé d'abord, et l'autre ensuite, entre parenthèses :*
1. As notícias foram(ouvir)........................ no noticiário das nove horas. 2. Já tinham(suspender)..........................a reunião quando chegámos. 3. A reunião tinha sido(suspender)............................ às dez horas. 4. Foram(matar).......................... muitos peixes pela poluição das águas. 5.Muito foi(dizer)........................, mas pouco está(fazer).................... 6.As despesas são(pagar)......................... dia sim dia não (tous les deux jours). 7. Já tinha(limpar).......................... a louça. Ficou bem(limpar).................... 8. O incêndio ficou(extinguir).......................... 9. Os bombeiros tinham-no(extinguir) ......... .................antes de se alastrar. 10. Andam(envolver)....................... em grandes problemas. 11. Após a revolução, todos os presos foram(libertar)................... 12. Têm(ver)........................ muitos filmes, mas têm(escrever).....................pouco.

## 20 Passif

### FORME

Il se forme avec le verbe ***ser* suivi du participe passé qui s'accorde avec le sujet.**

**L'agent du passif est introduit par la préposition *por*** (pour la contraction de *por* avec l'article, voir n° 132).

*A porta do apartamento **foi arrombada pelos ladrões**.*
La porte de l'appartement a été enfoncée par les cambrioleurs.

EMPLOIS : le passif en portugais et en français.

1 **Action subie par le sujet grammatical : même emploi en général**. Mais là où le français utilise une construction infinitive au passif, le portugais, possédant un infinitif personnel, a tendance à employer une forme active.

*Todas as jóias **foram roubadas**.*
Tous les bijoux ont été volés.

*Depois de os polícias o terem mandado parar, conduziu mais devagar.*
Après avoir été arrêté par les gendarmes, il a conduit moins vite.

2 **Résultat d'une action**. Le participe passé a alors un sens d'adjectif. **Dans ce cas le portugais n'emploie pas *ser*** (= la forme passive) **mais *estar* ou *ficar***. Et puisqu'on envisage le résultat de l'action et non l'action, il n'y a pas de complément d'agent. Bien distinguer ces deux cas (seul le premier est au passif en portugais).

*A loja **é aberta pelo** gerente às nove horas.*
Le magasin est ouvert par le gérant à neuf heures.

*A loja **está aberta** até as dezoito horas.*
Le magasin est ouvert jusqu'à dix-huit heures.

3 **Action faite par un agent indéterminé**. Le portugais emploie souvent une construction pronominale, avec une *partícula apassivante* (voir n° 142) là où le français choisit plutôt le passif (ou le "on" quand c'est possible).

***Anunciar-se-ão as decisões** tomadas / **as decisões tomadas serão anunciadas**, logo que a reunião termine.*
Les décisions prises seront annoncées dès que la réunion sera terminée.

***Distribuir-se-ão** víveres / **serão distribuídos** víveres às populações sinistradas.*
Des vivres seront distribués / on distribuera des vivres aux populations sinistrées.

**Exercice**

*1. Mettre au passif :*
1. O cabeleireiro cortou-me muito bem o cabelo. 2. Ela regou as plantas. 3. Transportaste toda a bagagem. 4. O ministro do trabalho pronunciou o discurso mais controverso dos últimos dias.

*2. Traduire :*
1. Le député a été élu par soixante pour cent des électeurs. 2. Des messages radio(radiofónicas) seront transmis pour avertir(avisar) la population. 3. Le village a été détruit par la crue(cheia) du fleuve. 4. Après le cyclone, les deux tiers des maisons sont détruites.

## 21 Pé *(a / em / de pé)*

1 ***A pé*** s'emploie pour exprimer le mouvement(= "**à pied**"). C'est aussi l'expression utilisée quand on veut opposer "être couché" à "**être debout**" ou "**être sur pied**" (avec éventuellement une idée d'activité).

*Não vim de carro, **vim a pé**.*
Je ne suis pas venu[e] en voiture, je suis venu[e] à pied.

*Hoje a Fernanda levantou-se cedo! **Está a pé** desde as sete da manhã!*
Aujourd'hui Fernanda s'est levée tôt ! Elle est debout depuis sept heures du matin !

*A professora esteve doente mas **estará a pé** amanhã.*
Le professeur a été malade mais elle sera sur pied demain.

2 ***Em pé*** et ***de pé*** (= "**debout**") sont très souvent interchangeables et indiquent une position verticale. Cependant *em pé* précise davantage le point d'appui. De même, pour les emplois au sens figuré, on peut choisir *em pé* pour suggérer le point d'appui (= "sur pied") et *de pé* pour exprimer une idée de verticalité (= "debout").

*Havia **muita gente de pé / em pé** no autocarro.*
Il y avait beaucoup de gens debout dans l'autobus.

*Eles não conseguiram **pôr** o projecto **em pé**.*
Ils n'ont pas réussi à mettre le projet sur pied.

*Ele lutou até o fim contra a ditadura e **morreu de pé**.*
Il a lutté jusqu'à la fin contre la dictature et il est mort debout.

### Pour aller plus loin

*[esperar]* ***a pé firme*** : [attendre ] de pied ferme
*[saltar]* ***a pés juntos*** : [sauter] à pieds joints
*[jurar]* ***a pés juntos*** : [jurer] avec force, jurer ses grands dieux
*[fugir]* ***a sete pés*** : [fuir] à toutes jambes
*[saltar]* ***a pé-coxinho*** : [sauter] à cloche-pied
*[estar]* ***em pé de guerra*** : [être] sur le pied de guerre

### *Pour aller plus loin*

*[não poder]* ***ter-se em pé*** : [ne pas pouvoir] se tenir debout
*[pôr-se]* ***nos bicos dos pés*** : [se mettre ] sur la pointe des pieds
*[mudar]* ***do pé para a mão*** : [changer] tout d'un coup, en un rien de temps
*[observar]* ***dos pés à cabeça*** : [observer] de la tête aux pieds
*[estar]* ***de pé atrás*** : se méfier, être sur ses gardes
*[estar]* ***com os pés para a cova*** (fam.) : avoir un pied dans la tombe
*[levantar-se]* ***com o pé direito*** (fam.) : [se lever] du bon pied
*[ir]* ***pé ante pé*** : [aller) pas à pas
***bater o pé*** (fam.) : tenir tête
***fazer finca-pé*** (fam.) : s'obstiner, ne pas en démordre
***meter os pés pelas mãos*** : tout mélanger, tout embrouiller
***não deixar pôr o pé em ramo verde*** (fam.) : avoir à l'oeil
***não ter pés nem cabeça*** (fam.) : n'avoir ni queue ni tête
***pôr os pés à parede*** (fam.) : tenir tête, s'opposer de pied ferme

### *Exercice*

**1.** *Compléter avec* a pé, em pé, de pé, *en donnant entre parenthèses une deuxième possibilité de réponse lorsqu'il y en a une :*
1. Nada disto existia quando chegámos : pusemos tudo ...... 2. Estiveste ...... até às três da manhã, não admira que agora tenhas sono! 3. No avião ninguém pode estar ...... na altura da aterragem. 4. Ela deu um belo passeio ......

**2.** *Compléter avec l'expression qui convient :*
1. Quando vi o lobo fugi ......... 2. Estamos decididos a esperar ......... a decisão do júri. 3. Não entendo o que dizes! Isso não tem......... 4. O Martins continua muito doente. Ainda não ............ 5. A Fátima é de decisões rápidas : resolveu ............ ir a Nova Iorque.

# 122 Pluriel des adjectifs

## 1 Adjectifs simples : ils forment leur pluriel de la même façon que les noms (voir n° 123).

Comme pour les substantifs, **certains adjectifs** qui ont pour voyelle tonique un *o* fermé **changent ce *o* fermé en *o* ouvert au pluriel** (comme au féminin : voir n° 79). C'est le cas de **tous les adjectifs terminés en -*oso*** comme *corajoso* (courageux), *monstruoso* (monstrueux), *ocioso* (oisif), mais aussi de certains autres adjectifs ou participes passés tels que *grosso* (gros), *morno* (tiède), *morto* (mort), *novo* (nouveau), *posto* (mis) et ses composés, *torto* (tordu).

Par contre **les adjectifs dont le *o* tonique est suivi d'une consonne nasale gardent le *o* fermé au pluriel**. Ex: *medonho* (épouvantable), *redondo* (rond).

Il en va de même de certains autres adjectifs comme *barroco* (baroque), *gordo* (gras), *fofo* (souple, moelleux), *roto* (cassé), *solto* (lâché, libre).

### 2 Adjectifs composés

a/ A part *surdo-mudo* qui fait *surdos-mudos*, les adjectifs composés comportent généralement un premier élément réduit et qui reste invariable.

*relações* ***franco-portuguesas*** (relations franco-portugaises)
*centros* ***médico-cirúrgicos*** (centres médico-chirurgicaux)

b/ Les adjectifs composés indiquant une couleur restent invariables.

*vestidos* ***preto-antracite*** (robes noir anthracite)
*olhos* ***castanho-claro*** (yeux marron clair)

*Exercice*

***1.*** *Mettre au pluriel les adjectifs suivants et souligner ceux dont le* ***o*** *tonique est ouvert au pluriel :*

| | | | | |
|---|---|---|---|---|
| tristonho | oleoso | enfadonho | disposto | jeitoso |
| risonho | manhoso | gordo | | |

***2.*** *Mettre au pluriel :*

| | | | | |
|---|---|---|---|---|
| amável | feliz | português | simples | geral |
| fácil | comum | espanhol | infiel | gentil |
| [blusa] rosa-velho | | | | |

## 3 *Pluriel des noms*

### 1 Aux noms terminés par une voyelle ou par une diphtongue orale ou nasale autre que *- ão* on ajoute *-s.*

*cadeira —>cadeira**s*** (chaises)
*pé —> pé**s*** (pieds)
*pai —> pai**s*** (pères, parents)
*disco —> disco**s*** (disques)
*lei —> lei**s*** (lois)
*mãe —> mãe**s*** (mères)

Pour les voyelles nasales, le ***-m*** qui est la représentation graphique de la nasalité au singulier **devient *-n-* devant le *-s* du pluriel**.

*bem —> be**ns*** (biens)
*som —> so**ns*** (sons)
*delfim —> delfi**ns*** (dauphins)

**La plupart des mots qui ont pour voyelle tonique un *o* fermé changent ce *o* fermé en *o* ouvert au pluriel.**
Quelques exemples courants: *corpo* (corps), *corvo* (corbeau), *destroço* (dégat, débris), *esforço* (effort), *estorvo* (obstacle, gêne), *fogo* (feu), *forno* (four), *imposto* (impôt), *jogo* (jeu), *miolo* (mie, cervelle), *molho* (sauce), *olho* (œil), *osso* (os), *ovo* (œuf), *poço* (puits), *porco* (porc), *porto* (port), *povo* (peuple), *reforço* (renfort), *sobrolho* (sourcil), *socorro* (secours), *tijolo* (tuile), *tojo* (ajonc), *tordo* (grive), *torno* (tour), *troco* (monnaie), *troço* (morceau).

Quelques mots courants ne suivent pas cette règle: *cachorro* (jeune chien ; hot-dog), *coco* (noix de coco), *consolo* (consolation), *moço* (jeune homme), *namoro* (flirt ; relation amoureuse), *piloto* (pilote), *polvo* (pieuvre), *rolo* (rouleau), *rosto* (visage), *sopro* (souffle), *topo* (sommet).

2 **Les noms terminés par la diphtongue *-ão*** changent celle-ci en ***-ões*** ou ***-ães*** ou ***-ãos*** (suivant les terminaisons latines : -ones, -anes, -anos, -anus).

- Puriel en *-**ões*** : le plus courant. C'est le pluriel des augmentatifs en *-ão* et de la plupart des néologismes en *-ão* créés à partir de mots étrangers ou portugais.

*leão—> leões* (lions) *facão—> facões* (coutelas)
*neutrão—> neutrões* (neutrons)

- Pluriel en *-**ães*** : nombre limité de mots.

*cão —> cães* (chiens) *pão —> pães* (pains)
alemão—> alemães (allemands)

- Pluriel en *-**ãos*** : nombre limité de mots (dont ceux qui sont accentués sur l'avant-dernière syllabe)

*mão—> mãos* (mains) *grão—> grãos* (grains)
*irmão —> irmãos* (frères) *cidadão —> cidadãos* (citoyens)
*órfão —> órfãos* (orphelins) *órgão —> órgãos* (organes, orgues)

3 **Aux noms terminés par les consonnes *-r, -z, -n* on ajoute *-es***

*mar —> mares* (mers) *raiz —> raízes* (racines)
*abdómen —> abdómenes*

Les substantifs *carácter* et *espécimen* changent de syllabe tonique au pluriel : *caracteres, especímenes.*

4 **Aux noms terminés par *-s* on ajoute *-es* sauf à ceux qui restent invariables** (monosyllabes et noms accentués sur l'avant-dernière syllabe).

*país —> países* (pays) *ananás —> ananases*
*inglês —> ingleses* (anglais) *o cais —> os cais* (quais)
*o lápis —> os lápis* (crayons)

**5 Les noms terminés par *-x* restent invariables.**

*o tórax —> os tórax* (thorax)
*o clímax —> os clímax* (points culminants)

**6 Les noms terminés par *-el* font leur pluriel en *-éis* s'ils sont accentués sur cette dernière syllabe et en *-eis* s'ils sont accentués sur une autre syllabe** ( sur laquelle ils portent un accent écrit).

*anel —> an**éis*** (bagues)
*móvel —> móv**eis*** (meubles)
*nível —> nív**eis*** (niveaux)

**7 Les noms terminés par *-al, -ol, -ul* font leur pluriel en *-ais, -óis, -ois, -uis.***

*sal —> s**ais*** (sels)
*álcool —> álco**ois*** (alcools)
*farol —> far**óis*** (phares)
*paul —> pa**uis*** (marécages)

Exceptions :

*mal —> mal**es*** (maux)
*cônsul —> cônsul**es*** (consuls)

**8 Les noms terminés par *-il* font leur pluriel en *-is* s'ils sont accentués sur cette dernière syllabe et en *-eis* s'ils sont accentués sur une autre syllabe** (sur laquelle ils portent un accent écrit).

*perfil —> perf**is*** (profils)
*réptil —> répt**eis*** (reptiles)

**9 Diminutifs formés avec les suffixes *-zinho* et *-zito* : le suffixe est ajouté au nom préalablement mis au pluriel mais dont le *s* disparaît devant le *z*.** Pour les autres diminutifs on ajoute un **s** au singulier du diminutif (ex : *boca —> boquinha —> boquinha**s***).

▶ Pour la formation des diminutifs, voir n° 58.

| | | | | | |
|---|---|---|---|---|---|
| *pai* | *—> pais* | *—>* ***paizinhos*** | *leão* | *—> leões* | *—>* ***leõezinhos*** |
| *cão* | *—> cães* | *—>* ***cãezinhos*** | *mão* | *—> mãos* | *—>* ***mãozinhas*** |
| *mar* | *—> mares* | *—>* ***marezinhos*** | *cais* | *—> cais* | *—>* ***caizinhos*** |
| *país* | *—> países* | *—>* ***paisezinhos*** | *tórax* | *—> tórax* | *—>* ***toraxzinhos*** |
| *anel* | *—> anéis* | *—>* ***aneizinhos*** | *móvel* | *—> móveis* | *—>* ***moveizinhos*** |
| *perfil* | *—> perfis* | *—>* ***perfizinhos*** | *réptil* | *—> répteis* | *—>* ***repteizinhos*** |

▲ Les substantifs créés à partir de mots d'autres catégories grammaticales peuvent être mis au pluriel alors qu'en français ils sont invariables, à part les infinitifs.
Ex : *os dizeres* (les dires), *os contras* (les contre), *os nãos* (les non), *os sins* (les oui), *os cincos* (les cinq), *os quês* (les quoi), *os ais* (les aïe).
Les prénoms et les noms de famille se mettent aussi au pluriel. Ex : os Jo**ões** (les Jean), as Maria**s** (les Marie), os Silva**s** (les Silva).

**Exercice**

*Mettre au pluriel :*

| | | | | |
|---|---|---|---|---|
| legitimação | espécie | irmã | louvor | animal |
| rapaz | oásis | automóvel | lençol | catalão |
| fóssil | irmão | papel | barril | atum |

## 124 *Pluriel des noms composés*

Certains noms, qui à l'origine étaient composés, s'écrivent actuellement en un seul mot : ils forment leur pluriel comme les noms simples. Ex: *pontapé**s*** (coups de pied), *anticorpo**s*** (anticorps), *malmequere**s*** (marguerites, pâquerettes).

Les noms composés s'écrivant en plusieurs mots, avec un ou plusieurs traits d'union, forment leur pluriel de façon différente en fonction de la catégorie grammaticale des termes et du rapport syntaxique existant entre eux.

### 1 Les deux mots se mettent au pluriel.

**• Substantif + substantif épithète du précédent.**

*couve-flor* (chou-fleur) —> *couve**s**-flore**s***
*surdo-mudo* (sourd-muet) —> *surdo**s**-mudo**s***

**• Substantif + adjectif** ou **adjectif + substantif.**

*obra-prima* (chef-d'oeuvre) —> *obra**s**-prima**s***
*segunda-feira* (lundi) —> *segunda**s**-feira**s***

### 2 Un seul des mots se met au pluriel.

**• Substantif + substantif complément du précédent** : le second reste au singulier.

*navio-escola* (navire-école) —> *navio**s**-escola*
*pombo-correio* (pigeon voyageur) —> *pombo**s**-correio*
*salário-hora* (salaire horaire) —> *salário**s**-hora*

**• Substantif + préposition + substantif :** le second reste au singulier.

*pão-de-ló* (un gâteau typique) —> ***pães**-de-ló*
*chapéu-de-sol* (parasol) —> *chapéu**s**-de-sol*

**• Verbe ou mot invariable + substantif ou adjectif :** le premier reste invariable.

*ganha-pão* (gagne-pain) —> *ganha-**pães***

*abaixo-assinado* (pétition) —> *abaixo-assinado**s***
*vice-presidente* (vice-président) —> *vice-presidente**s***
*são-bernardo* ([chien] saint-bernard) —> *são-bernardo**s***

**3 Les deux mots restent invariables : verbe + mot invariable.**

*bota-fora* (fam: départ) —> *bota-fora*

**Exercice**

*Mettre au pluriel :*

| | | |
|---|---|---|
| quinta-feira | hora-mês | amor-perfeito |
| água-de-colónia | chapéu-de-chuva | vice-cônsul |

## 25 *Plus-que-parfait de l'indicatif*

Il en existe deux en portugais : le *mais-que-perfeito composto*, le plus employé, et le *mais-que-perfeito simples.*

FORMES

**1 Plus-que-parfait composé.**

Auxiliaire ***ter* à l'imparfait de l'indicatif + participe passé** (invariable) du verbe.

En français certains verbes forment leur plus-que-parfait avec l'auxiliaire "être", jamais en portugais. Ex: *eu **tinha vindo*** (j'étais venu[e]), *tu **tinhas vindo**, ele **tinha vindo**, nós **tínhamos vindo**, vós **tínheis vindo**, eles **tinham vindo.***

▲ A la place de l'auxiliaire *ter* on peut trouver l'auxiliaire ***haver*** mais cet emploi, qui est assez courant au Brésil dans la langue écrite, est plutôt rare au Portugal et se limite à un registre écrit soigné (ex: *eu havia concebido* : j'avais conçu).

**2 Plus-que-parfait simple**

Pour les verbes réguliers il se forme à partir du radical ; pour les verbes qui changent de radical il se forme à partir du radical du *pretérito perfeito simples.*
La **terminaison** est toujours: ***-ra, -ras, -ra, -ramos, -reis, -ram***

a/ Verbes réguliers : **radical + voyelle thématique + terminaison** (voyelle thématique: ***a*** pour les verbes en ***-ar*** — premier groupe—, ***e*** pour les verbes en **-er** —deuxième groupe—, ***i*** pour les verbes en ***-ir*** —troisième groupe)

| | | |
|---|---|---|
| *plantar* (planter) | *eleger* (élire) | *cobrir* (couvrir) |
| ***plantara*** | ***elegera*** | ***cobrira*** |
| ***plantaras*** | ***elegeras*** | ***cobriras*** |
| ***plantara*** | ***elegera*** | ***cobrira*** |
| ***plantáramos*** | ***elegêramos*** | ***cobríramos*** |
| ***plantáreis*** | ***elegêreis*** | ***cobríreis*** |
| ***plantaram*** | ***elegeram*** | ***cobriram*** |

▲ C'est toujours la **voyelle thématique qui porte l'accent tonique**. Aux deux premières personnes du pluriel, suivant les règles d'accentuation (voir n° 5), il faut mettre un accent écrit. Il est aigu sur le *a* et le *i* (voyelles ouvertes) et circonflexe sur le *e* (voyelle fermée).

▲ A la deuxième personne du pluriel *-ra* suivi de la terminaison personnelle *-is* devient *-re* (—> ***-reis***).

b/ Verbes changeant de radical: **radical du *pretérito perfeito simples* + terminaison.**

| | | |
|---|---|---|
| *trazer* (apporter) | *vir* (venir) | *ver* (voir) |
| ***trouxera*** | ***viera*** | ***vira*** |
| ***trouxeras*** | ***vieras*** | ***viras*** |
| ***trouxera*** | ***viera*** | ***vira*** |
| ***trouxéramos*** | ***viéramos*** | ***víramos*** |
| ***trouxéreis*** | ***viéreis*** | ***víreis*** |
| ***trouxeram*** | ***vieram*** | ***viram*** |

Quelques autres verbes irréguliers courants :

| | | |
|---|---|---|
| *ir, ser —>* ***fora*** | *estar—>* ***estivera*** | *pôr—>* ***pusera*** |
| *dar—>* ***dera*** | *ter—>* ***tivera*** | *poder—>* ***pudera*** |
| *fazer—>* ***fizera*** | | |

▲ Comme pour les verbes réguliers, c'est toujours la voyelle qui précède la terminaison qui est tonique. Elle est en général ouverte (sauf dans *fôramos, fôreis* par ex.) et doit porter un accent aigu aux deux premières personnes du pluriel.

▲ Pour trouver facilement le plus-que-parfait simple, on peut partir de la troisième personne du pluriel du *pretérito perfeito simples* et lui enlever le *-m* final : *plantaram —> plantara* ; *trouxeram —> trouxera.*

## EMPLOIS

1 Le plus-que-parfait, en portugais comme en français, situe un événement dans un temps passé antérieur à un autre temps passé.

*Quando entrei no banco, já ele* ***tinha cambiado*** *cem dólares.*
Quand je suis entré[e] dans la banque, il avait déjà changé cent dollars.

2 **Dans la langue courante**, qu'elle soit orale ou écrite, **on emploie le plus-que-parfait composé**, la forme simple étant réservée au registre soigné, et tout particulièrement aux textes littéraires où le

choix de l'une ou l'autre forme peut donner un ton différent tandis que l'alternance crée des effets rythmiques et stylistiques.

3 Il reste quelques constructions figées formées avec le plus-que-parfait simple qui sont employées très fréquemment :

• ***Pudera!*** : invariable, correspond dans beaucoup de contextes à "ce n'est pas étonnant", "pardi".

*– Sabes, o carro da Fátima teve um furo. –* ***Pudera!*** *Ela não muda os pneus há que tempos!*
– Tu sais, la voiture de Fátima a crevé. – Ce n'est pas étonnant! Ça fait une éternité qu'elle n'a pas changé ses pneus!

• ***Quem me dera... + infinitif*** : correspond dans beaucoup de contextes à "j'aimerais bien", "si je pouvais". Le pronom complément change suivant la personne et il peut être renforcé par un autre pronom personnel précédé de la préposition *a*. Ex. : *A ti, quem te dera...!*

*– Este verão vão ao Brasil. – [A mim]* ***quem me dera ir*** *com eles!*
– Cet été ils vont au Brésil. – Ah, si je pouvais aller avec eux!

• ***Tomara... :*** se conjugue à toutes les personnes et est suivi du sujet. Ex: *Tomaras tu..., tomáramos nós....* Il a un sens assez proche de celui de l'expression *Quem me dera.*

***Tomara eu*** *agora estar de férias !*
Qu'est-ce que j'aimerais être maintenant en vacances!

4 Le plus-que-parfait composé remplace souvent, dans la langue courante, le conditionnel passé.

*Se tivesses lido o Amor de Perdição,* ***tinhas/terias apreciado*** *melhor o filme.*
Si tu avais lu *Amor de Perdição*, tu aurais mieux apprécié le film.

## Exercice

***1.*** *Mettre les verbes entre parenthèses au plus-que-parfait composé, aux personnes indiquées. Puis les traduire :*
Tu (desvalorizar)............ ; nós (responder)................ ; eu (puxar)...... ................. ; você (pôr)..................... ; eles (ver-se).................... ; o senhor (trazer) ............. ; vocês (recordar-se)........... ; nós (estar) ...................... ; tu (fazer)...................

***2.*** *Mettre les verbes entre parenthèses au plus-que-parfait simple. Puis les traduire :*
Ele (ser eleito)............... ; elas (dar) ..................... ; nós (dizer) .............. ; o presidente (nomear)............... ; os escritores (obter) .................

**Exercice (suite)**

***3.*** *Choisir parmi les expresions* tomara eu, quem me dera, pudera *celle qui convient en la mettant si nécesssaire à la personne indiquée. Puis traduire toute la phrase :*
1. A eles,.................. ir fazer campismo! 2.............., com o sol que está não é para admirar que estejam com calor! 3. Nós!................ sair daqui e já! 4. A ti,................ teres a sorte que ele tem!

---

## 126 **Plutôt** *(traduction)*

“Plutôt” n’a pas d’équivalent direct en portugais.

**1** Lorsqu’il souligne une opposition et indique une préférence nette, il peut se traduire par ***antes.***

***Antes o frio*** *[do] que a chuva!*
Plutôt le froid que la pluie!
*Não o critiques.* ***Ajuda-o antes****!*
Ne le critique pas. Aide-le plutôt!

**2** “Plutôt que de” + infinitif peut se traduire par ***em vez de*** **+ infinitif.** Pour souligner l’opposition, on peut ajouter *antes* après le verbe principal.

***Em vez de ir*** *a pé tomo [****antes****] o autocarro.*
Plutôt que d’aller à pied je prends l’autobus.

**3** “Préférer.... plutôt que...” peut se traduire par ***preferir...a...*** ou par ***antes querer... [do] que...***

***Prefere comer*** *a pera madura de mais* ***a deitá-la fora****.*
Il / elle préfère manger la poire blette plutôt que de la jeter.
***Antes quero ir*** *para o campo aos fins de semana* ***do que ficar*** *na cidade.*
J’aime mieux aller à la campagne le week-end plutôt que de rester en ville.

**4** “Plutôt” peut se traduire par ***mais...[do] que*** ou par ***mais*** lorsque dans une comparaison il donne l’avantage à l’un des éléments.

*Sugere* ***mais do que afirma.***
Il/elle suggère plutôt qu’il/elle n’affirme.
*Não é tanto o Luís que deves acusar* ***mas mais*** *o Nuno.*
Ce n’est pas tellement Luís que tu dois accuser mais plutôt Nuno.

5 L'expression "ou plutôt" apportant une précision ou une correction par rapport à ce qui a été dit, peut se traduire par ***ou antes, ou melhor.***

*As crianças preferem andar* ***ou antes / ou melhor*** *correr.*
Les enfants préfèrent marcher, ou plutôt, courir.

*Os dados foram apresentados,* ***ou antes / ou melhor*** *analisados pelo computador.*
Les données ont été présentées, ou plutôt, analisées par l'ordinateur.

6 Lorsqu'il n'y a qu'un élément et donc pas de comparaison exprimée, il faut chercher une expression dont le sens soit le plus proche possible de celui de "plutôt" en fonction du contexte et de l'intonation (par ex : *em especial, antes de mais, de preferência, particularmente, em particular).*

*O João Luís vai de preferência a restaurantes com vista para o mar.*
João Luís va plutôt dans des restaurants avec vue sur la mer.

*É feiote!*
Il / elle est plutôt moche !

*Não é [nada] mau!*
C'est plutôt bon (m.à m.: ce n'est pas mauvais) !

**Exercice**

*Traduire :*
1. Ce ne sont pas tellement les présentateurs (locutores), mais plutôt les émissions qui ne me plaisent pas (agradar) à la télévision. 2. En été, plutôt la plage que la montagne! 3. La sécheresse a détruit plutôt les légumes verts (a hortaliça) et les fruits. 4. Ce sont les enfants plutôt que les adultes qui vont à la piscine.

## 7 *Por* (traduction)

***Por*** **indique un parcours, une situation entre deux points, une durée, un échange, un moyen, une cause, l'objet d'un sentiment.** *Por* correspond à certains sens de "par" et de "pour". Il a aussi quelques sens que n'ont pas ces deux prépositions.
Alors que la frontière entre *por* et *para* est très claire en portugais, elle l'est beaucoup moins entre "par" et "pour". On peut schématiser leurs emplois de la façon suivante :

| | | |
|---|---|---|
| *por* | *por* | *para* |
| <——————— | <———————> | ———————> |
| par / pour (plus rare) | par / pour | pour |

**1** ***Por* se traduit par "par"** (voir n° 116)

**2** ***Por* se traduit par "pour"** quand il indique:

a/ L'objet d'un sentiment (amour, désir, intérêt, mépris, respect ...).

*Tenho* ***respeito por este candidato.***
J'ai du respect pour ce candidat.

b/ L'objet en faveur duquel se fait une action, la destination de cette action.

***Sou por ele*** *e* ***votarei por ele.***
*Je suis pour lui et je voterai pour lui.*
*Devemos lutar* ***por uma vida melhor.***
Nous devons lutter pour une vie meilleure.

▲ Dans certains cas le portugais peut aussi employer *para* de façon à mettre en valeur le but de l'action (voir n° 117) lorsque ce but est une personne. Lorsque ce but est une chose ou une notion il faut employer *para* + infinitif ou *por* (qui suggère davantage la cause et la manière que le but).

*Vão bater-se* ***para obter o cargo / pelo cargo*** *de director.*
Ils / elles vont se battre pour [obtenir] le poste de directeur.
*Há quem trabalhe só* ***para ganhar dinheiro / pelo dinheiro***
Il y en a qui ne travaillent que pour [gagner de] l'argent.

c/ Une idée d'échange, d'équivalence, de remplacement ou de prix.

***Olho por olho, dente por dente***
Oeil pour oeil, dent pour dent.
*Comprei este velho apartamento* ***por tuta-e-meia.***
J'ai acheté ce vieil appartement pour une bouchée de pain.
*Fala* ***por ti*** *e não* ***pelos outros****!*
Parle pour toi, pas pour les autres !

d/ Une idée de durée.

*Fiz a assinatura desta revista* ***por seis meses***
J'ai pris un abonnement à cette revue pour six mois.

e/ Une idée de cause.

*Zanguei-me* ***por nada, por algumas palavras*** *mal interpretadas.*
Je me suis mis[e] en colère pour rien, pour quelques paroles mal interprétées.
***Por ter sido / por ser guloso*** *demais, apanhou uma crise de fígado.*
Pour avoir été trop gourmand, il a attrapé une crise de foie.

▲ "Pour" avec un sens causal est suivi de l'infinitif passé alors que *por* peut être suivi de l'infinitif présent.

▲ "Pour" peut indiquer le but ou la cause. En portugais il faut choisir entre *para* (but) et *por* (cause) : "C'est pour ça que je viens" peut se traduire par *Para isso é que venho* ou par *Por isso é que venho.*

f/ Un rapport.

*A inflação foi de quatro* ***por cento*** *este ano.*
L'inflation a été de quatre pour cent cette année.

**3** ***Por*** **ne se traduit ni par "pour", ni par "par"**. Quelques exemples :

a/ *Por* indique une notion approximative.

*Estará* ***por Londres.***
Il / elle doit être du côté de Londres.

*Chegará* ***pelas dez horas.***
Il / elle arrivera vers les dix heures.

b/ *Por* indique une durée.

***Pela manhã.***
Dans la matinée, pendant la matinée.

***Por uma semana.***
Pendant une semaine.

c/ *Por* indique un mouvement le long de.

*O azeite escorre* ***pelas paredes*** *da garrafa.*
L'huile glisse le long de la paroi de la bouteille.

d/ ***Estar por, ficar por*** **+ infinitif :** ces expressions indiquent qu'un événement qui doit ou aurait dû être réalisé ne l'est pas encore (voir n° 92).

e/ *Por* entre dans la formation de nombreuses locutions adverbiales comme ***por fora*** (dehors, au dehors), ***por entre*** (parmi), ***por meio de*** (au moyen de), ***por causa de*** (à cause de).

**Exercice**

*Traduire :*
1. Somos por ti, sem condições. 2. Vem pela auto-estrada, se quiseres evitar os semáforos. 3. A lista foi feita por ordem alfabética por Maria. 4. Foi por pura amizade que elas nos ajudaram. 5. Paguei duzentos euros por cada um. 6. Conto chegar pelas nove horas e meia.

## 3 Porque, porquê, por que

### 1 Porque

a/ **Adverbe interrogatif** (= "pourquoi").

***Porque*** *partiram ?*
Pourquoi sont-ils / elles parti[e]s ?

*Digam-nos* ***porque*** *é que vocês estão descontentes.*
Dites-nous pourquoi vous êtes mécontents.

▲ Bien que moins fréquemment, on peut trouver *porque* écrit en deux mots : *por que* (orthographe adoptée au Brésil).

▲ Comme les autres adverbes interrogatifs, *porque* peut être souligné par *é que* (voir n° 70) : ***Porque é que** partiram?*

b/ **Conjonction introduisant une proposition causale** (= "parce que").

*Não pude levantar dinheiro **porque** me esqueci do meu cartão [de crédito].*
Je n'ai pas pu tirer d'argent parce que j'ai oublié ma carte [de crédit].

## 2 *Porquê*

a/ **Adverbe interrogatif isolé ou situé en fin de phrase.**

*Vocês nunca quiseram pedir desculpas. **Porquê**?*
Vous n'avez jamais voulu présenter d'excuses. Pourquoi ?

*Ficou zangado de repente sem que se saiba **porquê.***
Il s'est fâché tout d'un coup sans qu'on sache pourquoi.

▲ Bien que moins fréquemment, on peut trouver *porquê* écrit en deux mots: *por quê.*

b/ **Substantif** (= "le pourquoi").

*Ninguém conhece **o porquê** da situação.*
Personne ne connaît le pourquoi de la situation.

## 3 *Por que*

a/ **préposition *por* + *que* adjectif interrogatif suivi d'un substantif** (= "pour quel[s]", "pour quelle[s]").

– ***Por que razão** é que o senhor pede uma prorrogação?*
– Pour quelle raison demandez-vous une prorogation ?

*Se tem uma preferência, minha senhora, diga-nos **por que marca**.*
Si vous avez une préférence, Madame, dites-nous pour quelle marque.

b/ **préposition *por*** (dépendant d'un adjectif ou d'un adverbe) **+ pronom relatif *que*.**

*É o momento **por que** eu **esperava** (= pelo qual eu esperava).*
C'est le moment que j'attendais.

**Exercice**

*Traduire :*
1. Pourquoi a-t-elle allumé (ligar) la télé? 2. Ils ont débranché leur téléphone. Pourquoi ? 3. Voilà le chantier (obras) dont il est responsable (ser responsável por). 4. Je n'ai pas ouvert la fenêtre parce que tu n'as pas voulu que je l'ouvre. 5. – Pourquoi trois postes (postos de trabalho) ont-ils été supprimés ? – Parce que le budget (orçamento) diminue de plus en plus. 6. Pour quel candidat vas-tu voter ?

## 29 Possessifs (adjectifs et pronoms)

### FORMES

**Les adjectifs et les pronoms possessifs ont les mêmes formes:**

| Masc. sing | Masc. plur. | Fém. sing. | Fém. plur. |
|---|---|---|---|
| ***meu*** | ***meus*** | ***minha*** | ***minhas*** |
| ***teu*** | ***teus*** | ***tua*** | ***tuas*** |
| ***seu*** | ***seus*** | ***sua*** | ***suas*** |
| ***nosso*** | ***nossos*** | ***nossa*** | ***nossas*** |
| ***vosso*** | ***vossos*** | ***vossa*** | ***vossas*** |
| ***seu*** | ***seus*** | ***sua*** | ***suas*** |

### EMPLOIS

1 **A la troisième personne du singulier et du pluriel,** le possessif a les mêmes formes. D'autre part il est aussi utilisé dans certains cas de vouvoiement (voir n° 173 ). Pour éviter les ambiguïtés, on réserve, en général, ***seu[s], sua[s]*** pour ces cas de vouvoiement et on emploie de préference ***o[s]/a[s] dele[s], o[s]/a[s] dela[s]*** pour traduire "son", "sa", "ses", "leur[s]".

*Rute, **a sua mãe** já comprou os óculos?*
Rute, est-ce que votre mère a déjà acheté ses lunettes ?

***As quintas deles** estão longe **da dele.***
Leurs fermes sont loin de la sienne.

2 **Généralement** l'adjectif possessif est **précédé de l'article défini.** Pour les cas d'omission facultative ou obligatoire de l'article, voir n° 18. Il peut être aussi **précédé d'un démonstratif ou d'un article indéfini.** Il se place alors soit avant, soit après le substantif.

***Este meu primo** muito guloso é!*
Mon cousin (qui est ici / dont je vous parle) qu'est-ce qu'il est gourmand!

***Uma sobrinha minha** passou as férias connosco.*
Une de mes nièces a passé les vacances avec nous.

3 **Les adjectifs possessifs sont moins employés qu'en français.**

- Généralement on les omet quand il n'y a pas de doute possible sur le[s] possesseur[s], sauf si on veut le[s] mettre en relief.

*Posso emprestar-vos **o** [meu] **martelo**, se quiserem.*
Je peux vous prêter mon marteau, si vous voulez.

*Anda à procura **dos óculos** [dele] há um bom bocado.*
Il cherche ses lunettes depuis un bon moment.

- Plus souvent qu'en français, l'idée de possession est rendue par le pronom personnel.

*A mãe aperta-lhe os atacadores dos sapatos.*
Sa mère lui lace ses chaussures.

*O detective observava-nos os gestos.*
Le détective observait nos gestes.

**4** **L'adjectif possessif peut être attribut** ou employé dans certaines locutions où le français met le pronom personnel.

– *Essa bagagem **é tua** ou é dele ?*
– Ces bagages sont à toi ou à lui ?
– ***É minha.***
– Ils sont à moi.

***Na minha frente***
devant moi

***Ao teu lado***
à côté de toi

***Por sua causa***
à cause de vous (ou, plus rarement : à cause de lui / d'elle).

**5** Il peut exprimer un nombre approximatif.

*Tem **os seus cinquenta** anos.*
Il a environ cinquante ans.

**6** L'adjectif possessif se place autrement qu'en français dans les expressions du type :

***O** antipático **do teu** vizinho!*
Ton antipathique de voisin !

**Exercice**

*Traduire :*
1. Où sont tes dessins ? Et les siens ? 2. Henriqueta, votre boulanger fabrique un meilleur pain que le nôtre. 3. Nos cartes postales (postais) ? Voici les miennes et les leurs. 4. En hiver notre voiture ne démarre pas bien (pegar bem) le matin, mais les leurs démarrent sans aucun problème. 5. Rui et Suzana, vos parents vous appellent.

## 130 **Pour** (traduction)

"Pour" a tous les sens de *para* mais il a aussi une partie des sens de *por.*

**1** **"Pour" se traduit par *para*** : voir n° 117.

**2** **"Pour" se traduit par *por*** : voir n° 127.

**3** **"Pour" + adjectif + "que" + subjonctif** (avec un sens de concession ; voir n° 34) : dans ce cas "pour" se traduit par *por.*

***Por mais válidas que sejam** as razões deles, não posso aceitá-las.*
Pour valables que soient leurs raisons, je ne peux pas les accepter.

### Pour aller plus loin

Pour ma part : ***pela minha parte, quanto a mim***
Cent pour cent : ***cem por cento***
Pour ce qui est de : ***quanto a, relativamente a***
Pour de bon : ***de uma vez para sempre***
Etre pour : ***ser a favor [de]***
Le pour et le contre : ***os prós e os contras***
En tout et pour tout : ***ao todo*** (suivi de ***só***)

### Exercice

*Traduire :*
1. Pour intelligent qu'il soit je ne le supporte pas. 2. Jaime a de l'admiration pour elle. 3. Le train pour Porto part à dix heures cinq. 4. Pour ma part, je préfère habiter en ville.

# 31 **Prépositions** *(après verbes,adjectifs et noms)*

Ces prépositions ne s'utilisent pas toujours de la même façon en portugais et en français. Nous ne donnerons ici que quelques cas, parmi les plus courants, de ces différences d'emploi. Par souci de brièveté, nous avons mis “nom” là où il pourrait y avoir “nom” ou “pronom”.

## 1 Autre préposition en portugais

### *A*

| | |
|---|---|
| *aconselhar* ***a*** *+ infinitif* | : conseiller de + infinitif |
| *apressar-se* ***a*** + inf. | : se presser de + inf. |
| *convencer alguém* ***a*** + inf. | : convaincre quelqu'un de + inf. |
| *negar-se* ***a*** + inf. | : refuser de, se refuser à |
| *[ser] obrigado* ***a*** + inf. | : [être] obligé de + inf. |
| *operar* ***a*** + nom (ex.: *operar ao coração*) | : opérer de + nom (opérer du cœur) |
| *persuadir alguém* ***a*** + inf. | : persuader quelqu'un de + inf. |
| *pôr* ***a*** + nom (ex.: *pôr à venda*) | : mettre en + nom (mettre en vente) |
| *propor-se* ***a*** + inf. | : se proposer de + inf. |
| *reduzir* ***a*** + nom (ex.: *reduzir a pó)* | : réduire en + nom (réduire en poussière) |
| *ter direito* ***a*** + inf. | : avoir le droit de + inf. |
| *ter horror* ***a*** + nom ou inf. | : avoir horreur de + nom ou inf. |

### COM

| | |
|---|---|
| *admirar-se* ***com*** + nom | : s'étonner de + nom |
| *alegrar-se* ***com*** + nom | : se réjouir de + nom |
| *alimentar-se* ***com*** + nom | : se nourrir de + nom |
| *ameaçar* ***com*** + nom | : menacer de + nom |
| *conforme* ***com*** + nom | : conforme à + nom |
| *contar* ***com*** + nom | : compter sur + nom |
| *contentar-se* ***com*** + nom | : se contenter de + nom |
| *contente* ***com*** + nom | : content de + nom |
| *encantado* ***com*** + nom | : enchanté de + nom |
| *exasperado* ***com / por*** +nom | : exaspéré par + nom |
| *importar-se* ***com*** + nom | : s'intéresser à + nom |
| *indignado* ***com / por*** + nom | : indigné de + nom |
| *inquietar-se* ***com*** + nom | : s'inquiéter de + nom |
| *maravilhado* ***com*** + nom | : émerveillé par + nom |
| *parecer-se* ***com*** + nom | : ressembler à + nom |
| *preocupar-se* ***com*** + nom | : se préoccuper de + nom |
| *satisfeito* ***com*** +nom | : satisfait de + nom |
| *sonhar* ***com*** + nom | : rêver à / de + nom |

### DE

| | |
|---|---|
| *agradável* ***de*** + inf. | : agréable à + inf. |
| *colher* ***de*** + lieu (ex.: *colher da árvore)* | : cueillir sur (cueillir sur l'arbre) |
| *desagradável* ***de*** + inf. | : désagréable à + inf. |
| *desistir* ***de*** + nom ou inf. | : renoncer à + nom ou inf. |
| difícil **de** + inf. | : difficile à + inf. |
| *disfarçado* ***de*** + nom | : déguisé en + nom |
| *duro* ***de*** + inf. | : dur à + inf. |
| *esconder* ***de*** *alguém* | : cacher à quelqu'un |
| *fácil* ***de*** + inf. | : facile à + inf. |
| *impossível* ***de*** + inf. | : impossible à + inf. |
| *nadar* ***de*** + position (ex.: *nadar de costas)* | : nager sur ( nager sur le dos) |
| *pendente* ***de*** + nom | : accroché à, suspendu à + nom |
| *possível* ***de*** + inf. | : possible à + inf. |
| *participar* ***de*** + nom | : participer à + nom |
| *suspender* ***de*** + nom | : suspendre à + nom |
| *tingir* ***de*** + couleur (ex.: *tingir* ***de*** *azul)* | : teindre en + couleur (teindre en bleu) |
| *vestir-se* ***de*** + couleur (ex: *vestir-se de preto*) | : s'habiller en + couleur (s'habiller en noir) |
| *viajar* ***de*** + moyen de locomotion (*carro*...) | : voyager en + moyen de locomotion (voiture ...) |

### EM

| | |
|---|---|
| *atentar* ***em*** + nom | : faire attention à + nom |
| *basear-se* ***em*** + nom | : se baser sur + nom |

| | |
|---|---|
| *colaborar* **em** + nom | : collaborer à + nom |
| *consentir* **em** + nom ou inf. | : consentir à + nom ou inf. |
| *consistir* **em** + inf. | : consister à + inf. |
| *contentar-se* **em** + inf. | : se contenter de + inf. |
| *falar* **em** + nom ou inf. | : parler de + nom ou inf. |
| *fiar-se* **em** + nom | : se fier à + nom |
| *hesitar* **em** + inf. | : hésiter à + inf. |
| *obstinar-se* **em** + inf. | : s'obstiner à + inf. |
| *pensar* **em** + nom ou inf. | : penser à + nom ou inf. |
| *satisfeito* **em** / **por** + inf. | : satisfait de + inf. |
| *sonhar* **em** + inf. | : rêver de + inf. |
| *teimar* **em** + inf. | : s'obstiner à + inf. |
| *tocar* **em** + nom | : toucher à + nom |
| *unânimes* **em** + inf. | : unanimes à + inf. |

### PARA

| | |
|---|---|
| *aberto* **para** + nom | : ouvert sur + nom |
| *chamar a atenção* **para** + nom | : attirer l'attention sur + nom |
| *contribuir* **para** + inf. ou nom | : contribuer à + inf. ou nom |
| *dar* **para** + lieu (ex: *dar para o parque*) | : donner sur + lieu (donner sur le parc) |
| *dizer [a alguém]* **para** + inf. | : dire [à quelqu'un] de + inf. |
| *esforçar-se* **para** + inf. | : s'efforcer de + inf. |
| *pedir* **para** + inf. | : demander à +inf. |
| *pedir [a alguém]* **para** + inf. | : demander [à quelqu'un] de + inf. |
| *suplicar* **para** + inf. | : supplier de + inf. |

### POR

| | |
|---|---|
| *[estar] ansioso* **por** + nom ou inf. | : avoir très envie de + nom ou inf. |
| *apaixonado* **por** + nom | : passionné de + nom |
| *constituído* **por** + nom | : constitué de / par + nom |
| *dar* **por** + nom (ex: *não dar por nada*) | : s'apercevoir de + nom (ne s'apercevoir de rien) |
| *esforçar-se* **por** + inf. | : s'efforcer de + inf. |
| *impaciente* **por** + inf. | : impatient de + inf. |
| *interessar-se* **por** + nom | : s'intéresser à + nom |
| *julgar* **por** + nom (ex: *julgar pelas aparências*) | : juger sur /d'après (juger sur l' apparence) |
| *louco* **por** + nom | : fou de + nom |
| *passar* **por** *alguém* | : passer près de quelqu'un |
| *responsável* **por** + nom | : responsable de + nom |

## 2 Pas de préposition en portugais

| | |
|---|---|
| *aceitar* + inf. | : accepter de + inf. |
| *adiantar* + nom (ex: *adiantar dois minutos*) | : avancer de (avancer de deux minutes) |
| *agradecer [uma coisa]* | : remercier pour [une chose] |
| *ameaçar* + inf | : menacer de + inf. |

| | |
|---|---|
| *aproveitar* + nom | : profiter de + nom |
| *assinar* + nom | : s'abonner à + nom |
| *basta* + inf. | : il suffit de + inf. |
| *conseguir* + inf. | : réussir à + inf. |
| *convém* + inf. | : il convient de + inf. |
| *decidir* + inf. | : décider de + inf. |
| *escolher* + inf. | : choisir de + inf. |
| *evitar* + inf. | : éviter de + inf. |
| *fingir* + inf. | : feindre de + inf., faire semblant de + inf. |
| *imaginar* + inf. | : imaginer de + inf. |
| *impor* + inf. | : imposer de + inf. |
| *jurar* + inf. | : jurer de + inf. |
| *merecer* + inf. | : mériter de + inf. |
| *permitir* + inf. | : permettre de + inf. |
| *procurar* + inf. | : essayer de + inf., chercher à + inf. |
| *prometer* + inf. | : promettre de + inf. |
| *propor* + inf. | : proposer de + inf. |
| *recear* + inf. | : craindre de + inf. |
| *recuar* + nom (ex.: *recuar um passo*) | : reculer de ( reculer d'un pas) |
| *recusar* + inf. | : refuser de + inf. |
| *resolver* + inf. | : décider de + inf. |
| *resta* + inf. | : il reste à + inf. |
| *suportar* + inf. | : supporter de + inf. |
| *tentar* + inf. | : tenter de + inf ; |
| *visar* + inf. | : viser à + inf. |

## 3 Pas de préposition en français

| | |
|---|---|
| *agradecer* ***a*** *alguém* | : remercier quelqu'un |
| *bater* ***em*** *alguém* | : battre quelqu'un |
| *cheirar* ***a*** + nom sans article (ex.: *cheirar a cravos*) | : sentir + article défini + nom (sentir l'oeillet) |
| *correr* ***a*** + inf. | : courir + inf. |
| *cruzar-se* ***com*** *alguém* | : croiser quelqu'un |
| *dar* ***com*** + nom | : rencontrer, trouver + nom |
| *esperar* ***por*** + nom | : attendre + nom |
| *esquecer-se* ***de*** + nom | : oublier + nom |
| *fugir* ***de*** + nom | : fuir + nom |
| *pegar* ***em*** + nom | : prendre + nom |

### Exercice

*Traduire :*

1. C'est un livre impossible à raconter, mais agréable à lire. 2. La photocopie n'est pas conforme à l'original. 3. J'ai pris les clés et j'ai fait semblant de sortir. 4. J'ai très envie d'avoir de ses nouvelles. 5. La fille ressemble à sa mère et le fils à son père. 6. J'ai décidé de ne plus me préoccuper de ses problèmes. 7. Le directeur a hésité à nous convoquer pour la réunion. 8. Est-ce que tu as renoncé à le convaincre ? 9. Je suis satisfaite du résultat et impatiente de savoir ce qui va se passer ensuite.

## 32 **Prépositions** (contraction avec -)

Seules les prépositions ***a***, ***com***, ***de***, ***em***, ***por*** peuvent se contracter avec des articles, des pronoms ou des adjectifs. Chacune a ses propres règles de contraction. Nous pouvons cependant constater que toutes sauf *com* se contractent avec les articles définis et que ce sont les prépositions *de* et *em* qui présentent le plus de possibilités de contraction.

| | | *de* | *em* | *a* | *por* |
|---|---|---|---|---|---|
| article défini | *o*<br>*a*<br>*os*<br>*as* | ***do***<br>***da***<br>***dos***<br>***das*** | ***no***<br>***na***<br>***nos***<br>***nas*** | ***ao***<br>***à***<br>***aos***<br>***às*** | ***pelo***<br>***pela***<br>***pelos***<br>***pelas*** |
| article indéfini | *um*<br>*uma*<br>*uns*<br>*umas* | ***dum***<br>***duma***<br>***duns***<br>***dumas*** | ***num***<br>***numa***<br>***nuns***<br>***numas*** | | |
| pronom pers. 3e p. | *ele[s]*<br>*ela[s]* | ***dele[s]***<br>***dela[s]*** | ***nele[s]***<br>***nela[s]*** | | |
| pronoms et adjectifs démonstratifs | *este[s]*<br>*esta[s]*<br>*esse[s]*<br>*aquele[s]*<br>*aquela[s]*<br>*o[s]*<br>*a[s]* | ***deste[s]***<br>***desta[s]***<br>***desse[s]***<br>***daquele[s]***<br>***daquela[s]***<br>***do[s]***<br>***da[s]*** | ***neste[s]***<br>***nesta[s]***<br>***nesse[s]***<br>***naquele[s]***<br>***naquela[s]***<br>***no[s]***<br>***na[s]*** | <br><br><br>***àquele[s]***<br>***àquela[s]***<br>***ao[s]***<br>***à[s]*** | |
| adverbe | *onde*<br>*aqui*<br>*aí, ali* | ***donde***<br>***daqui***<br>***daí, dali*** | | ***aonde*** | |

▸ Pour l'emploi de *o[s], a[s]* comme démonstratifs voir n° 50.

### 1 *Com* + pronom personnel complément.

La contraction se fait avec les pronoms de toutes les personnes sauf avec *ele[s], ela[s], você[s]* :

***comigo*** : avec moi
***contigo*** : avec toi
***consigo*** : avec vous (singulier)
***com ele, com ela, com você***

***connosco / conosco*** : avec nous
***convosco*** : avec vous (pluriel)
***com eles, com elas, com vocês***

**2 Cas de contraction de la préposition *de* faisant partie d'une locution** (ex.: *antes de, depois de, atrás de, à frente de, ao fundo de, ao fim de, no princípio de, à esquerda de, à direita de, na esquina de, no caso de, a fim de...).*

a/ Si cette locution est suivie d'un pronom personnel de la 3ème personne (*ele[s],ela[s]*) qui est lui-même le sujet d'un verbe, il est préférable, dans un registre plutôt soigné, de ne pas faire la contraction ; si elle est suivie d'un démonstratif on fait normalement la contraction.

***Depois de eles** falarem / **Depois deles** falarem...*
Après qu'ils eurent parlé...

b/ Si cette locution est suivie d'un article indéfini, on fait normalement la contraction mais, dans un registre plus soigné, on peut aussi ne pas la faire. S'il s'agit d'un article défini, on fait la contraction. Quand l'article – défini ou indéfini – précède un substantif sujet d'un verbe à l'infinitif, on ne fait pas la contraction.

***Antes dumas** três horas / **Antes de umas** três horas*
Avant trois heures environ

***Antes das** três horas*
Avant trois heures

***No caso de as** folhas caírem*
Si les feuilles tombent

c/ Si la locution est suivie du pronom personnel *o[s], a[s],* la contraction ne se fait jamais.

***A fim de as** preparar*
Afin de les préparer

d/ Si la locution est suivie du pronom démonstratif *o[s], a[s],* la contraction est obligatoire.

***Depois do que** viu*
Après ce qu'il / elle a vu

***Por baixo dos do** João*
En dessous de ceux de João

### Exercice

*Compléter avec les prépositions* a, com, de, em, por :
1.– A quem telefonou? – Telefonou...... o João. 2.– Onde está? – Está.... o jardim. 3.– De que queres falar? – ... o que vi há pouco. 4.– Vai contigo? – Sim, vai....... (avec moi), isto é, vai.......... (avec nous). 5.– A que campo de ténis vão? – Vamos...... aquele além. 6....... o que me disseram (d'après ce qu'on m'a dit), não havia muita gente. 7.– A quem se vão apresentar? –...... aquelas senhoras. 8.– Em que ponto estão? – Estamos..... o fim. 9.– Confias na Nazaré? – Não, não confio...... ela. 10.– Com quem foram? –....... elas.

# 33 Présenter : se présenter / présenter quelqu'un

## 1 Se présenter :

Suivant les circonstances, les interlocuteurs donnent leur[s] nom[s], éventuellement leur fonction, ou leur[s] prénom[s], avec ou sans le nom, et les indications qui permettent de les situer. Pour marquer une certaine déférence on ajoute *Muito prazer* ou *Muito gosto.*

*Sou a nova professora de matemática, Maria Emília Leite Brandão. Muito prazer.*
*Sou o chefe da Secretaria, António Magalhães. Muito gosto.*
*Sou o Marcelo da Ponte, o electricista* (électricien).
*Sou o Henrique, o irmão da Ana.*

## 2 Présenter quelqu'un :

a/ Si on s'adresse à une personne envers laquelle on doit se montrer déférent, on peut utiliser une des expressions suivantes :

– *Perdão, [Senhora] Professora,* ***dá-me licença que lhe apresente*** *o [Senhor] Doutor Carlos Brandão?*
– Pardon, Madame le Professeur, est-ce que vous me permettez de vous présenter Monsieur Carlos Brandão ?

– ***Apresento à*** *Senhora Directora o Senhor Pires.*
– Madame la Directrice, je vous présente Monsieur Pires.

– ***Se me permitem que os apresente*** *... O Senhor António Pires, o Senhor engenheiro Caldas, o Senhor arquitecto Faria.*
– Permettez-moi de vous présentez...

– ***Gostaria de os apresentar... Dão-me licença?***
– J'aimerais vous présenter... Vous permettez ?

Chacune des personnes présentées dit ***Muito prazer*** ou ***Muito gosto.***

b/ Si on s'adresse à une personne avec laquelle on est un peu ou très familier, on peut dire :

– *Senhor Sousa,* ***gostava de lhe apresentar*** *o Senhor Sales.*
– Monsieur Sousa, j'aimerais vous présenter Monsieur Sales.

– *Pai,* ***apresento-lhe*** *o Senhor Miguel Lopes.*
– Papa, je vous présente Monsieur Miguel Lopes.

– *Teresa,* ***esta é*** *a Inês. Até que enfim que vos apresento uma à outra!*
– Teresa, voici Inês. Enfin je vous présente l'une à l'autre !

Suivant le degré de familiarité le verbe *apresentar* peut être omis. La personne présentée peut dire *Muito prazer, Muito gosto*, ou, si les rapports entre les interlocuteurs sont détendus, *Como está?*

*Como estás? Olá! Então tudo bem?* (surtout entre jeunes). Généralement les personnes présentées se serrent la main. Mais il est très fréquent au Portugal que les femmes s'embrassent (une fois sur une joue ou sur les deux, pas plus).

**Exercice**

*Donner les formules de présentation correspondant aux situations suivantes :*
1.Un cadre d'une entreprise présente un nouveau collègue (Engenheiro Correia e Silva) à d'autres cadres (Dr. Lemos et Drª Ana Lopes). 2. Une fille présente à sa mère son amie Luísa. 3. Maria Antónia Mendes, secrétaire (secretária), et Luís Soares, comptable (contabilista), se rencontrent sur leur nouveau lieu de travail et se présentent. 4. Dans une fête entre amis, chez Pedro, Lurdes (camarade de lycée de Pedro) et Miguel (cousin de Pedro) se rencontrent et se présentent.

## 134 Pretérito perfeito composto

### FORME

**Auxiliaire *ter* + participe passé** (ex. : *tenho andado*).

Le participe passé est toujours invariable. Il ne peut pas être séparé de l'auxiliaire par un adverbe.

### EMPLOIS

Le *pretérito perfeito composto* de l'indicatif situe un événement dans un **passé** qui peut être proche ou éloigné mais qui est **toujours en rapport avec le moment présent.**

1 L'événement, dont le début n'est pas forcément précis, **se prolonge ou se répète dans le présent.**

*Esta manhã **tem chovido** muito (= choveu e continua a chover).*
Depuis ce matin il pleut beaucoup.

*As obras **têm avançado** bastante (= avançaram e continuam a avançar).*
Les travaux continuent à bien avancer.

*Desde sábado elas **têm ido** ao cinema todas as noites e hoje também vão.*
Depuis samedi elles sont allées au cinéma tous les soirs et aujourd'hui encore elles y vont.

2 L'événement est **terminé** mais il est **mis en relation avec un autre qui le suit.** Dans ce cas le *pretérito perfeito composto* insiste sur la

continuité ou la répétition de cet événement (à la différence du *pretérito perfeito simples).*

*O doente* ***tem estado*** *muito agitado, mas agora acalmou.*
Le malade n'a cessé d'être très agité, mais maintenant il s'est calmé.
***Têm tomado*** *decisões importantes, mas actualmente evitam assumir novas responsabilidades (= várias vezes tomaram...).*
Ils / elles ont pris à plusieurs reprises des décisions importantes, mais maintenant ils / elles évitent d'assumer de nouvelles responsabilités.

3 L'événement **s'est répété un nombre de fois non défini**. Il peut encore ou non se répéter.

*Ele já* ***tem partido*** *a horas!*
Il lui est déjà arrivé plus d'une fois de partir à l'heure!
*Já* ***temos viajado*** *de helicóptero.*
Nous avons déjà voyagé plusieurs fois en hélicoptère.

▲ Comme le montrent les exemples précédents le *pretérito perfeito composto* se traduit par un présent ou un passé composé mais il faut ajouter à la forme verbale une indication de durée ou de répétition, sauf si celle-ci est déjà précisée dans le contexte.

**Exercice**

*Transformer les phrases suivantes en les faisant précéder des expressions indiquées et en mettant le verbe au* pretérito perfeito composto :

1. Eles têm pouca sorte nos negócios. Desde sempre ....................
2. Os preços subiram a olhos vistos (à vue d'oeil). Nestes últimos tempos ........
3. Adaptámo-nos à vida no campo. Pouco a pouco ...................
4. Esteve bom tempo, mas agora está a chover. Este mês............................
5. Fazes muitos progressos. Desde o princípio do estágio .........
6. Comem sempre a mesma coisa ao jantar. Esta semana...........

## 35 Pretérito perfeito simples

### FORME

1 **Verbes réguliers.**

| Verbes en -***AR*** | Verbes en -***ER*** | Verbes en -***IR*** |
|---|---|---|
| Ex.: *remar* (ramer) | Ex.: *vender* (vendre) | Ex.: *assitir* (assister) |
| *Rem**ei*** | *Vend**i*** | *Assist**i*** |
| *Rem**aste*** | *Vend**este*** | *Assist**iste*** |
| *Rem**ou*** | *Vend**eu*** | *Assist**iu*** |
| *Rem**ámos*** | *Vend**emos*** | *Assist**imos*** |
| *Rem**astes*** | *Vend**estes*** | *Assist**istes*** |
| *Rem**aram*** | *Vend**eram*** | *Assist**iram*** |

▲ A la première personne du pluriel des verbes du premier groupe la voyelle *á* est ouverte et porte un accent aigu, ce qui distingue cette forme de celle du présent de l'indicatif (*remamos*). Au Brésil les deux formes s'écrivent et se prononcent de la même façon, le *a* ne pouvant être ouvert devant un son nasal. Pour les verbes du deuxième et du troisième groupes il n'existe pas de distinction entre les deux temps à la première personne du pluriel, ni au Portugal, ni au Brésil.

## 2 Verbes irréguliers

Nous présenterons ici les verbes les plus utilisés ayant un *pretérito perfeito simples* irrégulier (dont le radical est différent de celui de l'infinitif) ; s'ils ont des dérivés, ceux-ci se conjuguent comme eux et présentent donc les mêmes irrégularités.

| | |
|---|---|
| ***Saber*** (savoir) | : ***soube, soubeste, soube, soubemos, soubestes, souberam*** |
| ***Haver*** (avoir) | : ***houve*** |
| ***Caber*** (être contenu) | : ***coube, coubeste, coube, coubemos, coubestes, couberam*** |
| ***Ter*** (avoir) | : ***tive, tiveste, teve, tivemos, tivestes, tiveram*** |
| ***Estar*** (être) | : ***estive, estiveste, esteve, estivemos, estivestes, estiveram*** |
| ***Ser*** (être), ***ir*** (aller) | : ***fui, foste, foi, fomos, fostes, foram*** |
| ***Dar*** (donner) | : ***dei, deste, deu,demos, destes, deram*** |
| ***Poder*** (pouvoir) | : ***pude, pudeste, pôde, pudemos, pudestes, puderam*** |
| ***Pôr*** (mettre) | : ***pus, puseste, pôs, pusemos, pusestes, puseram*** Les verbes dérivés de *pôr* n'ont pas d'accent à l'infinitif (ex: *compor, supor*) mais ils portent les mêmes accents que *pôr* dans les formes conjuguées (ex: *compôs, supôs*) |
| ***Querer*** (vouloir) | : ***quis, quiseste, quis, quisemos, quisestes, quiseram*** |
| ***Fazer*** (faire) | : ***fiz, fizeste, fez, fizemos, fizestes, fizeram*** |
| ***Dizer*** (dire) | : ***disse, disseste, disse, dissemos, dissestes, disseram*** |
| ***Ver*** (voir) | : ***vi, viste, viu, vimos, vistes, viram*** |
| ***Vir*** (venir) | : ***vim, vieste, veio, viemos, viestes, vieram*** |

▲ Attention à ne pas confondre les deux verbes *ver* et *vir* au *pretérito perfeito simples* ! Et notez que *vimos* peut vouloir dire "nous venons" ou "nous avons vu".

▲ Pour ces verbes irréguliers, c'est à partir du radical du *pretérito perfeito simples* qu'on forme l'imparfait du subjonctif (ex.: *houvesse)*, le futur du subjonctif (ex.: *houver)* et le plus-que-parfait simple de l'indicatif (ex.: *houvera).*

## EMPLOIS

1 Le *pretérito perfeito simples* est un **temps très employé dans la langue portugaise, à l'écrit comme à l'oral et dans tous les registres. Il correspond donc aussi bien au passé simple français** (dont l'emploi est limité actuellement aux textes littéraires, principalement aux récits) **qu'au passé composé**.
C'est toujours lui qui est utilisé pour situer dans le passé un événement envisagé de façon ponctuelle.
En français il est possible de remplacer le passé composé par un imparfait pour mettre en valeur une action ; en portugais c'est toujours le *pretérito perfeito simples* qui est employé dans ce cas.

*Anteontem eles bateram à porta, ontem tocaram, esta manhã arrombaram a porta.*
Avant-hier ils ont frappé à la porte, hier ils ont sonné, ce matin ils enfonçaient la porte.

2 Le *pretérito perfeito simples* est employé parfois à la place du plus-que-parfait et on le trouve même à la place du futur antérieur (voir n° 167).

### Exercice

*Traduire :*
1. La fée (fada) emporta la princesse et le prince. 2. Nous avons appris (saber) hier qu'il est gravement malade. 3. Ils ont appris la physique (aprender física) depuis leur enfance. 4. Vous êtes venus trop vite. 5. Tu as tout donné. 6. Elles ont vu New York en juillet 1990.

## 6 Pronoms personnels compléments (contraction)

Lorsque **deux pronoms personnels** sont **compléments d'objet** (direct ou indirect) d'un même verbe, ils **se contractent**, et, contrairement au français, **ils se placent toujours dans le même ordre: d'abord le complément d'objet indirect, puis le complément d'objet direct.**

▶ Pour la place de ces pronoms par rapport au verbe, voir n° 140.

1

| | | |
|---|---|---|
| *me + o[s]* | —>***mo[s]*** | (me le, me les) |
| *me + a[s]* | —>***ma[s]*** | (me la, me les) |
| *te + o[s]* | —>***to[s]*** | (te le, te les) |
| *te + a[s]* | —>***ta[s]*** | (te la, te les) |
| *lhe + o[s]* | —>***lho[s]*** | (le lui, les lui, vous le, vous les) |
| *lhe + a[s]* | —>***lha[s]*** | (la lui, les lui, vous la, vous les) |
| *lhes + o/a* | —>***lho / lha*** | (le leur, vous le, la leur, vous la) |
| lhes + os/as | —>**lhos / lhas** | (les leur, vous les) |

▸ ***Lhe*** correspond à *a ele / a ela*
*a si, ao senhor, à senhora, etc.*
*a você*

***Lhes*** correspond à *a eles / a elas*
*aos senhores, às senhoras, etc.*
*a vocês*

Voir fiche n° 174.

▲ Lorsque les pronoms complément d'objet indirect *lhe* ou *lhes* se contractent avec les pronoms complément d'objet direct *o[s]* ou *a[s]*, la marque du singulier ou du pluriel est celle des pronoms d'objet direct. C'est le contexte qui nous indique si le pronom d'objet indirect est au singulier ou au pluriel.

*Ele* ***entregou-mos*** *ontem.*
Il me les a rendus hier.

***Damos-tas*** *daqui a uma hora.*
Nous te les donnons dans une heure.

***Explico-lhos*** *agora mesmo.*
Je les lui / les leur / vous les explique tout de suite.

2 Pour les pronoms ***nos*** et ***vos*** suivis de ***o[s], a[s],*** on applique la même règle que pour les verbes terminés en *-s* et suivis de ces mêmes pronoms (voir n° 141) : **le *-s* tombe et *o[s], a[s],* prennent la forme *lo[s], la[s].***

| | |
|---|---|
| *nos + o[s] —>* ***no-lo[s]*** | *nos + a[s] —>* ***no-la[s]*** |
| *vos + o[s] —>* ***vo-lo[s]*** | *vos + a[s] —>* ***vo-la[s]*** |

*Vocês* ***entregaram-no-los*** *anteontem.*
Vous nous les avez rendus avant-hier.

***Demos-vo-los*** *há uma hora.*
Nous vous les avons donnés il y a une heure.

▲ A la différence du français, ce sont ces mêmes formes contractées qui sont utilisées après l'impératif, quel que soit le pronom d'objet indirect.

***Entrega-mo*** *já.*
Rends-le-moi tout de suite.

***Leiam-lho.***
Lisez-le-lui. / Lisez-le-leur.

***Digam-no-lo.***
Dites-le-nous.

**Exercice**

*Remplacer les compléments d'objet direct soulignés par des pronoms personnels et ensuite traduire les phrases :*
1. Enviámos-lhe o relatório (le rapport) ontem. 2. Quem te disse isso? 3. Mostraram-nos os quadros no museu. 4. Ofereceram-me esses brincos (boucles d'oreilles) no dia dos meus anos. 5. Trouxeste-lhes o presente ? 6. Deu-vos um ramo de flores (bouquet de fleurs). 7. Mostrou-nos um ramo de árvore florido (branche d'arbre en fleurs).

## 37 Pronoms personnels compléments de verbes au futur ou au conditionnel *(place)*

Le futur et le conditionnel sont formés à partir de l'infinitif auquel on ajoute une terminaison (sauf pour les verbes *dizer, fazer, trazer*) : voir n° 81 et n° 36.

### 1 Place du pronom.

a/ Dans les cas où il y a **enclise** (voir n° 140), **le pronom complément se place au milieu du verbe, entre l'infinitif et la terminaison** auxquels il est relié par des traits d'union.

***Inscrever-nos-emos*** *na lista eleitoral.*
Nous nous inscrirons sur la liste électorale.

***Ser-lhe-ia*** *impossível chegar a horas.*
Il lui serait impossible d'arriver à l'heure.

b/ Si le verbe est à un **temps composé** (futur antérieur, conditionnel passé), le **pronom est lié à l'auxiliaire** (par un trait d'union à l'écrit).

***Vocês ter-se-iam apresentado*** *(ter+se+iam)*
Vous vous seriez présenté[e]s.

### 2 Modifications orthographiques avec les pronoms *o[s]* et *a[s].*

a/ Dans les cas **d'enclise, le *-r* final de l'infinitif tombe et le pronom est précédé de *-l*** Pour l'emploi des accents, voir n° 141.

| | |
|---|---|
| ***Tu levá-la-ás*** *(levar+a+ás).* | ***Tu levá-la-ias*** *(levar + a + ias).* |
| Tu la porteras. | Tu la porterais. |
| ***Escrevê-los-ão*** *(escrever+os+ão).* | ***Escrevê-los-iam*** *(escrever + os + iam).* |
| Ils / elles les écriront. | Ils / elles les écriraient. |

b/ Lorsque le pronom est placé avant le verbe (voir n° 140) ni le pronom, ni le verbe ne subissent de modification.

*Eles **não os levarão** de carro.*
Ils ne les emmèneront pas en voiture.

**3 Emplois.**

Dans la langue courante, surtout orale, le futur de l'indicatif est généralement remplacé par le présent (voir n° 81) et le conditionnel par l'imparfait de l'indicatif (voir n° 36 ). Ces formes du futur et du conditionnel qui se scindent en deux pour intégrer le pronom ne sont employées **qu'à l'écrit ou dans un langage oral soigné**. On peut les trouver aussi dans des tournures de politesse, mais là encore le présent et l'imparfait de l'indicatif sont plus fréquents.

– ***Custar-lhe-ia** / custava-lhe **trazer-me** a documentação?*
– Est-ce que cela vous ennuierait de m'apporter la documentation?
***Ser-te-á difícil** / é-te difícil estares aqui às dez horas?*
Est-ce que ce sera difficile pour toi d'être ici à dix heures?

*Exercice*

***1.** Mettre au futur et ensuite à la forme négative :*
1. Pomo-los aqui. 2. Escrevo-a amanhã. 3. Decidiram-no.

***2.** Mettre au conditionnel et ensuite à la forme négative :*
1. Pediam-na. 2. Tinham-no dito. 3. Acompanhava-los.

# 138 Les pronoms personnels compléments d'objet direct

## FORMES

| | | | |
|---|---|---|---|
| ***me*** (me,moi) | ***te*** (te, toi) | ***o*** (le, vous) | ***a*** (la, vous) |
| ***nos*** (nous) | ***vos*** (vous) | ***os*** (les, vous) | ***as*** (les, vous) |

▸ Pour la place de ces pronoms, voir n° 140, et pour leur contraction avec d'autres pronoms, voir n° 136.

## EMPLOIS

**1 Dans les cas de vouvoiement** (voir n° 174) sauf avec *vós*, c'est le **pronom de la troisième personne** qui est utilisé. Au singulier rien ne peut remplacer *o, a*, mais au pluriel ***vos*** **peut se substituer à**

***os, as*** pour supprimer une ambiguïté possible. Contrairement au pronom sujet *vós* dont l'emploi est limité à certaines régions du Portugal et à certains types de discours, **le pronom complément *vos* est d'un usage courant**.

– *Meninos, a vossa mãe **protege-vos** / **protege-os** demasiado.*
– Vous, les enfants, votre mère vous protège trop.
– *Minhas senhoras e meus senhores, é um prazer **receber-vos**/ **recebê-los** entre nós.*
– Mesdames et Messieurs, c'est un plaisir de vous recevoir parmi nous.

2 **Pour souligner** par pléonasme **un pronom complément d'objet direct**, on utilise la préposition ***a* suivie du pronom complément d'objet indirect.**

***A nós**, eles viram-**nos** logo!*
Nous, ils nous ont vus tout de suite !
*Ninguém **te** agarra, **a ti**!*
Personne ne t'attrape, toi !

La plupart du temps la forme *a* + pronom est placée avant le verbe.

**Exercice**

***1.****Remplacer le complément souligné par le pronom personnel correspondant :*
1. Ela conta muito bem histórias. 2. Levei o rapaz à polícia. 3. Os alunos universitários elegeram os seus representantes. 4. Qualquer um sabe fazer este trabalho.

***2.****Traduire :*
1. Eux, le président les a exilés. 2. Nous, il nous a retardées. 3. La musique classique les calme, elles. 4. Vous, le médecin vous a vaccinés contre la grippe.

# 39 Les pronoms personnels compléments d'objet indirect

## FORMES

**Sans préposition** (pronom personnel atone).

| | | |
|---|---|---|
| ***me*** (me) | ***te*** (te) | ***lhe*** (lui, vous) |
| ***nos*** (nous) | ***vos*** (vous) | ***lhes*** (leur, vous) |

**Avec préposition** (pronom personnel tonique).

| | | |
|---|---|---|
| ***mim*** (moi) | ***ti*** (toi) | ***ele*** (lui) ***ela*** (elle) |
| | ***você*** (vous) | ***si*** (vous / soi) |
| ***nós*** (nous) | ***vós*** (vous) | ***eles*** (eux) ***elas*** (elles) |
| | ***vocês*** (vous) | |

*Si* existe aussi au pluriel mais seulement accompagné de *próprios* ou de *mesmos* (voir ci-dessous)

▲ Ne pas confondre *nos, vos* (compléments sans préposition) avec *nós, vós* (sujets ou compléments avec préposition).

▲ Dans une proposition infinitive introduite par une préposition ou locution prépositive, le pronom personnel, bien que placé généralement juste après celle-ci, ne dépend pas d'elle. Il est sujet du verbe à l'infinitif personnel (voir n° 94).

## EMPLOIS

▶ Pour la place de ces pronoms voir n° 140. Pour leur contraction avec d'autres pronoms, voir n° 136 et avec les prépositions, voir n° 132.

**1** Emploi de ***vos*** **.**

a/ Il est normalement employé lorsque **le sujet est *vocês*** (pluriel de *tu* et de *você)*

*Tu, Luís, e você, Fernando, prestem atenção : estão quase a* ***entregar-vos*** *os impressos.*
Toi, Luís, et vous / toi, Fernando, faites attention : ils ne vont pas tarder à vous remettre les imprimés.

b/ **Il peut remplacer *lhes*** quand le sujet est *os senhores* (ou autres formes de politesse de la 3ème personne), surtout s'il y a risque d'ambiguïté.

*– Não* ***se esqueçam*** *dos envelopes. Já sabem que eles vão* ***pedir--lhes*** */* ***pedir-vos*** *cinco ou seis.*
– N'oubliez pas les enveloppes. Vous savez bien qu'ils vont vous en demander cinq ou six.

**2** Emploi des **pronoms de vouvoiement après une préposition** : ***si*** **et *você* au singulier, *vós* et *vocês* au pluriel.**

On emploie *si* lorsqu'on s'adresse à une personne à qui on ne dit ni *tu* ni *você* (voir n° 174 vouvoiement).

▶ Pour l'emploi de *vocês* et de *vós*, voir aussi n° 174.

***A você, ofereço-lhe*** *um relógio [de pulso].*
A vous / toi, je vous / t'offre une montre.

***A vós**, Senhores deputados, só **vos** falta mais obras e menos palavras.*
Ce qu'on attend de vous, Messieurs les députés, ce sont des actes et non des paroles (m.à m.: il vous manque seulement plus d'actions et moins de paroles).

3 ***Si*, accompagné de *próprio[s], própria[s]* ou de *mesmo[s], mesma[s]***, peut être employé, au singulier comme au pluriel, pour remplacer *ele[s], ela[s], o[s] senhor[es]* ... (il[s]/elle[s]-même[s], vous-même[s]).

– *Os senhores só pensam **em si próprios** / nos senhores.*
– Messieurs, vous ne pensez qu'à vous[-mêmes].
*Servem **a si próprios /** a eles próprios um cálice de porto.*
Ils se servent un verre de porto.

4 **Pour souligner**, par pléonasme, un pronom personnel atone complément d'objet indirect, on utilise la **préposition *a* suivie du pronom personnel tonique**.

***A si,** Senhor Marchand, **conto-lhe** o sucedido.*
A vous, Monsieur Marchand, je vais vous raconter ce qui est arrivé.
***A vocês**, não **vos** dizem nada.*
*A vous, ils / elles ne vous disent rien.*

5 **Après certaines prépositions on emploie le pronom sujet**, notamment après *até* (au sens de "même"), *excepto* (excepté), *segundo* (selon), *menos* (sauf), *fora* (sauf) :

***até eu*** (même moi) ***segundo tu*** (selon toi)

Après *entre* on emploie soit le pronom sujet soit le pronom complément : ***entre eu e tu*** / ***entre mim e ti*** (entre toi et moi). Si *entre* n'est pas suivi d'un pronom personnel, c'est le pronom sujet qui suit obligatoirement le *e* : ***entre os meus amigos e tu***.

6 Avec la préposition ***com*** (avec), il existe des formes spéciales: ***comigo, contigo, consigo, connosco***, ***convosco*** (voir n° 132 ).
Mais on utilise les pronoms sujets *nós* et *vós* lorsque ceux-ci sont suivis d'un numéral ou de *outros, mesmos, próprios, todos.* Ex.: ***com nós dois*** (avec nous deux), ***com vós todos*** (avec vous tous).

***Consigo*** peut signifier "avec vous" mais aussi "avec lui", "avec elle[s]", "avec eux" De même que *com ele[s], com ela[s],* il est suivi de *próprio[s], própria[s]* ou de *mesmo[s], mesma[s]* chaque fois qu'il y a une ambiguïté possible.

*Elas levaram **consigo** [próprias] todas as jóias / com elas [próprias].*
Elles ont emporté avec elles tous les bijoux.
*Ele fala em voz alta **consigo próprio** / com ele próprio.*
Il se parle à voix haute.

Dans les cas de vouvoiement il est plus poli d'employer la forme nominale (ex : *com o senhor)* que la forme *consigo.*

– *Sr Sousa,* ***vou consigo.*** */ Sr Sousa,* ***vou com o senhor.***
Je vais avec vous, Monsieur Sousa.

– *Adelaide,* ***vou consigo.*** */ Adelaide,* ***vou com a Adelaide****.*
Je vais avec vous, Adelaïde.

**Exercice**

***1.*** *Remplacer les mots soulignés par des pronoms personnels :*
1. Eu trouxe a mala (valise) à Dulce. 2. – Cristina, não se preocupe: entrego os resultados do inquérito (enquête) à Cristina amanhã. 3. – Olhem, Paulo e Ana! Eu já disse ao Paulo e à Ana que sim. 4. A tia Maria Fernanda ofereceu a mim e ao Ricardo um presente lindíssimo.

***2.*** *Compléter les phrases en employant un pronom personnel :*
1. A ......, o banco empresta-te dinheiro. 2. A ......, pôs-nos uma multa no pára-brisas do carro. 3. A ......, disse-lhes que não. 4. A ......, não lhe falta nada.

## 140 ***Pronom personnel complément*** *(place)*

Il est placé, suivant les cas, avant le verbe (proclise) ou après le verbe (enclise). En portugais du Portugal (sur ce point la langue du Brésil diffère sensiblement : voir appendice 12) :

1 Il est placé **généralement après le verbe** (sauf dans les cas où la proclise est obligatoire : voir 2).

• Il est toujours relié au verbe par un **trait d'union**. Pour les modifications morphologiques du verbe et du pronom voir n° 141.

– *Teresa,* ***vê-o*** *esta tarde ?*
– Teresa, est-ce que vous le voyez cet après-midi?

*Ficámos* ***a admirá-lo*** *em silêncio.*
*Nous sommes restés à l'admirer en silence.*

• Si le verbe est à un temps composé ou à la voix passive, le pronom se place **après le verbe auxiliaire**.

***Tinha-me interessado*** *muito pelo tema proposto.*
Je m'étais beaucoup intéressé[e] au sujet proposé.

*O projecto* ***foi-lhe submetido*** *por uma equipa de especialistas.*
Le projet lui a été soumis par une équipe de spécialistes.

• Si le verbe est au futur ou au conditionnel, le pronom se place **au milieu du verbe**, avant la terminaison (voir n° 137).

*Levá-la-á de ambulância para o hospital*
Il / elle l'emmènera en ambulance à l'hôpital.

**2** Il est placé obligatoirement **avant le verbe** dans les cas suivants :

a/ **Verbe précédé d'une négation.**

***Não lhe disseste** que vinhas.*
Tu ne lui as pas dit que tu venais / que tu viendrais.
***Ninguém nos ouvirá**.*
Personne ne nous écoutera / entendra.

▲ Si le pronom est complément d'un infinitif précédé d'un verbe modal (*dever, poder, querer,* etc.) négatif, il se place normalement après l'infinitif (ex: ***não devemos vê-la***), mais dans un registre moins soigné il est fréquemment placé avant le verbe modal (***não a devemos ver***).

b/ **Verbe précédé d'une conjonction ou d'un pronom relatif** : le pronom complément se trouve ainsi dans une proposition subordonnée (complétive, temporelle, conditionnelle, concessive, relative, etc.).

*Desejo **que te saia** a sorte grande.*
Je souhaite que tu gagnes le gros lot.
***Desde que você o traga**, pode vir quando quiser.*
Si vous l'apportez, vous pouvez venir quand vous voudrez.
***Quem nos vir** aqui ficará admirado.*
Ceux qui nous verront ici seront étonnés.

▲ Lorsque cette proposition subordonnée est négative, il est possible, dans le langage oral surtout, de placer le pronom complément avant la négation *não* :

***Quando não o dizem**.../ **Quando o não dizem**...*
Quand ils / elles ne le disent pas...

c/ **Verbe introduit par un mot interrogatif ou exclamatif, ou une expression indiquant un souhait.**

***Que te interessa** a ti o que eu disse?*
Qu'est-ce que ça peut te faire ce que j'ai dit ?
***Como o aplaudem**!*
Qu'est-ce qu'il est applaudi !
***Oxalá o vejamos**!*
Pourvu que nous le voyions !
***Que Deus nos ajude**!*
Que Dieu nous vienne en aide !

▲ En portugais comme en français le *que* peut être sous-entendu (Ex : *Deus nos ajude! :* Dieu nous vienne en aide!)

d/ **Verbe précédé d'un des adverbes suivants :** *ainda, apenas, até, bastante, bem, já, quase, raramente, sempre, só, também, talvez, tanto.* Certains autres adverbes peuvent aussi entraîner la proclise, notamment lorsqu'ils sont placés avant le verbe pour donner de l'emphase.

***Já to*** *disse / disse-to já.*
Je te l'ai déjà dit.

*Vocês* ***também se inscreveram*** */ inscreveram-se também na lista.*
Vous aussi, vous vous êtes inscrits sur la liste.

***Apenas me disseram*** */ disseram-me apenas que não.*
Ils / elles m'ont seulement dit que non.

e/ **Verbe précédé d'un pronom ou d'un adjectif indéfini** (*todo[s], tudo, alguém, ninguém, qualquer, vários* etc.) **ayant fonction de sujet.**

***Alguém se manifestou*** */ manifestou-se alguém contra a direcção da empresa.*
Quelqu'un s'est prononcé contre la direction de l'entreprise.

***Todos eles te pediram*** */ pediram-te todos para estares presente na reunião.*
Ils t'ont tous demandé d'être présent à la réunion.

***Tudo te interessará*** */ interessar-te-á tudo.*
Tout t'intéressera.

f/ **Verbe précédé d'un disjonctif.**

***Ou se sentam*** *vocês* ***ou nos levantamos*** *nós.*
Ou vous vous asseyez ou c'est nous qui nous levons.

***Quer os veja****, quer não, telefono-lhes esta noite.*
Que je les voie ou non, je leur téléphonerai ce soir.

g/ **Verbe** se trouvant **dans une proposition où un élément est mis en relief en position initiale.**

***Graças a ela o obtivemos.***
C'est grâce à elle que nous l'avons obtenu.

***Por essa razão se despediram****.*
C'est pour cette raison qu'ils / elles ont pris congé.

h/ **Verbe au gérondif précédé de la préposition *em*** (voir n° 63).

***Em ele se vendo*** *livre do trabalho, vai passear.*
Dès qu'il a fini / aura fini son travail, il va / ira se promener.

i/ **Verbe à l' infinitif précédé de la préposition *por*, *para* ou *sem*.**

*Viemos até aqui* ***para te ver****.*
Nous sommes venus jusqu'ici pour te voir.

*Procuraram ajudá-lo* ***por o verem*** *desanimado.*
Ils / elles ont cherché à l'aider car ils / elles l'ont vu découragé.

*Não tomaremos nenhuma decisão* ***sem vos consultarmos.***
Nous ne prendrons aucune décision sans vous consulter.

**Exercice**

***1.** Mettre à la forme négative :*
1. Arrumo-os na gaveta. 2. Pomo-las no comboio. 3. Vêem-no logo. 4. Importar-te-ias (est-ce que cela te dérangerait) de vir cá?

***2.** Mettre* porque, quando, quem, talvez, alguém, *avant le verbe :*
1. Entregaram-me o programa. Porquê? 2. Vão-se embora. Quando? 3. Interessa-se pela pintura do século vinte. Quem? 4. Lembram-se todos de ti. Talvez. 5. Disse-o alguém.

## 41 Pronoms compléments o[s],a[s] après le verbe (enclise)

Lorsque les pronoms *o[s], a[s]*, suivent les verbes dont ils sont les compléments (voir n° 140), ils subissent des transformations morphologiques, sauf si les verbes se terminent par une voyelle orale (*a, e, i, o, u*).
Dans certains cas les verbes aussi subissent des transformations morphologiques.

**1 Le verbe se termine par un voyelle orale : le pronom est joint au verbe par un trait d'union, et aucun d'eux ne subit de transformation.**

***Parto-os** ao meio.*
Je les coupe au milieu.

***Escreve-as** assim que puderes.*
Ecris-les dès que tu pourras.

**2 Le verbe se termine par un son nasal : la consonne nasale *n* est ajoutée au début du pronom qui devient *no[s], na[s].***

*Eles **afixam-nos** nas paredes da sala.*
Ils les affichent sur les murs de la salle.

*A Amélia **põe-nos** ao lume.*
Amélie les met sur le feu.

**3 Le verbe se termine par *-s, -z, -r* : ces consonnes tombent et les pronoms *o[s], a[s]*** prennent un ***l*** au début : ils **se transforment en *lo[s], la[s].***

***Tu lava-los** com água quente. (lavas + os—> lava-los)*
Tu les laves à l'eau chaude.

*A Henriqueta **fá-lo** com rapidez. (faz + o —>fá-lo)*
Henriette le fait rapidement.

*O Paulo **desfê-los** a custo. (desfez + os —> desfê-los)*
Paul les a défaits avec difficulté.

*Vais* ***apresentá-los*** *uns aos outros? (apresentar + os —> apresentá-los)*
Est-ce que tu vas les présenter les uns aux autres?

*Pensam* ***recebê-las*** *pelo correio. (receber + as —> recebê-las)*
Ils / elles pensent les recevoir par la poste.

*Ele tenta* ***pô-los*** *na prateleira. (pôr + os —> pô-los)*
Il essaie de les mettre sur l'étagère.

*Devem* ***dividi-los*** *em partes iguais. (dividir + os —> dividi-los)*
Ils / elles doivent les diviser en parties égales.

▲ **Après la chute du *-r* ou du *-z*, on met un accent** sur la voyelle ouverte ou fermée qui précédait le ***r*** ou le ***z*.** Si la voyelle est **ouverte**, elle porte un **accent aigu** (c'est le cas du ***á***) ; si la voyelle est **fermée**, elle porte un **accent ciconflexe** (c'est le cas du ***ê*** et du ***ô***). La voyelle *i* ne prend pas d'accent, sauf si le verbe à l'infinitif se termine en ***-uir*** (par ex: *construir, destruir*, etc...). Dans ce cas l'accent indique que la voyelle ***i*** constitue une syllabe, ne formant pas une diphtongue avec la voyelle ***u*** : on prononce le ***i*** et le ***u*** séparément.

*Os operários estão a* ***construí-lo*** *desde ontem.*
Les ouvriers sont en train de le construire depuis hier.

▲ **Après la chute du *-s*, normalement on ne met pas d'accent** sur la voyelle qui précède car elle n'est pas accentuée, **sauf sur la voyelle *ô* du verbe *pôr* et de ses dérivés.**

*Ele* ***compô-la*** *para o próximo concerto. (compôs + a —> compô-la)*

**Exercice**

*Remplacer les noms soulignés par les pronoms personnels* o[s],a[s] :
1. Vemos <u>o João</u> na esquina da rua 2. Prefiro ler <u>os romances</u> à noite. 3. Vão fazer <u>as viagens</u> de comboio. 4. Expõe <u>os motivos</u>. 5. Penso ir buscar <u>o João e a Maria</u>. 6. Vejo <u>o programa das oito horas</u>. 7. Estão a distribuir <u>os prémios</u>. 8. Mostram <u>os bilhetes</u> ao revisor 9. Vou pedir <u>uma informação</u>. 10. Vês <u>o Luís</u> amanhã?

# 142 Pronoms personnels réfléchis

Sous cette dénomination nous réunissons les vrais pronoms réfléchis (*pronomes reflexos*) et ce que les grammaires portugaises traditionnelles appellent *partícula apassivante*.

## FORMES

A la première et à la deuxième personne du singulier et du pluriel le pronom réfléchi a la même forme que les pronoms compléments d'objet direct :

***me*** (me) ***te*** (te) ***nos*** (nous) ***vos*** (vous)

A la troisième personne du singulier et du pluriel et aux formes de vouvoiement (sauf vós) :

***se*** (sans préposition).

| | |
|---|---|
| *[eu]* ***levanto-me*** | *[nós]* ***levantamo-nos*** |
| *[tu]* ***levantas-te*** | *[vós]* ***levantais-vos*** |
| *[você, ele, ela]* ***levanta-se*** | *[vocês, eles, elas]* ***levantam-se*** |

▶ Pour l'emploi de *si* (avec préposition) voir n° 139.

▶ Pour la place de ces pronoms par rapport au verbe, voir n° 140. Noter qu'à la 1ère personne du pluriel, lorsqu'il y a enclise, le s de la terminaison verbale disparaît.

▶ Pour l'emploi de *vós, você, vocês* voir n° 174.

## EMPLOIS

### 1 Pronoms réfléchis.

a/ **Mêmes emplois en portugais et en français** : dans la plupart des cas.

***Olha-se*** *ao espelho antes de se barbear.*
Il se regarde dans la glace avant de se raser.

▲ Pour souligner le pronom on peut le mettre une première fois avant le verbe en le faisant précéder de la préposition *a*, ou simplement exprimer le pronom sujet.

***A ti, puseste-te / tu, puseste-te*** *à frente, mas esqueceste-te dos outros.*
Toi, tu t'es mis[e] devant, mais tu as oublié les autres.

b/ En portugais le pronom réfléchi ***se*** **peut être accompagné d'un autre pronom** indiquant la personne qui subit les conséquences d'une action ou qui en est affectée. C'est le contexte qui permet de préciser le sens.

*O café* ***entornou-se-me****.*
Le café s'est renversé (sans que je m'en rende compte / sans que je puisse rien faire). / Mon café s'est renversé.
*Os olhos* ***abriram-se-lhe****, quando dormia.*
Ses yeux se sont ouverts quand il / elle dormait.

c/ **Emplois spécifiques au français.**

• En français **le pronom réfléchi peut indiquer au profit ou au détriment de qui se fait l'action**. Si le contexte est clair **on ne le traduit pas**, sinon on emploie une **préposition suivie d'un pronom.**

*A Helena foi comprar sapatos.*
Helena est allée s'acheter des chaussures.

*Ela cortou uma fatia de bolo* ***para ela*** */ para si própria.*
Elle s'est coupé une part de gâteau.

• Lorsque **le pronom réfléchi est complément d'objet indirect de verbes qui ont en même temps un complément direct,** il se traduit par **un pronom précédé d'une préposition** (généralement *a* ou *para).*

Ex : s'avouer : *confessar a si mesmo* ; se construire : *construir para si mesmo* ; s'attribuer : *atribuir a si mesmo* ; s'accorder : *conceder a si mesmo* ; se faire : *fazer para si mesmo* ; se préparer : *preparar para si mesmo* ; s'imposer : *impor a si mesmo* etc.

***Impunha a si próprio*** *un ritmo rápido demais.*
Il s'imposait un rythme trop rapide.
***Disseram a si próprias*** *que não valia a pena continuar.*
Elles se sont dit que ce n'était pas la peine de continuer.

Lorsque l'action affecte **une partie du corps** on n'emploie **pas de pronom** en portugais.

*A Patrícia lava o cabelo.*
Patrícia se lave les cheveux.
*O monitor de esqui torceu o tornozelo.*
Le moniteur de ski s'est tordu la cheville.

## 2 *Partícula apassivante* : *se*

***Se*** renvoie à un élément (être ou objet) qui subit l'action, qui est passif (d'où l'appellation *partícula apassivante*). **Le verbe s'accorde avec le mot représentant cet élément et le précède** le plus souvent. Cette forme est très fréquemment employée. Elle est généralement traduite par "on" (voir n° 114), car l'agent de l'action n'est pas explicité.

***Vê-se*** *um ninho na árvore.*
On voit un nid dans l'arbre (m. à m.: un nid se voit...).
***Vêem-se*** *vários ninhos na árvore.*
On voit plusieurs nids dans l'arbre (m. à m.: plusieurs nids se voient...).
***Vendem-se*** *carros em segunda mão.*
Voitures d'occasion à vendre.

Lorsque ***se*** renvoie à un élément non explicité, le verbe est à la troisième personne du singulier.

*Durante o verão* ***come-se*** *no jardim.*
En été on mange dans le jardin.

**Exercice**

*Conjuguer au présent de l'indicatif et aux personnes indiquées les verbes mis entre parenthèses :*
1. (Tu) (lembrar-se) .............. de tudo. 2. (nós) (inclinar-se) .............. para ver melhor. 3. A Guida (portar-se).............. como uma pessoa crescida (une grande personne). 4. Elas (vestir-se) .............. sempre à pressa. 5. Vocês (instalar-se) .............. a ver televisão e os outros que façam o jantar! 6. Estava o Eduardo sentado a dormir quando os filhos (sentar-se).............. nos joelhos. 7. Sem ele poder fazer nada, viu que os olhos (inchar)..............

## 43 *Pronoms personnels sujets*

### FORMES

| | | | |
|---|---|---|---|
| ***eu*** (je, moi) | ***tu*** (tu, toi) | ***você*** (vous) | ***ele*** (il, lui) ***ela*** (elle) |
| ***nós*** (nous) | ***vocês*** (vous) | | ***eles*** (ils, eux) ***elas*** (elles) |
| | ***vós*** (vous) | | |

Il n'existe pas en portugais de formes spécifiques pour les pronoms de renforcement comme c'est le cas à certaines personnes en français.

### EMPLOIS

1 **L'emploi** du pronom personnel sujet **n'est pas obligatoire.** La plupart du temps la terminaison verbale indique la personne (ex. *parl<u>o</u>* : la terminaison -***o*** indique qu'il s'agit d'une première personne), c'est pourquoi le pronom peut être omis, et il l'est souvent. Mais si sa présence n'est pas ressentie comme une redondance, il peut être employé sans qu'il y ait une intention d'emphase.

2 **On utilise obligatoirement le pronom sujet pour éviter une ambiguïté** (lorsqu'il y a un doute sur le sujet et que la forme verbale ne peut pas le préciser), **pour créer un effet d'emphase, pour insister ou souligner une opposition.**

*Queres que **eu passe** por tua casa esta noite? (passe : 1ère ou 3ème personne)*
Tu veux que je passe chez toi ce soir ?

***Eu discordo** dessa decisão.*
Moi je ne suis pas d'accord avec cette décision.

***Eu quero** melhorar o sistema e **tu queres** mudá-lo.*
Moi je veux améliorer le système et toi tu veux le changer.

Pour insister davantage sur le pronom, **on peut le répéter**, mais **il doit toujours précéder le verbe.**

***Tu, tu não tens*** *nenhuma razão de queixa, eu sim.*
Toi, tu n'as aucune raison / Tu n'as, toi, aucune raison de te plaindre, moi oui.

*Os alunos do liceu,* ***eles, eles sabem*** *o que querem.*
Les lycéens, eux, ils savent / Les lycéens, ils savent, eux, ce qu'ils veulent.

3 Pour l'emploi de ***você, vocês*** (suivis du verbe à la 3ème personne) et de ***vós*** ( suivi du verbe à la 2ème personne du pluriel) voir n° 174.

4 Les pronoms "moi", "toi"... sont traduits par les pronoms sujets dans les cas suivants.

a/ **"C'est moi", "c'est toi"** etc. se traduisent par le verbe *ser* suivi du pronom sujet *eu, tu,* etc. Le verbe *ser* s'accorde avec le sujet. Ex. : ***sou eu, és tu, somos nós.*** On peut aussi employer l'expression *é que* : ***eu é que*** ( voir n° 28).

b/ **Après les comparatifs** *mais que, menos que, tão ... como, tanto ... como, como, o mesmo que.*

*Não tiveste* ***tanta*** *sorte* ***como eu.***
Tu n'as pas eu autant de chance que moi.

5 Lorsque **plusieurs pronoms sujets** (ou un pronom et un nom désignant une autre personne) se suivent, en français, le pronom de la première personne vient après les autres. En portugais l'ordre habituel est inverse.

***Eu e o Pedro*** *fomos ao circo.*
Pierre et moi on est allé au cirque.

6 Dans la langue familière on peut souligner *eu* ou *nós* par *cá* (***eu cá***) ainsi que *ele, ela, eles, elas, você, vocês* par *lá* (***ele lá***).

*Não te preocupes.* ***Eles lá*** *se arranjam!*
Ne t'inquiète pas. Ils se débrouillent !

## Exercice

*Traduire :*
1. Je ne pense pas rester, et toi, tu restes ? 2. Nous partirons, mes enfants et moi, demain matin et mon mari, lui, viendra nous rejoindre (ir ter connosco) ensuite. 3. Ils vont déjeuner, et nous, qu'est-ce que nous allons faire ? 4. Tu as écrit plus de cartes de voeux (cartões de boas festas) que moi.

q

## 44 Qualquer, quaisquer

Cet indéfini est **très employé** en portugais. Il n'a que deux formes, l'une pour le singulier (*qualquer*), l'autre pour le pluriel (*quaisquer*).

1 **Nom + *qualquer* / *quaisquer*.** L'indéfini indique que ce qui est désigné par le nom est indéterminé ou inconnu. Suivant le contexte, il peut se traduire de différentes façons, par exemple par "quelconque", "quelque", "je ne sais quel[le]", "n'importe quel[le]" etc. Alors que le mot français "quelconque" prend assez fréquemment le sens de "insignifiant", "banal", cette valeur dépréciative est moins souvent attachée au mot *qualquer* et elle doit être clairement exprimée par le contexte ou l'intonation.

*– Se **por uma razão qualquer,** a Margarida não puder vir, previna-me.*
– Si pour une raison quelconque, vous ne pouvez pas venir, Margarida, prévenez-moi.

*Ouvimos **uns discos quaisquer**.*
On a écouté des disques, n'importe lesquels.

2 ***Qualquer* / *quaisquer* + nom** : sens de "n'importe quel[le]".

*Aqui, **qualquer restaurante** serve refeições rápidas.*
Ici, n'importe quel restaurant sert des repas rapides.

***Qualquer pessoa** sabe que a terra é redonda.*
Tout le monde sait que la terre est ronde.

3 ***Qualquer* / *quaisquer que + ser* au subjonctif :** sens de "quel[s] / quelle[s] que" + "être" au subjonctif.

***Quaisquer que sejam os comprimidos**, não os consigo engolir.*
Quels que soient les comprimés, je n'arrive pas à les avaler.

***Qualquer que fosse** a nossa opinião, ele não a tomaria em conta.*
Quel que soit notre avis, il n'en tiendrait pas compte.

### Pour aller plus loin

***uma coisa qualquer***
n'importe quoi

***qualquer outro***
quelqu'un d'autre,
n'importe qui d'autre

***é qualquer coisa!***
ce n'est pas rien ! c'est quelque chose !

***qualquer um***
n'importe qui, n'importe lequel

**Exercice**

*Traduire en employant* qualquer *ou* quaisquer *:*
1. On a traversé je ne sais quel pont. 2. Donne-moi un crayon, n'importe lequel. 3. Quels que soient les journaux, on trouve la même nouvelle en première page. 4. N'importe qui d'autre aurait échoué (fracassar) 5. Elle m'a dit quelque chose mais je n'ai rien compris.

## 145 *Quelque[s] / quel[s] que (traduction)*

1 **"Quelque[s]", adjectif indéfini**, se traduit par ***algum, alguns, alguma[s].***
Noter que l'article indéfini pluriel *uns, umas* peut aussi avoir le sens de "quelques" (voir n° 17).

***Vimos alguns** / **uns** barcos no mar.*
Nous avons vu quelques bateaux sur la mer.
***Alguma** coisa se há-de resolver!*
Il faudra bien décider quelque chose !

▲ La locution "quelque chose" se traduit par *alguma coisa* ou *qualquer coisa* (ou, dans un registre soigné, par *algo).* En français, lorsque cette locution est suivie d'un adjectif, celui-ci se met au masculin et est précédé de la préposition "de" alors qu'en portugais généralement il s'accorde avec *coisa* et n'est précédé d'aucune préposition. On peut trouver, mais plus rarement, la préposition *de* suivie de l'adjectif au masculin.

*Há **qualquer coisa enternecedora** / qualquer coisa de enternecedor neste quadro.*
Il y a quelque chose d'attendrissant dans ce tableau.

2 **"Quelques" précédé d'un déterminant** (article défini, adjectif démonstratif ou possessif) se traduit par ***poucos/as*** **précédé du déterminant.**

***As poucas viagens** que tivemos oportunidade de fazer agradaram-nos muito.*
Les quelques voyages que nous avons eu l'occasion de faire nous ont beaucoup plu.
*Não é com **esses teus poucos dólares** que vais atravessar a América.*
Ce n'est pas avec tes quelques dollars que tu vas traverser l'Amérique.

3 L'expression **"et quelque[s]"** s'ajoutant à un nombre pour indiquer qu'il est dépassé, se traduit par ***e tal***.

*Conto voltar às **dez e tal.***
Je compte revenir à dix heures et quelque.
*Foi **nos anos sessenta e tal** que se encontraram.*
C'est dans les années soixante et quelques qu'ils / elles se sont rencontré[e]s.

4 **"Quelque", invariable, suivi d'un adjectif ayant un sens restrictif et de "que" + subjonctif** a un sens concessif et peut se traduire par différentes constructions concessives. La plus courante est *por* + adj. + *que*. En général *por* est suivi de *mais* ou de *muito* (voir n° 34).

***Por mais / muito provocantes que sejam** os slogans dos manifestantes, o presidente mantém-se silencioso.*
Quelque provocants que soient les slogans des manifestants, le président reste silencieux.

▲ La construction française appartient à un registre plus soigné que les constructions portugaises.

5 **"Quel[s] / quelle[s] que" + 3ème personne du subjonctif du verbe "être"** se traduit par **qualquer / quaisquer que + subjonctif.**

***Qualquer que fosse** o critério, deveriam tê-lo explicitado.*
Quel que soit / fût le critère, ils / elles auraient dû l'expliciter.
***Quaisquer que sejam** as sugestões, farão como muito bem entenderem.*
Quelles que soient les suggestions, ils / elles feront comme ça leur plaira.

▲ La construction française "quelque[s]" + nom + "que" + subjonctif (ex : quelque demande qu'il présente) n'a pas d'équivalent en portugais. Pour la traduire il faut donc revenir à la construction précédente (ex : quelle que soit la demande qu'il présente).

*Qualquer que seja o pedido que apresentar, a resposta será negativa.*
Quelque demande qu'il présente, la réponse sera négative.

**Pour aller plus loin**

"Quelque peu" + adjectif ou adverbe = *um pouco* + adjectif ou adverbe.

**Exercice**

*Traduire :*
1. Quelle qu'en soit la raison, je ne suis pas d'accord avec toi. 2. Quelques sujets (assuntos) sont trop difficiles pour un débat à la télévision. 3. Quelque position qu'il prenne, il l'emportera (ganhar). 4. Les quelques amis que nous avons ici ont fait comme nous : ils ont pris (tirar) quelques jours de vacances. 5. Ces quelques jours de vacances leur ont fait du bien.

## 6 Quem, que, quê, qual, quais *(interrogatifs et exclamatifs)*

### 1 *Quem.*

Il est **pronom** et se réfère à des **personnes**.

Sujet, il se traduit par "qui", "qui est-ce qui". Complément il se traduit par "qui", "qui est-ce que".

***Quem*** *havia de dizer!*
Qui [est-ce qui] l'aurait dit !
***Quem*** *despediram?*
Qui ont-ils renvoyé ? / Qui est-ce qu'ils ont renvoyé ?
***Com quem*** *jogaste ténis?*
Avec qui as-tu joué au tennis ?

**2** ***Que.***

a/ **Pronom :** se réfère à des **choses** = "qu'est-ce qui" (sujet), "qu'est-ce que", "que", "quoi" (compléments d'objet). Il peut être précédé de *o* (*o que*, voir n° 113).

***[O] que*** *apareceu no céu?*
Qu'est-ce qui est apparu dans le ciel ?
***[O] que*** *podia eu fazer?!*
Qu'est-ce que je pouvais faire ? ! / Que pouvais-je faire ? !
*Com* ***[o] que*** *jogaste ténis se não tens raquetes?*
Avec quoi as-tu joué au tennis si tu n'as pas de raquettes ?

b/ **Adjectif suivi d'un nom** (épithète) = "quel[s]", "quelle[s]".

***Em que hotel*** *reservaste o quarto?*
Dans quel hôtel as-tu réservé une chambre ?
*Não sabemos* ***que reacções*** *terá ele.*
Nous ne savons pas quelles réactions il aura.
*Que* ***maravilha*** *este aparelho!*
Quelle merveille cet appareil !

▶ Lorsque *que* exclamatif est suivi d'un nom et d'un adjectif, celui-ci peut être souligné par *tão* ou par *mais* (voir n° 163).

***Que flores tão bonitas!*** / ***Que flores mais bonitas!***
Quelles belles fleurs !

c/ **Exclamatif suivi d'un adjectif** = "qu'est-ce que", "que".

***Que estúpido*** *que eu sou!*
Qu'est-ce que / Que je suis bête !

**3** ***Quê.***

a/ **Pronom :** s'emploie en fin de phrase ou après le verbe dont il est le complément.

▶ Pour l'emploi de *o* devant *quê* voir n° 113.

*Temperaste a salada* ***com quê?***
Tu l'as assaisonnée avec quoi la salade ?

*O médico disse **o quê** da tua doença?*
Qu'est-ce que le médecin a dit de ta maladie ?

b/ **Exclamatif** ayant le sens d'une interjection.

*[O] **quê!** Aquele miúdo fugiu de casa?*
Quoi ! Ce gosse a fait une fugue ?

## 4 *Qual, quais.*

a/ **Pronoms** = "lequel", laquelle", "lesquel[le]s".

***Quais** [deles] se apresentaram?*
Lesquels [d'entre eux] se sont présentés ?
***Quais** compras, as nêsperas ou as cerejas?*
Lesquelles achètes-tu, les nèfles ou les cerises ?
*Não sabemos ainda **qual dos programas** vamos escolher.*
Nous ne savons pas encore lequel des programmes nous allons choisir.
***Por qual** optas? Pelo verde ou pelo azul?*
Pour lequel te décides-tu ? Pour le vert ou pour le bleu ?

b/ **Adjectifs** employés avec le verbe *ser* (attributs) = "quel[s]", "quelle[s]".

***Qual é** o cirurgião que vai operá-lo?*
Quel est le chirurgien qui va l'opérer ?
*Não sabíamos **quais seriam** as reacções dele.*
Nous ne savions pas quelles seraient ses réactions.

c/ ***Qual* exclamatif épithète** a un sens ironique. Il peut être renforcé par l'expression ***qual nada.***

***Qual vida!** Isto não é vida!*
Qu'est-ce que c'est que cette vie ?! Ce n'est pas une vie, ça !
***Qual / quais progressos qual nada!***
Des progrès, ah ! oui, parlons-en !

d/ L'interjection ***qual quê!*** indique la surprise et le refus. Employée comme réponse à une question elle a un sens négatif.

– *Ele é muito simpático.* – ***Qual quê!** Ninguém pode com ele!*
– Il est très sympathique. – Quoi ! Mais personne ne peut le supporter !
– *Escreveram-te durante as férias?* – ***Qual quê!***
– Est-ce qu'ils / elles t'ont écrit pendant les vacances ? – Pas du tout !

### Exercice

*Compléter et traduire :*
1. O ...... podemos fazer mais? 2. Com ...... vieste, com o João ou com o Carlos? 3. ...... está a falar? 4. ...... simpático que ele é! 5. ...... é a melhor marca? 6. Por ...... preferes começar? Pelo romance policial ou pelo romance de ficção científica?

## 147 Questão (expressions courantes avec -)

1 ***É uma questão de*** = "c'est une question de".

***É uma questão de bom senso.***
C'est une question de bon sens.

2 ***É [uma] questão de*** = "environ" (l'article indéfini est facultatif).

*– Ainda te falta muito para acabar o livro? – Não,* ***é [uma] questão de trinta páginas.***
– Il te reste encore beaucoup de pages à lire pour arriver à la fin ? (m.à m. : il te manque beaucoup pour finir le livre) – Non, une trentaine environ.

3 ***É [uma] questão de*** (portant sur le futur), ***há questão de*** (portant sur le passé) = "environ".

*Estou quase a acabar,* ***é [uma] questão de cinco minutos.***
J'ai presque fini, j'en ai pour cinq minutes à peu près.
*Vieram visitar-nos* ***há questão de duas semanas.***
Ils / elles sont venu[e]s nous rendre visite il y a environ deux semaines.

4 ***É [uma] questão de*** **+ infinitif** sert à introduire une solution possible à la suite d'un événement.

*– A maré está cheia, não podemos passar pela praia. –* ***É uma questão de passarmos pela estrada.***
– La mer est haute, on ne peut pas passer par la plage – Alors passons par la route.
*– Os autocarros vão muito cheios. –* ***É uma questão de tomarmos*** *o metro.*
– Les bus sont bondés. – Eh bien, on peut prendre le métro.

5 ***Fazer questão que*** **+ subjonctif**, ***fazer questão em*** **+ infinitif** (si le sujet est le même) = "tenir à".

– ***Faço questão que venham*** *cá jantar um dia destes.*
– Je tiens à ce que vous veniez dîner un de ces jours.
***Fazemos questão em ir à Bolívia.***
Nous tenons à aller en Bolivie.

### Exercice

*Traduire en employant une expression avec* questão *:*
1. – Tu en as pour longtemps (demorar) ? – A peu près une demi-heure. 2. Elle a tenu à ce qu'on reste dîner. 3. – On ne peut pas téléphoner. – Alors, écrivons ! 4. – Il y a plein d'embouteillages (engarrafamentos) sur la route. – Alors, on va aller par l'autoroute (auto-estrada). 5. Il est revenu de vacances il y a une quinzaine de jours.

## 48 Question : il est question de / que

**1** Pour évoquer une **éventualité : *diz-se, dizem, fala-se, falam.***

***Diz-se / dizem que** vão demolir todos estes prédios.*
Il est question qu'ils démolissent tous ces immeubles.
***Fala-se / falam em** construir aqui um arranha-céus.*
Il est question de construire ici un gratte-ciel.

**2** Pour évoquer le sujet d'un ouvrage, d'une conversation, etc. : ***trata--se, fala-se.***

*Na conversa que tive com ele, **tratou-se / falou-se de** diferentes alternativas para o problema do orçamento.*
Dans la conversation que j'ai eue avec lui, il a été question de différentes alternatives pour le problème du budget.
*É um programa em que **se fala / se trata** das exclusões sociais devidas à sida.*
C'est une émission où il est question des exclusions sociales dues au sida.

**3** **"Il n'est pas question de / que" : *nem pensar [em]* + infinitif ou *nem pensar em* + nom / pronom ou *nem pensar que* + subjonctif.**

***Nem pensar [em] deixar** as crianças atravessar a estrada sozinhas!*
Pas question de laisser les enfants traverser la rue seuls !

***Nem pensar [em] nós assinarmos / que assinemos** tal petição!*
Pas question qu'on signe une telle pétition !

***Nem pensar nisso!***
Il n'en est pas question !

**Exercice**

*Traduire :*
1. Il est question d'augmenter les loyers (rendas) de notre immeuble (prédio). 2. Il a été question de politique pendant tout le repas. 3. Il est question que la nouvelle autoroute (auto-estrada) passe pas très loin d'ici. 4. Dans le livre que je suis en train de lire il est question d'expériences spatiales. 5. Il n'est pas question que je cède (ceder quanto a) sur ce point !

# r

## 149 Re- préfixe de répétition (traduction)

### 1 Par le préfixe correspondant *re-*. L'emploi de ce préfixe est plus limité en portugais qu'en français.

● Quelques **mots courants** formés avec le préfixe ***re-*** (nous n'indiquons ici que les verbes mais les noms et adjectifs correspondants admettent aussi le préfixe) :

*readmitir* (réadmettre), *reactivar, readaptar, reafirmar, reagir, reajustar, reanimar, reaparecer* (réapparaître), *reaprender, rearmar, recair* (retomber), *reconduzir* (reconduire), *reconhecer* (reconnaître), *reconverter* (reconvertir), *recriar* (recréer), *refazer, regelar* (regeler, reglacer), *reintegrar, realojar* (reloger), *reler* (relire), *renascer* (renaître), *repor* (remettre), *repovoar* (repeupler), *reproduzir* (reproduire), *retomar* (reprendre).

● Quelques verbes formés avec le préfixe ***re-*** moins couramment employés que les constructions indiquées en 2 ou 3 :

*reaquecer* (réchauffer), *redizer* (redire), *revender* (revendre), *rever* (revoir ; mais *rever* n'est guère employé que dans le sens de “réviser”), *reviver* (revivre).

▲ Quelques verbes courants français admettant le préfixe “re-” alors que le verbe correspondant portugais ne l'admet pas (on emploie alors les expressions indiquées en **2** et **3**) :
recoiffer, recoller, recopier, rejoindre, relaver, relier, relever, remontrer, se remettre, replonger, revenir.

### 2 Par les verbes *voltar* ou *tornar* (moins employé) suivis de *a* + infinitif.

*Penteaste-te e **voltaste a pentear-te** / **tornaste a pentear-te** e ainda tens os cabelos em pé!*
Tu t'es coiffé[e] et recoiffé[e] et tu as encore les cheveux tout ébouriffés !

### 3 Par l'une des expressions suivantes : *de novo, novamente, outra vez, mais uma vez, mais duas* (*três, quatro...*) *vezes.*

*É uma oportunidade que não **encontrarei de novo**.*
C'est une occasion que je ne retrouverai pas.

– *O Senhor pode* ***examinar outra vez*** *o meu processo de candidatura?*
– Monsieur, est-ce que vous pouvez réexaminer mon dossier de candidature ?
*Só* ***jogas mais duas vezes****?*
Tu ne rejoues que deux fois ?

**Exercice**

*Traduire :*
1. J'avais tout oublié, mais je relis les instructions. 2. Je vais devoir (ter de) relaver mes pantalons. 3. Cette plante était presque morte mais maintenant au printemps elle revit. 4. Je n'ai pas eu le temps de recopier tout l'exercice. 5. Il a beaucoup aimé le dessert (sobremesa) et il s'est resservi trois fois.

## 50 Regrets *(exprimer des-)*

**1** Les formules les plus courantes sont les suivantes.

a/ L'exclamation ***que pena!*** ou l'expression ***ter pena.***

***Que pena eles terem-se atrasado / que se tenham atrasado!***
Quel dommage qu'ils soient en retard !

*Elas* ***têm pena de não poderem*** *vir à festa.*
Elles regrettent de ne pas pouvoir venir à la fête.

***Tenho muita pena****, mas já são horas.*
Je suis désolé[e], mais c'est l'heure.

b/ L'adverbe ***infelizmente.*** Il précède généralement ce qui motive les regrets.

***Infelizmente*** *não podemos participar na reunião.*
Malheureusement nous ne pouvons pas participer à la réunion.

c/ Le verbe ***lamentar*** suivi de ***muito.***

***Lamento muito****, mas hoje não estou despachado antes das dez horas.*
Je regrette [beaucoup], mais aujourd'hui je ne serai pas prêt avant dix heures.

**2** **Dans un registre plus soigné** on emploie le verbe ***lamentar*** ou l'expression ***sentir muito.*** Celle-ci est surtout utilisée lors d'événements ayant une certaine gravité.

*Senhores passageiros,* ***lamentamos o atraso.***
Messieurs les passagers, veuillez nous excuser pour ce retard. (m.à m. : nous regrettons ce retard)

– ***Sentimos muito****, mas não encontramos o bilhete de identidade da senhora.*
– Nous sommes désolés, mais nous ne trouvons pas votre carte d'identité, Madame.

**Exercice**

*Traduire :*
1. Je suis malheureusement incapable de vous répondre, Madame. 2. Quel dommage que ce bel arbre ait une maladie ! 3. Nous regrettons d'être obligés de l'abattre. 4. Nous sommes au regret de vous annoncer que l'avion ne pourra pas décoller (levantar voo) ce soir en raison (devido a) du brouillard. 5. Je regrette de t'avoir dérangé.

## 151 Relatifs : *quem, que, o/a qual, os/as quais*

### 1 *Quem,* invariable, se réfère toujours à des personnes.

a/ **Sans antécédent.** Il est toujours **sujet**. Il peut avoir un sens de singulier ou de pluriel (= "celui qui" ou "ceux qui") mais le verbe qui le suit est toujours au singulier.

***Quem souber*** *onde estão as chaves, diga, por favor.*
Que celui qui sait où sont les clés, veuille bien le dire. / Que ceux qui savent où sont les clés, veuillent bien le dire.

b/ **Avec antécédent et précédé d'une préposition.**

***A pessoa com quem*** *falei é nossa vizinha.*
La personne avec qui j'ai parlé est notre voisine.

***A criança a quem*** *enviei um presente é o meu primo.*
L'enfant à qui j'ai envoyé un cadeau est mon cousin.

***Os escritores de quem*** *estão a falar viveram no século dezanove.*
Les écrivains dont ils parlent ont vécu au dix-neuvième siècle.

Avec la préposition *de* il est fréquent, dans le langage oral courant, de remplacer *quem* par *que* (ex : *A pessoa de que falei.* La personne dont j'ai parlé.)

### 2 *Que.*

a/ **Avec antécédent et sans préposition.** Il peut être **sujet** (= **"qui"**) **ou complément d'objet** (= "**que**"), son antécédent peut être une personne ou une chose.

*Os pássaros* ***que*** *voam para longe não voltam mais.*
Les oiseaux qui s'envolent au loin ne reviennent plus.

*Os amigos **que** tínhamos visitado no ano passado já se mudaram.*
Les amis auxquels nous avions rendu visite l'année dernière ont déjà déménagé.

▲ Lorsque le relatif ***que*** **est sujet**, dans un **registre soigné** et pour des raisons de clarté parfois, ou pour le rythme de la phrase, ou pour représenter l'antécédent avec plus de relief, il peut être remplacé par ***o/a qual, os/as quais.***

*O encenador apresentou os actores da peça **que** / **os quais** foram calorosamente aplaudidos.*
Le metteur en scène présenta les acteurs de la pièce qui / lesquels furent chaleureusement applaudis.

b/ **Avec antécédent et précédé d'une préposition. L'antécédent est une chose ou un être animé non humain**, au singulier ou au pluriel (= lequel, laquelle, lesquels, lesquelles).

***Os utensílios com que** arranjei os canos estão no armário.*
Les outils avec lesquels j'ai réparé les tuyaux sont dans l'armoire.
***O cão com que** passeei esta tarde está na casota.*
Le chien avec lequel je me suis promené[e] cet après-midi est dans sa niche.

### 3 *O/a qual, os/as quais,* sont obligatoirement employés dans les cas suivants.

a/ **Après certaines prépositions** comme *durante, entre, mediante, para, perante, segundo, sob.*

*O tempo **durante o qual** falou, foi limitado a quinze minutos.*
Le temps pendant lequel il / elle a parlé, a été limité à quinze minutes.
*Foram apresentados vários actores **entre os quais** os que venceram no festival.*
On a présenté plusieurs acteurs parmi lesquels ceux qui ont gagné au dernier festival.
*As informações **segundo as quais** o acidente foi grave, são falsas.*
Les informations selon lesquelles l'accident a été grave, sont fausses.

b/ **Après certains pronoms indéfinis** (*algum, nenhum, muitos, poucos, vários, qualquer*)**, après des numéraux et des superlatifs.**

*A fábrica tinha três ou quatro camionetas de carga, **algumas das quais** em mau estado.*
L'usine avait trois ou quatre petits camions dont quelques-uns en mauvais état.
*Tiveram **seis** dias de férias, **dos quais** três foram passados no campo.*
Ils / elles ont eu six jours de congés dont trois ont été passés à la campagne.
*Foram apresentados **óptimos** vinhos, **dos quais** o Dão foi o mais apreciado.*
On a présenté de très bons vins dont le plus apprécié a été le Dão.

**4** **Après *ao lado de, através de, em relação a,*** *on emploie* ***o/a qual, os/as quais*** ou ***quem*** mais jamais *que.*

*Os marinheiros **ao lado dos quais / ao lado de quem** estão os fotógrafos partem para a América.*
Les marins au côté desquels se trouvent les photographes partent pour l'Amérique.
*O mensageiro **através do qual / através de quem** chegou a notícia recebeu uma recompensa.*
Le messager par l'intermédiaire duquel la nouvelle est arrivée a reçu une récompense.
*A gravação **em relação à qual** exprimiu o seu desacordo é de má qualidade.*
L'enregistrement à propos duquel il / elle a exprimé son désaccord est de mauvaise qualité.

**5** **Après *sobre*** on emploie ***que*** ou ***o/a qual, os/as quais.***

*O tema **sobre que / sobre o qual** dissertou foi uma novidade.*
Le thème sur lequel il / elle a disserté a été une nouveauté.

**6** Après les prépositions monosyllabiques ***a, com, de, em, por*** on emploie **plutôt *que***, ou ***quem*** si l'antécédent est une personne, **l'emploi de *o/a qual, os/as quais* étant limité à un registre soigné.**

*Eis a quinta **a que / à qual** ninguém veio desde o ano passado.*
Voici la ferme dans laquelle personne n'est venu depuis l'année dernière.
*Os jornalistas **com quem / com os quais** tivemos um encontro estão na conferência de imprensa.*
Les journalistes avec qui / avec lesquels nous avons eu une entrevue sont à la conférence de presse.
*O assunto **de que / do qual** se falou ainda não está resolvido.*
L'affaire dont on a parlé n'est pas encore réglée.
*As soluções **em que / nas quais** eles pensaram não foram aceites.*
Les solutions auxquelles ils ont pensé n'ont pas été acceptées.
*A razão **por que / pela qual** não veio permanece um mistério.*
La raison pour laquelle il / elle n'est pas venu[e] reste un mystère.

## Exercice

*Compléter à l'aide d'un relatif et éventuellement d'une préposition :*
1.Eis a questão ............ ninguém pensou (pensar em). 2. O público perante............ representaram a peça era muito exigente. 3. Fizeram três bolos ............ um ficou queimado. 4. Escreveu ao João Pinto ............ lhe respondeu rapidamente. 5. Os desportos ............ o André pratica são muito violentos. 6. As férias durante............ mais descansámos passámo-las no Minho. 7. Os soldados ............ chegaram terminaram o serviço militar. 8. ............ não puder aceitar o convite deve escrever.

## 152 Remercier

**1** **Avec l'adjectif *obrigado/a*** seul, ou précédé de ***muito*** ou de ***muitíssimo*** (avec plus de déférence) ou de ***mais uma vez.*** Le complément (nom ou infinitif) est introduit par la préposition *por.* *Obrigado/a* peut être suivi de *minha senhora* (merci, Madame), mais jamais de *senhor* seul sans un nom. "Merci, Monsieur" se traduit donc simplement par *obrigado/a.*

***Mais uma vez muito obrigado pelo*** *vosso acolhimento.*
Merci encore / Encore une fois merci pour votre accueil.

***Muitíssimo obrigada por me terem ajudado.***
Merci infiniment de m'avoir aidée.

***Obrigadíssima pelo*** *presente.*
Mille mercis pour votre cadeau.

Le diminutif ***obrigadinho/a*** et le superlatif ***obrigadíssimo/a*** ne s'emploient que lorsqu'il y a une assez grande familiarité entre les interlocuteurs.

**2** **Avec le verbe *agradecer*.** Attention : il ne se construit pas comme le verbe "remercier".

***Agradeço muito à Senhora as informações*** *que me deu.*
Je vous remercie beaucoup, Madame, pour les renseignements que vous m'avez donnés.

***Agradecemos a todos o passeio*** *que nos ofereceram.*
Nous vous remercions tous pour la promenade que vous nous avez offerte.

*Senhor Pires,* ***agradeço-lhe muito o cartão*** *de boas-festas que me enviou.*
Monsieur Pires, je vous remercie beaucoup pour la carte de voeux que vous m'avez envoyée.

**Pour aller plus loin**

*Ces formules sont souvent accompagnées d'autres phrases qui expriment indirectement des remerciements. Quelques exemples :*

– ***Graças aos Senhores*** *podemos continuar a viagem.*
– Grâce à vous, Messieurs, nous allons pouvoir continuer notre voyage.
– ***A senhora é muito amável em me levar*** *a casa.*
– C'est très gentil de votre part, Madame, de me ramener chez moi.
– ***O Senhor é muito amável.***
– Vous êtes très aimable./ C'est très aimable à vous.
– ***Não devia / não era preciso estar-se a incomodar comigo.***
– Il ne fallait pas vous déranger pour moi.

**Exercice**

*Remercier (en quelques phrases) dans les situations suivantes :*
1. en quittant des amis chez lesquels vous venez de passer le week-end. 2. en quittant un collègue (que vous ne tutoyez pas) chez qui vous avez déjeuné et passé une partie de l'après-midi. 3. sur la route, au moment de repartir, alors que quelqu'un vient de vous aider à faire redémarrer votre voiture.

## 153 Répondre à une question

**1 En répétant le verbe :** c'est la façon de répondre la plus courante.

a/ **Réponse affirmative.**

● Le verbe peut être précédé ou suivi de ***sim,*** cette dernière tournure étant plus polie.

– *A Maria Luísa foi ao dermatologista?* – ***[Sim] fui*** / – ***Fui, [sim].***
– Maria Luísa, est-ce que vous êtes allée chez le dermatologue ?
– Oui [j'y suis allée].

● Quand *sim* précède le verbe, il est possible de le répéter :
– ***Sim, sim, fui.***

● Quand le verbe n'est pas précédé de *sim*, il est possible de le répéter et éventuellement de le faire suivre de *sim* :
– ***Fui, fui, [sim].***

● L'emploi de *sim* sans le verbe est très rare.

▲ Quand le verbe est précédé de *sim* ou s'il est répété, il peut être accompagné de son sujet et de son complément.

– ***Sim, [eu] fui ao dermatologista.***
– ***Fui, [eu] fui ao dermatologista.***

▲ Quand le verbe est accompagné d'un pronom complément, en général il est repris sans ce pronom. Lorsque le pronom est repris, c'est pour insister, et il est le plus souvent accompagné de *pois* ou de *sim*.

– *Eles ameaçaram-no?* – ***Ameaçaram.*** – ***Ameaçaram-me, pois / sim.***
– Est-ce qu'ils vous ont menacé ? – Oui – Mais oui, ils m'ont menacé.

▲ *Sim* suivi de *senhor*, *senhora* n'est pas employé pour marquer une certaine déférence, sauf dans un langage populaire. Dans la langue familière cette expression a un autre emploi, elle renforce une affirmation, après une hésitation, quelle que soit la façon dont on s'adresse à l'interlocuteur (avec *tu* ou le prénom, le nom, etc.) : *Vamos, sim senhor!* : Bien sûr qu'on y va !

b/ **Réponse négative.**

● Le **verbe** est **toujours précédé de *não*** et cette négation est généralement répétée avant le verbe ; elle peut aussi l'être après.

– *Vocês levaram o carro à garagem?* – ***Não, não levámos / Não levámos, [não].***
– Est-ce que vous avez emmené la voiture au garage ? – Non [on ne l'a pas emmenée].

- La répétition du verbe n'est pas possible dans une réponse négative, sauf si on veut insister sur la négation avec une certaine agressivité, mais dans ce cas le verbe est répété trois fois et la troisième fois il est précédé de *e* : – ***Não levámos, não levámos e não levámos***.

- L'emploi de *não* sans le verbe est possible mais peu poli.

- *Não* suivi de *senhor, senhora* est employé dans les mêmes conditions que *sim* (voir ci-dessus).

2 **En répétant *já* ou *também*** quand ces adverbes figurent dans la phrase interrogative. Ils peuvent être accompagnés ou non du verbe ou des adverbes *sim* ou *não*. Dans une réponse négative, *já* est remplacé par *ainda*.

– *O avião já levantou voo?*
– ***Já. / Sim, já. / Já, sim. / [Sim], já levantou voo.***
– Est-ce que l'avion a déjà décollé ? – Oui [il a déjà décollé].
– ***Ainda não. / Não, ainda não. / [Não], ainda não levantou voo.***
– Non, pas encore.
– *O carteiro também trouxe uma encomenda para mim?*
– ***Também. / Sim, também. / [Sim] também trouxe.***
– Est-ce que le facteur a aussi apporté un colis pour moi ? – Oui.
– *Ele não está pronto. E ela?* – ***Também não. / Também não está [pronta].***
– Il n'est pas prêt. Et elle ? – Elle non plus [elle n'est pas prête].

3 **En ajoutant *pois*.**

a/ Avant ou après le verbe ou les adverbes *já* ou *também*.

– *Foi o João Luís que pintou este quadro?* – ***Pois fui / Fui, pois.***
– C'est vous, João Luís, qui avez peint ce tableau ? – Mais oui [c'est moi].

| | |
|---|---|
| – *Já encheste o depósito?* | – ***Pois, já. / Já, pois.*** |
| – Tu as déjà fait le plein ? | – Oui, oui. / Oui, bien sûr. |

b/ Avant *sim* ou *não*.

– *Traz-nos mais uma garrafa de vinho tinto?* – ***Pois sim [trago].***
– Est-ce que vous pouvez nous apporter une autre bouteille de vin rouge ? – Oui, bien sûr.

Cette tournure, employée pour une réponse polie, peut correspondre aux formules françaises “oui, Monsieur”, “oui, Madame” etc. *Pois* ne s'emploie avec *não* que placé avant lui et si la question est à la forme négative.

– *Não são vocês os culpados do acidente?* – ***Pois não, [não somos].***
– Vous n'y êtes pour rien dans cet accident ? – Bien sûr que non.

**4** Dans une réponse, **pour renforcer une affirmation ou une négation,** les expressions les plus courantes sont : ***claro*** (bien sûr), ***evidentemente*** (évidemment), ***[é] claro que*** (bien sûr que), ***é evidente que, evidentemente que...***

*Pois* se combine très souvent avec *claro.*

***Pois claro que sim*** : bien sûr que oui.

**Pour aller plus loin**

***Ora essa!*** Dans le sens de "ça alors", "bien sûr que oui / non", cette expression est très souvent associée à la tournure *haver de* + infinitif. Elle peut avoir d'autres sens, notamment en réponse à des formules de remerciements ou d'excuses ("il n'y a pas de quoi" ; "je vous en prie").

– *A camioneta para o Porto pára em Aveiro? – Ora essa! [Então] não havia de parar!*
– L'autocar pour Porto s'arrête à Aveiro? – Ça alors ! Pourquoi est-ce qu'il ne s'y arrêterait pas ? (m. à m. : (alors) il ne devrait pas s'y arrêter !)

***Isso [é que]***
– *Não vais plantar as tulipas no vaso? –* ***Isso não****! /* ***Isso é que não vou!***
– Tu ne vas pas planter les tulipes dans le pot ? – Ça non [sûrement pas] !

– *Queres que te faça um bolo? –* ***Isso, sim****! /* ***Isso é que eu quero****!*
– Tu veux que je te fasse un gâteau ? – Ah, oui ! / Ah, ça, je veux bien !

***Isso sim!*** (ah, ça oui ! = pas du tout). C'est l'intonation qui permet de comprendre que la réponse est ironique et donc négative.
– *Eles ajudam-te a limpar a casa? –* ***Isso sim!***
– Ils t'aident à faire le ménage ? – Tu parles [comme ils m'aident] !

***Nem pensar!*** *(pas question !)*
***Qual quê!*** (voir n° 146)

**Exercice**

*1. Répondre affirmativement, puis négativement, aux questions suivantes, en donnant toutes les solutions possibles :*
1. – O despertador já tocou (sonner) ? 2. – Deram-to?

*2. Répondre en portugais aux deux questions suivantes en tenant compte de la réponse qui vous est donnée en français :*
1. – Vocês não vão fazer o circuito turístico? (– Ça non [sûrement pas] !) 2. – Aconselhas-me esta marca? (– Oui, bien sûr.)

# S

## 54 Santo, São, Santa

1 ***São*** est une forme abrégée (apocope) de *Santo* qui **s'emploie devant les noms de saints commençant par une consonne** (sauf *h*). Abréviation commune : *S.*

*São Pedro*
saint Pierre
*São João*
saint Jean
*São José*
saint Joseph
*Santo António*
saint Antoine
*Santo André*
saint André
*Santo Hilário*
saint Hilaire

2 Devant un nom de sainte on emploie toujours *Santa.*

*Santa Teresa*
sainte Thérèse
*Santa Helena*
sainte Hélène
*Santa Isabel*
sainte Isabelle

3 *São, Santo, Santa* suivis du nom d'un saint sont **toujours écrits avec une majuscule** alors qu'en français "saint", "sainte" ne prennent une majuscule que lorsqu'il s'agit d'une fête, d'une église, d'une localité, etc., et dans ce cas ils sont reliés au nom par un trait d'union. Le mot fête peut être omis : l'article qui le précédait reste en français, mais pas en portugais.

***O dia de Santo António*** *(13 de junho) é dia feriado em Lisboa.*
Le jour de la Saint-Antoine (13 juin) est un jour férié à Lisbonne.
*No Porto, o feriado municipal é* ***no dia de São João****.*
A Porto, le jour férié municipal, c'est le jour de la Saint-Jean.

**Exercice**

*Mettre* Santo, São, Santa *devant les noms suivants :*

| | | | |
|---|---|---|---|
| Jorge | Eduardo | Anselmo | Inês |
| Paulo | Miguel | Catarina | Hermenegildo |

## 55 Sempre (traduction)

1 Par "**toujours**". *Sempre* est généralement placé après le verbe, sauf si on veut le mettre en relief. ***Nem sempre*** = "**pas toujours**".

– *Aos sábados,* ***vais sempre*** *ao cinema? –* ***Nem sempre****.*
– Le samedi, tu vas toujours au cinéma? – Pas toujours.

*O Carlos* ***sempre foi*** *muito alegre.*
Carlos a toujours été très gai.

**2** Par **"sans cesse", "sans arrêt".**

*Ontem entre Lisboa e a Costa da Caparica, tive* ***sempre*** *engarrafamentos.*
Hier entre Lisbonne et Costa de Caparica, j'ai eu sans arrêt des embouteillages.

**3** Par **"quand même"** ou **"enfin", "finalement".** *Sempre* est alors placé avant le verbe. Il est souvent précédé de *afinal.*

*O despertador tanto tocou que* ***sempre acordaste****!*
Le réveil a tellement sonné que tu as [quand même] fini par te réveiller !

*Disseste que não querias mergulhar, mas* ***afinal sempre mergulhaste.***
Tu as dit que tu ne voulais pas plonger, mais finalement tu as quand même plongé.

**4** ***Sempre que*** se traduit par **"chaque fois que", "toutes les fois que"** (voir n° 168).

***Sempre que nos vê****, ele desvia o olhar.*
Chaque fois qu'il nous voit, il détourne les yeux.

**Exercice**

*Traduire :*
1. Tanto insististe que sempre me convenceste. 2. Sempre que eles vão a Lisboa andam de eléctrico (tramway). 3. Eles sempre foram grandes amigos. 4. Nem sempre trabalho às segundas-feiras. 5. A televisão não está a funcionar muito bem, mas sempre se pode ver o filme. 6. O Edgar fala sempre muito alto.

## 156 *Ser* et le nom attribut

**1** **L'attribut suit le verbe *ser*. Celui-ci s'accorde avec le sujet qui est placé avant.** Il se traduit par le verbe "être".

***O pêssego é a fruta*** *que prefiro.*
La pêche est le fruit que je préfère.

***As andorinhas são aves*** *migratórias.*
Les hirondelles sont des oiseaux migrateurs.

**2** **L'attribut précède le verbe *ser*. Celui-ci s'accorde avec le sujet qui est placé après.** Dans cette construction de mise en relief *ser* se traduit par "c'est", "ce sont", c'était", etc.

***Os novos inquilinos, somos nós.***
Les nouveaux locataires, c'est nous.
***O pior** nesta praia **são as ondas!***
Le pire sur cette plage, ce sont les vagues !

**Exercice**

*Traduire :*
1. Les victimes (vítimas), c'est nous. 2. Nous sommes les nouveaux commerçants. 3. Ça, ce sont les nouveaux catalogues du Musée d'Art Ancien (Museu de Arte Antiga) 4. L'inconvénient, ce sont les transports de mauvaise qualité. 5. La responsable, c'était toi. 6. Vingt-quatre heures dans le train, c'est trop !

## 57 Singulier à sens de pluriel

**Précédé de *muito/a, tanto/a, quanto/a,* un nom au singulier peut désigner une pluralité.** Celle-ci est alors envisagée globalement, comme un ensemble, alors que l'emploi du pluriel fait percevoir l'individualité des composants de cette pluralité.

*Há **muito pêssego** este ano.*
Il y a beaucoup de pêches cette année.
***Tanta árvore com tanta maçã** num pomar tão pequeno!*
Tant d'arbres avec tant de pommes dans un si petit verger !
***Quanto esforço, quanto perigo!***
Que d'efforts, que de dangers !

**Exercice**

*Désigner globalement ce qui est souligné :*
1. O Sr. Matos bebeu muitas garrafas de cerveja. 2. Estas árvores dão muitos frutos. 3. Vi tantos barcos à vela! 4. Quantas lutas desnecessárias! 5. Há muitos candidatos à espera.

## 58 Subjonctif (principaux emplois)

### 1 Subjonctif en portugais et en français.

a/ Dans l'expression du souhait, de la volonté.

*Que **venham** !*
Qu'ils / elles viennent !

b/ Après les verbes de désir, de crainte, de volonté.

– *Eu gostava que **viessem** jantar a nossa casa.*
– J'aimerais que vous veniez dîner à la maison.
*A Alexandra receia que o fax não **tenha chegad**o.*
Alexandra craint que le fax ne soit pas arrivé.

c/ Après des expressions impersonnelles telles que *ser possível, ser impossível, ser bom, ser mau, ser melhor, ser pior, ser necessário,* ou certains verbes d'opinion ou de sentiment comme *lamentar* (regretter), *recear* (craindre), *estar admirado* (être étonné), *preferir* (préférer), etc.

***É necessário que*** *vocês* ***saiam*** *cedo de casa.*
Il faut que vous sortiez tôt de chez vous.
***Foi pena que*** *a Marília não* ***tivesse tido*** *coragem para chegar ao fim.*
C'est dommage que Marília n'ait pas eu le courage d'aller jusqu'au bout.
***Eu receava que*** *ela não* ***pudesse*** *estar presente.*
Je craignais qu'elle ne puisse pas être présente.

d/ Après certains verbes comme *achar* (trouver), *pensar* (penser), *julgar* (croire, juger), *crer* (croire), **à la forme négative**. A la forme affirmative ils sont généralement suivis de l'indicatif.

***Não creio que avalies*** *bem o preço da carpete da sala de estar.*
Je ne crois pas que tu évalues bien le prix du tapis de la salle de séjour.
*O Presidente da Câmara* ***não pensa que seja*** *necessário mandar instalar nova iluminação.*
Le maire ne pense pas qu'il soit nécessaire de faire installer un nouvel éclairage.

e/ Dans des subordonnées de but (voir n° 26), de concession (voir n° 34), de conséquence (voir n° 37).

## 2 Subjonctif en portugais, autre mode en français.

Le portugais a plus tendance que le français à marquer dans le mode verbal l'incertitude, le doute. Il dispose d'ailleurs d'un temps du subjonctif qui n'existe pas en français : le futur du subjonctif (voir n° 82). Par ailleurs l'imparfait du subjonctif, très vivace en portugais, est d'un emploi restreint en français.

a/ Après *talvez* (voir n° 161).

b/ Après certains verbes exprimant un ordre, une permission, une demande ou un conseil (voir n° 60 et n° 46).

c/ Après *esperar que* (voir n° 60).

d/ Après les verbes *julgar* et *pensar* **au passé :** le subjonctif a alors un sens hypothétique et peut remplacer le conditionnel.

*O Filipe* ***pensou que nós estivéssemos interessados*** */ que estaríamos interessados.*
Filipe a pensé que nous serions intéressés.

e/ Après *não porque* (voir n° 27).

f/ Après *mesmo que, nem que, mesmo se, por mais / menos / muito / pouco... que* (voir n° 34).

g/ Après *como se* (voir n° 32).

h/ Dans certaines propositions conditionnelles : après *se, caso* (voir n° 85, 86).

i/ Dans certaines propositions temporelles, lorsque l'événement est situé dans le futur (voir n° 168).

j/ Dans certaines subordonnées relatives (voir n° 36 et n° 82).

### 3 Subjonctif en français, indicatif en portugais.

a/ Après les verbes "supposer", "imaginer", à l'impératif affirmatif.

***Suponhamos que*** *tudo* ***está*** *resolvido.*
Supposons que tout soit réglé.

b/ Après un superlatif ou un adjectif employé comme superlatif (le seul, l'unique...).

*É a montanha* ***mais alta que vi*** *até agora.*
C'est la plus haute montagne que j'aie jamais vue.
***É a única escolha que posso*** *fazer.*
C'est le seul choix que je puisse faire.

**Exercice**

*Traduire :*
1. Je ne trouve pas qu'ils ont raison. 2. Ce n'était pas nécessaire que tu te lèves si tôt. 3. Il nous a dit d'entrer. 4. C'est le fauteuil (sofá) le plus confortable que vous puissiez trouver. 5. Il faisait comme s'il n'avait rien vu. 6. Peut-être a-t-elle eu un contretemps (contratempo).

## 59 *Superlatifs*

### 1 Le superlatif absolu.

Le superlatif absolu le plus employé est, comme en français, le **superlatif analytique** formé de l'adverbe ***muito*** / *imensamente / extraordinariamente etc.* **suivi de l'adjectif**.
Mais, à la différence du français, **le superlatif synthétique (adjectif + *íssimo*)** reste très vivant. Il peut être employé aussi pour renforcer un superlatif analytique.

*– O bolo está muito doce? – Está dulcíssimo.*
– Le gâteau est très sucré ? – Il est très, très sucré.

Pour former le superlatif synthétique on ajoute *-íssimo* à l'adjectif (pour les quelques cas formés avec *-ílimo* et *érrimo,* voir plus bas).

a/ Si l'adjectif se termine par une **voyelle,** celle-ci disparaît.

| | |
|---|---|
| *alt[o] + íssimo —>* ***altíssimo*** | *alt[a] + íssima —>* ***altíssima*** |
| *trist[e] + íssimo —>* ***tristíssimo*** | *trist[e] + íssima —>* ***tristíssima*** |

Ce superlatif, qui n'altère pas la forme de l'adjectif, reste vivant et est utilisé normalement alors que dans les cas suivants où il y a modification de la forme de l'adjectif, l'emploi est généralement limité à un registre extrêmement voire excessivement soigné. Certains d'entre-eux cependant peuvent être employés dans un registre courant. Nous les indiquerons par un astérisque.

b/ Si l'adjectif se termine en ***-z*** ou ***-s***, le ***-z*** ou le ***-s*** est remplacé par ***-c*** (la consonne latine d'origine).

feliz + íssimo —> * **felicíssimo**
infeliz + íssimo —> * **infelicíssimo**
capaz + íssimo —> * **capacíssimo**
simples + íssimo —> * **simplicíssimo**

c/ Si l'adjectif se termine en ***-vel***, ***-vel*** devient ***-bil*** (partie de la terminaison latine d'origine).

amável + íssimo —> * **amabilíssimo**
agradável + íssimo —> * **agradabilíssimo**

d/ Si l'adjectif se termine en ***-ão***, on part du radical latin.

cristão + íssimo —> **cristianíssimo**
vão + íssimo —> **vaníssimo**

e/ Si l'adjectif se termine par une ***voyelle nasale*** (à l'écrit : voyelle + ***-m***), le -m est remplacé par ***-n***.

comum + íssimo —> **comuníssimo**

f/ **Quelques superlatifs dérivés directement du superlatif latin.**

- **en *-íssimo* :**

amigo —> ***amicíssimo**
antigo —> ***antiquíssimo**
cruel —> **crudelíssimo**
doce —> ***dulcíssimo**
[in]fiel —> **[in]fidelíssimo**
frio —> **frigidíssimo**
geral —> **generalíssimo**
inimigo —> **inimicíssimo**
nobre —> **nobilíssimo**
sábio —> **sapientíssimo**
sagrado —> **sacratíssimo**

- **en *-érrimo* :**

célebre —> ***celebérrimo**
livre —> **libérrimo**
pobre —> ***paupérrimo**

- **en *-ílimo* :**

  *fácil —>* ***facílimo*** *humilde —>* ***humílimo***
  *difícil —>* ***dificílimo***

- **autres :**

  *bom —>* **** óptimo*** *mau —>* ****péssimo***

## 2 Le superlatif relatif

a/ Il est formé de l'article défini suivi du comparatif de supériorité ou d'infériorité (voir n° 33) :

***O mais, a mais, os mais, as mais*** **+ adjectif** (le plus, la plus, les plus + adj.)
***O menos, a menos, os menos, as menos*** **+ adjectif** (le moins, la moins, les moins + adj.)
Quatre adjectifs ont conservé le comparatif et donc le superlatif relatif d'origine latine :

*bom —>* ***o melhor*** *(le meilleur)*
*mau —>* ***o pior*** *(le pire, le plus mauvais)*
*grande —>* ***o maior*** *(le plus grand)*
*pequeno —> o menor [beaucoup moins employé que o mais pequeno (le plus petit)]*

*O novo modelo é* ***o mais*** *económico.*
Le nouveau modèle est le plus économique.
*Esta associação é* ***uma das mais*** *representativas.*
Cette association est une des plus représentatives.

b/ A la différence du français, **si les adverbes *mais* ou *menos* sont précédés d'un nom, on ne répète pas l'article devant ces adverbes.**

*Este cantor é um dos cantores* ***mais*** *conhecidos.*
Ce chanteur est un des chanteurs **les plus** connus.
*São dos modelos* ***mais*** *vendidos.*
Ils figurent parmi les modèles **les plus** vendus.

c/ Lorsque le superlatif est suivi d'une proposition relative, le verbe se met à **l'indicatif** s'il indique un **fait réel présent ou passé**.

*O Egipto é o país mais interessante* ***que conheço****.*
L'Egypte est le pays le plus intéressant que je connaisse.
*Eis a técnica mais competitiva* ***que desenvolveram****.*
Voici la technique la plus compétitive qu'ils / elles aient développée.

Si le verbe porte sur le **futur**, il se met **généralement au futur du subjonctif**. Il peut se mettre au **futur de l'indicatif pour exprimer une certitude**.

*Toma o charter mais barato* ***que encontrares.***
Prends le charter le moins cher que tu trouveras.

*Sei de antemão que o horário do voo mais barato* ***que*** *a agência de viagens* ***te proporá*** *não te convém.*
Je sais d'avance que l'horaire du vol le moins cher que l'agence de voyage te proposera, ne te conviendra pas.

**Exercice**

***1.*** *Mettre les formes suivantes au superlatif absolu synthétique :*
muito esquisitos (bizarres), muito infelizes, muito veloz, muito desagradável, muito amargo, muito fáceis.

***2.*** *Traduire :*
1. C'est la voiture la plus rapide que j'aie conduite jusqu'à aujourd'hui. 2. Demande dans quelle rue nous nous trouvons à la personne la moins pressée (apressada) qui passera par ici. 3. Ce paysage est un des plus beaux que je connaisse. 4. Voici le calendrier (calendário) le plus petit.

## 160 Sur + complément de lieu *(traduction)*

**1** Par ***em cima de*** ou ***em*** : avec *em cima de* la perception des objets l'un par rapport à l'autre est plus précise.

*Pus o pisa-papéis* ***em cima das folhas*** *azuis.*
J'ai mis le presse-papiers sur les feuilles bleues.

*A sopa já está* ***na mesa.***
La soupe est déjà sur la table.

**2** Par ***em cima de*** : lorsque le complément désigne une surface creuse (*em* aurait le sens de “dans”) ou lorsqu'il y a superposition.

*A carta está* ***em cima da jarra.***
La lettre est sur le vase.

*Ele pôs o prato* ***em cima do tacho.***
Il a mis l'assiette sur la casserole.

**3** Par ***em*** : lorsqu'il y a contact avec le sol, ou avec une surface verticale, ou quand il n'y a pas véritablement de superposition.

*Montijo* ***fica na margem*** *esquerda do Tejo.*
Montijo est sur la rive gauche du Tage.

*É um brinquedo que* ***flutua na água.***
C'est un jouet qui flotte sur l'eau.

*Gosto de* ***escrever em folhas*** *aos quadradinhos.*
J'aime écrire sur des feuilles à petits carreaux.

– ***Em que posto*** *ouviste o programa? –* ***Na Rádio*** *Comercial.*
– Sur quel poste as-tu écouté l'émission ? – Sur Radio Commerciale.

**4** Par ***a*** ou par ***para*** : après un verbe de mouvement (pour la différence d'emploi entre ces deux prépositions, voir n° 117)

*O palhaço* ***sobe ao escadote*** *e desce logo a seguir.*
Le clown monte sur l'escabeau et descend aussitôt.

*O operário* ***subiu para*** *o telhado para substituir algumas telhas.*
L'ouvrier est monté sur le toit pour remplacer quelques tuiles.

**5** Par ***para*** : lorsque le complément indique une direction.

*Da sala temos uma linda* ***vista para o mar*** *mas os quartos* ***dão para a rua.***
De la salle on a une jolie vue sur la mer mais les chambres donnent sur la rue.

*Ele* ***disparou para um faisão*** *mas não acertou.*
Il a tiré sur un faisan mais il l'a raté.

**6** Par ***por*** : lorsqu'il y a une idée de parcours, de traversée à la surface.

*Ela gosta de* ***andar pela praia.***
Elle aime marcher sur la plage.

*Durante anos e anos* ***navegou por*** *quase* ***todos os mares*** *do mundo.*
Pendant des années il a navigué sur presque toutes les mers du monde.

**7** Par ***sobre*** : lorsqu'il n'y a pas de contact entre les objets, ou, à la place de *em cima* ou de *em* dans un registre très soigné.

***A ponte sobre o Tejo*** *tem muita circulação.*
Le pont sur le Tage a beaucoup de circulation.

*Esta* ***estátua sobre pedestal*** *suscita muitas críticas.*
Cette statue sur piédestal suscite de nombreuses critiques.

**8** Par ***a*** : dans certaines expressions comme ***às costas*** (sur le dos), ***aos ombros*** (sur les épaules), ***à direita*** (sur la droite), ***à esquerda*** (sur la gauche).

*O Jaime adormeceu-se* ***ao colo*** *do pai.*
Jaime s'est endormi sur les genoux de son père.

### Exercice

*Traduire :*
1. L'un des ponts sur le Douro, à Porto, a été construit par Eiffel. 2. De la cuisine on a vue sur la campagne (campo). 3. Cette semaine il y a des ouvriers qui travaillent sur la terrasse (terraço) de notre immeuble (prédio). 4. Marília a fait une peinture amusante (engraçada) sur le mur du jardin. 5. Je n'aime pas écrire sur des feuilles de couleur. 6. Les cuillers sont sur la table.

# t

## 161 Talvez

**Selon la place de *talvez*** ("peut-être") **par rapport au verbe, celui-ci est au mode indicatif ou au mode subjonctif**.
Contrairement au français qui exprime différents registres de langue suivant la construction ou la place de "peut-être" ("peut-être que" ; "peut-être" après le verbe ; "peut-être" avant le verbe suivi du pronom personnel) les deux constructions de *talvez* sont utilisées indifféremment mais **on trouve plus souvent *talvez* avant le verbe**.

1 ***Talvez*** est placé **avant le verbe** (c'est-à-dire qu'on introduit d'abord l'expression de l'incertitude) : le verbe est obligatoirement au **subjonctif** (mode de l'incertain), **à tous les temps sauf au futur**.

*A Joana **talvez vá** amanhã às compras.*
Peut-être que Joana ira faire des courses demain.

***Talvez fôssemos / tenhamos sido** os últimos a chegar.*
Nous avons peut-être été les derniers à arriver.

***Talvez tivéssemos expressado** a nossa opinião com demasiado entusiasmo.*
Peut-être avions-nous exprimé notre avis avec trop d'enthousiasme.

▲ Si *talvez* est placé avant le verbe et si le verbe est conjugué avec un ou des pronom[s] personnel[s] complément[s], alors celui-ci ou ceux-ci se place[nt] devant le verbe (voir n° 140).

*Talvez eu te leve ao cinema.—> Levo-te talvez ao cinema.*
Je t'emmènerai peut-être au cinema.

2 ***Talvez*** est placé **après le verbe** (c'est-à-dire qu'on ajoute l'expression de l'incertitude à ce qui a déjà été exprimé par le verbe) : le verbe est obligatoirement à **l'indicatif** (mode du réel, du certain). Si dans les phrases précédentes nous changeons la place de *talvez*, nous dirons alors.

*A Joana **vai talvez** às compras.*
***Fomos talvez** os últimos a chegar.*
***Tínhamos talvez expressado / Tínhamos expressado talvez** a nossa opinião com demasiado entusiasmo.*

**Exercice**

*Faire précéder le verbe de* talvez :

1. Partem talvez às sete e um quarto. 2. Vê talvez o mar. 3. Trazes-me talvez uma surpresa. 4. Vieram talvez de comboio. 5. Verão talvez nas lojas as últimas novidades do disco. 6. Opõem-se talvez ao seu chefe. 7. Passearam talvez junto ao rio. 8. Construirá talvez uma casa no campo. 9. Tinham ido talvez ao supermercado. 10. Ficaste talvez decepcionado com o Luís.

## 162 Também

### 1 *Também* = "aussi".

*Eu prefiro café com leite e* ***a Maria Lúcia também.***
Je préfère du café au lait et Maria Lúcia aussi.

### 2 *Também* + négation = "non plus".

*Ele não sabe o que aconteceu e* ***eu também não****.*
Il ne sait pas ce qui est arrivé et moi non plus.

*Já que não queres dizer-me nada,* ***também nada te direi****.*
Puisque tu ne veux rien me dire, je ne te dirai rien non plus.

### 3 *Também* (avec ou sans négation) = "mais aussi", "au surplus", "d'ailleurs"... (la traduction peut varier suivant le contexte et les nuances de sens de *também*).

*Dizes que não tens amigos.* ***Também****, com a tua maneira de ser!*
Tu dis que tu n'as pas d'amis. Mais aussi, avec ta façon d'être !

***Também*** *nada prova que são eles os culpados.*
D'ailleurs rien ne prouve que ce sont eux les coupables.

– *A Ilda não foi à conferência?* ***Também*** *não perdeu nada.*
– Vous n'êtes pas allée à la conférence, Ilda ? Vous n'avez rien perdu pour autant.

### 4 *Também*, dans un énoncé exclamatif, souligne le sentiment exprimé (étonnement, peur...).

***Também*** *[me] saíste um falador!*
Tiens, mais tu es devenu bavard !

***Também*** *apanhei cá um susto!*
Mais alors, j'ai eu une de ces peurs !

**Exercice**

*Traduire :*

1. Não comprei recordações em Delfos. Também ninguém as comprou! 2. Esta mala também é pesada! 3. Ele não vai a pé para a praia e eu também não. 4. Nós não esperámos muito tempo e também ninguém esperou mais de dez minutos. 5. A Alzira não diz nada. O José também nada diz. 6. O Gonçalo fala muito bem neerlandês e os amigos dele também.

## 163 Tão, tanto, tanto[s], tanta[s]

### 1 *Tão* et *tanto*, adverbes, sont invariables.

#### a/ *Tão* est lié soit à un adjectif, soit à un autre adverbe.

*Eles são **tão simpáticos**!*
Ils sont si / tellement sympathiques !

*O avião está **tão atrasado** que só lá para a meia noite é que vamos chegar a casa.*
L'avion est tellement en retard que nous n'arriverons à la maison que vers minuit.

*Estás **tão longe**!*
Tu es si / tellement loin !

▲ Dans une proposition exclamative réduite à *que* + nom + adjectif on peut donner plus d'intensité à l'adjectif en le faisant précéder de *tão* (ou, plus rarement et dans un registre plutôt familier, de *mais).*

***Que pessoas tão antipáticas**!*
Qu'est-ce que ces gens sont antipathiques !

#### b/ *Tanto* est lié à un verbe.

***Divertimo-nos tanto**!*
Nous nous sommes tellement amusé[e]s !

***Insistiu tanto** que acabei por acompanhá-lo.*
Il a tellement insisté que j'ai fini par l'accompagner.

### 2 *Tanto[s], tanta[s]*, adjectifs, s'accordent en genre et en nombre avec le nom auquel ils se rattachent.

*Há **tanta gaivota** na praia!*
Il y a tellement de mouettes sur la plage !

*Vi **tantas pranchas à vela** que me apeteceu fazer windsurf.*
J'ai vu tellement de planches à voile que j'ai eu envie d'en faire.

### 3 *Tanto[s], tanta[s]*, pronoms, s'accordent en genre et en nombre avec le nom auquel ils se rapportent et qu'ils remplacent.

*Há **tantos** que não valem nada!*
Il y en a tellement / tant qui ne valent rien !

**Exercice**

*Compléter avec* tão, tanto, tanto[s], tanta[s] :
1. Chegaram .......... depressa! 2. Vimos ........... barcos no mar e ficaram .......... no porto! 3. Andaram ............ de bicicleta! 4. Que dia ........... bonito! 5. Vi-os há .......... tempo!

## 164 *Téléphone* (appeler et répondre au -)

### 1 En décrochant.

a/ Généralement les deux interlocuteurs prononcent à tour de rôle ou simultanément l'une des formules suivantes : ***Está? / Está lá? / Está? Está lá?*** Ces formules interrogatives visent à vérifier si la communication est bien établie.

b/ Celui qui répond peut aussi utiliser une formule affirmative : ***Estou, sim / Está, sim.*** Il peut ajouter ***Faça o favor de dizer.***
Il peut aussi demander qui est à l'appareil et éventuellement indiquer un nom s'il croit avoir reconnu son interlocuteur.

***– Está? – Estou, sim. Quem fala? É a Teresa?***
– [Allô !] – Allô, oui. Qui est à l'appareil ? C'est Teresa ? (m.à m. : vous êtes là ? – Je suis là, oui. Qui parle ?)

c/ Celui qui appelle peut se présenter en utilisant l'une des formules suivantes.

***Daqui* + prénom + nom / *[Daqui] fala* + prénom + nom**, lorsqu'il s'adresse à une personne qu'il ne connaît pas ou envers laquelle il veut marquer une certaine déférence.
Les autres formules peuvent être utilisées soit dans ce cas (avec prénom et nom), soit pour se présenter à un interlocuteur plus proche (avec seulement le prénom).

***Daqui [é] Pedro de Sousa / [Daqui] fala Pedro de Sousa***
[Ici] c'est Pedro de Sousa
***Sou o Pedro / [Daqui] é o Pedro***

### 2

Pour s'assurer d'avoir composé le bon numéro (*marcar bem o número)* on demande *É de / é do / é da* + numéro ou nom de lieu.

***É do*** *764518 ?*
C'est bien le 76 45 18 ?
***É do banco*** *de Portugal?*
C'est [bien] la banque du Portugal ?
***É da Faculdade*** *de Ciências?*
C'est [bien] la Faculté des Sciences ?
***É de casa*** *do Senhor Fonseca?*
Je suis bien chez M. Fonseca ?
***É de casa*** *da Maria Antónia?*
Je suis bien chez Maria Antónia ?

### 3

Juste avant de raccrocher (*desligar*) et après avoir pris congé de son interlocuteur, on clôt la conversation par la formule ***Com licença***.

### Pour aller plus loin

***marcar um número*** : faire ou composer un numéro
***ligar para*** *(uma pessoa / o número...)* : appeler (quelqu'un / le numéro...)
***atender o telefone*** : répondre au téléphone
***o telefone está a chamar / está a dar sinal de chamada*** : le téléphone sonne
***o telefone está impedido / dá sinal de impedido*** : ça sonne occupé
***o telefone está avariado*** : le téléphone est en panne
***os impulsos*** : les unités
***a cabine telefónica*** : la cabine téléphonique
***pôr / introduzir as moedas*** : introduire les pièces
***Introduzir o [cartão] credifone*** : introduire la carte / télécarte

### Exercice

***1.*** *Compléter la conversation téléphonique suivante entre A qui appelle et B qui répond :*
A — ...........
B — ...........
A — Por favor, ........... 21798138?
B — É, sim. Faça o favor de dizer.
A — O Miguel está?
B — Está sim, um momento, vou chamá-lo. Quem fala, por favor?
A — ........... o João Pedro Leite.
B — Um momento, vou já chamá-lo. Boa tarde. ...........
A — Muito obrigado.

***2.*** *Traduire :*
1. Le téléphone est toujours occupé ou alors il est en panne. 2. Tu as répondu au téléphone et tu as raccroché tout de suite après (logo a seguir) !

---

# 165 Téléphone *(numéros)*

## 1 Les numéros.

Au Portugal les numéros de téléphone n'ont pas tous le même nombre de chiffres. Chaque circonscription téléphonique a un indicatif (21 pour Lisbonne, 22 pour Porto...) qui doit toujours être composé.

## 2 Comment dire un numéro de téléphone.

Les Français coupent normalement le numéro en dizaines alors que les Portugais prononcent chaque chiffre l'un après l'autre, y compris pour l'indicatif (*indicativo*).

02 35 63 29 16 : zéro deux, trente-cinq, soixante-trois, vingt-neuf, seize
229376253 : *dois dois nove três sete seis dois cinco três*

"Poste" se dit *extensão* (abréviation : *ext.*). Ce numéro peut se dire chiffre par chiffre ou en regroupant les chiffres en dizaine[s].

*ext. 96 : extensão nove seis / noventa e seis*

Le téléphone portable s'appelle *o telemóvel.*

**Exercice**

*Lire (= écrire en toutes lettres) les numéros suivants :*
1. 234231921 poste 76.
2. 262235649.
3. 232751303 poste 98.

## 6 Temps composés

### 1 Formation.

a/ Les temps composés **sont formés pour tous les verbes avec l'auxiliaire *ter*** (alors que le français emploie dans certains cas l'auxiliaire "être").
Dans un registre écrit soigné, on peut trouver l'auxiliaire ***haver*** à la place de *ter*. Actuellement cet emploi est assez rare au Portugal, un peu plus fréquent au Brésil.

b/ **Le participe passé reste toujours invariable.**

*Eles já **tinham partido** e não **tinham avisado** ninguém.*
Ils étaient déjà partis et ils n'avaient prévenu personne.

*Elas **teriam ido** jogar ténis se não tivessem encontrado uma amiga.*
Elles seraient allées faire du tennis si elles n'avaient pas rencontré une amie.

▲ **La voix passive** étant formée avec l'auxiliaire *ser*, aux temps composés on trouve les deux auxiliaires, ***ter* suivi du participe passé invariable de *ser*, lui-même suivi du participe passé du verbe principal** (qui, étant à la voix passive, s'accorde avec le sujet).

*Os pratos já **tinham sido postos** na mesa quando eu cheguei.*
Les assiettes avaient déjà été mises sur la table quand je suis arrivé[e].

*A folha certamente **terá sido levada** pelo vento...*
La feuille a dû certainement être emportée par le vent...

### 2 Les temps composés en portugais et en français.

a/ **La plupart des temps composés existent en portugais comme en français.** Très souvent ils ont à peu près les mêmes fonctions.

Cependant **certains temps sont plus employés dans une langue que dans l'autre** (ex : le *pretérito mais-que-perfeito do conjuntivo)* ou **certains sont employés dans un sens différent** (ex : le passé composé et le *pretérito perfeito composto)*. Se reporter aux fiches des différents temps.

b/ Certains temps composés existent en portugais, mais pas en français :

| | |
|---|---|
| *Infinitivo pessoal composto* | *(eu ter dito)* |
| *Futuro composto do conjuntivo* | *(eu tiver dito)* |

Les emplois de ces temps composés sont similaires à ceux des temps simples (infinitif personnel : voir n° 94, 95 ; futur du subjonctif : voir n° 82) mais ils font référence à une action antérieure à celle exprimée par le verbe de la proposition principale.

c/ Certains temps composés existent en français, mais pas en portugais :

le passé antérieur (j'eus dit)
le conditionnel passé 2ème forme (j'eusse dit)

Dans une traduction, le passé antérieur peut être rendu de différentes façons, notamment en changeant le type de proposition et en employant, par exemple, l'infinitif. Mais comme le portugais marque beaucoup moins l'antériorité que le français (voir n° 167), il est fréquent d'utiliser le parfait de l'indicatif (*pretérito perfeito simples*).

*Ao acabarem de sachar o quintal, começou a chover.*
Dès qu'ils / elles eurent fini de sarcler le jardin, il commença à pleuvoir.
*Quando acabei de falar, deu-me a sua opinião.*
Quand j'eus terminé de parler, il / elle me donna son avis.

**Exercice**

*Traduire :*
1. Quando eles chegarem, já nós teremos partido. 2. É por terem proposto tal solução que a defendem agora com unhas e dentes (m.à m. : avec les ongles et les dents = avec acharnement). 3. Já cá tínhamos vindo, mas não estava ninguém em casa. 4. Quando tiverdes lido o programa municipal, vereis que muitas actividades se desenvolverão na região.

## 167 Temps composés remplacés par des temps simples

Le français marque nettement l'antériorité en employant les formes composées. Celles-ci sont courantes aussi en portugais, mais lorsque le sens de la phrase est clair, le portugais a **tendance à négliger l'expression de l'antériorité** et à utiliser les formes simples au lieu des formes composées. Généralement une forme composée est maintenue, soit dans la proposition principale, soit dans la proposition subordonnée. Mais **si le contexte permet de comprendre qu'il y a antériorité, la forme simple peut être seule employée**.

**1 L'imparfait de l'indicatif peut remplacer le plus-que-parfait ou le conditionnel passé.**

*Havia oito ou nove anos que* ***não nos víamos*** */ tínhamos visto.*
Il y avait huit ou neuf ans que nous ne nous étions pas vu[e]s.

*Suponham que ele* ***tinha*** */ tinha tido uma fractura,* ***tínhamos*** *de lhe pôr gesso / tínhamos de lhe ter posto gesso.*
Supposez qu'il ait eu une fracture, il aurait fallu qu'on lui mette un plâtre.

**2 Le conditionnel présent peut remplacer le conditionnel passé.**

*Se não fosse essa doença,* ***terminarias*** */ terias terminado o teu estágio.*
S'il n'y avait pas eu cette maladie, tu aurais terminé ton stage.

▲ *Dir-se-ia* s'emploie aussi bien dans un contexte au passé qu'au présent.

***Dir-se-ia*** *que vai nevar.*
On dirait qu'il va neiger.

***Dir-se-ia*** *que ia nevar.*
On aurait dit qu'il allait neiger.

▲ Alors que le français met les verbes tels que “pouvoir”, “aimer” etc. au conditionnel passé suivis d'un infinitif présent, le portugais préfère utiliser le conditionnel présent (ou l'imparfait) suivi de l'infinitif passé. Avec *dever* cette construction est obligatoire.

*O motor* ***poderia ter explodido*** */ podia ter explodido / teria podido explodir / tinha podido explodir.*
Le moteur aurait pu exploser.

***Eu deveria ter comprado*** *un saco maior / devia ter comprado* (mais impossible de dire : *teria devido comprar).*
J'aurais dû acheter un plus grand sac.

**3 Le subjonctif présent peut remplacer le subjonctif passé.**

*Ele partirá* ***antes que eu o veja*** */ tenha visto.*
Il partira avant que je l'aie vu.

**4 L'imparfait du subjonctif peut remplacer le plus-que-parfait du subjonctif.**

***Se eles saíssem*** */ tivessem saído mais cedo, tinham chegado a horas.*
S'ils étaient sortis plus tôt, ils seraient arrivés à l'heure.

**5** **Le futur simple du subjonctif peut remplacer le futur composé du subjonctif.**

***Quando perder*** */ tiver perdido o dinheiro todo, deixará de jogar.*
Quand il aura perdu tout son argent, il s'arrêtera de jouer.

**6** **Le *pretérito perfeito simples* peut remplacer le futur antérieur** (ce qui est fréquent dans la langue orale) quand il indique une action passée par rapport à un futur et que le moment est précisé. Il est accompagné de *já*.

*Amanhã a estas horas* ***já ele partiu*** */ terá partido para a Áustria.*
Demain à cette heure-ci il sera parti en Autriche.

*Para o ano, em Junho,* ***já eu acabei*** */ terei acabado o curso.*
L'année prochaine, en juin, j'aurai terminé mes études.

**7** **Le *pretérito perfeito simples* peut remplacer le plus-que-parfait composé de l'indicatif.**

*Faltou-me a gasolina na autoestrada. E* ***tu bem me disseste*** */ me tinhas dito que o depósito estava quase vazio!*
J'ai eu une panne d'essence sur l'autoroute. Et pourtant tu m'avais bien dit que le réservoir était presque vide !

**8** **L'infinitif personnel simple peut remplacer l'infinitif personnel composé** mais seulement dans les cas où l'antériorité est clairement indiquée dans le contexte. Cette substitution est moins fréquente que les précédentes.

***Depois de irem*** */ terem ido ao oftalmologista, foram substituir os óculos (as lentes e os aros) ao oculista.*
Après être allé[e]s chez l'ophtalmologiste, ils / elles sont allé[e]s changer leurs lunettes (les verres et la monture) chez l'opticien.

**9** **Le gérondif simple peut remplacer le gérondif composé.** Comme pour l'infinitif, il faut que l'antériorité soit exprimée par le contexte. Cette substitution est aussi moins fréquente. Pour l'emploi du gérondif simple après *em*, voir n° 63.

***Não podendo*** */ não tendo podido encontrá-lo ontem, voltei a entrar em contacto com ele hoje.*
N'ayant pas pu le rencontrer hier, je suis de nouveau entré[e] en contact avec lui aujourd'hui.

### Exercice

*Traduire :*
1. Se tivéssemos ouvido com atenção, captávamos tudo. 2. O António Manuel deveria ter trazido as compras no carro dele. 3. Dir-se -ia que não estavam satisfeitos. 4. Daqui a um mês, já nós regressámos do Brasil. 5. Assim que a mãe partiu, o André foi ver televisão.

## 68 *Temps (constructions temporelles)*

Les plus fréquentes sont les propositions subordonnées et les constructions infinitives. Les propositions subordonnées sont introduites par les principales conjonctions ou locutions conjonctives suivantes qui expriment :

**l'antériorité** : *antes que* (avant que), *primeiro que* (id.), *até que* (jusqu'à ce que), *até o momento em que* (jusqu'au moment où), *enquanto não* (en attendant que).

**la simultanéité** : *quando* (quand), *enquanto* (pendant que, tandis que), *agora que* (maintenant que), *no momento em que* (au moment où), *na altura em que* (id.), *à medida que* (à mesure que), *sempre que* (chaque fois que), *todas as vezes que* (id.), *[de] cada vez que* (id.).

**la postériorité** : *logo que* (dès que, aussitôt que), *assim que* (id.), *mal* (à peine, dès que), *apenas* (id., employé dans un registre soigné), *desde que* (depuis que).

### 1 Le fait exprimé dans la principale est antérieur à celui de la subordonnée.

a/ **Proposition au subjonctif.**

*Antes que, primeiro que* se construisent avec le **subjonctif présent** (comme "avant que", "jusqu'à ce que"), *enquanto não* avec le **subjonctif futur**, *até que, até o momento em que* avec le **subjonctif présent ou futur**.
**Dans un contexte au passé** ils se construisent avec le **subjonctif imparfait ou plus-que-parfait.**
*Até o momento em que, enquanto não,* peuvent se construire avec l'indicatif mais seulement si on veut insister sur la réalité de l'événement.

*Vamos pôr a mesa **antes que** os teus pais **cheguem.***
On va mettre la table avant que tes parents [n'] arrivent.

***Primeiro que** eles **acabem**, temos tempo de ir dar uma volta!*
D'ici à ce qu'ils aient fini, on a le temps d'aller faire un tour !

*Teremos chuva **até que** o anticiclone dos Açores **volte** / **voltar**.*
Nous aurons de la pluie jusqu'à ce que l'anticyclone des Açores revienne.

***Até o momento em que** o João **dissesse** / disse o que queria, estávamos inquietos.*
Jusqu'à ce que João ait dit ce qu'il voulait, nous étions inquiets.

b/ **Construction à l'infinitif** (après *antes de, até).*

***Até ser** a tua vez, tens muito que esperar.*
Jusqu'à ce que ce soit ton tour, tu vas devoir attendre longtemps.

## 2 Le fait exprimé dans le principale est simultané ou postérieur à celui de la subordonnée.

### a/ Proposition à l'indicatif si l'événement est situé dans le présent ou le passé.

***Logo que*** *eles* ***se sentem*** *à vontade e começam a falar, nunca mais param.*
Dès qu'ils se sentent à l'aise et [dès] qu'ils commencent à parler, ils ne s'arrêtent plus.

***Enquanto legalizamos*** *a nossa situação administrativa, procuramos trabalho.*
Pendant que nous régularisons notre situation administrative, nous cherchons du travail.

***Mal*** *o Alfredo* ***subiu*** *para o autocarro, deu-se conta de que se tinha esquecido do passe.*
Alfredo était à peine monté dans l'autobus qu'il / quand il s'est rendu compte qu'il avait oublié sa carte de transport.

▲ Quand deux propositions temporelles sont coordonnées, en français la deuxième est introduite soit par la conjonction qui est reprise, soit, le plus souvent, par "que". En portugais la conjonction peut être répétée ou omise, mais pas remplacée.

▲ *Enquanto* comme "tandis que" peut marquer une opposition.

▲ Après "à peine" la seconde proposition est généralement introduite par "que" ou par "quand". Ces conjonctions ne doivent pas être traduites en portugais.

▲ Lorsque le verbe de la proposition introduite par *mal* évoque un événement ponctuel situé dans le passé, il est au *pretérito perfeito simples*. Le français marque plus volontiers l'antériorité et emploie le plus-que-parfait.

### b/ Proposition au subjonctif si l'événement est situé dans le futur.

Certaines prépositions se construisent avec **le futur du subjonctif** (*quando, enquanto, à medida que*), d'autres avec **le présent ou le futur du subjonctif** (*assim que, logo que, apenas, mal, desde que, sempre que, todas as vezes que, senão quando)*.

***À medida que*** *o pintor* ***pintar*** *a tela, o público aproximar-se-á.*
A mesure que le peintre peindra la toile, le public s'approchera.

***Enquanto*** *não nos* ***convier*** *a hora, não marcamos os bilhetes para o teatro.*
Tant que l'heure ne nous conviendra pas, nous ne réserverons pas de places pour le théâtre.

***Assim que combinarem / combinem*** *o dia, digo-te quando chegaremos.*
Dès qu'ils / elles se seront mis[es] d'accord sur le jour, je te dirai quand on arrivera.

***Mal chegares / chegues****, vou ter contigo.*
Dès que tu arriveras, j'irai te voir.

**Dans un contexte au passé**, dans les propositions temporelles où le français emploie le conditionnel, le portugais met **le subjonctif imparfait ou plus-que-parfait.**

*Anunciaram que **quando se esgotassem** os bilhetes, fechavam o guiché.*
Ils / elles ont annoncé que quand les billets seraient épuisés, ils / elles fermeraient le guichet.

*Já te disse que **mal chegasses**, ia ter contigo.*
Je t'ai déjà dit que dès que tu arriverais, j'irais te voir.

c/ **Construction infinitive.**

Alors qu'en français la proposition infinitive doit avoir le même sujet que la principale et ne peut être introduite que par "au moment de","avant de" ou "après" (toujours suivi de l'infinitif passé), en portugais l'infinitif personnel permet un emploi beaucoup plus fréquent de ces constructions. Elles peuvent être introduites par *no momento de, ao* (exprimant la simultanéité), *depois de* (après [que]), *após* (même sens, dans un registre plus soigné), *logo a seguir a* (aussitôt après). Le verbe est le plus souvent à l'infinitif personnel (voir n° 94).

*O Miguel e a Inês, **ao regarem** as plantas, molharam a alcatifa.*
Miguel et Inês, en arrosant les plantes, ont mouillé la moquette.

***Depois de pagarmos** a multa por excesso de velocidade, ficámos sem um centavo.*
Après avoir payé / Après qu'on a eu payé l'amende pour excès de vitesse, on s'est retrouvé sans un sou.

d/ **Construction gérondive** (voir n° 84).

***Tendo aberto** a gaveta, ele deparou com a chave do carro.*
Ayant ouvert le tiroir, il a vu la clé de la voiture.

***Tendo o meu irmão fechado** a porta com força, fiquei com um dedo entalado.*
Mon frère ayant fermé la porte brusquement, j'ai eu un doigt coincé.

e/ **Construction participe** (voir n° 118).

***Chegada** a casa, a Leonor pôs-se a tocar piano.*
Une fois arrivée chez elle, Leonor s'est mise à jouer du piano.

**Exercice**

*Traduire :*
1. Une fois ses tableaux (quadros) exposés, le peintre s'est senti tout ému (comovido). 2. En attendant qu'il arrive, on va jouer aux cartes. 3. J'attends jusqu'à ce qu'à ce que le nouveau modèle d'ordinateur (computador) arrive. 4. Après avoir glissé (escorregar) sur la neige, il a commencé à faire attention (ter cuidado). 5. Quand tu te rendras compte de ce qu'il t'a fait, jamais plus tu ne voudras le voir. 6. Vicente était à peine levé qu'il s'est mis à siffler (assobiar).

## 169 Temps : indiquer l'heure, la date, l'époque

### 1 Indiquer l'heure.

a/ "Il est" + heure = *é* ou *são*.

***É uma [hora] e meia.***
Il est une heure et demie.

***São sete [horas] e um quarto.***
Il est sept heures un quart.

***São vinte e três horas e trinta minutos.***
Il est vingt-trois heures trente.

***É meio dia.***
Il est midi.

***São oito [horas] menos um quarto.***
Il est huit heures moins le quart.

b/ "À" + heure = *a* + article + heure.

***Ele deve vir às nove [horas].***
Il doit venir à neuf heures.

***Venha ao meio dia e meia.***
Venez à midi et demie.

### 2 Expressions avec *hora[s]*.

a/ *Horas* (sans complément).

***Que horas são?***
Quelle heure est-il ?

***São horas.***
Il est l'heure.

***Estar a horas***
Etre à l'heure.

***A que horas chega o comboio?***
A quelle heure arrive le train ?

***Perguntar as horas.***
Demander l'heure.

***Dar horas.***
Sonner l'heure.

b/ *Hora[s]* (avec complément). Le singulier est beaucoup plus fréquent.

*Eles telefonam sempre **à[s] hora[s] das refeições.***
Ils téléphonent toujours à l'heure / aux heures des repas.

### 3 *Ser* ou *estar*.

a/ Comme pour l'heure, c'est le verbe ***ser*** qui est utilisé pour présenter la date, le jour, le mois, la saison.

***Que dia é hoje?***
Quel jour est-ce aujourd'hui ?

***Amanhã é sábado.***
Demain c'est samedi.

***Hoje é dia 5 de Outubro.***
Aujourd'hui, c'est le 5 octobre.

***É Inverno.***
C'est l'hiver.

b/ Pour se situer dans le temps, on emploie **estar**.

***Em que dia estamos?***
Quel jour sommes-nous ?

***A quantos estamos?***
Nous sommes le combien ?

***Estamos na segunda feira.***
Nous sommes lundi.

***Estamos a 8 de Fevereiro.***
Nous sommes le 8 février.

**4** Choix de la **préposition.**

a/ ***De*** s'emploie pour les moments de la journée et indique une certaine durée.

| | | |
|---|---|---|
| ***de manhã*** | ***de tarde*** | ***de noite*** |
| le matin | pendant l'après-midi | pendant la nuit |

b/ ***A*** s'emploie pour les moments de la journée, sans précision de durée, pour indiquer une répétition à un jour donné, ainsi que devant le chiffre qui désigne le jour dans une date.

***ao amanhecer***
au petit matin

***ao entardecer***
en fin d'après-midi

***à tarde***
l'après-midi

***à noite***
le soir, la nuit

***ao domingo***
le dimanche

***à segunda-feira***
le lundi

***a 25 de Abril***
le 25 avril

***Estamos a um de Abril.***
Nous sommes le 1er avril.

c/ ***Em*** s'emploie pour les mois, les saisons, les années, pour indiquer les jours de la semaine (à la différence de "en"), ainsi que devant le mot *dia* dans une date. Pour les jours de la semaine on emploie *em* si on désigne un jour donné, et *a* pour indiquer une répétition à un jour donné (voir 4b).

***em Agosto***
en août

***na Primavera***
au printemps

***em mil novecentos e noventa e um***
en mil neuf cent quatre-vingt onze

***no domingo***
dimanche

***na segunda-feira***
lundi

***no dia vinte e oito de Fevereiro***
le vingt-huit février

• ***Em*** remplace *a* ou *de* quand le moment est déterminé par un article, un démonstratif, ou qualifié (par un adjectif ou une proposition).

***nessa tarde***
cet après-midi-là

***numa bela manhã de Verão***
par un beau matin d'été

***na noite em que choveu***
le soir / la nuit où il a plu

d/ ***Por*** s'utilise pour représenter un temps perçu comme imprécis.

***Ele deve vir pelas duas horas.***
Il doit venir vers deux heures.

***Era pelos anos cinquenta.***
C'était dans les années cinquante.

**Pour aller plus loin**

***daqui a uma semana / daqui por uma semana*** : dans une semaine.
***[lá] para o fim da semana*** : vers la fin de la semaine.
***[lá] para as oito [horas]*** : vers [les] huit heures.
***lá para tantos de Novembro*** : dans le courant du mois de novembre.
***para a semana*** : la semaine prochaine.
***para o ano*** : l'année prochaine.
***[lá] de ano a ano*** : [à peu près] tous les ans.
***de dois em dois anos(de quatro em quatro anos...)*** : tous les deux ans (tous les quatre ans...).
***de vez em quando; de tempos a tempos*** : de temps en temps.
***mesmo à hora ; mesmo às onze horas*** : à l'heure précise ; à onze heures précises.
***às seis em ponto*** : à six heures pile.
***em cima da hora*** : à l'heure tapante.
***em meados de Setembro*** : à la mi-septembre.
***em que altura?***: à quel moment ?
***naquela altura*** : à ce moment-là... à cette époque-là...
***há que tempos!*** : il y a bien longtemps !
***[e] às tantas***... : et à ce moment-là...
***às tantas ; lá para as tantas*** : tard (= à une heure tardive, imprécise).
***ele não sabe às quantas anda*** : il ne sait pas à quel jour il vit / où il en est.

**Exercice**

*Traduire :*
1. Il est déjà minuit (meia-noite)! 2. A quelle heure arrive le train ? 3. On ne se voit que tous les ans. 4. Il y a tellement longtemps que je ne fais pas de vélo ! (andar de bicicleta) 5. – Quelle heure est-il ? – Il est quatre heures et demie pile. 6. Il a dormi jusqu'à dix heures du matin mais la veille (na véspera) il s'était couché tard dans la nuit.

## 170 Tirar (traduction)

### 1 Par "**sortir**" dans le sens de "mettre hors de".

*Ela* ***tirou a saia e as calças do guarda-vestidos.***
Elle a sorti la jupe et les pantalons de la penderie.

*O gangster* ***tirou o revólver*** *e disparou.*
Le gangster a sorti son révolver et a tiré.

### 2 Par "**enlever**".

*Não queres* ***tirar o casaco****?*
Tu ne veux pas enlever ton manteau / ta veste ?

***Tirou-me toda a esperança****.*
Il / elle m'a enlevé tout espoir.

*Não sei como* ***tirar esta nódoa*** *do meu vestido.*
Je ne sais pas comment enlever cette tache sur ma robe.

## Pour aller plus loin

***não tirar nem pôr / não pôr nem tirar*** : s'en ficher
***sem tirar nem pôr*** : sans rien changer, tel quel, au pied de la lettre
***tirar a claro / tirar a limpo*** : tirer au clair
***tirar à sorte*** : tirer au sort
***tirar [as] palavras da boca [a alguém]*** : enlever les paroles de la bouche
***tirar o lugar de*** : prendre la place de
***tirar nabos da púcara*** : tirer les vers du nez
***tirar o pio*** : clouer le bec

## Exercice

*Traduire :*
1. Tirei toda a bagagem da mala do carro. 2. Não lhe tiremos a alegria. 3. Podes tirar o carro da garagem? 4. – O Senhor desculpe, mas não o deixarei tirar-me o lugar. 5. Tira as tuas coisas de cima da mesa.

# 71 Tout, tous, toute[s] *(traduction)*

### 1 "Tout" pronom neutre : *tudo.*

***Tudo** correu muito bem.*
Tout s'est très bien passé.

### 2 Adjectif ou pronom : *todo[s], toda[s].*

***Os rebentos** ainda não estão **todos** abertos.*
Les bourgeons ne sont pas encore tous ouverts.
***Todos** fizemos o que pudemos para ganhar.*
Nous avons tous fait ce que nous avons pu pour gagner.

▲ Dans une phrase négative les pronoms sujets *todo[s], toda[s]* se placent après le verbe. S'ils sont précédés de *nem* ils se placent avant le verbe.

| | |
|---|---|
| *Não vêm **todos**.* | ***Nem todos** vêm.* |
| Ils ne viennent pas tous. | Tous ne viennent pas. |

### 3 "Tout", "toute", adverbe (= complètement, extrêmement) se traduit différemment suivant le sens qu'il a : ***muito*** (le plus employé), ***de todo*** (pour renforcer), ***diminutif*** (avec une connotation affective)...

*Os pais estavam **muito felizes** / **felizes de todo** por nos ver.*
Nos parents étaient tout heureux de nous voir.
*– Entre **devagarinho.***
– Entrez tout doucement.
*Acabei por ficar **sozinha [de todo].***
Je me suis retrouvée toute seule.

### 4 "Tout" substantif : *todo.*

*Isto forma **um todo**.*
Ceci forme un tout.

▲ "Le tout est de" + infinitif : *o que interessa é* + infinitif.

***O que interessa** é saber o que ele quer.*
Le tout est de savoir ce qu'il veut.

### 5 "Tout" + article indéfini + substantif : *inteiro, inteira* (après le substantif).

– *O Carlos passou **um Inverno inteiro** na montanha!*
– Vous avez passé tout un hiver dans la montagne, Carlos !

### 6 "Tout" + substantif sans article : *todo o, toda a* + substantif.

***Todo o excesso** de velocidade poderá ser multado.*
Tout excès de vitesse sera passible d'une amende.

#### Pour aller plus loin

avoir toute liberté : ***ter toda a liberdade***
avoir tout intérêt à : ***ter todo o interesse em***
à toute vitesse : ***a toda a velocidade***
de tout coeur : ***de todo o coração***
en toute innocence : ***com toda a inocência***
en toute liberté : ***com toda a liberdade***
à toute force : ***à força***
en tout cas : ***em todo o caso***

#### Exercice

*Traduire :*
1. Tous les hebdomadaires (semanários) ne sont pas encore arrivés. 2. Je n'ai jamais passé tout un été au bord de la mer (à beira-mar). 3. Les enfants sont tout seuls à la maison. 4. J'ai les cheveux tout mouillés.

# V

## 172 Vez

**1** ***Vez*** peut indiquer **le degré de fréquence d'un événement.**

***às vezes***
quelquefois

***desta vez***
cette fois-ci

***de vez em quando***
de temps en temps

***a maior parte das vezes***
la plupart du temps

***uma vez por outra / uma ou outra vez***
une fois de temps en temps

***de vez / de uma vez para sempre***
une fois pour toutes

***outra vez!***
encore !

***de uma [só] vez***
du premier coup

***vezes sem conta***
un nombre incalculable de fois

***vez sim, vez não***
une fois sur deux

***de cada vez que / todas as vezes que***
chaque fois que

**2** ***Vez*** peut indiquer **une place, un rang, un moment.**

***de cada vez***
à la fois

***de uma [só] vez***
d'un [seul] coup

***em vez de***
au lieu de

***fazer as vezes de alguém***
remplacer quelqu'un

***a vez de (alguém)***
le tour de (quelqu'un)

***tirar a vez***
prendre le tour de

***perder a vez***
perdre son tour

***por sua vez***
à son tour

***à vez***
à tour de rôle

***era uma vez***
il était une fois

**Exercice**

*Traduire :*
1. Pendant la nuit ils sont de garde (estar de guarda) à tour de rôle. 2. Une fois de temps en temps il y a quand même (ainda) un peu de silence dans notre quartier ! 3. Est-ce que tu acceptes de le remplacer ? 4. Cette fois-ci c'est à mon tour de parler. 5. Une fois sur deux ils me prennent mon tour. 6. Il était une fois un petit prince...

## 173 *Votre, vos, vôtre (traduction)*

Le portugais ayant de nombreuses façons de dire “vous” (voir n° 174) la traduction de ces possessifs dépend de la façon dont on s’adresse à son ou ses interlocuteur[s].

**1** Un seul interlocuteur.

a/ Quand on lui dit *você* ou qu’on s’adresse à lui par son prénom ou son nom et qu’on ne veut pas marquer spécialement de respect ou de déférence on emploie ***o[s] seu[s], a[s] sua[s]***.

– *Xavier, pus as fotocópias em cima* ***da sua*** *secretária.*
– Xavier, j’ai mis les photocopies sur votre bureau.

– *Tia Maria Adelaide, aqui tem* ***o seu*** *chá.*
– Tante Maria Adelaide, voici votre thé.

– *Senhor Lopes, o nosso carro está ali, e o seu?*
– Monsieurs Lopes, notre voiture est là-bas, et la vôtre ?

b/ Dans les autres cas on emploie ***de*** **+ la formule appropriée.**

– *Aqui está o chá* ***da tia Maria Adelaide.*** */ Tia Maria Adelaide, aqui está* ***o chá da tia.***

– *Não encontro as chaves* ***do papá****.*
– Je ne trouve pas vos clés, papa.

– *Estas são as cartas* ***da senhora****. E as do senhor Pires, trago-as já.*
– Voici vos lettres, Madame. Et les vôtres, Monsieur Pires, je vous les apporte tout de suite.

– *O alunos* ***do senhor doutor*** *estão à espera do senhor no átrio.*
– Vos élèves vous attendent dans le hall, Monsieur.

**2** Plusieurs interlocuteurs.

a/ On emploie ***o[s] vosso[s], a[s] vossa[s]*** quand on leur dit *tu* ou quand on s’adresse à eux avec politesse mais sans déférence spéciale.

– *Zé e Lídia,* ***os vossos*** *casacos estão no guarda-vestidos.*
– Zé et Lídia, vos vestes / manteaux sont dans la penderie.

– *Tenho uma novidade para vos dar :* ***o vosso*** *correio hoje foi distribuído mais cedo.*
– J’ai une nouvelle à vous annoncer : aujourd’hui votre courrier a été distribué plus tôt.

b/ Dans les cas où l’on veut marquer davantage son respect, on met ***de*** **+ la formule appropriée.**

– *As bagagens* ***das senhoras engenheiras*** *já se encontram no quarto.*
– Vos bagages sont déjà dans votre chambre / vos chambres, Mesdames.

– *Acabei de transmitir a decisão* ***dos Senhores Ministros.***
– Messieurs le Ministres, je viens de transmettre votre décision.

**Exercice**

*Traduire* :

1. Je viens livrer (fazer a entrega) votre magnétoscope (gravador vídeo), Madame. 2. Mes valises sont dans le coffre (mala) de la voiture, et les vôtres, Paula et Manuel ? 3. C'est votre ordonnance, docteur. 4.Dites-moi, tante Leonilde, quel sera le jour de votre arrivée ?

## 74 *Vouvoiement et tutoiement*

Alors qu'en français il n'existe que deux formes pour s'adresser à quelqu'un (tu et vous), le portugais offre toute une gamme de formules dont l'emploi peut légèrement varier suivant les groupes sociaux ou les régions. Il est nécessaire de connaître ces formules avec leurs principales nuances.
Elles sont présentées ici en allant des plus familières aux plus respectueuses.

### 1 *Tu* + 2ème pers. du sing. (*tu vens* : tu viens).

*Tu* n'était employé que dans des cas où il existait une grande familiarité ou intimité. Les enfants ne disaient pas *tu* à leurs parents ni aux membres de la famille ou aux proches plus âgés. Actuellement ils le font de plus en plus, surtout dans les zones urbaines où l'emploi du *tu* devient plus fréquent.

### 2 *Vós* + 2ème pers. du plur. (*vós vindes* : vous venez).

L'emploi de *vós,* pronom sujet, est limité à certaines régions du Portugal (le nord en particulier) ainsi qu'à certains types de discours (religieux ou politique notamment). *Vós* est alors employé lorsqu'on s'adresse à plusieurs personnes que l'on tutoie ou que l'on vouvoie.

### 3 *Você* + 3èmepers. du sing. (*você vem* : vous venez / tu viens).

L'emploi de *você* varie suivant les régions et les groupes sociaux. *Você* est généralement employé entre des gens qui se connaissent bien ou qui se sentent égaux (par exemple entre collègues de bureau) ou par des gens qui s'adressent à quelqu'un qui est moins âgé (par exemple des personnes d'un certain âge s'adressant à des adultes amis de leurs enfants) ou qui occupe un niveau hiérarchique ou social inférieur (par exemple un directeur parlant à un chef de bureau).
*Você* ne doit jamais être employé, pour s'adresser à quelqu'un envers qui on doit conserver un certain respect.

**4** ***Vocês*** **+ 3ème pers. du plur.** (***vocês vêm*** : vous venez).

*Vocês* sert de pluriel à *tu* et à *você*. Il est ressenti comme étant moins familier que le singulier *você* : par exemple un professeur peut s'adresser à un groupe d'étudiants en leur disant *vocês* alors qu'il n'emploie pas *você* quand il parle à l'un d'entre eux.

**5** ***A / o*** **+ prénom ou nom + 3èmepers. du sing. ou du plur.**

C'est une façon polie de s'adresser à quelqu'un qu'on connaît déjà assez bien. C'est le prénom qui est utilisé pour les femmes et le nom ou le prénom pour les hommes.

– ***A Ana Maria deve*** *estar ao corrente dos horários dos aviões para Paris.*
– Ana Maria, vous devez être au courant des horaires des avions pour Paris.
– *Posso* ***ir com o Sousa*** *de carro até o metro?*
– Est-ce que je peux aller avec vous en voiture jusqu'au métro ?
– ***O Paulo e o Tiago fazem o favor*** *de me trazer um frango assado da churrascaria?*
– Paulo et Tiago, est-ce que vous voulez bien m'apporter un poulet de la rôtisserie ?

**6** ***O senhor*** **+ prénom et/ou nom + 3ème pers. du sing.**
***A senhora dona*** **+ prénom / *dona* + prénom + 3ème pers. du sing.**

C'est ainsi qu'on s'adresse poliment à une personne qu'on connaît. S'il s'agit d'un homme, on utilise généralement le nom seul (ex : *o senhor Matos*) ou, dans un langage plus officiel, le prénom suivi du nom (ex : *o senhor António Matos*), ou, s'il existe une certaine familiarité, le prénom seul (ex : *o senhor António*).
S'il s'agit d'une femme, la formule la plus polie est : *a senhora dona* + prénom (ex : *a senhora dona Clotilde*). Mais on utilise de plus en plus le prénom précédé de *dona* (*dona Clotilde*). Cette formule remplace la formule *a senhora* + prénom (ex : *a senhora Conceição*) qui n'est plus guère utilisée qu'à la campagne ou dans certains quartiers populaires. *A senhora* + prénom + nom (sans *dona*) ne se trouve que dans le langage administratif (ex : *a senhora Clotilde Gonçalves*) ou pour désigner une personnalité. Dans le cas d'une personnalité étrangère on peut omettre le prénom (ex : *a senhora Thatcher*).

**7** ***O senhor, a senhora, a menina*** **+ 3ème pers. du sing.**
***Os senhores, as senhoras*** **+ 3ème pers.du plur.**

C'est la façon la plus courante de s'adresser poliment à une ou plusieurs personnes qu'on ne connaît pas, par exemple pour demander un renseignement dans la rue. *Menina* s'emploie uniquement pour une jeune fille.

- ***A senhora tem*** *horas, por favor?*
- Est-ce que vous avez l'heure s'il vous plaît, Madame ?
- ***Os senhores podiam*** *indicar-me onde é o correio? Posso* ***ir com os senhores*** *até lá?*
- [Messieurs], pourriez-vous m'indiquer où se trouve la poste? Est-ce que je peux aller avec vous jusque-là ?
- ***A menina ainda não tem*** *dezoito anos, não pode entrar para ver este filme.*
- Vous n'avez pas encore dix-huit ans, Mademoiselle, vous ne pouvez pas entrer pour voir ce film.

▲ Ces expressions (avec l'article) sont employées comme sujet d'un verbe et ne peuvent pas être mises en apostrophe, sauf si on interpelle quelqu'un.

- *O senhor! A carta de condução, por favor.*
- Monsieur ! Votre permis, s'il vous plaît.

▲ "Merci, Madame" se traduit par ***obrigado/a, minha senhora,*** "merci, Mesdames" par ***obrigado/a, minhas senhoras,*** mais "merci, Monsieur" ou "merci, Messieurs" se traduit tout simplement par ***obrigado/a.***

## 8 *O senhor* + titre [+ nom] + 3ème pers. du sing. *A senhora* + titre [+ prénom] + 3ème pers. du sing. *Os senhores* + titre / *as senhoras* + titre + 3ème pers. du pluriel

Le titre le plus courant est ***doutor, doutora.*** Il est donné à toute personne ayant terminé ses études universitaires. Seuls les ingénieurs et les architectes ont un titre indiquant leurs spécialités, ***engenheiro, engenheira ; arquitecto, arquitecta.*** Ex : *o senhor doutor Campos, a senhora doutora Adelaide, o senhor engenheiro Silva, a senhora engenheira Maria Teresa, a senhora arquitecta Ermelinda.* Le titre peut être précédé de la **fonction.** Ex : *o senhor ministro dr. João de Castro ; a senhora directora drª Maria Pinto.*
On peut aussi utiliser le titre sans le nom de famille ou le prénom (ex : *o senhor doutor, a senhora doutora*), ou, ce qui est un peu plus familier, le titre non précédé de *o senhor* (ex : *o doutor Campos, a doutora Adelaide*).

## 9 *Vossa excelência* + 3ème pers. du sing. *Vossas excelências* + 3ème pers. du pluriel

Formule courante dans la correspondance administrative et commerciale et par ailleurs réservée à des situations empreintes d'un certain cérémonial.

▲ Dans les cas où on ne sait pas exactement quelle formule utiliser pour s'adresser à son interlocuteur (et seulement dans ces cas), on peut se contenter du verbe à la troisième personne.

- *Porque encolhe os ombros?*
- Pourquoi haussez-vous les épaules ?

▲ Lorsque les formes avec le prénom ou avec *o senhor*, *dona* etc. ont la fonction de **sujet ou de complément**, l'emploi de **l'article est obligatoire** (voir n° 20).

– *Estão a chamar* ***a senhora doutora*** *ao bloco operatório.*
– Docteur, on vous appelle au bloc opératoire.

Mais si elles sont mises **en apostrophe** elles ne sont **pas précédées de l'article** sauf si on interpelle la personne sans donner de nom ou de titre.

– ***Senhor Melo****, explique-me por favor o que se passou.*
– Monsieur Melo, expliquez-moi, s'il vous plaît, ce qui s'est passé.
– *O Senhor! É a vez do senhor.*
– Monsieur ! C'est votre tour.

▲ Au Brésil le *tu* tend à disparaître au profit du *você* et par ailleurs la formule polie la plus générale est : *o Senhor, a Senhora, a Senhorita.*

▲ Pour donner plus d'emphase, on peut mettre une majuscule à *Senhor, Dona, Doutor,* etc.

▲ Les abréviations sont les suivantes : *Sr. (senhor); Srª (senhora); D. (dona) ; Srª D. (senhora dona); Sr. Dr. (senhor doutor); Srª Drª (senhora doutora); Sr. Engº (senhor engenheiro); Srª Engª ; Sr. Arq*$^{to}$ *(senhor arquitecto), Srª Arq*$^{ta}$ *; Sr. Prof. (senhor professor), Srª Profª ; V. Exª (vossa excelência); V. Ex*$^{as}$ *(vossas excelências)*

## Exercice

*Compléter les phrases suivantes en tenant compte des éléments indiqués entre parenthèses et en mettant le verbe au présent :*
1. (Pour exprimer une certaine déférence).................... Lídia (preferir).............. chá ou café? 2. (Pour s'adresser à un collègue de bureau sans trop de familiarité) ......... (saber) ............ onde está o processo (dossier) daquele cliente? 3. (Pour s'adresser à sa soeur) Onde é que .......... (querer)............. ir? 4. (Pour s'adresser à des amis intimes) Para que é que ......... (falar) ......... tão alto? 5. (Pour s'adresser à un professeur de lycée : Madame Irene Dias) .................... (dar)........... notas muito baixas!. 6. (Pour s'adresser, sans aucune familiarité, à deux hommes : Messieurs Monteiro et Paiva) ..................... (ser) ....... atendidos logo a seguir.

# y

## 75 *Y (traduction)*

"Y" rappelle un référent (chose, idée, lieu,...) dont on vient de parler. Il n'existe pas d'équivalent en portugais. **"Y" n'est généralement pas traduit lorsque le sens est clair** et qu'il n'est pas nécessaire de rappeler ce à quoi on fait allusion, sauf si on veut insister.

### 1 "Y" complément d'objet indirect se traduit par :

a/ **Préposition + pronom personnel de la 3ème personne** quand "y" renvoie à un substantif ("y" n'est pas employé pour désigner des personnes ou des animaux individualisés ou personnalisés).

| | |
|---|---|
| – *E o teu encontro? Pensas **nele?*** | – *Penso.* |
| – Et ton rendez-vous ? Tu y penses ? | – Oui [j'y pense]. |
| – *Contas com uma resposta positiva?* | – *Conto [**com ela**], sim.* |
| – Tu comptes sur une réponse positive? | – J'y compte, oui. |

b/ **Préposition + démonstratif neutre** quand "y" renvoie à une partie de phrase.

*Ah! Se eu pudesse partir! Mas vale mais não pensar **nisso***
Ah, si je pouvais partir ! Mais il vaut mieux ne pas y penser.

### 2 "Y" complément de lieu se traduit par un adverbe de lieu (voir n° 15). Dans les réponses avec reprise du verbe (voir n° 153) l'adverbe est généralement sous-entendu.

***Cá** estou, **cá** fico.*
J'y suis, j'y reste.

| | |
|---|---|
| – *As tuas chaves estão em cima da cómoda.* | – *Não, não estão [**lá**].* |
| – Tes clés sont sur la commode. | – Non, elles n'y sont pas. |
| – *Vais ao concerto esta noite?* | – *Sim, vou.* |
| – Tu vas au concert ce soir ? | – Oui, je vais y aller. |

## Pour aller plus loin

| | | |
|---|---|---|
| Il y a | : ***há*** | |
| S'y faire | : ***habituar-se a / conformar-se a*** | |
| Y compris | : ***incluindo*** | |
| Ça y est ! | : ***Já está! Pronto!*** | |
| Vas-y ! | : ***Anda[lá]!*** | *Anda [lá], não tenhas medo!*<br>Vas-y, n'aie pas peur ! |
| Allons-y ! | : ***Vamos [lá]!*** | *— Vamos [lá]? — Vamos [lá]!*<br>— On y va ? — Allons-y ! |

## Exercice

*Traduire :*

1. Le magasin ferme bientôt. Si tu m'y conduis en voiture, j'arriverai à temps. 2. Ce n'est pas un travail passionnant (apaixonante), mais je m'y suis fait. 3. Quand il y a un problème qui le préoccupe, il y fait allusion sans arrêt. 4. Je ne sais pas comment c'est arrivé (acontecer) et je ne m'y attendais pas du tout (estar à espera). 5. Il dit qu'il va réparer le robinet (arranjar a torneira), mais je n'y crois pas (acreditar).

# Z

## 176 *Zás, zunzum*

*Zás* et *zunzum* sont deux onomatopées courantes pour qui tombe, reçoit des coups, ou entend voler des insectes.
Les onomatopées tentent de reproduire, par des phonèmes, des sons ou des bruits (cris d'animaux, bruits accompagnant certaines actions ou certains phénomènes, etc.). Mais comme chaque langue imite ces sons et ces bruits à sa façon, les onomatopées varient d'une langue à l'autre. Nous ne donnerons ici que quelques exemples.

**1** Pour suggérer une chute :

***Zás! Trás! Catrapus! Pumba!*** Ces interjections, avec des sonorités différentes, évoquent la chute chacune à leur façon. Tandis que ***Zás! Trás!*** expriment plutôt la rapidité et la violence, ***Pumba!***, comme le "Boum !" français, suggère davantage la lourdeur de la chute, voire l'impression d'écrasement. Il faut donc écouter les onomatopées !

***Zás!*** est employé aussi , comme le "Pan !" ou le "Vlan !" français, pour accompagner un coup.
***Zás!*** et ***Trás!*** expriment également une action rapide. Très souvent, pour renforcer l'expression, ces deux interjections se suivent : *Zás, trás!*

**2** Pour exprimer des cris ou des bruits d'animaux :

Le chat portugais fait ***miau***, presque comme le chat français (miaou). Par contre le chien n'aboie pas de la même façon : il fait ***ão-ão***, alors qu'en France il fait "ouah", et la poule ne dit pas "cot-cot-cot" mais ***cacaracá***. Tandis que le coq gaulois lance son "cocorico", le portugais alterne ***cocorocó*** et ***corococó***.
***O zunzum***, c'est le bourdonnement des insectes.

Certaines de ces onomatopées ont été à la base de verbes :

*miau-miau* —> *miar*
*cacaraca* —> *cacarejar*
*zunzum* —> *zumbir*

**3** Pour exprimer divers bruits humains :

Lorsqu'on frappe à la porte, on fait ***truz-truz*** (toc-toc).
Lorsqu'on éternue, on lance un petit ou un grand ***atchim!*** (atchoum).
Si on veut obtenir le silence, c'est le ***psiu!*** (chut!) qui s'impose.
Et enfin, si on veut exprimer un soulagement, on dit : ***ufa!*** (ouf!).

*Exercice*

Si vous avez fait tous ceux qui précèdent, peut-être pouvez vous... répéter la dernière onomatopée ?

# Les appendices

## 1. Verbe régulier du 1er groupe : *OLHAR*

**INDICATIVO**

*Presente*

**o**lho
**o**lhas
**o**lha
olh**a**mos
olh**ais**
**o**lham

*Futuro*

*simples*

olhar**ei**
olhar**ás**
olhar**á**
olhar**e**mos
olhar**eis**
olhar**ão**

*composto*

ter**ei** olh**a**do
ter**ás** olh**a**do
ter**á** olh**a**do
ter**e**mos olh**a**do
ter**eis** olh**a**do
ter**ão** olh**a**do

*Pretérito perfeito*

*simples*

olh**ei**
olh**a**ste
olh**ou**
olh**á**mos
olh**a**stes
olh**a**ram

*composto*

t**e**nho olh**a**do
t**e**ns olh**a**do
t**em** olh**a**do
t**e**mos olh**a**do
t**e**ndes olh**a**do
t**êm** olh**a**do

**CONJUNTIVO**

*Presente*

**o**lhe
**o**lhes
**o**lhe
olh**e**mos
olh**eis**
**o**lhem

*Futuro*

*simples*

olh**ar**
olh**a**res
olh**ar**
olh**a**rmos
olh**a**rdes
olh**a**rem

*composto*

tiv**er** olh**a**do
tiv**e**res olh**a**do
tiv**er** olh**a**do
tiv**e**rmos olh**a**do
tiv**e**rdes olh**a**do
tiv**e**rem olh**a**do

*Pretérito perfeito*

*composto*

t**e**nha olh**a**do
t**e**nhas olh**a**do
t**e**nha olh**a**do
tenh**a**mos olh**a**do
tenh**ais** olh**a**do
t**e**nham olh**a**do

**IMPERATIVO**

| *afirmativo* | *negativo* |
|---|---|
| ... | ... |
| **o**lha | não **o**lhes |
| **o**lhe | não **o**lhe |
| olh**e**mos | não olh**e**mos |
| olh**ai** | não olh**eis** |
| **o**lhem | não **o**lhem |

**CONDICIONAL**

*simples*

olhar**i**a
olhar**i**as
olhar**i**a
olhar**í**amos
olhar**í**eis
olhar**i**am

*composto*

ter**i**a olh**a**do
ter**i**as olh**a**do
ter**i**a olh**a**do
ter**í**amos olh**a**do
ter**í**eis olh**a**do
ter**i**am olh**a**do

## 1. Verbe régulier du 1er groupe : *OLHAR*

| INDICATIVO | CONJUNTIVO |
|---|---|
| *Imperfeito* | *Imperfeito* |
| olhava | olhasse |
| olhavas | olhasses |
| olhava | olhasse |
| olhávamos | olhássemos |
| olháveis | olhásseis |
| olhavam | olhassem |
| *Mais-que-perfeito* | *Mais-que-perfeito* |
| *simples* | |
| olhara | |
| olharas | |
| olhara | |
| olháramos | |
| olháreis | |
| olharam | |
| *composto* | *composto* |
| tinha olhado | tivesse olhado |
| tinhas olhado | tivesses olhado |
| tinha olhado | tivesse olhado |
| tínhamos olhado | tivéssemos olhado |
| tínheis olhado | tivésseis olhado |
| tinham olhado | tivessem olhado |

**INFINITIVO**

*Infinitivo pessoal*

*simples*

olhar
olhares
olhar
olharmos
olhardes
olharem

*composto*

ter olhado
teres olhado
ter olhado
termos olhado
terdes olhado
terem olhado

*Infinitivo impessoal*

| *simples* | *composto* |
|---|---|
| olhar | ter olhado |

**GERÚNDIO**

| *simples* | *composto* |
|---|---|
| olhando | tendo olhado |

**PARTICÍPIO PASSADO**

olhado

## 2. Verbe régulier du 2e groupe : *VIVER*

### INDICATIVO

*Presente*

vivo
vives
vive
vivemos
viveis
vivem

*Futuro*

simples

viverei
viverás
viverá
viveremos
vivereis
viverão

composto

terei vivido
terás vivido
terá vivido
teremos vivido
tereis vivido
terão vivido

*Pretérito perfeito*

simples

vivi
viveste
viveu
vivemos
vivestes
viveram

composto

tenho vivido
tens vivido
tem vivido
temos vivido
tendes vivido
têm vivido

### CONJUNTIVO

*Presente*

viva
vivas
viva
vivamos
vivais
vivam

*Futuro*

simples

viver
viveres
viver
vivermos
viverdes
viverem

composto

tiver vivido
tiveres vivido
tiver vivido
tivermos vivido
tiverdes vivido
tiverem vivido

*Pretérito perfeito*

composto

tenha vivido
tenhas vivido
tenha vivido
tenhamos vivido
tenhais vivido
tenham vivido

### IMPERATIVO

| afirmativo | negativo |
|---|---|
| ... | ... |
| vive | não vivas |
| viva | não viva |
| vivamos | não vivamos |
| vivei | não vivais |
| vivam | não vivam |

### CONDICIONAL

simples

viveria
viverias
viveria
viveríamos
viveríeis
viveriam

composto

teria vivido
terias vivido
teria vivido
teríamos vivido
teríeis vivido
teriam vivido

## 2. Verbe régulier du 2e groupe : ***VIVER***

| INDICATIVO | CONJUNTIVO |
|---|---|
| *Imperfeito* | *Imperfeito* |
| vivia | vivesse |
| vivias | vivesses |
| vivia | vivesse |
| vivíamos | vivêssemos |
| vivíeis | vivêsseis |
| viviam | vivessem |
| *Mais-que-perfeito* | *Mais-que-perfeito* |
| *simples* | |
| vivera | |
| viveras | |
| vivera | |
| vivêramos | |
| vivêreis | |
| viveram | |
| *composto* | *composto* |
| tinha vivido | tivesse vivido |
| tinhas vivido | tivesses vivido |
| tinha vivido | tivesse vivido |
| tínhamos vivido | tivéssemos vivido |
| tínheis vivido | tivésseis vivido |
| tinham vivido | tivessem vivido |

### INFINITIVO

*Infinitivo pessoal*

*simples*

viver
viveres
viver
vivermos
viverdes
viverem

*composto*

er vivido
eres vivido
er vivido
ermos vivido
erdes vivido
erem vivido

*Infinitivo impessoal*

| *simples* | *composto* |
|---|---|
| viver | ter vivido |

### GERÚNDIO

| *simples* | *composto* |
|---|---|
| vivendo | tendo vivido |

### PARTICÍPIO PASSADO

vivido

## 3. Verbe régulier du 3^e^ groupe : *PARTIR*

### INDICATIVO

*Presente*

parto
partes
parte
partimos
partis
partem

*Futuro*

*simples*

partirei
partirás
partirá
partiremos
partireis
partirão

*composto*

terei partido
terás partido
terá partido
teremos partido
tereis partido
terão partido

*Pretérito perfeito*

*simples*

parti
partiste
partiu
partimos
partistes
partiram

*composto*

tenho partido
tens partido
tem partido
temos partido
tendes partido
têm partido

### CONJUNTIVO

*Presente*

parta
partas
parta
partamos
partais
partam

*Futuro*

*simples*

partir
partires
partir
partirmos
partirdes
partirem

*composto*

tiver partido
tiveres partido
tiver partido
tivermos partido
tiverdes partido
tiverem partido

*Pretérito perfeito*

*composto*

tenha partido
tenhas partido
tenha partido
tenhamos partido
tenhais partido
tenham partido

### IMPERATIVO

| *afirmativo* | *negativo* |
|---|---|
| ... | ... |
| parte | não partas |
| parta | não parta |
| partamos | não partamos |
| parti | não partais |
| partam | não partam |

### CONDICIONAL

*simples*

partiria
partirias
partiria
partiríamos
partiríeis
partiriam

*composto*

teria partido
terias partido
teria partido
teríamos partido
teríeis partido
teriam partido

## 3. Verbe régulier du 3e groupe : ***PARTIR***

| INDICATIVO | CONJUNTIVO |
|---|---|
| *Imperfeito* | *Imperfeito* |
| partia | partisse |
| partias | partisses |
| partia | partisse |
| partíamos | partíssemos |
| partíeis | partísseis |
| partiam | partissem |
| *Mais-que-perfeito* | *Mais-que-perfeito* |
| *simples* | |
| partira | |
| partiras | |
| partira | |
| partíramos | |
| partíreis | |
| partiram | |
| *composto* | *composto* |
| tinha partido | tivesse partido |
| tinhas partido | tivesses partido |
| tinha partido | tivesse partido |
| tínhamos partido | tivéssemos partido |
| tínheis partido | tivésseis partido |
| tinham partido | tivessem partido |

### INFINITIVO

*Infinitivo pessoal*

*simples*

partir
partires
partir
partirmos
partirdes
partirem

*composto*

ter partido
teres partido
ter partido
termos partido
terdes partido
terem partido

*Infinitivo impessoal*

| *simples* | *composto* |
|---|---|
| partir | ter partido |

### GERÚNDIO

| *simples* | *composto* |
|---|---|
| partindo | tendo partido |

### PARTICÍPIO PASSADO

partido

## 4. Verbe à la forme passive : *SER AJUDADO*

| INDICATIVO | CONJUNTIVO | IMPERATIVO | |
|---|---|---|---|
| *Presente* | *Presente* | *afirmativo* | *negativo* |
| | | ... | ... |
| **sou** ajudado/a | **seja** ajudado/a | **sé** ajudado/a | não **sejas** ajudado/a |
| **és** ajudado/a | **sejas** ajudado/a | **seja** ajudado/a | não **seja** ajudado/a |
| **é** ajudado/a | **seja** ajudado/a | **sejamos** ajudados/as | não **sejamos** ajudados/as |
| **somos** ajudados/as | **sejamos** ajudados/as | **sede** ajudados/as | não **sejais** ajudados/as |
| **sois** ajudados/as | **sejais** ajudados/as | **sejam** ajudados/as | não **sejam** ajudados/as |
| **são** ajudados/as | **sejam** ajudados/as | | |

| INDICATIVO | CONJUNTIVO | CONDICIONAL |
|---|---|---|
| *Futuro* | *Futuro* | |
| *simples* | *simples* | *simples* |
| **serei** ajudado/a | **for** ajudado/a | **seria** ajudado/a |
| **serás** ajudado/a | **fores** ajudado/a | **serias** ajudado/a |
| **será** ajudado/a | **for** ajudado/a | **seria** ajudado/a |
| **seremos** ajudados/as | **formos** ajudados/as | **seríamos** ajudados/as |
| **sereis** ajudados/as | **fordes** ajudados/as | **seríeis** ajudados/as |
| **serão** ajudados/as | **forem** ajudados/as | **seriam** ajudados/as |
| *composto* | *composto* | *composto* |
| **terei** sido ajudado/a | **tiver** sido ajudado/a | **teria** sido ajudado/a |
| **terás** sido ajudado/a | **tiveres** sido ajudado/a | **terias** sido ajudado/a |
| **terá** sido ajudado/a | **tiver** sido ajudado/a | **teria** sido ajudado/a |
| **teremos** sido ajudados/as | **tivermos** sido ajudados/as | **teríamos** sido ajudados/as |
| **tereis** sido ajudados/as | **tiverdes** sido ajudados/as | **teríeis** sido ajudados/as |
| **terão** sido ajudados/as | **tiverem** sido ajudados/as | **teriam** sido ajudados/as |

| INDICATIVO | CONJUNTIVO |
|---|---|
| *Pretérito perfeito* | *Pretérito perfeito* |
| *simples* | |
| **fui** ajudado/a | |
| **foste** ajudado/a | |
| **foi** ajudado/a | |
| **fomos** ajudados/as | |
| **fostes** ajudados/as | |
| **foram** ajudados/as | |
| *composto* | *composto* |
| **tenho** sido ajudado/a | **tenha** sido ajudado/a |
| **tens** sido ajudado/a | **tenhas** sido ajudado/a |
| **tem** sido ajudado/a | **tenha** sido ajudado/a |
| **temos** sido ajudados/as | **tenhamos** sido ajudados/as |
| **tendes** sido ajudados/as | **tenhais** sido ajudados/as |
| **têm** sido ajudados/as | **tenham** sido ajudados/as |

## 4. Verbe à la forme passive : *SER AJUDADO*

| **INDICATIVO** | **CONJUNTIVO** |
|---|---|
| *Imperfeito* | *Imperfeito* |
| era ajudado/a | fosse ajudado/a |
| eras ajudado/a | fosses ajudado/a |
| era ajudado/a | fosse ajudado/a |
| éramos ajudados/as | fôssemos ajudados/as |
| éreis ajudados/as | fôsseis ajudados/as |
| eram ajudados/as | fossem ajudados/as |
| *Mais-que-perfeito* | *Mais-que-perfeito* |
| *simples* | |
| fora ajudado/a | |
| foras ajudado/a | |
| fora ajudado/a | |
| fôramos ajudados/as | |
| fôreis ajudados/as | |
| foram ajudados/as | |
| *composto* | *composto* |
| tinha sido ajudado/a | tivesse sido ajudado/a |
| tinhas sido ajudado/a | tivesses sido ajudado/a |
| tinha sido ajudado/a | tivesse sido ajudado/a |
| tínhamos sido ajudados/as | tivéssemos sido ajudados/as |
| tínheis sido ajudados/as | tivésseis sido ajudados/as |
| tinham sido ajudados/as | tivessem sido ajudados/as |

### INFINITIVO

*Infinitivo pessoal*

*simples*

ser ajudado/a
seres ajudado/a
ser ajudado/a
sermos ajudados/as
serdes ajudados/as
serem ajudados/as

*composto*

ter sido ajudado/a
teres sido ajudado/a
ter sido ajudado/a
termos sido ajudados/as
terdes sido ajudados/as
terem sido ajudados/as

*Infinitivo impessoal*

| *simples* | *composto* |
|---|---|
| ser ajudado/a | ter sido ajudado/a |

### GERÚNDIO

| *simples* | *composto* |
|---|---|
| sendo ajudado[s] /ajudada[s] | tendo sido ajudado[s] /ajudada[s] |

### PARTICÍPIO PASSADO

sido ajudado[s] / ajudada[s]

## 5. Verbe réfléchi avec le pronom personnel en enclise : ***LEMBRAR-SE***

### INDICATIVO

*Presente*

lembro-me
lembras-te
lembra-se
lembramo-nos
lembrais-vos
lembram-se

*Imperfeito*

lembrava-me
lembravas-te
lembrava-se
lembrávamo-nos
lembráveis-vos
lembravam-se

*Futuro*

*simples*

lembrar-me-ei
lembrar-te-ás
lembrar-se-á
lembrar-nos-emos
lembrar-vos-eis
lembrar-se-ão

*composto*

ter-me-ei lembrado
ter-te-ás lembrado
ter-se-á lembrado
ter-nos-emos lembrado
ter-vos-eis lembrado
ter-se-ão lembrado

*Mais-que-perfeito*

*simples*

lembrara-me
lembraras-te
lembrara-se
lembráramo-nos
lembráreis-vos
lembraram-se

*composto*

tinha-me lembrado
tinhas-te lembrado
tinha-se lembrado
tínhamo-nos lembrado
tínheis-vos lembrado
tinham-se lembrado

*Pretérito perfeito*

*simples*

lembrei-me
lembraste-te
lembrou-se
lembrámo-nos
lembrastes-vos
lembraram-se

*composto*

tenho-me lembrado
tens-te lembrado
tem-se lembrado
temo-nos lembrado
tendes-vos lembrado
têm-se lembrado

### IMPERATIVO

*afirmativo*

...
lembra-te
lembre-se
lembremo-nos
lembrai-vos
lembrem-se

### CONDICIONAL

*simples*

lembrar-me-ia
lembrar-te-ias
lembrar-se-ia
lembrar-nos-íamos
lembrar-vos-íeis
lembrar-se-iam

*composto*

ter-me-ia lembrado
ter-te-ias lembrado
ter-se-ia lembrado
ter-nos-íamos lembrado
ter-vos-íeis lembrado
ter-se-iam lembrado

### INFINITIVO

*Infinitivo pessoal*

*simples*

lembrar-me
lembrares-te
lembrar-se
lembrarmo-nos
lembrardes-vos
lembrarem-se

*composto*

ter-me lembrado
teres-te lembrado
ter-se lembrado
termo-nos lembrado
terdes-vos lembrado
terem-se lembrado

*Infinitivo impessoal*

*simples*

lembrar-se

*composto*

ter-se lembrado

### GERÚNDIO

*simples*

lembrando-se

*composto*

tendo-se lembrado

## 6. Verbe avec le pronom personnel complément *o* en enclise : ***LEVÁ-LO***

### INDICATIVO

| *Presente* | *Imperfeito* |
|---|---|
| levo-o | levava-o |
| leva-lo | levava-lo |
| leva-o | levava-o |
| levamo-lo | levávamo-lo |
| levai-lo | levávei-lo |
| levam-no | levavam-no |

| *Futuro* | *Mais-que-perfeito* |
|---|---|
| *simples* | *simples* |
| levá-lo-ei | levara-o |
| levá-lo-ás | levara-lo |
| levá-lo-á | levara-o |
| levá-lo-emos | leváramo-lo |
| levá-lo-eis | levárei-lo |
| levá-lo-ão | levaram-no |
| *composto* | *composto* |
| tê-lo-ei levado | tinha-o levado |
| tê-lo-ás levado | tinha-lo levado |
| tê-lo-á levado | tinha-o levado |
| tê-lo-emos levado | tínhamo-lo levado |
| tê-lo-eis levado | tínhei-lo levado |
| tê-lo-ão levado | tinham-no levado |

*Pretérito perfeito*

*simples*

levei-o
levaste-o
levou-o
levámo-lo
levaste-lo
levaram-no

*composto*

tenho-o levado
tem-lo levado
tem-no levado
temo-lo levado
tende-lo levado
têm-no levado

### IMPERATIVO

*afirmativo*

leva-o
leve-o
levemo-lo
levai-o
levem-no

### CONDICIONAL

*simples*

levá-lo-ia
levá-lo-ias
levá-lo-ia
levá-lo-íamos
levá-lo-íeis
levá-lo-iam

*composto*

tê-lo-ia levado
tê-lo-ias levado
tê-lo-ia levado
tê-lo-íamos levado
tê-lo-íeis levado
tê-lo-iam levado

### INFINITIVO

*Infinitivo pessoal*

*simples*

levá-lo
levare-lo
levá-lo
levarmo-lo
levarde-lo
levarem-no

*composto*

tê-lo levado
tere-lo levado
tê-lo levado
termo-lo levado
terde-lo levado
terem-no levado

*Infinitivo impessoal*

*simples*

levá-lo

*composto*

tê-lo levado

### GERÚNDIO

*simples*

levando-o

*composto*

tendo-o levado

## 7. *Adaptations orthographiques.*

Ce ne sont pas des irrégularités mais simplement des changements de consonnes pour que la prononciation du radical reste la même qu'à l'infinitif.

- **Verbes en *-ar*** . Les consonnes suivantes changent **devant *e* et *ei* :**

| | |
|---|---|
| ***c —> qu*** | *ficar , fico , fi**que**, fi**quei*** |
| ***ç —> c*** | *abra**ç**ar, abra**ç**o, abra**ce**, abra**cei*** |
| ***g —> gu*** | *pe**g**ar, pe**g**o, pe**gue**, pe**guei*** |

- **Verbes en *-er* et en *-ir*.** Les consonnes suivantes changent **devant *o* et *a* :**

| | |
|---|---|
| ***c —> ç*** | *oferec**er**, ofere**ço**, ofere**ça*** |
| ***g —> j*** | *prote**g**er, prote**jo**, prote**ja*** |
| | *corri**g**ir, corri**jo**, corri**ja*** |
| ***gu —> g*** | *er**gu**er, er**go**, er**ga*** |
| | *distin**gu**ir, distin**go**, distin**ga*** |

## 8. *Verbes à alternance vocalique.*

**1 Souvent cette alternance vocalique est purement phonétique et ne se marque pas dans la graphie.**
Elle correspond la plupart du temps à l'application des règles de prononciation des voyelles orales dont le timbre se ferme lorsqu'elles ne se trouvent pas dans une syllabe tonique.

**Ex :** *trepo* (*e* ouvert : [ɛ]), *trepas* (*e* ouvert [ɛ]), *trepamos* (*e* fermé : [ə]); *gosto* (*o* ouvert : [ɔ]), *gostamos* (*o* se prononçant [u]).

Il existe aussi des cas où, dans une syllabe tonique, le timbre peut-être semi-fermé (si c'est un *e*) ou fermé (si c'est un *o*). Il s'agit de la plupart des verbes de la deuxième conjugaison (en ***-er***) qui ont un ***e*** ou un ***o*** au radical. Ces voyelles sont semi-fermées ou fermées à la première personne du présent de l'indicatif ainsi qu'aux trois premières personnes du singulier et à la troisième personne du pluriel du présent du subjonctif.

**Ex :** *devo* (*e* semi-fermé : [e]), *deves* (*e* ouvert : [ɛ]), *deva* (*e* semi-fermé : [e]), *devas* (*e* semi-fermé :[e])...
*como* (*o* fermé : [o]), *comes* (*o* ouvert : [ɔ]), *coma* (*o* fermé : [o]), *comas* (*o* fermé : [o])...

**2 Cas où l'alternance vocalique est phonétique et graphique :**
***e —> i, o —> u, u —> o*** (verbes uniquement de la troisième conjugaison : en *-ir*)

**• *e —> i* , o —> *u*  à la 1ère personne du présent de l'indicatif et à toutes les personnes du présent du subjonctif .**

**Ex :** *Servir* et *dormir*

| |
|---|
| *Sirvo (serves, serve...) —> sirva, sirvas, sirva, sirvamos, sirvais, sirvam* |
| *Durmo (dormes, dorme...) —> durma, durmas, durma, durmamos, durmais, durmam* |

Quelques verbes courants qui se conjuguent comme *servir* : les verbes de la 3e conjugaison comportant la voyelle nasale écrite *en (sentir, mentir ...), aderir, advertir, divertir, competir* (rivaliser), *conferir, convergir, despir* (déshabiller), *digerir, divergir, ferir* (et ses composés), *reflectir* (réfléchir) *repetir, seguir, sugerir, vestir.*

Principaux verbes qui se conjuguent comme *dormir* : *cobrir* (et ses composés), *engolir* (avaler), *tossir* (tousser).

**• *e —> i*  à toutes les personnes où la voyelle est tonique au présent de l'indicatif et à toutes les personnes du présent du subjonctif.**

**Ex :** *progredir* (progresser)

| |
|---|
| *Progrido, progrides, progride, progredimos, progredis, progridem* |
| *Progrida, progridas, progrida, progridamos, progridais, progridam* |

Ainsi se conjuguent *agredir* (assaillir), *transgredir* (transgresser), *denegrir* (noircir), *prevenir.*

**• *u —> o*  à toutes les personnes du présent de l'indicatif où la voyelle est tonique sauf à la première** (comme celle-ci, le présent du subjonctif garde le ***u***).

**Ex :** *fugir* (fuir)

| |
|---|
| *Fujo, foges, foge, fugimos, fugis, fogem* |
| *Fuja, fujas, fuja, fujamos, fujais, fujam* |

Ainsi se conjuguent *acudir* (venir au secours), *cuspir* (cracher), *consumir* (consommer), *sacudir* (secouer), *subir* (monter), *sumir* (disparaître).

Les verbes *construir* et *destruir* sont généralement conjugués de cette façon mais on peut les trouver aussi conjugués comme les verbes en *-uir* (voir *concluir*).

| |
|---|
| *construo, constróis, constrói, construímos, construís, constroem* |
| *............, construis, construi, ................, ............, construem* |

## 9. *Verbes comportant des voyelles en hiatus*

• **Verbes en *-ear* : le *e* devient *ei* lorsqu'il se trouve dans la syllabe tonique.**

**Ex :** *passear* (se promener)

| |
|---|
| *Pass**ei**o, pass**ei**as, pass**ei**a, passeamos, passeais, pass**ei**am* |
| *Pass**ei**e, pass**ei**es, pass**ei**e, passeemos, passeeis, pass**ei**em* |

Les verbes en ***-ear*** se conjuguent ainsi. Quelques exemples : *barbear* (raser), *bloquear* (bloquer), *folhear* (feuilleter), *pentear* (coiffer).

• **Les verbes en *-iar* sont en général réguliers** (gardant le *i* à toutes les personnes)**, mais quelques uns suivent le modèle des verbes en *-ear*.** Il s'agit des verbes : *ansiar* (désirer), *incendiar, mediar* (être au milieu), *odiar* (haïr), *remediar.*

| |
|---|
| *Ans**ei**o, ans**ei**as, ans**ei**a, ansiamos, ansiais, ans**ei**am* |
| *Ans**ei**e, ans**ei**es, ans**ei**e, ansiemos, ansieis, ans**ei**em* |

• **Verbes en *-air* : le *a* devient *ai* aux trois premières personnes du présent de l'indicatif et à toutes les personnes du présent du subjonctif.**

**Ex :** *sair*

| |
|---|
| *S**ai**o, s**ai**s, s**ai**, saímos, saís, saem* |
| *s**ai**a, s**ai**as, s**ai**a, s**ai**amos, s**ai**ais, s**ai**am* |

Les verbes en *-air* sont peu nombreux. Retenons surtout *cair* (tomber) et ses dérivés ainsi que les verbes en *-trair* (*distrair, contrair* (contracter), etc.).

• **Verbes en *-uir* : à la deuxième et troisième personnes du singulier du présent de l'indicatif le *e* de la terminaison normale des verbes en *-ir* forme avec le *u* la diphtongue *ui*.**

**Ex :** *concluir*

| |
|---|
| *Concluo, concl**ui**s, concl**ui**, concluímos, concluís, concluem* |

## **10.** *Verbes dont l'irrégularité de la première personne du présent de l'indicatif se retrouve au présent du subjonctif*

Cette liste est limitée aux verbes les plus courants.

| | | |
|---|---|---|
| *Vir* | ***Venho**, vens ...* | ***Venha, venhas, venha, venhamos, venhais, venham*** |
| *Ter* | ***Tenho**, tens ...* | ***Tenha, tenhas, tenha, tenhamos, tenhais, tenham*** |
| *Pôr* | ***Ponho**, pões ...* | ***Ponha, ponhas, ponha, ponhamos, ponhais, ponham*** |
| | | |
| *Fazer* | ***Faço,** fazes ...* | ***Faça, faças, faça, façamos, façais, façam*** |
| *Pedir* | ***Peço**, pedes ...* | ***Peça, peças, peça, peçamos, peçais, peçam*** |
| *Ouvir* | ***Ouço**, ouves...* | ***Ouça, ouças, ouça, ouçamos, ouçais, ouçam*** |
| *Medir* | ***Meço**, medes...* | ***Meça, maças, meça, meçamos, meçais, meçam*** |
| | | |
| *Dizer* | ***Digo**, dizes...* | ***Diga, digas, diga, digamos, digais, digam*** |
| *Trazer* | ***Trago**, trazes...* | ***Traga, tragas, traga, tragamos, tragais, tragam*** |
| | | |
| *Crer* | ***Creio**, crês...* | ***Creia, creias, creia, creiamos, creiais, creiam*** |
| *Ler* | ***Leio**, lês...* | ***Leia, leias, leia, leiamos, leiais, leiam*** |
| | | |
| *Poder* | ***Posso**, podes...* | ***Possa, possas, possa, possamos, possais, possam*** |
| *Perder* | ***Perco**, perdes...* | ***Perca, percas, perca, percamos, percais, percam*** |
| *Ver* | ***Vejo**, vês...* | ***Veja, vejas, veja, vejamos, vejais, vejam*** |
| *Valer* | ***Valho**, vales...* | ***Valha, valhas, valha, valhamos, valhais, valham*** |
| *Caber* | ***Caibo**, cabes...* | ***Caiba, caibas, caiba, caibamos, caibais, caibam*** |

## **11.** *Quelques verbes très irréguliers*

Nous ne donnerons ici que les temps qui comportent des irrégularités.

**Nous n'indiquerons pas ici les irrégularités du futur et de l'imparfait du subjonctif ni du plus-que-parfait simple, ces temps ayant le même radical que le *pretérito perfeito simples.*** Ex : *trazer* —> *trouxe* —> *trouxer* (futur du subjonctif), *trouxesse* (imparfait du subjonctif), *trouxera* (plus-que-parfait).

**Nous n'indiquerons pas non plus les irrégularités de l'impératif** qui est formé sur le présent de l'indicatif et le présent du subjonctif (voir n° 90) **ni du conditionnel** qui a le même radical que le futur de l'indicatif.

Abréviations : Pr. Ind. (*presente do indicativo*), Pr. Conj. (*presente do conjuntivo*), Imp. (*pretérito imperfeito do indicativo*), P.P.S. (*pretérito perfeito simples*), Fut. (*futuro do indicativo*).

**_Caber_**

Pr. Ind. : *caibo, cabes, cabe, cabemos, cabeis, cabem*

Pr. Conj. : *caiba, caibas,* etc.

P.P.S. : *coube, coubeste, coube, coubemos, coubestes, couberam*

**_Dar_**

Pr. Ind. *: dou ; dás, dá,damos, dais, dão*

Pr. Conj. : *dê, dês, dê, demos, deis, dêem*

P.P.S. : *dei, deste, deu, demos, destes, deram*

**_Dizer_** (et ses composés : *contradizer, desdizer,* etc.)

Pr. Ind. : *digo, dizes, diz, dizemos, dizeis, dizem*

Pr. Conj. : *diga, digas,* etc.

P.P.S. : *disse, disseste, disse, dissemos, dissestes, disseram*

Fut. : *direi, dirás, dirá, diremos, direis, dirão*

Particípio : *dito*

**_Estar_**

Pr. Ind. : *estou, estás, está, estamos, estais, estão*

Pr. Conj. : *esteja, estejas,* etc.

P.P.S. : *estive, estiveste, esteve, estivemos, estivestes, estiveram*

**_Fazer_** (et ses composés : *desfazer, satisfazer,* etc.)

Pr. Ind. : *faço, fazes, faz, fazemos, fazeis, fazem*

Pr. Conj. : *faça, faças,* etc.

P.P.S. : *fiz, fizeste, fez, fizemos, fizestes, fizeram*

Fut. : *farei, farás, fará, faremos, fareis, farão*

Particípio : *feito*

**_Haver_**

Pr. Ind. : *hei, hás, há, havemos, haveis, hão*

Pr. Conj. : *haja, hajas,* etc.

P.P.S. : *houve, houveste, houve, houvemos, houvestes, houveram*

**_Ir_**

Pr. Ind. : *vou, vais, vai, vamos, ides, vão*

Pr. Conj. : *vá, vás, vá, vamos, vades, vão*

Imp. : *ia, ias, ia, íamos, íeis, iam*

P.P.S. : *fui, foste, foi, fomos, fostes, foram*

**_Poder_**

Pr. Ind. : *posso, podes, pode, podemos, podeis, podem*

Pr. Conj. : *possa, possas,* etc.

P.P.S. : *pude, pudeste, pôde, pudemos, pudestes, puderam*

**_Pôr_** (et ses composés : *compor, expor, impor,* etc. Ceux-ci ne portent pas d'accent à l'infinitif)

Pr. Ind. : *ponho, pões, põe, pomos, pondes, põem*

Pr. Conj. : *ponha, ponhas,* etc.

Imp. : *punha, punhas, punha, púnhamos, púnheis, punham*

P.P.S. : *pus, puseste, pôs, pusemos, pusestes, puseram*

Particípio : *posto*

***Querer***
Pr.Ind. : *quero, queres, quer, queremos, quereis, querem*
Pr. Conj. : *queira, queiras,* etc.
P.P.S. : *quis, quiseste, quis, quisemos, quisestes, quiseram*
A la 3ème personne du présent de l'indicatif, on trouve la forme *quere* devant un pronom enclitique Ex : *quere-o, quere-a*

***Rir*** (et son composé *sorrir*)
Pr. Ind. : *rio, ris, ri, rimos, rides, riem*
Pr. Conj. : *ria, rias, ria, riamos, riais, riam*
Imp. (régulier) : *ria, rias, ria, ríamos, ríeis, riam*

***Saber***
Pr. Ind. : *sei, sabes, sabe, sabemos, sabeis, sabem*
Pr. Conj. : *saiba, saibas,* etc.
P.P.S. : *soube, soubeste, soube, soubemos, soubestes, souberam*

***Ser***
Pr.Ind. : *sou, és, é, somos, sois, são*
Pr. Conj. : *seja, sejas,* etc.
Imp. : *era, eras, era, éramos, éreis, eram*
P.P.S. : *fui, foste, foi, fomos, fostes, foram*

***Ter***
Pr.Ind. : *tenho, tens, tem, temos, tendes, têm*
Pr. Conj. : *tenha, tenhas,* etc.
Imp. : *tinha, tinhas, tinha, tínhamos, tínheis, tinham*
P.P.S. : *tive, tiveste, teve, tivemos, tivestes, tiveram*

***Trazer***
Pr. Ind. : *trago, trazes, traz, trazemos, trazeis, trazem*
Pr. Conj. : *traga, tragas,* etc.
P.P.S. : *trouxe, trouxeste, trouxe, trouxemos, trouxestes, trouxeram*
Fut. : *trarei, trarás, trará, traremos, trareis, trarão*

***Ver*** (et ses composés *antever, entrever, prever, rever*)
Pr. Ind. : *vejo, vês, vê, vemos, vedes, vêem*
Pr. Conj. : *veja, vejas,* etc.
P.P.S. : *vi, viste, viu, vimos, vistes, viram*
Particípio : *visto*

***Vir*** (et ses composés, *convir, intervir,* etc.)
Pr. Ind. : *venho, vens, vem, vimos, vindes, vêm*
Pr. Conj. : *venha, venhas,* etc.
Imp. : *vinha, vinhas, vinha, vínhamos, vínheis, vinham*
P.P.S. : *vim, vieste, veio, viemos, viestes, vieram*
Particípio : *vindo*

APPENDICES

## 12. *Portugais du Brésil : quelques particularités*

Ces particularités sont beaucoup plus importantes dans la langue orale et surtout familière que dans la langue écrite. Par ailleurs, au Brésil, il existe certaines variations suivant les régions, même si, actuellement, la langue du centre-est (région économiquement et culturellement dominante) est en train d'étendre son influence.

### 1 Quelques particularités phonétiques et éventuellement graphiques

**a.** Les voyelles *a, e, o,* en syllabe tonique, sont toujours fermées devant les nasales *m, n,* alors qu'au Portugal, dans de nombreux cas, elles sont ouvertes.

| | |
|---|---|
| B. : ***andamos*** (au *pretérito perfeito simples*) | P. : ***andámos*** |
| B. : ***tênis*** | P. : ***ténis*** |
| B. : ***Amazônia*** | P. : ***Amazónia*** |

**b.** Les voyelles atones finales *a* et *e* ne sont pas réduites de la même façon au Portugal et au Brésil.

| | | |
|---|---|---|
| *bicicleta* | B. : *a* plus bref mais ouvert | P. : *a* semi-fermé (= [α]) |
| *crise* | B. : *e* très réduit (= [i]) | P. : *e* fermé (= [ə]) |

**c.** Les voyelles prétoniques ne sont généralement pas réduites au Brésil, alors qu'elles le sont presque toujours au Portugal.

| | | |
|---|---|---|
| *fazer* | B. : *a* ouvert | P. : *a* semi-fermé (=[α]) |
| *secar* | B. : *e* semi-fermé (=[e]) | P. : *e* fermé (=[ə]) |
| *poder* | B. : *o* semi-fermé (=[o]) | P. : *o* se prononce [u] |

Conséquence orthographique : Pour indiquer que ces voyelles ne sont pas réduites lorsqu'elles précèdent les groupes consonantiques *-pç-, -pt-, -ct-, -cc-, -cç-,* la langue du Portugal conserve la première de ces consonnes, même si elle n'est pas prononcée. La langue du Brésil la supprime la plupart du temps puisque la voyelle précédente est toujours prononcée de la même façon.

| | |
|---|---|
| B. : ***adoção*** (adoption) | P. : ***adopção*** |
| B. : ***batizar*** (baptiser) | P. : ***baptizar*** |
| B. : ***diretor*** (directeur) | P. : ***director*** |
| B. : ***selecionar*** (sélectionner) | P. : ***seleccionar*** |
| B. : ***ação*** (action) | P. : ***acção*** |

**d.** Les diphtongues *ei* et *éi* se prononcent de la même façon au Portugal (= [αj]) alors qu'au Brésil la prononciation distingue la diphtongue fermée (= [ej]) et la diphtongue ouverte (=[εj]. Au Brésil, on met donc un accent écrit sur les mots terminés en *éia* lorsque cette diphtongue est ouverte.

| | |
|---|---|
| B. : ***idéia*** (idée) | P. : ***ideia*** |

**e.** Dans la plupart des régions le ***-l*** final se vocalise —> semi-voyelle [w]. *Brasil* est prononcé [braziw].

## 2 Particularités purement orthographiques (non phonétiques)

**a.** Au Brésil l'accent circonflexe a été maintenu sur les mots paroxitons terminés en *-ôo.*

B. : *enjôo* (nausée), *vôo* (vol), *zôo* — P. : *enjoo, voo, zoo*

**b.** Au Brésil le tréma a été maintenu lorsque le *u* se prononce dans les syllabes *güe, güi, qüe, qüi.*

B. : *agüentar* (supporter), *cinqüenta, tranqüilo* — P. : *aguentar, cinquenta, tranquilo*

**c.** Au Brésil le trait d'union a été supprimé dans les formes monosyllabiques de *haver* suivies de la préposition *de.*

B. : *hei de, hás de, há de, hão de* — P. : *hei-de, hás-de, há-de, hão-de*

## 3 Quelques particularités syntaxiques

**a.** Place des pronoms personnels atones.

Il existe des règles relativement strictes au Portugal (voir n° 140). Elles sont beaucoup plus souples au Brésil, même dans la langue écrite. Celle-ci, dans une certaine mesure, a suivi la tendance de la langue parlée à placer le pronom avant le verbe (proclise) mais n'a pas abandonné l'enclise qu'on trouve parfois dans des cas où elle ne serait pas acceptée au Portugal.

Lorsque le verbe principal est au début de la phrase, dans la langue familière, le pronom complément peut être placé avant le verbe (ex : *Me chamou.*), mais dans une langue plus soignée, pour éviter de commencer la phrase par le pronom complément on le fait précéder du pronom sujet.

B. : ***Ele me chamou.*** — P. : ***[Ele] chamou-me.***

Dans les locutions verbales le pronom se place généralement avant le verbe principal et n'est pas relié au verbe auxiliaire dont il peut être séparé par un mot.

B. : ***Vão agora se adaptando.*** — P. : ***Vão-se agora adaptando.***
B. : ***Poderá se levantar.*** — P. : ***Poder-se-á levantar / poderá levantar-se.***

**b.** Dans une langue assez familière (et dans certaines régions) les pronoms compléments *o, a, os, as* sont souvent remplacés par les pronoms sujets *ele, ela, eles, elas.*

B. : *Não encontrei ele.* — P. : *Não o encontrei.*

**c.** Au Brésil l'article est facultatif devant les possessifs alors qu'au Portugal il est généralement obligatoire, sauf dans certains cas (voir n° 18).

**d.** Dans les périphrases exprimant la durée avec *estar, ficar, andar, continuar,* l'infinitif est pratiquement devenu la norme au Portugal alors qu'au Brésil on emploie généralement le gérondif.

B. : ***Estou lendo.*** P. : ***Estou a ler.***

**e.** L'auxiliaire *haver* est encore utilisé, sauf dans la langue familière, pour former les temps composés (à côté de *ter*) alors qu'au Portugal il a été remplacé par *ter* et ne subsiste plus que dans un langage écrit et soigné. Par contre *ter* est employé pour la forme impersonnelle "il y a" au Brésil et pas au Portugal.

B. : ***Havia acabado / tinha acabado.*** P. : ***Tinha acabado.***
B. : ***Tem / há*** *muita gente.* P. : ***Há*** *muita gente.*

**f.** La préposition *em* peut suivre certains verbes de mouvement qui se construisent au Portugal avec *a* ou *para.*

B. : ***Cheguei na*** *estação.* P. : ***Cheguei à*** *estação.*
B. : ***Vou na casa*** *deles.* P. : ***Vou a / para casa*** *deles.*

**g.** Dans les expressions avec *todo/a* + substantif au singulier, l'article est obligatoire dans le portugais du Portugal (voir n° 171) alors qu'il ne l'est pas au Brésil.

B. : *Com toda [a] liberdade* P. : *Com toda a liberdade*

**4 Les formes d'adresse** (tutoiement et vouvoiement)
Elles sont beaucoup moins nuancées qu'au Portugal et tendent à se réduire à deux seules formules.
Le *tu* n'est plus utilisé que dans certaines régions. Il est progressivement remplacé par *você* qui est d'un emploi plus large car il convient aussi pour des situations intermédiaires entre la familiarité et la déférence.
Dans la langue familière on utilise fréquemment avec *você* le pronom complément de la deuxième personne ou l'impératif de la deuxième personne, ce qui est impossible au Portugal.

B. : ***Diz*** *uma coisa.* ***Você viu*** *o filme de que eu* ***te*** *falei?*
P. : ***Diga-me*** *uma coisa.* ***Você viu*** *o filme de que eu* ***lhe*** *falei?*

La seule formule polie (en dehors de quelques formules protocolaires réservées à des circonstances bien précises) est : *o Senhor, a Senhora, a Senhorita, os Senhores, as Senhoras.*
A la troisième personne on n'emploie pas le pronom *si* comme au Portugal.

| | |
|---|---|
| B. : *Vou com o Senhor.* | P. : *Vou com o Senhor* (ou, avec moins de déférence : *vou consigo*). |
| B. : *Vou com você.* | P. : *Vou consigo* (ou, plus familièrement : *vou com você).* |

## **13.** *Portugais du Brésil et portugais du Portugal : quelques différences de vocabulaire*

C'est dans la langue familière que ces différences lexicales sont les plus importantes. Nous ne retiendrons ici que les mots les plus courants.

| **Brésil** | **Portugal** | |
|---|---|---|
| **A** | | |
| *açougue* (m.) | *talho* (m.) | boucherie (f.) |
| *aeromoça* (f.) | *hospedeira* (f.) | hôtesse de l'air (f.) |
| *alô!* | *está?* | allo! |
| *amassar (o carro)* | *amolgar* | emboutir, froisser |
| *apelido* (m.) | *alcunha* (f.) | surnom (m.) |
| *aposentadoria* (f.) | *aposentação* (f.) | retraite (f.) |
| *aquarela* (f.) | *aguarela* (f.) | aquarelle (f.) |
| *armário embutido* (m.) | roupeiro (m.) | placard (m.) |
| *atacadista* (m.) | *grossista* (m.) | grossiste (m.) |
| **B** | | |
| *bala* (f.) | *rebuçado* (m.) | bonbon (m.) |
| *banheiro* (m.) | *casa de banho* (f.) | salle de bain(s) (f.) |
| *barbante* (m.) | *cordel* (m.), *guita* (f.) | ficelle (f.) |
| *bate-papo* (m.) | *paleio* (m.), *cavaqueira* (f.) | bavardage (m.), parlote (f.) |
| *bicha* (f) | *paneleiro* (m.), *maricas* (m.) | pédé[raste] (m.) |
| *blusa* (f.) | *camisola* (f.) | pull-over (m.) |
| *bolsa* (f.) : *bolsa de senhora* | *carteira* (f.) | sac à main (m.) |
| *bomba* (f.) : *levar bomba* | *chumbar, apanhar um chumbo* | être collé (à un examen) |
| *bolsista* (adj./ s.) | *bolseiro,a* | boursier, boursière |
| *bonde* (m.) | *eléctrico* (m.) | tramway (m.) |
| *borboleta* (f.) | *torniquete* (m.) | tourniquet (m.) |
| *botar* | *pôr, deitar* | mettre, lancer, verser |
| **C** | | |
| *cachorro* (m.) | *cão* (m.) | chien (adulte) (m.) |
| *caçula* (adj.) *filho/ irmão caçula* | *filho/irmão mais novo* | benjamin, cadet |
| *café da manhã* (m.) | *pequeno-almoço* (m.) | petit-déjeuner (m.) |
| *calçada* (f.) | *passeio* (m.) | trottoir (m.) |
| *calcinha[s]* (f.) *(de mulher)* | *cuecas* (f.) | culotte (f.) |
| *caminhão* (m.) | *camião* (m.) | camion (m.) |
| *camionete* (f.) | *carrinha* (f.) | camionette (f.) |
| *camisola* (f.) | *camisa de dormir* (f.) | chemise de nuit (f.) |

| | | |
|---|---|---|
| *canadense* (adj./ s.) | *canadiano,a* | canadien[ne] |
| *câncer* (m.) | *cancro (m.)* | cancer (maladie) (m.) |
| *capa* (f.) | *gabardina* (f.),*impermeável* (m.) | imperméable (m.) |
| *capim* (m.) | *erva* (f.) | herbe (f.) |
| *cara* (m.) | *indivíduo* (m.), *tipo* (m.) | type (m.) |
| *cardápio* (m.) | *ementa* (f.) | menu (m.) |
| *carona* (f.) | *boleia* (f.) | auto-stop (m.) |
| *cartão-postal* (m.) | *bilhete-postal* (m.) | carte postale (m.) |
| *carteirinha de estudante* (f.) | *cartão de estudante* (m.) | carte d'étudiant (f.) |
| *carteira de habilitação / de motorista* (f.) | *carta de condução* (f.) | permis de conduire (m.) |
| *carteira de identidade* (f.) | *bilhete de identidade* (m.) | carte d'identité (f.) |
| *chaveiro* (m.) | *porta-chaves* (m.) | porte-clés (m.) |
| *cômodo* (m.) *(da casa)* | *divisão* (f.) | pièce (f.) |
| *concreto* (m.) | *betão* (m.) | béton (m.) |
| *condução* (f.) | *meio de transporte, camioneta, autocarro* | moyen de transport, car, bus |
| *contra-mão* (f.) | *sentido proibido* (m.) | sens interdit (m.) |
| *couro* (m.) (ex : *sapato de couro*) | *cabedal* (m.), *pele* (f.) | cuir (m.) |
| *creche* (f.) | *infantário* (m.) | crèche (f.) |
| *creme de leite* (m.) | *natas* (f.) | crème [fraîche] (f.) |

## D

| | | |
|---|---|---|
| *decolagem* (f.) | *descolagem* (f.) | décollage (m.) |
| *delegacia de polícia* (f.) | *esquadra* (f.) | commisariat (m.) |
| *diretor de cena* (m.) | *encenador* (m.) | metteur en scène (m.) |
| *diretor de cinema* (m.) | *realizador* (m.) | réalisateur (m.) |
| *discar (um número)* | *marcar (um número)* | composer un numéro |

## E

| | | |
|---|---|---|
| *enceradeira* (f.) | *enceradora* (f.) | cireuse (f.) |
| *esmalte* (m.) (ex : *de unhas*) | *verniz* (m.) | vernis (m.) |
| *espiã* (f.) | *espia* (f.) | espionne (f.) |
| *esporte* (m.) | *desporto* (m.) | sport (m.) |
| *esquentar[-se]* | *aquecer[-se]* | [s'] échauffer, chauffer |
| *estrada de ferro* (f.) | *caminho de ferro* (m.) | chemin de fer (m.) |

## F

| | | |
|---|---|---|
| *faixa para pedestres* (f.) | *passadeira para peões* (f.) | passage clouté (m.) |
| *fantasiar-se* | *mascarar-se* | se déguiser |
| *fato* (m.) | *facto* (m.) | fait (m.) |
| *fichário* (m.) | *ficheiro* (m.) | fichier (m.) |
| *frear / brecar* | *travar* | freiner |
| *freio* (m.) | *travão* (m.) | frein (m.) |
| *fumo* (m.) / *tabaco* | *tabaco* (m.) | tabac (m.) |

## G

| | | |
|---|---|---|
| *galho* (m.) (fam.) | *encrenca* (f.), *problema* (m.) | pépin (m.), problème (m.) |
| *garçom* (m.)(*no café / restaurante*) | *empregado* (m.) | garçon (m.) |

| | | |
|---|---|---|
| *geladeira* (f.) | *frigorífico* (m.) | réfrigérateur (m.) |
| *gole* (m.) | *golo* (m.) | gorgée (f.) |
| *goleiro* (m.) | *guarda-redes* (m.) | gardien de but (m.) |
| *grama* (f.), *gramado* (m.) | *relva* (f.) | pelouse (f.) |
| *gripado/a* (adj.) | *engripado/a* | grippé [e] |
| *guidom* (m.) | *guiador* (m.) | guidon (m.) |
| *guindaste* (m.) | *grua* (f.) | grue (f.) |

**H**

| | | |
|---|---|---|
| *história em quadrinhos* (f.) | *banda desenhada* (f.), *história aos quadradinhos* (f.) | bande dessinée (f.) |

**I**

| | | |
|---|---|---|
| *intrigante* (adj./s.) | *intriguista* | intrigant[e] |

**L**

| | | |
|---|---|---|
| *lipídio* (m.) | *lípido* (m.) | lipide (m.) |
| *lixa de unhas* (f.) | *lima* (f.) | lime (f.) |
| *loteria* (f.) | *lotaria* (f.) | loterie (f.) |

**M**

| | | |
|---|---|---|
| *maiô* (m.) | *fato de banho* (m.) | maillot (une pièce) (m.) |
| *mamadeira* (f.) | *biberão* (m.) | biberon (m.) |
| *marcha à ré* (f.) | *marcha atras* (f.) | marche arrière (f.) |
| *metrô* (m.) | *metro* (m.) | métro (m.) |
| *moça* (f.) | *rapariga* (f.) / *moça* (f.) | jeune fille (f.) |

**O**

| | | |
|---|---|---|
| *ocupado (o telefone)* | *impedido / ocupado* | occupé |
| *ofuscar* (ex : *os faróis ofuscam*) | *encandear* | éblouir |
| *ônibus* (m.) | *autocarro* (m.), *camioneta* (f.) | autobus (m.), car (m.) |

**P**

| | | |
|---|---|---|
| *papo (bater um papo)* | *conversar, cavaquear* | bavarder, tailler une bavette |
| *parada* (f.), *ponto* (m.) *de ônibus* | *paragem de autocarro* (f.) | arrêt d'autobus (m.) |
| *pedestre* (m.) | *peão* (m.) | piéton (m.) |
| *pois não* | *pois sim* | oui [bien sûr] |
| *poste de luz* (m.) / *lampião* (m.) | *candeeiro* (m.) | réverbère (m.) |
| *preamar* (f.) | *preia-mar* (f.) | marée haute (f.) |
| *prefeitura* (f.) | *câmara municipal* (f.) | mairie (f.) |
| *presunto* (m.) | *fiambre* (m.) | jambon [cuit] (m.) |
| *presunto cru* (m.) | *presunto* (m.) | jambon cru (m.) |

**R**

| | | |
|---|---|---|
| *ramal* (m.) | *extensão* (f.) | poste (de téléphone) |
| *rastro* (m.) | *rasto* (m.) | trace (f.) |

| | | |
|---|---|---|
| *registrar* | *registar* | enregistrer |
| *resfriado* (m.) | *constipação* (f.) | rhume (m.) |
| *retorno (fazer o)* | *inversão de marcha (fazer)* | faire demi-tour (en voiture, etc.) |
| *rodovia* (f.) | *estrada* (f.), *via rápida* (f.) | route à grande circulation |

**S**

| | | |
|---|---|---|
| *senhorita* (f.) | *menina* (f.) | mademoiselle (f.) |
| *sobrenome* (m.) | *apelido* (m.) | nom (de famille) (m.) |
| *suco* (m.) (ex : *suco de frutas*) | *sumo* (m.) | jus (m.) |

**T**

| | | |
|---|---|---|
| *tanque* (m.) (ex : *de gasolina*) | *depósito* (m.) | réservoir (m.) |
| *terno* (m.) | *fato* (m.) | costume (m.) |
| *terraço* (m.) (*de café*) | *esplanada* (f.) | terrasse (f.) |
| *térreo* (= *andar térreo*) | *rés-do-chão* (m.) | rez-de-chaussée (m.) |
| *toca-discos* (m.) | *gira-discos* (m.) | tourne-disques (m.) |
| *torcida* (f.) | *claque* (f.) | groupe de supporters (m.) |
| *trem* (m.) | *comboio* (m.) | train (m.) |
| *trilha sonora* (ex : *de um filme*) | *banda sonora* (f.) | bande son (f.) |
| *trilho* (m.) | *carril* (m.) | rail (m.) |

**U**

| | | |
|---|---|---|
| *usuário/a* (adj./s.) (ex : *do telefone*) | *utente* | utilisateur/trice |

**V**

| | | |
|---|---|---|
| *vagão-leito* (m.) | *carruagem-cama* (f.) | wagon-lit (m.) |
| *varejo* (m.) | *comércio retalhista* (m.) | commerce de détail (m.) |
| *verossímil* (adj.) | *verosímil* | vraisemblable |
| *vira-lata* (m.) | *cão rafeiro* (m.) | chien bâtard/ errant (m.) |

**X**

| | | |
|---|---|---|
| *xícara de café* (f.) | *chávena de café* (f.) | tasse à/de café (f.) |
| *xingar* | *insultar* | insulter |

## 14. *Nouvel accord orthographique*

Un nouvel accord orthographique a été signé, le 16 décembre 1990, par les ministres de l'Education et/ou de la Culture du Portugal, du Brésil et des pays africains de langue officielle portugaise. Il entrera en vigueur lorsque tous ces Etats l'auront ratifié. La date prévue initialement était le 1er janvier 1994.

Nous présenterons ici succintement les principales altérations qui ont pour but d'unifier l'orthographe de la langue portugaise.

Cette réforme orthographique, comme les précédentes, privilégie le critère phonétique, au détriment du critère étymologique : elle tient compte essentiellement de la prononciation du mot, d'où la suppression de certaines consonnes muettes, mais aussi la possibilité d'une double accentuation pour tenir compte de prononciations différentes. Elle vise aussi à simplifier l'orthographe, d'où la suppression de certains accents, de certains traits d'union, ou du tréma.

### 1 Suppression de certaines consonnes

Les consonnes ***c* et *p* suivies d'une autre consonne s'écrivent ou non suivant qu'elles se prononcent ou non.** Dans un nombre très limité de mots, les consonnes ***b, g, m, t*** suivent aussi cette règle. Celle-ci était déjà appliquée au Brésil (voir Appendice ).

**a.** Elles se prononcent et elles s'écrivent.
Ex: *compa**c**to, fi**c**ção, ade**p**to, nú**p**cias.*

**b.** Elles ne se prononcent pas et ne s'écrivent pas.
Ex: *ator, diretor, ação, coleção, ótimo, adoção.*

**c.** Elles peuvent ou non se prononcer, suivant les pays, ou même les régions à l'intérieur d'une même norme : la double graphie est possible.
Ex: *facto / fato, sector / setor, dicção / dição, recepção / receção, súbdito / sudito, subtil / sutil, amígdala / amídala, amnistia / anistia, aritmética / arimética.*

Les dictionnaires de langue portugaise présenteront les formes de double graphie et préciseront les zones géographiques où ces différences existent.

### 2 Suppression d'accents graphiques

**a. de l'accent aigu**

• L'accent aigu **sur les formes verbales avec *u* et *ui* toniques précédés de *g* et de *q*** est supprimé. Ex: *arguo, arguis…, apaziguo, apaziguas…, averiguo, averiguas…, delinquo, delinquis…*

Attention : lorsque *ui* n'est pas une diphtongue et que la voyelle accentuée est *i*, celle-ci conserve son accent. Ex: *arguí, arguíste.*

• L'accent aigu **servant à distinguer certains mots homographes** est supprimé.

Ex : *para* (indicatif du verbe *parar* et préposition), *pelo* (substantif et indicatif du verbe *pelar*).

• L'accent aigu **sur les diphtongues toniques *ei* et *oi***, maintenu jusque là au Brésil et sur certains mots en *oi* au Portugal, pour indiquer que ces diphtongues sont ouvertes, est supprimé.

Ex : *ideia, assembleia, epopeia, heroico, apoio, apoias …* (du verbe *apoiar* ), *estroina* .

**b. de l'accent circonflexe**

• L'accent circonflexe **sur les formes verbales en *-eem*** est supprimé.

Ex : *creem* (indicatif de *crer*), *leem* (indicatif de *ler* ), *veem* (indicatif de *ver* ), *deem* (subjonctif de *dar*).

• L'accent circonflexe **sur les mots terminés en *-oo***, qui avait été maintenu au Brésil, est supprimé.

Ex : *voo* (substantif et indicatif de *voar* ), *enjoo* (substantif et indicatif de *enjoar* ), *povoo* (de *povoar* ).

• L'accent circonflexe, employé au Brésil sur *pêlo* pour distinguer ce substantif de *pelo* (= *por+o* ), est supprimé. Mais il est maintenu sur *pôde* (*pretérito perfeito simples* ) pour distinguer cette forme du présent de l'indicatif *pode* et il est facultatif sur le présent du subjonctif *dêmos* qui peut s'écrire de la même façon que le *pretérito perfeito simples demos* .

## 3 Maintien d'une double accentuation (accent aigu ou circonflexe)

Lorsque la prononciation diffère entre d'une part le portugais européen et africain et d'autre part le portugais du Brésil, il n'est pas possible d'harmoniser l'orthographe. C'est le cas :

**a. des voyelles toniques *e* et *o*, suivies des nasales *m* ou *n*.**. Elles sont systématiquement fermées au Brésil et le plus souvent ouvertes dans les autres pays. Si elles portent un accent écrit, il sera donc circonflexe au Brésil et aigu ailleurs.

Ex : *acadêmico / académico, gênio / génio, fenômeno / fenómeno, tônico / tónico.*

L'accent aigu qui, au Portugal, était obligatoire sur les terminaisons verbales en *-ámos* du *pretérito perfeito simples* pour les distinguer du présent de l'indicatif, devient facultatif. Il n'était jamais employé au Brésil puisque les voyelles suivies de nasales sont toujours fermées.

**b. de certains mots** (une vingtaine, en général empruntés au français) **terminés par un *e* tonique**.

Ex : *bebé / bebê , caraté / caratê, croché / crochê, guiché / guichê, matiné / matinê, puré / purê.*

## 4 Emploi du trait d'union *(hífen)*

Il n'y a pas de changement dans l'emploi du trait d'union dans les mots composés par juxtaposition de noms, adjectifs ou verbes (ex : *azul-escuro, guarda-chuva* ), dans le cas des pronoms clitiques avec des formes verbales (ex : *dá-se, partir-lhe* ) et de la combinaison de pronoms entre eux ou avec l'adverbe *eis* (ex: *no-lo, ei-lo* ).

### a. Mots composés par préfixation

La réforme fixe des règles là où il y avait des oscillations dans l'emploi du trait d'union.

**Le trait d'union est employé**

- quand le deuxième élément commence par *h* (ex : *co-herdeiro, pré-história, super-homem* ) ou par la même voyelle ou consonne par laquelle se termine le préfixe (ex : *auto-observação, hiper-resistente* ). Dans ce dernier cas, le préfixe *co* s'agglutine avec le deuxième élément (ex : *coordenar, cooperar* ).

- quand le préfixe se termine par *m* ou *n.*

Ex : *circum-navegação, pan-africano.*

- avec les préfixes *ex, vice, pós, pré, pro.*

Ex : *ex-diretor, vice-presidente, pós-graduação, pré-natal, pró-europeu.*

**Le trait d'union n'est pas employé**

- quand le préfixe se termine par une voyelle et que le deuxième élément commence par *r* ou *s* . Ces consonnes sont alors doubles.

Ex : *antirreligioso, biorritmo, microrradiografia, infrassom, minissaia, electrossiderurgia.*

- quand le préfixe se termine par une voyelle et que le deuxième élément commence par une autre voyelle.

Ex : *antiaéreo, aeroespacial, hidroeléctrico, plurianual.*

**b.** Dans les cas de liaison des formes monosyllabiques du verbe *haver* avec la préposition *de* le trait d'union, qui n'avait pas été maintenu au Brésil, est supprimé : ***hei de, hás de, há de, hão de*** .

## 5 Suppression du tréma

Il n'était plus employé qu'au Brésil (voir Appendice, n° 12).

## 6 Suppression de la majuscule

**pour les noms de mois et de saisons, ainsi que pour les titres et pour *senhor*** .

Ex : *abril, primavera, o senhor Pereira, o cardeal Bembo.*

# Les corrigés

Dans les exercices où il est demandé de traduire en portugais, **nous avons choisi de ne pas exprimer le pronom personnel sujet lorsque la forme verbale indique sans ambiguïté la personne**. Mais lorsqu'il y a un risque de confusion (entre la première et la troisième personne du singulier ou entre un pronom personnel de troisième personne du singulier ou du pluriel et une forme de vouvoiement) nous l'avons mis entre crochets.
Dans l'exercice portant sur l'emploi des pronoms personnels sujets nous les avons exprimés entre crochets à chaque fois qu'ils sont facultatifs

## 1

1. [Ela] subiu para o sótão e ficou lá toda a tarde. 2. Vou à padaria comprar pão fresco. 3. Lá ao longe, à esquerda, vêem-se três barcos à vela. 4. Trabalhas em Aveiro e moras no Porto? 5. Encontrei-a no cinema ontem à noite.

## 2

1. Je suis monté[e] lui porter le courrier. 2. Retourner vérifier si la porte est fermée ? Pas question ! 3. Tu es descendu[e] fermer la porte ? 4. – Cours faire le dîner ! 5. Tu les as emmenés voir le cirque ? 6. J'allais dire qu'il vaut mieux attendre l'autobus.

## 3

1. [Ele] arruinou-se no jogo e agora arrepende-se. 2. Se não quiseres ter frio ao atravessar a ponte, abotoa o casaco. 3. O apresentador do programa entrevistou alguns assalariados que tinham assinado a petição. 4. A vendedora aconselhou-me a deixar os morangos amadurecer um pouco, mas não durante muito tempo porque apodrecem depressa.

## 4

1. Tudo acaba por se resolver. 2. O telegrama acaba de chegar. 3. [Eles] acabarão por aceitar a minha oferta. 4. A Marília acaba de tomar a decisão de comprar uma impressora. 5. – [Ainda] não acabaram / não acabou de dizer mal de toda a gente

## 5

| | | | | |
|---|---|---|---|---|
| alguém | algum | público | director | baía |
| amável | parede | chapéu | imagens | variáveis |
| cantará | glória | animais | saia | saía |
| saída | caiu | lâmpada | autêntico | cafeína |
| máximo | herói | chá | estância | egoísta |

## 6

1. Rua da Serra, três-quarto direito, seis mil duzentos e noventa, Gouveia 2. Largo da Câmara, cinco, dois mil e seiscentos, Vila Franca de Xira. 3. Avenic

das Descobertas, treze–quinto C , mil, Lisboa. 4. Praça do Mercado, dezasseis–segundo esquerdo, quatro mil e duzentos, Porto. 5. Rua da Cotovia, dezoito–sétimo frente , três mil e oitocentos, Aveiro.

## 7

***1.*** Facilmente, rapidamente, eficazmente, evidentemente, habitualmente.

***2.*** 1. Geralmente [eles] dão uma volta a pé depois do jantar. 2. [Ela] respondeu segura e firmemente / seguramente e firmemente. 3. Os socorros foram dados imediatamente, corajosamente.

## 8

1. Ainda assim não achei o exercício muito difícil. 2. Ainda no mês passado [eles] se encontraram! / [Eles] encontraram-se ainda no mês passado! 3. O filme ainda assim não é horrível. 4. Um dia [eles] ainda hão-de ir à China. 5. Este miúdo põe-nos os cabelos em pé, mas ainda / mesmo assim, é um amor. 6. Havemos de ir ao espectáculo, ainda à custa de horas de espera.

## 9

1. alguém 2. algum / nenhum 3. Alguns 4. alguma 5. algo [de] 6. alguém [de]

## 10

1. As mensagens chegam ou por fax ou por telex. 2. Vou fazer as fotocópias quer antes da aula, quer depois. 3. Quer queiras, quer não, terás de / deverás aceitar. 4. [Quer] seja por um motivo, [quer] seja por outro, [ele] nunca está disponível. 5. Quer o chá , quer o café / tanto o chá como o café tiram-lhe o sono. 6. À tarde, ora / tanto / quer [eles] jogam golfe, ora / como / quer jogam ténis.

## 11

1. Quando é que [vocês] fazem anos? / Em que data [é que vocês] fazem anos? / Em que dia e em que mês [vocês] fazem anos? / Qual é a data dos vossos anos / do vosso aniversário? / Qual é o dia e o mês dos vossos anos / do vosso aniversário? 2. – [Faço anos] [no] dia 24 de Abril de 1974 / a dia 24 de Abril de 1974. 3. Parabéns! / Muitos parabéns. [Muitos anos de vida. Muitas felicidades]!

## 12

1. Mal / assim [ele] acaba um cigarro, começa outro. 2. Mal / assim que uma moda se instala, outra aparece. 3. Mal / assim que [ele] se deitou, adormeceu. 4. Mal / assim que [ele] acorda, vai tomar um duche.

## 13

1. Quando [é que] soubeste que há uma greve amanhã? 2. Aprendi três línguas. 3. – Quem [é que] ensinou o Senhor Rodrigues a tocar violino? 4. Foi pela Lucinda que [eu] soube o que tinha acontecido. 5. Vou revelar-te uma coisa que ninguém sabe.

## 14

1. Depois das férias / a seguir às férias / após as férias regressámos a Lisboa / voltámos para Lisboa. 2. Logo depois do almoço / imediatamente depois do / logo a seguir ao / logo após o almoço, tomo um café. 3. As boas notícias chegaram umas a seguir às outras / umas após as outras. 4. Depois de brincarem / após brincarem, as crianças foram para a escola. 5. Segundo o boletim meteorológico, vai chover esta tarde.

## 15

1. Além dos amigos, [ele] só convidou um primo para a [sua] festa de anos. 2. – Sabe[m] lá o que [eles] nos disseram! 3. [Já] não quero dizer mais nada. Faça[m] lá o que achar[em] melhor. 4. A Rua das Flores é / fica por aí, mas não sei exactamente onde. 5. Fiquei furioso e foi aí que lhe disse o que pensava. 6. A praça Marquês de Pombal é / fica ainda longe. É / fica além, depois da Avenida da Liberdade. 7. O metro não é / fica longe. É / fica ali ao fim da rua. 8. O porta-chaves está aí, mesmo ao pé de ti. 9. Aqui, junto à janela, sente-se uma corrente de ar.

## 16

1. Cento e oitenta mil trezentos e setenta euros e cinquenta cêntimos.
2. Cinco mil seiscentos e trinta e oito euros e oitenta cêntimos.
3. Quatrocentos e vinte e oito euros e trinta cêntimos.
4. Setecentos e noventa e cinco euros e cinco cêntimos.

## 17

1. Queres molho? 2. Havia nuvens atrás / por detrás da montanha. 3. Não temos cadeiras suficientes para todos. 4. Só há chorões no jardim. 5. Não quero mais chá. 6. [Eles] não têm fósforos. 7. [Ela] comprou muitos livros.

## 18

1. – Sabe, senhor Castro / O senhor Castro sabe, enquanto seu associado, devo dar-lhe a minha opinião. 2. Passei pelo meu banco. 3. A meu ver, [ele] vai perder as eleições. 4. Somos vossos antigos vizinhos.

## 19

1. O Alexandre estuda arquitectura. 2. Não tenho preferência nem por um nem por outro. 3. A fotografia mais original é a que está exposta. 4. A Dalila é a rapariga de olhos azuis. 5. Não tenho tempo de preparar o jantar. 6. O bolo de chocolate e de laranja é delicioso. 7. Dois terços dos efectivos não terão aumento de salário.

## 20

1. – A Senhora quer um ou dois quilos de cenouras? / É um quilo ou são dois quilos de cenouras que a Senhora quer? 2. [Eles] reformaram-se aos sessenta anos. 3. O Filipe cresceu muito! 4. A Ana comprou um apartamento na estrada de Santo Amaro. 5. Marguerite Yourcenar é uma escritora muito conhecida em Portugal.

## 21

1. Il est stimulant de recevoir un meilleur salaire. 2. C'est une réception d'une grande élégance. 3. J'ai une voiture depuis plusieurs années. 4. Il n'avait jamais vu une ville plus belle que celle-ci !

## 22

1. Il y a une erreur dans les comptes : alors / en conséquence, ils devront être vérifiés / il faudra les vérifier. 2. Dès que je pourrai, j'achèterai une imprimante. 3. Au point où on en est, on prendra / on va prendre le prochain train. 4. Zé nous a dit qu'il viendrait nous chercher de bonne heure et il est venu ! A sept heures du matin il était déjà là. 5. Je lui ai dit que j'avais déjà acheté le journal et Bernardo en a quand même acheté un autre. 6. Je veux aller avec vous ; pourvu qu'Inês le veuille aussi !

## 23

pesadão – um piadão – um papelão – refilão – velhacão – um facão – mandão – um palavrão

## 24

1. [Ele] teve sempre muitos amigos. 2. [Ela] era loura e agora está com / tem o cabelo preto! 3. Depois do desafio, estávamos com / tínhamos muita sede. 4. Tenho duas irmãs. 5. Do primeiro andar, temos uma bela vista para o mar.

## 25

1. Nesta / nessa / naquela empresa, não há nenhum engenheiro abaixo dele. 2. As chaves estão por baixo / debaixo do jornal. 3. Há alguém à tua espera lá em baixo. 4. Os miúdos foram para baixo da mesa para não serem incomodados. 5. O restaurante é / fica nesta rua, um pouco mais abaixo.

## 26

*1.* 1. Passei a camisa a ferro para [ela] ficar impecável / para que [ela] ficasse impecável. 2. Chegaremos cedo para ter[mos] / para que tenhamos lugares sentados.

*2.* 1. Deslocam-se a fim de tentar[em] convencer / a fim de que tentem convencer os eleitores. 2. Os representantes da firma apresentaram as vantagens do novo produto a fim de os clientes se decidirem / a fim de que os clientes se decidissem a comprá-los.

1. Já que / visto que / como não tinham bilhete, pagaram uma multa. Pagaram uma multa, porque / pois não tinham bilhete. Por / dado / visto / devido a não terem bilhete, pagaram uma multa. Não tendo bilhete, pagaram uma multa. 2. Comprei este sofá, não porque fosse o mais bonito mas porque era o mais confortável / não que fosse o mais bonito, mas era o mais confortável. Comprei este sofá, não por ser o mais bonito, mas por ser o mais confortável. 3.Vamos ver a peça de Eurípides, não porque os actores sejam bons mas porque gostamos das tragédias clássicas / não que os actores sejam bons, mas gostamos das tragédias clássicas / não por os actores serem bons, mas por gostarmos das tragédias clássicas.

## 28

1.Tu é que estás / És tu quem está a cozinhar. 2. Vocês os dois é que / Foram vocês os dois que se aperfeiçoaram sozinhos. 3. Com o Luís é que / Foi com o Luís que fomos ao Brasil. 4. Anteontem é que / Foi anteontem que a Dulce me apresentou o marido. 5. Há luz na sala de jantar / na casa de jantar. É que estão a jantar.

## 29

1. Talvez [ele] procure mais seduzir do que convencer. 2. Se me provocas / Se te metes comigo / Se entras comigo /Se brincas comigo … vais ver o que te vai acontecer! 3. [Ele] vem buscar os filhos. 4. Há certamente uma solução. É preciso procurá-la / buscá-la e encontrá-la. 5. Procurámos-te / procurámos por ti por todo o lado e não te conseguimos encontrar / não conseguimos encontrar-te. 6. [Eles] fazem investigação em química.

## 30

1. Nele tudo é ambíguo. 2. Nas obras dos / nos filósofos gregos encontram-se as raízes das filosofias ocidentais. 3. Vou ao dentista esta tarde. 4. A Maria João foi ao talho comprar carne para assar. 5. No tempo dos antigos egípcios o pensamento religioso foi criador duma arte original. 6. O nosso advogado convidou-nos não para irmos ao seu consultório, mas para irmos a casa dele / convidou-nos para irmos não ao seu consultório, mas a casa dele.

1. Os [nossos] vizinhos de cima são muito barulhentos. 2. [Eles] estão sempre a cantar, lá em cima. 3. O helicóptero passou mesmo por cima da nossa casa. 4. [Ele] pensa que não há ninguém acima dele. 5. Pus a minha esferográfica em cima da mesa e agora já não a encontro.

## 32

1. Os pássaros ficam em cima do ramo como se tivessem medo de voar. 2. [Eles] fumam mais do que comem. 3. Quanto mais te cansares, mais dificuldade terás em te recompor. 4. Farei [tal] como / conforme fizeres. 5. [Ele] não reagiu como terias pensado. 6. Quanto mais viajássemos, mais nos apeteceria viajar.

## 33

1. Obtiveram mais informações do que tu. 2. Saem tão cedo como nós. 3. Esta receita é menos complicada do que aquela. 4. Nós passeamos tanto como tu. 5. A fábrica teve tantos lucros como a firma. 6. Fala-se mais frequentemente de casos de destruição da fauna e da flora do que da sua conservação. 7. Andam menos a pé do que nós. 8. Disponho de menos tempo do que ele. 9. As prendas do Luís Filipe são mais bonitas do que as do Zé. 10. O ténis é tão difícil como o futebol. 11. Os processos no Tribunal avançam menos rapidamente do que os queixosos pretendem. 12. Eles correm mais do que elas.

## 34

***1.*** 1. Ainda que se deixem... Se bem que se deixem... Deixando-se ... 2. Ainda que tenhas facilidade em ser escolhido, não te candidatas... . Se bem que tenhas facilidade... Tendo [tu] facilidade... 3. Ainda que ele tenha procurado ..., não o encontrou. Se bem que ele tenha procurado... . Tendo ele procurado...

***2.*** 1. Mesmo que / nem que o criador desta encenação não goste de ler as críticas, acabará por tomar conhecimento delas / Mesmo se... não gostar / gosta de ler... 2. Por pouco valor que este / esse diploma tenha, sempre é / é sempre um diploma! 3. Ainda que / embora / se bem que / apesar de muito utilizados, estes / esses utensílios estão em bom estado.

## 35

1. vão... Ele quis que vocês fossem à festa. 2. seja / tenha sido. Foi bom que a situação fosse / tivesse sido controlada. 3. fique. O médico aconselhou-me a que ficasse em casa. 4. tenha havido. O senhor Director lamentou que na semana passada tivesse havido greves no correio.

## 36

1.Talvez [eles] se tivessem encontrado antes / [Eles] ter-se-iam talvez encontrado antes se tivesse sido possível. 2. O bolo poderia ter ficado / podia ter ficado todo queimado. 3. Disseram-me que o ministro se demitiria / se demitia amanhã. 4. Seria / era bom que ficasses mais uns dias. 5. [Ele] prometeu-nos que as nossas reivindicações seriam analisadas por especialistas. 6. Se não fosse a viagem de comboio, não nos teríamos conhecido / tínhamos conhecido. 7. – Poderia[m] / Podia[m] olhar para a frente? 8. [Elas] esperavam que tudo corresse bem.

## 37

1. O desemprego aumenta de tal modo que mais vale / vale mais tomar precauções. 2. Li-o. Daí que [eu] possa falar dele / disso. Daí [eu] poder falar dele / disso. 3. As discussões eram tais que [eles] acabaram por se separar. 4. – O Senhor queira fazer de maneira a que o presidente seja prevenido / de maneira a o presidente ser prevenido imediatamente.

## 38

1. [Muito] bom dia. / Adeus, bom dia. Até amanhã à tarde. 2. [Muito] boa noite. / Adeus, boa noite. 3. Adeus, Senhor Soares, e [uma] boa tarde. / Boa tarde, Senhor Soares. / [Uma] muito boa tarde, Senhor Soares. 4. Até logo à tarde. 5. [Adeus], até para a semana. [Uma] boa tarde! 6. Gostei muito de te ver. Até breve. [Uma] boa viagem!

## 39

1. – [Muito] bom dia, Senhora Doutora. [Como está?] – Bom dia! [Bem obrigada] [Como está o/a senhor[a]? 2. – Olá, Jorge! Viva! Boa noite! Estás [mesmo] bom? – Viva! Tudo bem! E tu? / Como vai isso? 3. – Boa tarde, tio! Como está? / Está bom? A tia e os primos, como estão? – Ora então boa tarde! Cá se vai andando. E tu? 4. – Boa noite, Sr[a] D. Josefa! Como está a senhora? Estão todos bem lá em casa? – Boa noite! E o/a senhor[a], como está? 5. – Bom dia, Senhor Professor. [Como está?] – Bom dia. [Como está?]

## 40

| | | |
|---|---|---|
| ne- / nhuns | fo- / lha | creio |
| re- / ce- / bia | fim- / -de- / -se- / ma- / na | as- / sí- / duo |
| con- / tri- / buiu | | as- / sim |
| ad- / mi- / rei- / -me | bair- / ro | |

## 41

1. Encontrei-o na rua. 2. Subi para o comboio logo a seguir a ti. 3. A água infiltrou-se na parede da casa de banho. 4. Levo o café para a sala ou para o quarto? 5. [Ele] corre pelo parque todo.

## 42

1. Il n'y a pas eu assez de glace pour tous. 2. Je suis tombé[e] sur un livre très rare qui était sur une étagère avec des livres d'occasion. 3. Depuis qu'il/elle s'est

fâché[e] avec son ami, il/elle s'est mis[e] à dire du mal de lui à tort et à travers. 4. Ce malade entrera à l'hôpital demain matin. 5. J'ai dormi toute la nuit. Je ne me suis rendu compte de rien.

## 43

1. A praia fica tanto mais pequena quanto mais a maré sobe / sobe a maré. 2. Desperdiça-se tanto / tanta mais água quanto mais [ela] é abundante / quanto mais abundante [ela] é. 3. Apetece-me ir passear à beira-mar tanto mais que não há vento. 4. [Eles] tanto mais vêem ao longe / vêem tanto mais ao longe quanto mais alto sobem. 5. Tanto mais aprenderás quanto mais viajares. 6. A Carla está contente tanto mais que está de férias.

## 44

1. [Ele] fala com uma voz cansada. 2. É um encenador que tem muitas ideias, bons actores e tanto dinheiro quanto quer. 3. No próximo ano, partimos / partiremos de férias no mês de Julho. 4. É interessante trabalhar com ele e aceitei ajudá-lo. 5. O António é de Beja e tem a pronúncia do Alentejo. 6. O João está encantado com a qualidade da imagem. 7. Assinalei com uma seta o nosso itinerário no mapa. 8. Apesar dos [seus] esforços, [ele] mantém-se o pior de todos.

## 45

1. [Eu] trouxe a tábua de passar a ferro para a cozinha. 2. A pessoa de que me falaste, não é uma rapariga de olhos azuis e de cabelo castanho? 3. Não te admires [de] que eu venha amanhã à noite. 4. De quem são estas / essas / aquelas camisolas? 5. Senhor Director, tenho a certeza de que os nossos resultados serão melhores daqui a alguns meses.

## 46

1. Aconselho-os a comprarem / a que comprem um carro novo. / Aconselho-lhes [a] que comprem / aconselho-lhes [a] comprar um carro novo. 2. Impede-os de fazerem / de que façam [um] tal disparate. 3. Convencemo-los a telefonarem. 4. É bom fazer desporto. 5. [Eu] disse-lhe para [ele] não se esquecer / que [ele] não se esquecesse de deitar a carta no correio. 6. Desculpe-me de / por não lhe ter respondido mais cedo.

## 47

1. Je n'ai pas cessé d'admirer le paysage jusqu'à la tombée de la nuit. 2. Même quand il est fatigué, Miguel ne manque jamais d'aller à la discothèque le samedi. 3. Nous avons laissé les bagages à la gare. 4. Quand Elisabete va dans le Minho, elle ne manque pas d'aller à Barcelos. 5. Il y a des personnes qui se laissent convaincre facilement. 6. Ce monument est peu connu, mais il n'en est pas moins intéressant.

## 48

1. Ó Jaime, és / eras / serias capaz de me trazer um refresco de limão? 2. Fazes o favor de estar calado? / Faz o favor de / Farás o favor de / Fazias o favor de / Farias o favor de estar calado? 3. [Eu] agradeço que vão passear. / Agradecia / agradeceria que fossem passear. 4. Gostávamos / gostaríamos que [tu] não perdesses o avião. 5. Peço-lhes / pedir-lhes-ei que apertem os cintos de segurança. / Pedia-lhes / pedir-lhes-ia que apertassem ...

## 49

1. Perguntei-lhe se tinha fósforos. 2. [Ele] respondeu-me que não tinha aquilo / o que [eu] lhe pedia. 3. Pedi à Lucília para me comprar / que me comprasse uma panela no mercado. Não as havia. Perguntaram-lhe se não queria um tacho. 4. Pergunto a mim próprio / própria se ele teve coragem de lhe pedir que viesse / para vir. 5. A Mamã / a Mãe pediu à Ana Rosa para encher / que enchesse o depósito.

## 50

1. Esta cidade 2. este aqui ou aquele além? 3. Esse mapa 4. Isso 5. aquilo 6. nessa / naquela altura

## 51

1. Há que tempos que to digo e to repito! 2. Deixei de fumar [desde] há anos. 3. Desde o primeiro de Janeiro temos um novo director. 4. [Ele] teve um acidente de carro e desde aí / desde essa altura / desde então tem medo de conduzir. 5. Desde a Torre Eiffel até o Arco do Triunfo, tive sempre engarrafamentos.

## 52

1. Olha, a bóia está mesmo por detrás / atrás / por trás do barco. 2. Vai depressa para trás da árvore, para [eles] não te verem / para que [eles] não te vejam. 3. Um bocadinho de céu azul surge de trás das nuvens. 4. Põe-te à frente. Eu fico atrás de ti.

## 53

1. Passarei pela secretaria já amanhã. 2. Assim que / mal / logo que o comboio chegou à estação, [ela] correu para o telefone. 3. Já na sexta-feira ao meio-dia / já ao meio-dia de sexta-feira as autoestradas estavam saturadas. 4. Assim que / mal / logo que a loja abriu, os clientes precipitaram-se sobre os saldos. 5. Já aos doze anos [ele] vencia todos os adversários no ténis.

## 54

1. Je descends chercher le courrier. 2. Monte nous raconter comment s'est passé ton voyage. 3. Ils / elles sont monté[e]s voir le paysage du dernier étage. 4. Gonçalo

et Ricardo sont descendus faire du vélo. 5. Mariana est montée au grenier chercher le matelas pneumatique. 6. Tu es déjà descendu[e] faire la commission au gardien ?

## 55

1. Não pude ver bem o filme porque na minha frente / à minha frente / diante de mim estava uma pessoa muito alta. 2. Atrás já não há lugares. Vá / vão para a frente. 3. Perante o juiz [ele] não sabia o que dizer. 4. O toureiro passou pela frente / por frente / em frente / diante do touro.

## 56

1. Quando estás com ele, tornas-te / pões-te logo agressivo / passas logo a ser agressivo. 2. Um dia, tornar-te-ás / passarás a ser / virás a ser cantora de ópera. 3. Por enquanto [ele] ainda não é o marido dela; passará a sê-lo sábado. 4. – O que é feito da Alcinda? 5. Amanhã passamos a ser / ficamos a ser vizinhos e talvez o continuemos a ser até o fim da nossa vida. 6. Precisou de uma longa aprendizagem para se fazer / se tornar / para passar a ser / para vir a ser um bom cozinheiro.

## 57

1. D'ici mardi je n'aurai pas le temps de revoir tout le programme. 2. D'ici à ce qu'ils comprennent ce que nous voulons… 3. Dans trois jours je pars en vacances. 4. Dans deux mois / d'ici deux mois j'aurai déjà passé mon permis de conduire.

## 58

balãozinho – pezinho – depressinha / depressazinha – movelzinho – raízinha – animalinhos / animaizinhos – boquinha / bocazinha – fosseizinhos – pastelinho / pastelzinho – violonciazinha

## 59

1. devagarinho. J'ai mal au pied, on va / nous allons devoir aller tout doucement. 2. Fresquinha. L'eau de la fontaine est toute / bien fraîche. 3. Nadinha. Ils ne sont pas avares le moins du monde. 4. Mesinha. On va mettre / nous allons mettre la petite table là dans le coin.

## 60

1. [Eles] disseram-nos para irmos / que fôssemos ao guiché / guichet dos passaportes. 2. [Eu] disse-lhes que o João já tinha chegado. 3. Não digo que [ele] tenha razão. 4. Diga[m]-lhes que ponham / para porem as coisas deles no quarto.

## 61

1. Vou voltar para esta região de que / da qual adoro as paisagens grandiosas / cujas paisagens grandiosas adoro. 2. Os doentes de que / de quem / dos quais

[ele] tratou estão muito melhor. 3. Estas / essas / aquelas árvores cujos frutos estão maduros agora, foram plantadas há dois anos. 4. [Eles] têm cinco filhos, entre os quais uma só filha. 5. [Ele] obteve resultados com que / com os quais não está muito contente.

## 62

1. Pouco a pouco eles vão-se habituando / estão a habituar-se / andam a habituar-se / vêm-se habituando à vida de reformados. 2. Nestes últimos tempos tu andas a fazer / vais fazendo / vens fazendo o impossível por eles. 3. De há um mês para cá, vem-se intensificando / está a intensificar-se o tráfego nos arredores da cidade. 4. Fizeram as pazes e ficaram a ser amigos. 5. Neste momento, não podem atender-nos : estão a fazer exercícios de fisioterapia.

## 63

***1.*** 1. Em tu pondo / em pondo tu / em tu tendo posto o carro a trabalhar, eu abro a porta da garagem. 2. Em tu querendo / em querendo tu, saímos. 3. Em lendo / em tendo lido o jornal, o Miguel comentará a notícia. 4. Em falando / em tendo falado com o médico, compre os medicamentos.

***2.*** 1. Em lendo / em tendo lido este livro, empresto-to 2. Em [ele] telefonando / em telefonando [ele] / em [ele] tendo telefonado, vai à estação. 3. Em [nós] comendo / em [nós] tendo comido, partimos / partiremos.

## 64

1. – A Margarida mandou-te fotografias do casamento? – [Sim], mandou[-mas]. 2. Cansaço? Quem o não sente? 3. Já comprei um ramo de cravos mas vou comprar mais dois. 4. – Compraste azeitonas? – [Sim], comprei. 5. Vais à praia? Eu venho de lá agora. 6. Café? Não, obrigado/a, não quero mais.

## 65

1. O Joaquim gastou muito dinheiro e o Rui gastou outro tanto. 2. [Eu] trouxe cerveja, podes beber tanta quanta quiseres. 3. A empresa comprou três bulldozers e outros tantos para a sua filial. 4. Soluções, [ele] encontra[-as] sempre, mas tanto propõe más como boas / propõe tantas más como boas. 5. É um restaurante de vinte mesas e o novo terá outras tantas. 6. Atravessei muitos países mas não visitei tantos como tu.

## 66

1. [Eles] têm ainda / [eles] ainda têm muito que contar. 2. [Eles] ainda são mais simpáticos / [eles] são ainda mais simpáticos / [eles] são mais simpáticos ainda do que [eu] pensava. 3. [Ele] acordou muito tarde e ainda [por cima] com muita dificuldade. 4. Ainda estamos / estamos ainda no Verão. 5. [Eles] perguntaram outra vez / mais uma vez / [Eles] tornaram a perguntar se estavas cá.

## 67

1. Não conseguimos ouvir uma só palavra. 2. Alguém está a tentar entrar, cala-te e escuta! 3. Ouvi o que ele me disse, mas não estou de acordo. 4. [É] claro que não vais dizer a ninguém o que acabas de ouvir.

## 68

1. Ils espéraient que les négociations aboutiraient. 2. Nous t'avons attendu[e] à la maison. 3. J'espère que Leandro me dira ce qu'il va faire. / J'attends que Leandro me dise ce qu'il va faire. 4. Nous nous attendions / on s'attendait bien à ce qu'ils ne soient pas d'accord ! 5. J'espère passer mes vacances en Thaïlande.

## 69

1. Experimentei as botas, mas ficam-me pequenas. 2. É um novo medicamento que foi experimentado em laboratórios especializados. 3. – Tenta partir cedo. 4. – Experimenta os meus óculos de sol. 5. O senhor Soares é um alfaiate experimentado. Os fatos que me faz, só os provo uma vez. 6. Depois da força [ele] tentou a ternura, mas sem sucesso.

## 70

1. Fechaste o gás? 2. O que [é que] apanhou [ele] do chão? / O que é que ele apanhou do chão? / O que [foi que] apanhou [ele] do chão? / O que foi que ele apanhou do chão? 3. Quanto é / foi que a encadernação custou? / Quanto [é que] custou a encadernação? / Quanto [foi que] custou a encadernação? 4. Perguntei-lhes o que é que o João prefere. / Perguntei-lhes o que [é que] prefere o João.

## 71

1. A minha mãe é loura. 2. Hoje o mar está gelado. 3. [Ele] andou / esteve doente toda a semana. 4. O Louvre é o museu mais conhecido de Paris. 5. Tiveste trabalho mas o bolo ficou / está muito bom. 6. O bife está mal passado.

## 72

1. Genebra é / fica no sudoeste da Suíça. 2. Quando [tu] estavas na Martinica, [eu] estava na Normandia. 3. Vejo Pequim neste mapa, mas onde está / fica / é Macau? 4. – A acta da reunião está em cima da secretária do Senhor Presidente. 5. A Figueira da Foz fica / é na foz do Mondego.

## 73

***1.*** 1. Desculpe! / Perdão! 2. Desculpe o incómodo! / Desculpe a maçada! / Peço desculpa pela maçada [que lhe dei]! / As minhas desculpas!

***2.*** 1. Desculpa ter-te incomodado. / Desculpa a maçada. 2. Queira[m] desculpar. 3. Queria pedir desculpa à senhora.

## 74

1. Dá-me gosto ouvir-te dizer isso. 2. Está frio esta manhã. 3. Jogamos ténis de dois em dois dias. 4. Este /esse/ aquele pintor fez um quadro muito bonito. 5. Todos os domingos [ele] toca piano.

## 75

1. [Eles] foram presos logo a seguir ao assalto. 2. Mandámo-lo prevenir / avisar. 3. [Ele] fez com que eu perdesse / fez-me perder o avião. 4. [Ele] mandou construir uma casa. 5. Há regimes / dietas que emagrecem mesmo.

## 76

1. C'est banal / courant! 2. J'ai remarqué que le verger du côté droit de la route est maintenant complètement caché par un mur. 3. C'est une personne très vulgaire. 4. Ils ont découvert la côte, exploré l'intérieur et, bien des années après, d'autres hommes sont arrivés pour exploiter la terre qui leur a assuré des gains importants. 5. Attention à la marche ! 6. Elle sait ce que sont les contrariétés et il ne lui arrive que des malheurs. C'est quelqu'un qui a beaucoup de malchance ! 7. La vitrine qui donne sur la place est pleine de chemisiers et de pull-overs en solde.

## 77

1. as melhoras! / desejo-te/lhe as melhoras. 2. um rápido restabelecimento. 3. Parabéns! / Muitos parabéns! 4. [Muitos] parabéns! / Apresento-lhe os [meus] parabéns. / Felicito-o. 5. [Muitos] parabéns e [muitas] felicidades! 6. os nossos votos de [muitas] felicidades./ votos das maiores felicidades. 7. os meus sentidos pêsames.

## 78

Infeliz - particular - nacional - atroz - europeia - incapaz - geral - azul - espanhola - popular - útil - familiar.

## 79

Gul<u>o</u>sa - angolana - inconstante - valentona - carinh<u>o</u>sa - flutuante - anarquista - cantora - dinamarquesa - pesadona.

## 80

1. meio litro de leite 2.sessenta e seis graus e cinco décimos / décimas 3. um terço dos telespectadores 4. uma quarta parte dos camponeses 5. doze vinte avos / doze vigésimas partes da propriedade.

## 81

*1.* 1. Virá? / Será que vem? 2. Estarão perto? / Será que estão perto? 3. Fecharão o armário à chave? / Será que fecham o armário à chave? 4. O computador estará avariado? / Será que o computador está avariado?

*2.* 1. – Digo-lhe[s] que a organização do colóquio foi perfeita. 2. – Talvez consiga[m] / Conseguirá talvez / Conseguirão talvez arranjar o tubo de escape. 3. – Pedíamos-lhe[s] o favor de aguardar alguns minutos.

## 82

1. O homem que falar / falará dará algumas informações. 2. Quando puderes, passa cá por casa. 3. Direi como / conforme disseres. Como / conforme disseres, assim direi. 4. Assim que / logo que / apenas chegarmos a Portugal, escrevemos-te / escrever-te-emos. 5. Vai onde quiseres. 6. Se chegares primeiro, espera por mim.

## 83

1. Prefiro mandar o postal num envelope. 2. A polícia chegou ao banco alguns minutos depois de ter ouvido o alarme. 3. Árvores centenárias foram arrancadas pela torrente. A corrente levou-as. 4. É um método muito bom para obter um aumento da produção. 5. As amendoeiras estão cobertas de flores brancas ; é o período em que a paisagem é mais bela.

## 84

1. Não podendo / não tendo podido ele estar presente 2. Trazendo 3. Tendo estado 4. Tendo 5. Tendo conferido 6. começando a perder 7. começando a dançar. 8. Andando! Circulando!

## 85

1. Ils n'ont pas fait le plein. S'ils l'avaient fait ils n'auraient pas eu les problèmes qu'ils ont eus. 2. Si le train était parti à l'heure, nous ne serions pas arrivé[e]s / on ne serait pas arrivé à temps à la gare. 3. S'ils /si elles étaient venu[e]s, nous serions allé[e]s / on serait allé à la corrida. 4. Si le torero avait été moins téméraire, il n'aurait pas reçu un coup de corne. 5. Tu aurais vérifié / si tu avais vérifié le niveau d'huile avant de partir, on n'aurait pas à s'arrêter / nous n'aurions pas à nous arrêter maintenant.

## 86

*1.* 1. Se tu fores… vês /verás 2. Se eles vieram passar… 3. Se nós pudermos, fazemos / faremos…

*2.* Caso tu vás... Desde que tu vás... No caso de tu ires... Na condição de tu ires... A tu ires... Posta a hipótese de que tu vais... Indo tu... Suponhamos que tu vais ...

## 87

1. Há agora três quartos de hora que o programa havia de / devia ter começado! 2. Faz amanhã quinze dias que saí do hospital. 3. Há um mês que estou em Portugal. 4. Há dez anos [ele] era piloto de linha. 5. Há dois dias que [ele] cá não vem.

## 88

***1.*** Procedias - dividiam - entrávamos - tinha - víeis - vinham - podiam - compúnhamos - eras

***2.*** 1.Dantes [eles] viajavam à boleia. 2. Quando [vocês] eram crianças, gostavam de nadar na piscina. / quando vós éreis crianças, gostáveis ... 3. [Eles] falavam sem cessar. 4. Queríamos lembrar-lhe, Senhor Director, / lembrar ao Senhor Director que [eles] o esperam há meia-hora.

## 89

1. Eu recebesse - nós recebêssemos - eu fosse - nós fôssemos - eu levasse - nós levássemos - eu dissesse - nós disséssemos 2. Ele/ela contraísse - eles/elas contraíssem - ele/ela fizesse - eles/elas fizessem - ele/ela pusesse - eles/elas pusessem - ele/ela pudesse - eles/elas pudessem 3. Tu coubesses - tu tivesses - tu estivesses - tu soubesses

## 90

1. João e Paulo, partam já e não se esqueçam das chaves! 2. Manuela, traz-me essa revista, se fizeres / se fazes o favor, mas não me tragas o jornal porque já o tenho. 3. Oponhamo-nos a tais medidas; não permitamos que tal projecto se realize / vá avante. 4. Vai chamar as crianças, mas não lhes digas que [já] cheguei. 5. Eduardo, fale-lhes mais alto.

## 91

1. O não fazeres nada é injusto. 2. O teres falado não resolveu nada. 3. O [eles] pensarem no assunto já não é mau. 4. O miar do gato acorda o cão.

## 92

1. Há que terminar isto / isso. 2. Esta / essa fruta é para comer hoje. 3. Estou em dizer que este / esse tecido não é de boa qualidade. 4. Tenho que / tenho de estar na estação às cinco horas. 5. Tenho a dizer-lhe[s] que estou farto/a. 6. Fazemos por partir a horas, mas quase nunca conseguimos / não conseguimos quase nunca. 7. [Eles] acabam de me dizer que não estarão / estão em casa esta noite. 8. Doravante / daqui em diante passamos a ter horários flexíveis. 9. Costumo ler / tenho o hábito de ler o jornal de manhã. 10. [Ele] deixou de sair à tarde. 11. Os resultados das eleições estão para sair. 12. Acabámos por ficar amigos.

## 93

1. Estes percursos são fáceis de fazer a pé. 2. As máquinas de lavar a roupa já não funcionam. 3. [Eles] costumam encontrar-se / têm o hábito de se encontrar de manhã. 4. Apesar de ser cedo, vou-me embora. 5. Quero convidá-los para um jantar em minha casa.

## 94

1. Não acho bem a Inês e o Duarte fazerem a mudança sozinhos. 2. Ao [eles] chegarem, entregamos-lhes / entregar-lhes-emos as chaves. 3. No caso de [tu] poderes passar pela padaria, traz-nos um pão de centeio com nozes. 4. Telefono-lhes todos os dias por [eles] estarem doentes. 5. Apesar de dizeres que não nadas bem, conseguiste acompanhá-los até os barcos.

## 95

1. Ao abrires / ao abrir 2. Pensam... poder / poderem. 3. No caso de estarem / a estarem / no caso de estar / a estar 4. a jogar / a jogarem... nós a ver / a vermos 5. Deixaste a Joana e a Madalena tomar / tomarem...

## 96

1. Se conseguires ir ao cinema este fim de semana, já não é nada mau. 2. Quando [eles] vierem, já cá estamos. 3. Ontem não pude telefonar, mas hoje já posso. 4. – Já te chamei três vezes! – Já vou! / vou já! 5. Já não sabemos o que fazer! 6. Já se sabe que [ele] quer ter sempre razão! 7. Já que estás ao corrente da situação, conta [lá] o que sabes!

## 97

1. – [Eles] estão contentes? – [Sim,] estão. – [Não,] não [o] estão. 2. [Ela] chega sempre atrasada, como [o] sabemos. 3. – [Eles] são coproprietários? – [Sim,] são. – [Não,] não [o] são. 4. O que [ele] está sempre a repetir, já [o] sei.

## 98

. [Ele] lembra-se bem de Lisboa. 2. Lembrei-me de mudar de itinerário hoje. . Não nos lembramos deles. 4. Lembro-te que me prometeste vir aos meus anos. . Lembro-me [de] que [ela] trazia um casaco de cabedal.

## 99

. Cara / Estimada / Prezada Senhora [Dona Maria de Lurdes] 2. [Meu] querido + rénom ou diminutif du prénom ; [Minha] querida + prénom ou diminutif du prénom . Prezados / Estimados / Caros clientes

4. (en haut, à droite) Ex$^{\underline{mo}}$ Senhor
Presidente da Câmara Municipal de Lisboa
(mettre ici l'adresse, éventuellement)

(au centre) Ex$^{\underline{mo}}$ Senhor [Presidente]

## 100

1. Com todo o apreço / Com toda a estima 2. [Muitos] beijos / [Muitos] beijinhos / [Muitos] abraços 3. Com os nossos melhores / respeitosos cumprimentos 4. Aguardando resposta de V. Ex$^{\underline{a}}$ [,Senhor Presidente], apresento os meus melhores cumprimentos./ Agradecendo desde já uma resposta favorável ao meu pedido, apresento a V. Ex$^{\underline{a}}$ [,Senhor Presidente,] os meus respeitosos cumprimentos.

## 101

1. Mudei da Praceta das Andorinhas para a Rua do Mar. 2. Não posso cá voltar em Abril, só em Julho ou Agosto. 3. Eles foram passar as férias a Cabo Verde na Primavera. 4. O fresco *A Criação do Mundo* é uma das obras mais conhecidas de Miguel Ângelo. 5. Licenciou-se em Economia Política mas gosta de estudar música. 6. O Sul do Chile fica a oeste da Argentina.

## 102

1. – O Senhor Pires falou-nos pouco de si próprio / mesmo. 2. A Dulce é a simpatia personificada / em pessoa. 3. A Cristina tem quase sempre a mesma atitude defensiva e crítica. 4. O próprio proprietário diz que a casa está em mau estado. 5. O próprio presidente da Câmara veio / O presidente da Câmara veio ele próprio / mesmo desejar-nos as boas vindas . 6. Nós próprios / mesmos nem sequer uma palavra dissemos.

## 103

1. muito tempo - pouco tempo. 2. muitas propostas - poucas propostas. 3. muito - pouco. 4. muito frescos - pouco frescos . 5. muito bem - pouco bem.

## 104

1. Não, não vi nada barato. 2.Não, não insistiram nada. 3. Tu não pedes nada? 4. Sim, um nadinha / um nada. 5. Não, não se vêem nada lá ao longe. Não, não se vê nada lá ao longe.

## 105

***1.*** 1. [Eles] nunca recebem correio./ [Eles] não recebem nunca correio. 2. [Eu] nunca tinha ido à Escócia. / [Eu] não tinha ido nunca à Escócia. / [Eu] não tinha nunca ido à Escócia. 3. Os lucros nunca foram distribuídos. / Os lucros não foram distribuídos nunca. / Os lucros não foram nunca distribuídos. / Nunca os lucros foram distribuídos. 4. [Eles] nunca querem levantar-se antes de mim. / [Eles] não querem levantar-se nunca antes de mim. / [Eles] não querem nunca levantar-se antes de mim.

***2.*** 1.Não, nada a faz voltar atrás. 2. Não, nada me preocupa. 3. Não, não ouço nada. / Não, nada ouço.

## 106

***1.*** 1. Não o ouviu ninguém. 2. Não telefonou nenhuma amiga minha. 3. Não se lhe levantaram nenhuns obstáculos / obstáculos nenhuns.

***2.*** 1. [Ele] não tem nenhuma ideia / [Ele] não tem ideia nenhuma quanto a esse assunto. 2. Nenhum deles pensará em telefonar. / Não pensará nenhum deles em telefonar. 3. [Eles] não me deram nenhuma informação útil. 4. Não vi nada barato.

## 107

***1.*** 1. [Não], não pedimos nem jornais nem selos. 2. Não, o médico nem chegou nem tratou do doente. / Não, o médico nem sequer chegou!

***2.*** 1. – [Eles] já chegaram à última fase? – Não, nem à primeira! 2. – Não, [eles] nem [sequer] chegaram à primeira! 3. Nem que [ela] corra, não conseguirá / consegue apanhar o comboio. 4. Nem que [eles] estivessem ao corrente! [Eles] nunca estão / [Eles] nao estão nunca ao corrente de nada!

## 108

1. O director disse-lhes que vinha / viria, não é verdade? 2. Não passas pelo banco hoje, pois não? 3. Eu também tenho o direito de falar, não tenho? 4. Senhor Ministro, / O Senhor Ministro nunca interveio na discussão, não é verdade? 5. Penteias-te com uma escova, não penteias?

## 109

Uma pessoa - dois homens - cem cavalos - cento e oitenta e três livros - duzentos pratos - trezentas e setenta e duas panelas - mil e vinte e duas oliveiras - três mil espectadores - quatro vezes oito trinta e dois - dezasseis menos três treze

vinte e cinco de Abril de mil novecentos e setenta e quatro - cinco de Outubro de mil novecentos e dez - primeiro de Dezembro de mil seiscentos e quarenta - o dia um de Janeiro / o [dia] primeiro de Janeiro - o dia quinze de Agosto - no século cinco / quinto

## 110

1. D. Pedro segundo - D. Maria primeira - Luís quinze 2. em sexta posição 3. uma centésima parte 4. a quarta edição - o décimo capítulo

## 111

1. uma dúzia de iogurtes 2. uma quinzena de dias 3. uma centena de andorinhas 4. meia-dúzia de amores-perfeitos 5. um par de luvas 6. o casal que viste…

## 112

***1.*** Miguelinho - Amelinha - Jaiminho - Luísinha

***2.*** 1. Isabel Amaral da Silva - Manuel António Vaz de Almeida 2. Almeida, Manuel António Vaz de - Silva, Isabel Amaral da

***3.*** Pedro Guedes Ramos - Ana Rita Oliveira Soares

## 113

1. [O] quê! Os operários decidiram parar com a greve! 2. De/do que são culpados? 3. Com que te penteias? (ou, moins fréquent : com o que te penteias?) 4. O João Manuel diz que se lembra de tudo. Mas de quê exactamente? 5. Falou muito. Mas para quê? 7. Lamentar o quê? Não há nada a lamentar / que lamentar.

## 114

1. Nesta altura, compram-se pêssegos e cerejas muito em conta. 2. Agora é que se vem apresentar uma justificação! 3. No Oriente, bebe-se / bebem muito chá. 4. A malta nadou toda a tarde! 5. [Nós] faremos aquilo / o que nos agradar! A gente vai fazer o que nos agradar!

## 115

1.O teatro em que / onde se representa a peça portuguesa é / fica perto dos Campos Elíseos. 2. Onde o encontraste? / Onde é que [tu] o encontraste? 3. O mês em que tiro férias não é sempre o mesmo. 4. Em que ponto / fase estão [eles] das negociações sobre o desarmamento?

## 116

1. Quanto ganham [eles] por ano? 2. Prefiro ir pela estrada. 3. Mandei-te a encomenda de avião. 4. O ano escolar terminou por uma festa. 5. Voltei num barco que parte de Dôver às dezoito horas.

## 117

1. L'année prochaine ils reviendront définitivement des Etats-Unis. 2. – Où allez-vous, Pierre ? – Je vais à l'étranger pour connaître d'autres méthodes de travail. 3. Pour un mois de mai, il fait très froid. 4. Il pense que rien n'est assez beau pour ses enfants. 5. Je porte les serviettes dans la salle de bain[s].

## 118

1. Os comboios que tinham chegado antes, tinham uma hora de atraso. 2. É uma pessoa muito aborrecida. 3. [uma vez] resolvido o problema, [elas] ficaram aliviadas. 4. [Eles] foram levados de ambulância para o banco do hospital mais próximo.

## 119

1. foram ouvidas 2. Já tinham suspendido 3. tinha sido suspensa (suspendida) 4. Foram mortos 5. Muito foi dito, mas pouco está feito. 6. são pagas 7. Já tinha limpado (limpo)... Ficou bem limpa. 8. ficou extinto (extinguido). 9. tinham-no extinguido 10. Andam envolvidos (envoltos) 11. foram libertos (libertados). 12. Têm visto... têm escrito.

## 120

***1.*** 1. O meu cabelo foi muito bem cortado pelo cabeleireiro. 2. As plantas foram regadas por ela. 3. Toda a bagagem foi transportada por ti. 4. O discurso mais controverso dos últimos dias foi pronunciado pelo ministro do trabalho.

***2.*** 1. O deputado foi eleito por sessenta por cento dos eleitores. 2. Transmitir-se-ão / serão transmitidas mensagens radiofónicas para avisar a população. 3. A aldeia foi destruída pela cheia do rio. 4. Depois do ciclone, dois terços das casas ficaram destruídas.

## 121

***1.*** 1. em pé. 2. a pé 3. de pé (em pé) 4. a pé

***2.*** 1. a sete pés 2. esperar a pés firmes... 3. não tem pés nem cabeça. 4. Ainda não se tem em pé. 5. resolveu do pé para a mão.

## 122

| | | | | | |
|---|---|---|---|---|---|
| ***1.*** tristonhos | oleosos | enfadonhos | dispostos | jeitosos | risonhos |
| manhosos | gordos | | | | |

| | | | | | |
|---|---|---|---|---|---|
| ***2.*** amáveis | felizes | portugueses | simples | gerais | fáceis |
| comuns | espanhóis | infiéis | gentis | [blusas] rosa-velho | |

## 123

| | | | | | |
|---|---|---|---|---|---|
| legitimações | espécies | irmãs | louvores | animais | rapazes |
| oásis | automóveis | lençóis | catalães | fósseis | irmãos |
| papéis | barris | atuns | | | |

## 124

| | | |
|---|---|---|
| quintas-feiras | horas-mês | amores-perfeitos |
| águas-de-colónia | chapéus-de-chuva | vice-cônsules |

## 125

*1.* Tinhas desvalorizado : tu avais dévalorisé ; tínhamos respondido : nous avions répondu
tinha puxado : j'avais tiré
tinha posto : vous aviez / tu avais mis
tinham-se visto : ils s'étaient vus
tinha trazido : vous aviez apporté
tinham-se recordado : vous vous étiez rappelé / souvenus
tínhamos estado : nous avions été
tinhas feito : tu avais fait

*2.* fora eleito : il avait été élu
deram : elles avaient donné
disséramos : nous avions dit
nomeara : le président avait nommé
obtiveram : les écrivains avaient obtenu

*3.* 1. A eles, quem lhes dera ir fazer campismo! Ah, s'ils pouvaient aller faire du camping ! 2. Pudera, com o sol que está não é para admirar que estejam com calor! Pardi, avec le soleil qu'il fait, ce n'est pas étonnant qu'ils aient chaud ! 3. Nós! Tomáramos nós sair daqui e já! Nous ! Pourvu que nous sortions d'ici et tout de suite ! 4. A ti, quem te dera ter a sorte que ele tem! Ah, si tu pouvais avoir la chance qu'il a !

## 126

1. Não são tanto os locutores mas mais os programas que não me agradam na televisão. 2. No Verão, antes a praia do que a montanha! 3. A seca destruiu em especial / antes de mais / particularmente / em particular a hortaliça e a fruta. 4. São as crianças, mais [do] que os adultos que vão à piscina.

## 127

1. Nous sommes pour toi, sans conditions. 2. Viens par l'autoroute, si tu veux éviter les feux. 3. La liste a été faite par ordre alphabétique par Maria. 4. C'est par pure amitié qu'elles nous ont aidé[e]s. 5. J'ai payé deux cents euros pour chacun. 6. Je compte arriver vers neuf heures et demie.

## 128

1. Porque ligou [ela] / porque é que [ela] ligou a televisão? 2. [Eles] desligaram o telefone. Porquê? 3. Eis as obras por que / pelas quais [ele] é responsável. 4. Não abri a janela porque não quiseste que a abrisse. 5. – Porque [é que] foram suprimidos três postos de trabalho? – Porque o orçamento diminui cada vez mais. 6. Por que candidato vais votar?

## 129

1. Onde estão os teus desenhos? E os dele? 2. Henriqueta, o seu padeiro fabrica um pão melhor do que o nosso. 3. Os nossos postais? Aqui estão os meus e os deles. 4. No Inverno o nosso carro não pega bem de manhã, mas os deles pegam sem problema nenhum. 5. Rui e Suzana, os vossos pais estão a chamar-vos.

## 130

1. Por mais inteligente que seja, não o suporto. 2. Jaime tem admiração por ela. 3. O comboio para o Porto parte às dez [horas] e cinco. 4. Pela minha parte / quanto a mim, prefiro morar na cidade.

## 131

1. É um livro impossível de contar, mas agradável de ler. 2. A fotocópia não é / está conforme com o original. 3. Peguei nas chaves e fingi sair. 4. Estou ansiosa por ter notícias dele / dela. 5. A filha parece-se com a mãe e o filho com o pai. 6. Decidi não me preocupar com os problemas dele / dela. 7. O director hesitou em nos convocar para a reunião. 8. Desististe de o convencer? 9. Estou satisfeita com o resultado e impaciente por saber o que vai acontecer depois.

## 132

1. ao João. 2. no jardim. 3. Do que vi 4. vai comigo, isto é, vai connosco / conosco. 5. Vamos àquele além 6. Pelo que me disseram 7. Àquelas senhoras. 8. no fim. 9. não confio nela. 10. Com elas.

## 133

1. – Dão-me licença que lhes apresente o Engenheiro Correia e Silva? / Se me permitem que lhes apresente... – Muito prazer / Muito gosto 2. – Mãe / Mamã, apresento-lhe / apresento-te a minha amiga Luísa. / Mãe, esta é a minha amiga Luísa. / Mãe, até que enfim que lhe / te apresento a Luísa. – Muito gosto / Muito prazer. Como está? 3. – Sou a secretária, Maria Antónia Mendes. Muito prazer / Muito gosto. – Sou o contabilista, Luís Soares. Muito prazer / Muito gosto. 4. – Sou a Lurdes, a colega do Pedro. – Olá! Eu sou o Miguel, o primo do Pedro. Então, tudo bem?

## 134

1. Desde sempre eles têm tido pouca sorte nos negócios. 2. Nestes últimos tempos os preços têm subido a olhos vistos. 3. Pouco a pouco temo-nos adaptado à vida no campo. 4. Este mês tem estado bom tempo, mas agora está a chover. 5. Desde o princípio do estágio tens feito muitos progressos. 6. Esta semana têm comido sempre a mesma coisa ao jantar.

## 135

1. A fada levou a princesa e o príncipe. 2. Soubemos ontem que [ele] está gravemente doente. 3. [Eles] aprenderam física desde a infância. 4. [Vocês] vieram depressa demais. 5. Deste tudo. 6. [Elas] viram Nova Iorque em Julho de 1990 / no mês de Julho de 1990.

## 136

1. Enviámos-lho ontem. Nous le lui avons envoyé hier / On le lui a envoyé hier / Nous vous l'avons envoyé hier / On vous l'a envoyé hier. 2. Quem to disse? Qui te l'a dit? 3. Mostraram-no-los no museu. Ils nous les ont montrés / on nous les a montrés au musée. 4. Ofereceram-mos no dia dos meus anos. Ils me les ont offertes / on me les a offertes le jour de mon anniversaire. 5. Trouxeste-lho? Est-ce que tu le leur as apporté? 6. Deu-vo-lo. Il/elle vous l'a donné. 7. Mostrou-no-lo. Il/elle nous l'a montrée.

## 137

***1.*** 1. Pô-los-emos aqui. Não os poremos aqui. 2. Escrevê-la-ei amanhã. Não a escreverei amanhã. 3. Decidi-lo-ão.Não o decidirão.

***2.*** 1. Pedi-la-iam. Não a pediriam. 2. Tê-lo-iam dito. Não o teriam dito. 3. Acompanhá-los-ia. Não os acompanharia.

## 138

***1.*** 1. conta-as 2. Levei-o 3. elegeram-nos 4. sabe fazê-lo

***2.*** 1. A eles, o presidente exilou-os. 2. A nós, [ele] atrasou-nos. 3. A elas, a música clássica acalma-as. 4. A vocês / a vós o médico / a médica vacinou-vos contra a gripe.

## 139

***1.*** 1. trouxe-lhe 2. entrego-lhe 3. já lhes / vos disse 4. ofereceu-nos

***2.*** 1. A ti 2. A nós 3. A eles / elas / vocês 4. A ele / ela / si / você

## 140

***1.*** 1. Não os arrumo na gaveta. 2. Não as pomos no comboio. 3. Não o vêem logo. 4. Não te importarias de vir cá?

***2.*** 1. Porque me entregaram o programa? 2. Quando se vão embora? 3. Quem se interessa pela pintura do século vinte? 4. Talvez se lembrem todos de ti. 5. Alguém o disse.

## 141

1. Vemo-lo 2. Prefiro lê-los 3. Vão fazê-las 4. Expõe-nos. 5. Penso ir buscá-los. 6. Vejo-o. 7. Estão a distribuí-los. 8. Mostram-nos 9. Vou pedi-la. 10. Vê-lo amanhã?

## 142

1. Lembras-te 2. inclinámo-nos 3. porta-se 4. vestem-se 5. instalam-se 6. se-lhe sentaram 7. inchavam / se-lhe inchavam

## 143

1. [Eu] não penso ficar, e tu, [tu] ficas? 2. [Nós] partiremos / partimos, eu e os meus filhos, amanhã de manhã e, o meu marido, [ele] irá / vai ter connosco depois. 3. [Eles] vão almoçar, e nós, o que vamos fazer? 4. [Tu] escreveste mais cartões de boas festas do que eu.

## 144

1. Atravessámos uma ponte qualquer. 2. Dá-me um lápis, qualquer um. 3. Quaisquer que sejam os jornais, encontramos / encontra-se a mesma notícia em primeira página. 4. Qualquer outro teria fracassado / tinha fracassado. 5. [Ela] disse-me qualquer coisa mas não entendi nada.

## 145

1. Qualquer que seja a razão, não estou de acordo contigo. 2. Alguns assuntos são demasiado difíceis para um debate televisivo / na televisão. 3. Qualquer que seja a posição que tomar, [ele] ganhará. 4. Os poucos amigos que aqui temos / temos aqui fizeram como nós: tiraram alguns dias de férias. 5. Esses poucos dias de férias fizeram-lhes bem.

## 146

1. **que** ; Qu'est-ce que nous pouvons faire de plus? 2. **quem** ; Avec qui es-tu venu[e], avec João ou avec Carlos ? 3. **Quem** ; Qui parle? 4. **Que** ; Qu'est-ce qu'il est sympathique ! 5. **Qual** ; Quelle est la meilleure marque? 6. **qual** ; Par lequel préfères-tu commencer? Par le roman policier ou par le roman de science fiction?

## 147

1. – Ainda demoras muito? – É [uma] questão de meia-hora. 2. [Ela] fez questão que ficássemos para o jantar. 3.– Não podemos telefonar. – É [uma] questão de escrever! 4. – Há muitos engarrafamentos na estrada. – É [uma] questão de irmos pela auto-estrada. 5. [Ele] voltou de férias há uma questão de quinze dias.

## 148

1. Fala-se / falam em aumentar as rendas do nosso prédio. Diz-se / dizem que vão aumentar... 2. Falou-se de política durante toda a refeição. 3. Diz-se / dizem / fala-se / falam que a nova auto-estrada vai passar não muito longe daqui. 4. No livro que estou a ler trata-se / fala-se de experiências espaciais. 5. Nem pensar que [eu] ceda / em [eu] ceder quanto a esse ponto.

## 149

1.Tinha-me esquecido de tudo, mas releio / volto a ler / leio de novo (ou l'une des autres expressions) as instruções. 2. Vou ter de voltar a lavar / de lavar de novo (ou l'une des autres expressions) as [minhas] calças. 3. Esta / essa / aquela planta estava quase morta mas agora na Primavera volta a viver / vive de novo (ou l'une des autres expressions) / revive. 4. Não tive tempo de voltar a copiar / de copiar de novo (ou l'une des autres expressions) todo o exercício. 5. [Ele] gostou muito da sobremesa e serviu-se mais três vezes.

## 150

1. Infelizmente sou incapaz de responder à Senhora. 2. Que pena que esta / essa / aquela bela árvore tenha uma doença! 3. Temos muita pena de / Lamentamos muito ser obrigados a abatê-la. 4. Lamentamos anunciar [aos senhores passageiros] que o avião não poderá levantar voo esta noite, devido ao nevoeiro. 5. Tenho muita pena de te ter incomodado. / Lamento muito ter-te incomodado.

## 151

1. em que / na qual 2. perante o qual 3. de que / dos quais 4. que / o qual 5. que 6. durante as quais 7. que 8. Quem

## 152

1. Agradeço imenso! Muito obrigado/a por tudo. Graças a vocês passei um óptimo fim de semana. Mais uma vez obrigado/a. 2. Muito obrigado/a. Passei uma tarde muito agradável e o almoço estava uma delícia. Mais uma vez obrigado/a. 3. Graças ao Senhor resolveu-se o problema. Agradeço-lhe imenso.

## 153

***1.*** 1. Já. / Já tocou. / Sim, já tocou. / Já, sim. / Já, sim, já tocou. / Já pois. / Pois já. / Ainda não. / Ainda não tocou. / Não, ainda não tocou. / Não, não tocou ainda. 2. Deram. / Deram, sim. / Sim, deram. / Deram, pois. / Deram-mo, pois. / Deram-mo, sim. / Não deram. / Não, não deram. / Não deram, não. / Não mo deram, não.

***2.*** 1. Isso não! / Isso é que não! 2. Pois aconselho! / Pois claro que aconselho! / Aconselho, pois! / Aconselho-ta, pois!

## 154

São Jorge - Santo Eduardo - Santo Anselmo - Santa Inês - São Paulo - São Miguel - Santa Catarina - Santo Hermenegildo

## 155

1. Tu as tellement insisté que finalement tu m'as convaincu[e] / tu as fini par me convaincre. 2. Chaque fois qu'ils vont à Lisbonne ils prennent le tramway. 3. Ils ont toujours été de grands amis. 4. Je ne travaille pas toujours le lundi. 5. La télé[vision] ne marche pas très bien, mais on peut quand même voir le film. 6. Edgar parle toujours très fort.

## 156

1. As vítimas somos nós. 2. Somos os novos comerciantes. 3. Isto / isso / aquilo são os novos catálogos do Museu de Arte Antiga. 4. O inconveniente são os transportes de má qualidade. 5. A responsável eras tu. 6. Vinte e quatro horas no comboio, é demais!

## 157

1. muita garrafa 2. muito fruto 3. tanto barco à vela 4. Quanta luta 5. muito candidato

## 158

1. Não acho que [eles] tenham razão. 2. Não era necessário que te levantasses tão cedo. 3. [Ele] disse-nos que entrássemos. 4. É o sofá mais confortável que podem encontrar. 5. [Ele] fazia como se não tivesse visto nada / como se nada tivesse visto. 6. Talvez [ela] tenha tido um contratempo.

## 159

***1.*** Esquisitíssimos - infelicíssimos / infelicíssimas - velocíssimo / velocíssima - desagradabilíssimo / desagradabilíssima - amarguíssimo - facílimos / facílimas

***2.*** 1. É o carro mais rápido que conduzi até hoje. 2. Pergunta em que rua estamos à pessoa menos apressada que passar por aqui. 3. Esta / essa / aquela paisagem é [uma] das mais belas que conheço. 4. Eis o calendário mais pequeno!

## 160

1. Uma das pontes sobre o Douro, no Porto, foi construída por Eiffel. 2. Da cozinha temos vista para o campo. 3. Esta semana há operários que trabalham no terraço do nosso prédio. 4. A Marília fez uma pintura engraçada no muro do jardim. 5. Não gosto de escrever em folhas de cor. 6. As colheres estão na mesa / em cima da mesa.

## 161

1. Talvez partam 2. Talvez veja 3. Talvez me tragas 4. Talvez tenham vindo / viessem 5. Talvez vejam 6. Talvez se oponham 7. Talvez tenham passeado / passeassem 8. Talvez construa 9. Talvez tivessem ido 10. Talvez tenhas ficado / ficasses decepcionado

## 162

1. Je n'ai pas acheté de souvenirs à Delphes. D'ailleurs personne n'en a acheté. 2. Mais alors, qu'est-ce que cette valise est lourde ! 3. Il ne va pas à pied à la plage et moi non plus. 4. Nous n'avons pas attendu très longtemps et d'ailleurs personne n'a attendu plus de dix minutes. 5. Alzira ne dit rien. José non plus [ne dit rien]. 6. Gonçalo parle très bien néerlandais et ses amis aussi.

## 163

1. tão depressa 2. tantos barcos... ficaram tantos 3. Andaram tanto 4. tão bonito 5. tanto tempo

## 164

1. A – Está? [Está lá?] B – Está, sim. / Estou, sim. A – ... é do 21798138? A – Daqui [é] / [Daqui] fala / Sou / É o João Pedro Leite. B – Com licença.

2. 1. O telefone está sempre impedido ou então está avariado. 2. Atendeste o telefone e desligaste logo a seguir!

## 165

1. Dois três quatro dois três um nove dois um extensão sete seis / setenta e seis 2. dois seis dois dois três cinco seis quatro nove 3. dois três dois sete cinco um três zero três extensão nove oito / noventa e oito

## 166

1. Quand ils arriveront nous serons déjà partis. 2. C'est parce qu'ils ont proposé cette solution qu'ils la défendent maintenant avec acharnement. 3. Nous étions déjà venus / on était déjà venu, mais il n'y avait personne à la maison. 4. Quand vous aurez lu le programme municipal, vous verrez que beaucoup d'activités se développeront dans la région.

## 167

1. Si nous avions écouté avec attention, nous aurions tout saisi. / Si on avait écouté attentivement, on aurait tout saisi. 2. António Manuel aurait dû apporter les achats dans sa voiture. 3. On aurait dit qu'ils n'étaient pas satisfaits. 4. Dans un mois nous serons déjà revenus du Brésil. 5. Dès que sa mère fut partie, André alla regarder la télévision.

## 168

1. [Uma vez] expostos os [seus] quadros, o pintor sentiu-se muito comovido.
2. Enquanto [ele] não chega / não chegar, vamos jogar às cartas.
3. Espero até que chegue / até chegar o novo modelo de computador.
4. Depois de ter escorregado na neve, [ele] começou a ter cuidado.
5. Quando te deres conta do que [ele] te fez, nunca mais o quererás ver.
6. Mal o Vicente se levantou, começou a assobiar.

## 169

1. Já é meia-noite! 2. A que horas chega o comboio? 3. Só nos vemos de ano a ano. 4. Há que tempos que não ando de bicicleta. 5. – Que horas são? – São quatro e meia. 6. [Ele] dormiu até as/às dez [horas] da manhã, mas na véspera tinha-se deitado às tantas / lá para as tantas da noite.

## 170

1. J'ai sorti tous les bagages du coffre [de la voiture]. 2. Ne lui enlevons pas sa joie. 3. Tu peux sortir la voiture du garage? 4. Excusez-moi, Monsieur, mais je ne vous laisserai pas prendre ma place. 5. Enlève tes affaires de sur la table.

## 171

1. Os semanários ainda não chegaram todos. 2. Nunca passei um Verão inteiro à beira-mar. 3. As crianças estão sozinhas em casa. 4. Tenho o cabelo todo molhado / molhadinho / molhado de todo.

## 172

1. Durante a noite [eles] estão de guarda à vez. 2. Uma vez por outra / uma ou outra vez ainda há um pouco de silêncio no nosso bairro! 3. Aceitas fazer as vezes dele? 4. Desta vez é a minha vez de falar. 5. Vez sim vez não [eles] tiram-me a vez. 6. Era uma vez um principezinho...

## 173

1. Venho fazer a entrega do gravador vídeo da senhora. 2. As minhas malas estão na mala do carro e as vossas, Paula e Manuel? 3. É a receita do senhor doutor. 4. Diga-me, tia Leonilde, qual será o dia da sua chegada? Diga-me, tia Leonilde, qual será o dia da chegada da tia? Diga-me, qual será o dia da chegada da tia Leonilde?

## 174

1. A [senhora] dona Lídia prefere chá ou café? 2. Você sabe onde está o processo daquele cliente? 3. Onde é que queres ir? 4. Para que é que vocês falam tão alto? 5. A senhora doutora Irene dá notas muito baixas! 6. O senhor Monteiro e o senhor Paiva são atendidos logo a seguir.

## 175

1. A loja fecha daqui a pouco. Se me levares lá de carro, ainda chego a tempo. 2. Não é um trabalho apaixonante, mas habituei-me a ele. 3. Quando há um problema que o preocupa faz alusão a ele constantemente / faz sempre alusão a ele. 4. Não sei como isto / isso / aquilo aconteceu e não estava nada à espera [disto / disso / daquilo]. 5. [Ele] diz que vai arranjar a torneira, mas não acredito [nisso].

13. Il fait nuit. [illegible] 4. Que [illegible] ? [illegible] Ne pas [illegible] avec [illegible] de pièce [illegible] Que [illegible] [illegible] mais ma [illegible] [illegible] [illegible] les laisse en poste.

17. Il a sont tout le [illegible] 1. [illegible] la voiture] 2. Ne lui en voulez pas de [illegible]
18. Tu peux sortir [illegible] du garage ? 4. Excusez-moi, Monsieur, mais je ne vous laisserai pas prendre ma place. 5. Enlevez les affaires de [illegible] la table.

# L'index

# Index

a

## f



## g

h



i

## j



## l



## m

# n

## o



## p

## q



## r

# t



# u

# V



# Y



# Z

# Table des matières

*Imprimé en France,* sur les presses de l'Imprimerie Hérissey à Évreux (27000)
Dépôt légal : 18849 - septembre 2004 - N° d'impression : 97590